Hildegard Schröteler-von Brandt, Thomas Coelen,
Andreas Zeising, Angela Ziesche (Hg.)
Raum für Bildung

Hildegard Schröteler-von Brandt, Thomas Coelen,
Andreas Zeising, Angela Ziesche (Hg.)

Raum für Bildung

Ästhetik und Architektur von Lern- und Lebensorten

[transcript]

Bibliografische Information der Deutschen Nationalbibliothek
Die Deutsche Nationalbibliothek verzeichnet diese Publikation in der Deutschen Nationalbibliografie; detaillierte bibliografische Daten sind im Internet über http://dnb.d-nb.de abrufbar.

Umschlaggestaltung: Kordula Röckenhaus, Bielefeld
Umschlagabbildung: Michel Sauer, »aus der Winkelmusik«, 1996, Stahl, Silberlot, pulverbeschichtet, Foto: Elger Esser, © Michel Sauer und Elger Esser
Lektorat: Nina Lieske
Satz: Justine Haida, Bielefeld
Druck: Majuskel Medienproduktion GmbH, Wetzlar
ISBN 978-3-8376-2205-8

Gedruckt auf alterungsbeständigem Papier mit chlorfrei gebleichtem Zellstoff.
Besuchen Sie uns im Internet: *http://www.transcript-verlag.de*
Bitte fordern Sie unser Gesamtverzeichnis und andere Broschüren an unter: *info@transcript-verlag.de*

Inhalt

Einleitung

Hildegard Schröteler-von Brandt, Thomas Coelen, Andreas Zeising & Angela Ziesche

Seit einigen Jahren greifen die lange Zeit eher isolierten Fachgebiete Architektur und Städtebau, Pädagogik und Psychologie, Kunst und Musik zunehmend ineinander und inspirieren sich wechselseitig. Im Vordergrund steht dabei die Erkenntnis, dass Bildung, Erziehung und Lernen nicht nur in vielfältiger Weise durch architektonische bzw. städtebauliche Kontexte beeinflusst werden, sondern dass umgekehrt auch die ästhetische Wahrnehmung baulicher Zusammenhänge an komplexe kognitive und erkenntnistheoretische Voraussetzungen gekoppelt ist.

Auf zahlreichen Schnittfeldern von Pädagogik und Architektur – zu nennen wären etwa aktuelle Neu- und Umbauten von Kindergärten, Schulen und Jugendeinrichtungen – sind heute konzeptionelle, theoretische und empirische Neuansätze zu verzeichnen, die darauf abzielen, Beziehungen zwischen Raum, Bildung und Ästhetik zu reflektieren. Auch in den Bereichen Städtebau und Soziales gibt es Konzepte – wie z.B. das Quartiersmanagement –, die im öffentlichen Raum als gesellschaftliches und kreatives Handeln aufgefasst werden. Dabei wird nicht zuletzt die Bildende Kunst, auch aufgrund ihrer angestammten Nähe zur Architektur und Pädagogik, als aktiver kreativer Faktor in Prozessen der Stadtentwicklung erkannt.

Die skizzierte Lebendigkeit an diesen Schnittflächen hat an der Universität Siegen zu einer völlig neuartigen Konstruktion geführt: Aus Anlass der Fusionierung bisheriger Fachbereiche zu einer neuen Fakultät mit dem Titel »Bildung-Architektur-Künste« fand im Juli 2011 eine internationale Tagung statt, aus der heraus der vorliegende Band entstanden ist. Durch diese in der bundesdeutschen Hochschullandschaft einmalige Konstellation wurden die überraschend zahlreich vorgefundenen raum-, sozial- und kunstbezogenen Affinitäten der Wissenschaftlerinnen und Wissenschaftler zusammengeführt und haben eine Dynamik entfacht, die so nicht vorausgeplant werden konnte.

Die Wahrnehmung von Schnittfeldern zwischen Architektur, Bildung und Künsten ist eingelagert in den so genannten *spatial turn* – die raumbezogene

Wende –, wie sie seit einigen Jahren in den Kultur- und Sozialwissenschaften verzeichnet wird (vgl. Döring & Thielmann 2008). Vor diesem Hintergrund sind wir Herausgeber besonders stolz auf die Vielfalt der Beiträge im vorliegenden Band, denn darin erkennen wir eine vierfache Erweiterung der bisher verbreiteten Diskurse zum *spatial turn*:

1. finden Leserinnen und Leser im vorliegenden Band – zunächst ganz vordergründig – solche Themen, die (neben dem aktuell-praktischen Anlass des Aus- und Umbaus von Schulgebäuden zu Ganztagsschulen) auch außerschulische Bildungsorte benennen. Im Zuge dessen können die ausgereiften Theorien und Methoden sozialräumlicher Konzepte aus der Sozialen Arbeit aufgegriffen werden.
2. sind im Band solche Themen zu finden, die über die Architektur von einzelnen Gebäuden hinaus komplexere Zusammenhänge des Städtebaus und der Siedlungsplanung wahrnehmen lassen.
3. finden Leserinnen und Leser auch Verbindungen zwischen den genannten Feldern mit der Kunst und – sicherlich ungewöhnlich – zur Musik.
4. schließlich erweitert der Band den Diskurs über die Analyse von raumbezogenen Sachverhalten hin zu Fragen der Vermittlung – also der Didaktik und Methodik –, wagt sich über das Deskriptive hinaus, hinein ins Reich des Normativen.

Somit fügen wir der bisherigen Diskussion in den Kultur- und Sozialwissenschaften die Perspektiven aus drei weiteren Fachdisziplinen hinzu und erhoffen uns eine Belebung des interdisziplinären Diskurses.

Zu den Beiträgen

32 Beiträge haben wir in vier Kapitel gruppiert (weitere Texte finden sich unter www.uni-siegen.de/bak/start/tagung): zunächst zu subjektiven Raumwahrnehmungen, dann zu diversen Lebens- und Lernorten, wovon die Schule ein spezifischer ist, und schließlich Erörterungen zu kulturellen Raumidealen.

Raumwahrnehmung und Raumaneignung

Raumwahrnehmung und Raumaneignung können als basale menschliche Fähigkeiten angesehen werden, die sowohl auf die Entwicklung von Gehirnstrukturen als auch auf die Persönlichkeitsentwicklung weit größeren Einfluss nehmen als bislang angenommen. Vorhandenen oder imaginierten Raum (z.B. im Spiel) bewusster wahrzunehmen und aktiv selbst zu gestalten, kann als gemeinsames Anliegen aller in diesem ersten Kapitel versammelten Beiträge angesehen werden.

Eva Simms arbeitet die vor-thematischen und vor-sprachlichen Elemente der Raumerfahrung des Kleinkindes heraus, um zu einem tieferen Verstehen der psychologischen Dimension der Raumerfahrung in allen Phasen menschlichen Lebens zu gelangen. Hierzu stellt sie die schrittweisen Raumeroberungen eines amerikanischen Mittelschichtmädchens der extrem reduzierten Raumerfahrung eines rumänischen Waisenhauskindes gegenüber, das über Jahre hinweg ausschließlich in einem Gitterbett lebte: Wenn das menschliche Gehirn Vertrauen in den Raum nicht in der frühesten Kindheit erfährt, so wird auch der erwachsene Mensch kaum in der Lage sein, Raum als Möglichkeitsraum zu erfahren und zu gestalten.

Im Spiel mit Puppen sieht *Insa Fooken* eine Chance zur (Wieder-)Aneignung des intermediären und imaginären Raumes. Obwohl sich enge Beziehungen zwischen Menschen und Puppen bis in die Anfänge der Menschheit zurückverfolgen ließen, drohe zurzeit eine Verarmung im Spiel mit Puppen. Barbie, Lillifee und Baby Born erzeugten ein weitgehend reproduktives Spiel und verhinderten somit die Chance auf Vielfalt, Veränderbarkeit und Entwicklung im Spiel und mithin die Inbesitznahme eines eigenen imaginären Raumes. Insbesondere gelte es, die geschlechtsrollentypischen Konnotationen aufzubrechen.

Ulrich Deinet stellt die Bedeutsamkeit von öffentlichen Räumen für Kinder und Jugendliche heraus. Dabei referiert er verschiedene Modelle raumbezogener Sozialisation und favorisiert einen dynamischen Raumbegriff, der die Trennung von Subjekt und Raum überwindet sowie den Blick der Akteure – etwa von Kindern und Jugendlichen – impliziert. Schließlich skizziert der Autor Anforderungen an sozialraumbezogene Konzepte in der Kinder- und Jugendarbeit, um Prozesse der Aneignung im öffentlichen Raum zu fördern, welche als Elemente von lokalen Bildungslandschaften gelten können.

Anke Schmidt geht in ihrem Beitrag auf Untersuchungsergebnisse in Hannover ein: In einer mehrdimensional aufgebauten Studie wurde mittels Modellen, Tagesprotokollen und Kartenabfragen bei Jugendlichen der Frage nachgegangen, welche Orte Jugendliche nutzen und wie sie diese mit ihren Raumpraktiken bzw. Raumvorstellungen verbinden. Somit werden fünf unterschiedliche Typen von jugendlichen Raumnutzern beschrieben. Schließlich wird die Umsetzung der Untersuchungsergebnisse für die Planung öffentlicher Räume aufgezeigt, indem eine verbindende Buslinie sowie temporäre Interventionen in öffentlichen Durchgangsräumen an U-Bahnhaltestellen installiert wurden.

Studentische Raumnutzungsmuster untersuchen *Daniela Eichholz* und *Alexa Kunz*, um zu erfahren, welche Eigenschaften aus Studierendenperspektive für eine Hochschule relevant sind. Als Grundlage hierfür wird das Projekt »My Campus Karlsruhe« vorgestellt, das 2008 von einem Team aus Stadtplanerinnen und Soziologinnen durchgeführt wurde. Mithilfe eines differenzierten

Logbuchverfahrens dokumentierten 60 Studierende 14 Tage lang die Selbstbeobachtung ihres universitären Alltags. Die Ergebnisse dieser Studie, die in Auszügen vorgestellt werden, liefern wertvolle Anhaltspunkte für zukünftige Campusplanungen.

Markus Peschl und *Thomas Fundneider* setzen sich anhand des Begriffes »Enabling Spaces« mit einem mehrdimensionalen Raum auseinander, der in einem umfassenden Sinne einen Ermöglichungsraum für Wissens- und Innovationsarbeit bietet und in dem radikale Veränderungen des Denkens und Wissens entstehen können. Sie zeigen diejenigen Randbedingungen auf, die Prozesse der innovativen Wissensgenerierung ermöglichen. Zentrale Charakteristika von »Enabling Spaces« werden thematisiert: Räume der »Gratuité«, in denen es um Freiheit und Unverfügbarkeit im Sinne philosophischer Grundlagenarbeit geht; einen in Analogie zum Theater-Raum stehenden Experimentierraum, in dem spielerisch Neues entwickelt und ausprobiert werden kann; Räume für/der Muße und Räume des Sich-Einlassens auf die Realität jenseits von Instrumentalisierung und Kommerzialisierung.

Sarah Mauksch untersucht anhand von grundsätzlichen Überlegungen zum Fremden (nach Waldenfels) sowie zum Ereignishaften und der Aura (nach Mersch), inwiefern Klänge Räume verändern. Sie analysiert zwei höchst unterschiedliche Beispiele in ihrem jeweils spezifischen Wechselspiel mit den räumlichen Gegebenheiten, nämlich die Umwandlung eines stillgelegten Gasometers in Augsburg durch ein Foucaultsches Pendel sowie eine Klanginstallation durch den Physiker und Künstler Jürgen Scriba und eine Klanginstallation von Bernhard Leitner in einem Treppenhaus der TU-Berlin.

Albrecht Rohrmann und *Bert Bielefeld* zeichnen die aktuelle Entwicklung einer auf die Gestaltung öffentlicher Räume gerichteten Behindertenpolitik nach. Dabei werden Probleme der Herstellung von Barrierefreiheit benannt und Ansätze zur partizipativen Entwicklung von öffentlichen Räumen skizziert, die auf eine möglichst gute Nutzbarkeit für alle Menschen zielen.

Einen Moment der Ruhe und Konzentration inmitten der Turbulenzen eines quirligen Tagungsgeschehens strebten *Angela Ziesche* und *Anja Ciupka* mit ihrem Beitrag »Ruhe! Raum.« an: Ein typischer und eher unspektakulärer bis hässlicher Seminarraum wurde vor Beginn einer Veranstaltung weitgehend entleert – nur Stühle mit gelben Schärpen über der Lehne standen locker verteilt im Raum bereit. Den monologartig vorgetragenen Reflexionen zum gegebenen Raum, während der die Teilnehmer still zuhörten, folgten als Gegenpart praktische Anweisungen zur Raumwahrnehmung und -erkundung, die die Teilnehmer/innen umsetzen konnten.

Lebensorte und Lernorte

Die Zusammenhänge und Wechselwirkungen zwischen Lebens- und Lernorten, zwischen Raum und Verhalten sowie zwischen Ort und Bildungsvermittlung stehen in den nachfolgenden Beiträgen im Mittelpunkt. Die Anforderungen an die Raumnutzung werden anhand der Beispiele Jugendwohnheim und Jugendhaus thematisiert, und am Beispiel des Kirchenraums und des Architekturmuseums wird der Raum als Vermittlungsglied zum Lern- bzw. Ausstellungsinhalt beleuchtet.

Stefanie Marr hinterfragt den von Eltern heute formulierten Anspruch, ihre Kinder nicht mehr geschlechtsspezifisch erziehen zu wollen. Sie beleuchtet dazu populäre Einrichtungen von Mädchenzimmern als Prinzessinnenzimmer und die Rollenmuster, die sich hinter Lillifee und insbesondere diversen Barbiepuppen verbergen. Sie zeigt auf, dass der genannte Anspruch von Eltern durch die Versorgung ihrer Kinder mit derartigen populären Spielsachen konterkariert wird.

Ulrich Riegel und *Katharina Kindermann* bearbeiten die Frage, wie sich der Kirchenraum als außerschulischer Lernort in das Lernen im Religionsunterricht integrieren lasse. Dazu klären sie die verschiedenen Dimensionen, unter welchen man einen Kirchenraum in einer säkularen Gesellschaft wahrnehmen kann, um dann die Funktion des Kirchenraums als außerschulischen Lernort zu bestimmen. Diese Überlegungen überführt das Autoren-Duo schließlich in ein generisches Modell eines Kirchenraumbesuchs im Rahmen des Religionsunterrichts.

Norbert Grube und *Veronika Magyar-Haas* untersuchen die Sitzordnungen in Bildungsräumen (z.B. Frontalunterricht und Kreisgespräch) und das damit verbundene Wechselspiel von Raum und sozialen Strukturen bzw. Hierarchien. Hierzu stützen sie sich auf eine quantitative Studie der Pädagogischen Hochschule Zürich von 2008, in der ca. 1.000 Fotos von Schule und Unterricht aus Schweizer Tageszeitungen ausgewertet wurden, sowie auf ein qualitatives Forschungsprojekt aus der Jugendarbeit, in dem Videomaterial ausgewertet wurde. Sie zeigen auf, wie in Bildungsräumen trotz moderner Raumnutzungsmuster subtile Situationen des Beobachtetwerdens und somit Machtverhältnisse vorhanden sind.

Laura de Paz Martínez und *Elisabeth Schmutz* berichten aus einer Evaluation über Jugendwohnen, einem Unterstützungsangebot der Jugendhilfe für junge Menschen im Alter von 14 bis 27 Jahren, die ausbildungs- oder arbeitsmarktbedingt die Familie verlassen und an einem anderen Ort ihren Alltag sowie Schule und Ausbildung gestalten müssen. Im Beitrag wird u.a. der Frage nachgegangen, wie die Jugendwohnheime räumlich ausgestattet sind und wie dies von Fach- und Leitungskräften sowie von den jungen Menschen selbst bewertet wird.

Peter Karle geht in seinem Werkbericht über drei Jugendhäuser in Frankfurt a. M. der Frage nach, wie die jeweilige Bauaufgabe im Kontext zur konkreten städtebaulichen Situation zu lösen war. Die Planungen erfolgten unter Einhaltung der engen Rahmenbedingungen eines standardisierten Raumprogramms sowie fixer terminlicher Vorgaben und einem ebensolchen Kostenrahmen. Da Träger und Betreiber der Jugendhäuser zum Zeitpunkt des Planungsbeginns noch nicht feststanden, erfolgte die Planung ohne Kenntnis der konkreten Nutzungsanforderungen durch die späterer Nutzer.

Anselm Böhmer analysiert anhand zweier Kunstprojekte mit sozial Ausgegrenzten die Bildungspotentiale von Sozialen Ateliers. Seine Absicht ist, Perspektiven für einen sozialpädagogischen Bildungsbegriff unter inklusionstheoretischer Hinsicht zu formulieren und dabei insbesondere die Bedeutung von Räumlichkeit zu beleuchten.

Der Artikel von *Arne Winkelmann* thematisiert die Problematik der Ausstellungspraxis in Architekturmuseen, dass nämlich die eigentlichen Gegenstände – die Bauwerke – sich nicht im Maßstab 1:1 ausstellen lassen. Mit der Ausstellung »Außer Haus« wurde ein alternativer Weg der Architekturvermittlung eingeschlagen. So wurde, um die Geschichte der Gefängnisarchitektur zu präsentieren, mit dem leer stehenden »Gewahrsam« jenes Gebäude selber zum Ausstellungsobjekt. Dieses und ein weiteres Beispiel für nicht-museale Orte verdeutlichen, welche kuratorischen, didaktischen und pädagogischen Möglichkeiten außerhalb des Bildungsraumes Museum bestehen und wie es gelingen kann, auch andere als die üblichen Besuchergruppen zu erreichen.

SCHULE ALS LEBENS- UND LERNORT

Unter allen öffentlichen Orten ist die Schule sicherlich derjenige, der in Kindheit und Jugend am intensivsten erlebt wird. Aus Sicht der Pädagogik hat er vorrangig Lernort zu sein – aus Sicht der Schülerinnen und Schüler ist er auch ein Lebensort (neben den im vorherigen Kapitel beschriebenen Orten). Deshalb ist die Gestaltung der Schulhöfe, der Schulgebäude und der Klassenzimmer von großer Bedeutung für das Aufwachsen von Kindern und Jugendlichen, aber auch für die Arbeitszufriedenheit der Lehrerinnen und Lehrer sowie für das weitere (pädagogisch tätige) Personal. Schularchitektur ist darüber hinaus eine Visitenkarte der Städte und Landkreise, denn sie sind für Bau und Erhalt zuständig.

Christian Rittelmeyer widmet sich der Frage, wie Farbe in Schulgebäuden lern- und entwicklungsfördernd eingesetzt werden kann und ob man fundierte Ratschläge geben kann, wie Farben in Schulen verwendet werden sollen. Er stellt schulbaubezogene Farbforschungen vor und leitet daraus Folgerungen ab: Er plädiert dafür, die Richtlinien für Farbgestaltungen in Schulen mit Blick auf die Nutzungsbedürfnisse und -wünsche zu entwickeln – also die Schülerinnen und Schüler sowie das Lehrpersonal zu berücksichtigen: Farbgestaltungen in Schulen sollten u.a. anregungs- und abwechslungsreich statt monoton und langweilig wirken.

Bernd Hackl und *Martin Steger* versuchen, die bauliche Gestaltung von Schulgebäuden hinsichtlich verschiedener bedeutungsrelevanter Grunddimensionen (wie der physisch-utilitären, der mimetisch-leiblichen und der konventionell-symbolischen) zu analysieren und damit die ›Sprache‹ des Schulgebäudes als vielsagenden Raum darzustellen. Dieser analytische Zugang wird anhand eines Schulgebäudes beispielhaft dargestellt, um somit die Wirkungsweise der Architektur, der Deutungen von Form und Funktion sowie der Zeichenhaftigkeit und Ausdruckweise von Form und Material zu interpretieren.

Ein konkretes Fallbeispiel des »Neuen Schulbaus« behandelt der Beitrag von *Ellen Thormann*: Die Architektur der Bielefelder Laborschule und des Oberstufen-Kollegs, das letzte Projekt einer Reihe von Großraumschulen, die zu Beginn der 1970er Jahre vor allem in Baden-Württemberg und Nordrhein-Westfalen in Betrieb genommen wurden, verstand sich als Versuch eines radikalen Neuansatzes. Prämissen wie Flexibilität und Variabilität wurden hier zum mustergültigen Instrument, um fortschrittliche pädagogisch-didaktische Entwicklungen in der schulischen Erziehung zu verankern. Ausgehend von historischen Vorläufern und unter besonderer Berücksichtigung der Ansichten des Reformpädagogen Hartmut v. Hentig, konfrontiert Ellen Thormann die Planungsintentionen mit der Nutzungswirklichkeit dieser offenen und flexiblen Schularchitektur.

Jeanette Böhme rekonstruiert an zwei Fallbeispielen die Bildungspotentiale von aktuellen Schularchitekturen, die den Gestaltungsprinzipien von Raster und Mitte folgen und somit – so die Autorin – eine Disziplinar- und Formationspädagogik fördern. Architektur bestimme zwar nicht, beeinflusse aber unhintergehbar die pädagogische Praxis: Es werde deutlich, dass die Präferenzen der Architektur vor Ort pädagogisch jeweils ganz unterschiedlich aufgegriffen werden.

Der Beitrag von *Frauke Burgdorff* und *Karl-Heinz Imhäuser* geht den Fragen nach, welchen Herausforderungen sich die Bauaufgabe Schulbau in Zukunft stellen muss und welche Kultur entwickelt werden sollte, damit bedarfsgerechte und zeitgemäße Lernräume entstehen. Ausgehend von der These, dass erfolgreiches und nachhaltiges Lernen variable und individuell wählbare Zugänge benötigt, werden unterschiedliche Lernformationen aufgezeigt. Die besonderen Anforderungen von Ganztagsschulen an die Aufenthaltsqualität für Schülerinnen und Schüler und Lehrerinnen und Lehrer wie auch die Notwendigkeit einer integrierten Gesamtplanung von Schulstandorten infolge der demographischen Entwicklung werden benannt. Die Verfasser skizzieren den dialogischen Planungsprozess der verschiedenen Akteure auf der Grundlage einer umfassenden Bedarfsanalyse in den einzelnen Planungsphasen.

Sibylle Käppel-Klieber beschreibt in ihrem Werkbericht das architektonische und pädagogische Entwurfsprinzip der 2005 erbauten Lernhäuser der Realschule in Höchstadt an der Aisch und die Idee der Schaffung überschaubarer Einheiten in solchen Lernhäusern. Um eine Flexibilität hinsichtlich der nach der Planungsphase gestiegenen Schülerzahlen zu bewältigen sowie um neuartige Raumkonzepte und pädagogische Konzepte auszuprobieren, wurden alle Klassenzimmer als flexible Räume gestaltet und ausgestattet. Lernhäuser entlang einer inneren Straße mit Garten, mit einer Aula als Marktplatz und der Mensa als festem Ankerpunkt im Ganztagesbetrieb werden als leitende Entwurfsprinzipien erläutert.

Dorle Klika wendet sich dem Schulhof als Lebens- und Erfahrungsraum zu und stellt die Ergebnisse erster empirischer Forschungen zur Entwicklung einer phänomenologisch orientierten Theorie des Schulhofes dar. Anhand der Untersuchung von 30 Siegener Schulhöfen wird ein Analyseraster für die Beurteilung von Raumstruktur und -gestaltung aufgezeigt. Neben der Analyse der baulich-räumlichen Situation wird durch die Auswertung von Erinnerungstexten ehemaliger Schülerinnen und Schüler der Schulhof als Machtraum, als Ort biographischer Sozialisation, als durch einzelne Gruppen besetzter Raum sowie als Raum der Übergänge zwischen Innen (der Schule) und Außen (der Straße, der Bushaltestelle etc.) rekonstruiert.

Kathrin Berdelmann und *Markus Rieger-Ladich* plädieren für eine Forschungsrichtung, die Dingen (z.B. der »Anmutungsqualität« und Ausstattung von Räumen) den Status von handelnden Akteuren zuordnet. Sie fassen den Menschen als ein »Resonanzwesen«, das über seinen Leib mit diversen Objekten auf vielfältige Weise verstrickt ist. Vor diesem theoretischen Hintergrund analysiert das Autoren-Duo beispielhaft anhand von Fotos, wie sich Schülerinnen und Schüler mittels Stühlen und Teppichen schulische Räume aneignen und umgestalten bzw. darin arrangiert werden.

Jochen Lange und *Friederike Wille* analysieren die Diskussionen über einen adäquaten Raumbegriff in staatlichen Lehrplänen bzw. in einer wissenschaftlichen Fachgesellschaft für den Sachunterricht an Grundschulen. Dabei plädieren sie für eine konstruktivistische Sichtweise auf räumliche Phänomene u.a. weil darin Bildungspotentiale enthalten seien.

Barbara Müller-Naendrup schildert die Möglichkeiten und Ziele von Lernwerkstätten an lehrerausbildenden Hochschulen. Insbesondere stellt sie die räumlichen Botschaften solcher Einrichtungen dar: Lernwerkstätten halten Gegenstände bereit, die die Lernenden irritieren, inspirieren, alle Sinne ansprechen und kreative Prozesse in Gang setzen; eine Lernwerkstatt ermöglicht den Lernenden individuelle Zugänge zu den Lerninhalten und bietet ausreichend Platz für die Realisierung individueller und gemeinsamer Aktionen; beim Aufbau der Lernumgebungen werden instruktive Anteile auf ein Minimum reduziert.

RAUMKONZEPTE UND BILDUNGSUTOPIEN

Das abschließende vierte Kapitel des Bandes beleuchtet eine Reihe historischer Positionen zum Thema »Bildungsräume«. Ein Leitmotiv ist dabei der utopische Impuls, mit dem spätestens seit dem Zeitalter der Avantgarde immer wieder architektonische und städtebauliche Konzepte sowie gesellschafts- und bildungspolitische Zielvorgaben miteinander verschränkt wurden.

Der Beitrag von *Petra Lohmann* widmet sich unter Bezugnahme auf die Kulturphilosophie Gernot Böhmes zunächst in grundlegender Weise dem Verhältnis von Architektur, Kultur und Bildung. Dabei zeigt Lohmann die Bedeutung der Architektur als fundamentaler »Kulturtechnik« auf, um in einem zweiten Schritt für eine Architekturtheorie zu plädieren, die dieser lebensweltlichen und bildungspraktischen Dimension gerecht wird und Gebautes als »Existential« thematisiert.

In einem Vergleich zwischen dem Weimarer Bauhaus und dem Konstruktivismus in Sowjetrussland widmet sich *Anna Riese* den Gesellschaftsutopien der 1920er Jahre und ihren Auswirkungen auf Architekturtheorie und Baupraxis. Die Autorin illustriert die weitreichende Rolle des Architekten, der buchstäblich als Gestalter gesellschaftlicher Zukunft auftrat und dessen Tätigkeit – vor der jeweiligen Folie der politischen Systeme – einem idealisierten und ideologisch aufgeladenen Vorstellungsbild des »Neuen Menschen« verpflichtet war.

Joseph Imorde widmet sich dem Architekten Otto Bartning (1883-1959), dessen Werk die 1920er Jahre und die Zeit nach 1945 gleichsam ethisch-ästhetisch verklammert. Er zeigt auf, wie der von Bartning gebrauchte Begriff der »Gemeinschaft«, den dieser mit Rückgriff auf die Schriften Martin Luthers definierte, zur Referenz eines spezifisch modernen protestantischen Kirchenbaus avancierte, welcher trotz der technischen Anmutung eines reinen Zweckbaus Vorstellungen von einer Architektur transportierte, in der sich die Gemeinschaft als solche beheimatet fühlen sollte.

Einem Zeitgenossen Bartnings, dem Architekten Hans Schwippert (1899-1973), widmet sich der Beitrag von *Andreas Zeising*. Als Protagonist des Wiederaufbaus und Direktor der Düsseldorfer Kunstakademie fasste Schwippert seine Arbeit stets als ethische Verpflichtung zur Wiederherstellung eines ganzheitlichen Menschenbildes auf. Der Beitrag verdeutlicht, wie in den reformpädagogischen Ansätzen, die Schwippert aufgriff, trotz der konservativen Grundtendenz auch der künstlerisch-gesellschaftskritische Zeitgeist der 1960er Jahre gespiegelt ist.

Mit dem »Dynapolis«-Konzept des griechischen Städtebauers Konstantinos A. Doxiadis und seiner Adaption durch den Komponisten Anestis Logothetis stellt *Matthias Henke* einen hybriden künstlerischen Entwurf zwischen Architekturtheorie und Neuer Musik vor. Nicht nur besaß Doxiades' in den 1950er Jahren entwickelte Vorstellung einer sich integral und modular erweiternden

Stadtstruktur eine Entsprechung in den serialistischen Kompositionsprinzipien von Logothetis, beide folgten überdies »humanen« Leitbildern. 1963 schuf Logothetis mit der Komposition »Dynapolis« eine dezidierte musikalische Interpretation von Doxiades' Konzept.

Der Band schließt mit einem Rückblick auf die bildungspolitischen Utopien der letzen fünfzig Jahre, den *Gert Kähler* aus ironisch-kritischer Distanz unternimmt, noch einmal vom Fallbeispiel der Gesamtschulen ausgehend. Das Scheitern der architektonischen Konzepte des »Neuen Schulbaus« will Kähler freilich nicht als Beleg dafür verstanden wissen, dass die »Erziehung eines kritischen, urteilsfähigen Bürgers« als obsolete Angelegenheit zu betrachten sei. Mehr denn je braucht Bildung, so Kähler, heute ein kritisches Bewusstsein für die Qualitäten der gebauten Umwelt.

Danksagung

Wir danken allen, die das vorliegende Buch und die zugehörige Tagung inhaltlich, organisatorisch und finanziell unterstützt haben, insbesondere den Autorinnen und Autoren für ihre pointierten Texte (weitere sind zu finden unter: www.uni-siegen.de/bak/start/tagung). Wir danken dem transcript-Verlag, insbesondere Frau Tönsing und Herrn Masch, für die schnelle und präzise Bearbeitung des vorliegenden Bandes. Schließlich danken wir Janina Stötzel und Nina Lieske, Studentinnen der Sozialen Arbeit, die die Redaktion des Bandes zuverlässig übernommen haben.

Literatur

Döring, J. & Thielmann, T. (Hg.) (2008): Spatial Turn. Das Raumparadigma in den Kultur- und Sozialwissenschaften. Bielefeld

Raumwahrnehmung und Raumaneignung

Der erlebte Raum des Kleinkindes

Tiefenstrukturen der menschlichen Raumerfahrung

Eva-Maria Simms

Im allgemeinen Verständnis wird Raum oft als quantitativer, logisch und mathematisch bestimmter Ort aufgefasst, in dem die Dinge nach geometrischen Koordinaten platziert sind. Im Gegensatz dazu hat das *Erlebnis* des Raumes eine qualitative Struktur: Räumlichkeit ist ein *a proiri* der menschlichen Existenz, denn sie räumt den Dingen und unseren Körpern Platz ein und verbindet sie miteinander. Örtlichkeit, Richtung, Tiefe, Bewegung, Entfernung, Nähe sind vor-objektive und vor-thematische Qualitäten, die die unreflektierte Welterfahrung einer Person ausmachen. Sein ist immer Platziert-Sein.

Eine Studie zur Entwicklung der Raumerfahrung des Kleinkindes macht es uns möglich, die vor-thematischen und vor-sprachlichen Elemente der Raumerfahrung herauszuarbeiten. Das Verständnis der Raumphänomene, wie sie in der frühen Kindheit in Erscheinung treten, führt uns zu einem tieferen Verstehen der psychologischen Dimension der Raumerfahrung in allen Phasen des menschlichen Lebens.

Streifräume

In ihrer Autobiographie, *An American Childhood,* beschreibt die Schriftstellerin Annie Dillard die Raumerfahrung eines kleinen Kindes:

> Ich streifte herum [...] und prägte mir mein Stadtviertel ein. Ich machte eine geistige Landkarte und fand darauf meinen eigenen Standpunkt wieder. [...] Herumstreifen war meine Aufgabe bevor ich lesen konnte. Der Text, den ich las, war unsere Stadt; das Buch, das ich mir anfertigte, war eine Landkarte. Als ich klein war, ging ich durch unseren Garten bis zum dunklen Hinterweg, wo die alten Münzen vergraben waren. Jetzt ging ich den ganzen Weg zu meiner Klavierstunde, vier lange Blocks jenseits der Schule und dann noch drei zick-zack Blocks [...].

> Ich drängte gegen die Grenzen meiner Karte. Nachts im Bett addierte ich die neu gelernten Straßen und Blocks zu den alten Straßen und Blocks und stellte mir vor, wie ich sie zu Fuß miteinander verbinden konnte. Durch die frühesten Warnungen meiner Eltern hatte ich das Gefühl, dass mein Leben davon abhing alles in Ordnung zu halten – d.h. mich daran zu erinnern wo auf der Erde ich lebte und wohin ich im Bezug dazu gewandert war. An manchem dämmerigen Abend kam ich begeistert und heimlich nach Hause, oft von einem exotisch überwachsenen Bordstein eine Meile weiter weg als was mir am Mittag bekannt war. [...] Was für eine Freude und Erleichterung kam über mich, wenn ich die schwere Haustür aufschob! (Dillard 1987, 44, meine Übersetzung).

Mit dieser Beschreibung werfen wir einen Blick in die Erfahrungswelt des kleinen Kindes. Heute möchte ich Sie dazu einladen etwas Grundlegendes – mit Annies Hilfe – in der menschlichen Entwicklung anzuvisieren: die menschliche Raumerfahrung. Als Phänomenologin bin ich an den Grundstrukturen der Erfahrungswelt interessiert, und die Beschäftigung mit Kinder- und Entwicklungspsychologie ist ein Weg, diese Strukturen in ihren anfänglichen Formen aufzudecken (Simms 2008).

Im alltäglichen Leben erleben wir unsere Räumlichkeit als selbstverständlich und unreflektiert, aber ihre latente Anwesenheit beeinflusst uns doch in vielfältiger und unbewusster Weise. Wir sehen in Annies Beschreibung, wie der erlebte Raum nicht gleichmäßig und homogen bewohnt wird. Es gibt ganze Regionen, die unterdrückt und nicht erlebt werden, und die daher unerschlossen und bedrohend am Rande der vertrauten Erfahrungswelt wuchern. Wir alle, auch wir Erwachsenen, leben mehr oder weniger in vertrauten Regionen, die vom Fremden umzingelt sind. Es ist erstaunlich, sich bewusst zu werden, welche Regionen unseres alltäglichen Raumes uns vertraut sind, und welche unbewohnt und unerinnert bleiben. Der erlebte Raum hat eine andere Tiefen- und Stimmungsstruktur als der Raum, der nur mathematisch vermessen wird und eine homogene geometrische Ausdehnung hat.

In seiner Phänomenologie der Räumlichkeit beschreibt der Philosoph Maurice Merleau-Ponty den Raum nicht als quantitatives, logisch-mathematisches Feld, in dem die Dinge durch geometrische Koordinaten platziert sind, sondern als »das Mittel, durch welches das Bestehen der Dinge möglich ist«, und als »die universale Macht, die es ihnen erlaubt, miteinander verbunden zu sein« (Merleau-Ponty 1962, [1974], 243). Von dem abstrakten, formelhaften Raum des Logikers bewegen wir uns hin zu dem Raum der alltäglichen Erfahrung, der Hintergrund für die Platzierung und Verbindung aller Wesen in der Welt ist. Richtung, Tiefe und Bewegung sind schon vor allem Vermessen als vor-objektive und vor-thematische Qualitäten des Haltes, den ein Mensch in seiner Welt hat, gegeben. Die Phänomenologie der Räumlichkeit führt uns zurück zu dieser vor-logischen und phänomenalen Schicht, wo »Sein mit dem räumlich Sein synonym ist« (252).

Hier und Dort

Eine der Grundstrukturen der Räumlichkeit ist die Spannung zwischen Hiersein und Dortsein. Die Bestimmung des »Hiers« ist ein menschlicher Akt, der weit in unsere Vorgeschichte zurückreicht, und dessen Spuren noch immer in prähistorischen Ruinen und Fundstücken und in überlieferten Ritualen entdeckt werden kann. Der Religionswissenschaftler Mircea Eliade beschreibt die Ortswahl als eine heilige Handlung: aus dem vielfältigen Chaos der Welt wählt der Mensch sich einen bestimmten Ort aus, und mit dieser Wahl verändert sich die Welt. »Establishment in a particular place, organizing it and inhabiting it, are acts that presuppose an existential choice – the choice of a universe that one is prepared to assume by »creating it.« (Eliade 1959, 34) Hiersein und Dortsein, Nähe und Ferne gibt es nur in Bezug auf diesen Heimatstandort. Der Drang nach dieser zentralen Verankerung wird von uns allen immer wieder ausgelebt.

Der beschränkte Raum: eine Fallstudie

Der Raum räumt den Dingen eine Stelle ein und verbindet sie miteinander. Dieses ist auch der Fall für unsere Leiblichkeit, die auch eines der raumeinnehmenden Dinge ist. Wir sind daran gewöhnt, uns die Raumbeziehung von der menschlichen Aktivität her anzuschauen, d.h. wir sehen den Raum als passives Medium, das wir umordnen und einrichten. Ich möchte vorschlagen, dass wir diese Beziehung umkehren und uns der *Aktivität des Raumes* bewusst werden.

Wir können den aktiven Einfluss der Räumlichkeit auf die Leibstruktur besonders gut erfassen, wenn wir uns die Fallstudie einer extremen Lebenssituation ansehen. 1990 verbreitete die US Nachrichtensendung 20/20 die ersten Bilder aus den rumänischen Waisenhäusern. Die unglaublichen Filmaufnahmen zeigten unterernährte Säuglinge und Kleinkinder, die in stallähnlichen Kinderbettchen lebten, nackte Kinder, die in Käfigen gehalten wurden, und Jugendliche, die nichts taten als sich hin und herzuwiegen oder die gefesselt auf einem mit Urin beschmutzten Boden lagen. 1989 lebten 170.000 Kinder in rumänischen Waisenhäusern unter meist unmenschlichen Bedingungen (Zeanah u.a. 2003). Zwischen 1990 und 1993 wurden ca. 2.800 rumänische Waisenkinder in den USA adoptiert, andere von kanadischen und europäischen Eltern (Groze & Ileana 1996; Gunnar, Bruce, & Grotevant 2000). Warmherzige und wohl gesonnene westliche Adoptiveltern glaubten, dass diese Kinder mit Liebe allein gut aufwachsen würden. Viele von ihnen erfuhren eine schmerzhafte Enttäuschung: Kinder, die länger als acht Monate in Institutionen verbringen, haben physische, kognitive und emotionale Probleme, die sich im allgemeinen nicht von selber auflösen, sondern intensive therapeutische Eingriffe erfordern

(Ruggiero & Johnson 2009). Je länger Kinder in Waisenhäusern bleiben, desto schwerer und behandlungsresistenter werden ihre Behinderungen.

Im Folgenden möchte ich Ihnen ein rumänisches Kleinkind und seine Raumerfahrung vorstellen und diese später mit Annies vergleichen. Rudy wurde am 26. Januar 1990, sechs Wochen nach dem Fall Caucescus, geboren und lebte für 18 Monate in einem Waisenhaus, bis er von amerikanischen Eltern adoptiert wurde. Stellen Sie sich einen Säugling vor, der in einem zu jener Zeit gängigen Waisenhaus »abgelegt« war. Durch heraus geschmuggelte Videoaufnahmen haben wir ein ziemlich klares Bild, wie sein Leben wahrscheinlich aussah. Unser Baby Rudy lebt hinter den Stäben seines weißen Bettchens, das in einer Reihe von vielen anderen weißen Bettchen steht, in denen andere Säuglinge auf ihren Rücken liegen und sich hin und her wiegen und ihre Finger vor den Augen herumschütteln. Eine Wasserflasche, wie man sie normalerweise an einem Meerschweinchenkäfig sieht, ist an den Stäben angebracht, und ab und zu kommt mal jemand vorbei und füllt die Flasche mit Babynahrung. Rudy wird nie länger als ein paar Minuten aufgehoben und berührt – z.B. zum Windelwechseln. Er blickt durch die Stäbe auf die getünchten Wände, über die das Tageslicht spielt und ihm die Tageszeit anzeigt. Er hört die Flut der Geräusche in dem Raum, und manchmal wird er frühmorgens von dem wundervollen Trommeln und Singen der Heizungsrohre geweckt, die viele Laute aber wenig Wärme abgeben.

Lebende Organismen können sich sehr gut einem bestimmten Umfeld eingliedern. Körper haben sehr effektive Methoden ihre eigenen Aktivitäten zu bewerten und einer bestimmten räumlichen Umwelt anzupassen. Rudys räumliche Umwelt hat eine ganz spezifische Erfahrungsstruktur, die gekennzeichnet ist durch Lichtbewegungen und das Auf- und Abschwellen einer Tonlandschaft, welche das Essen oder die überraschende Morgenmusik der Heizung ankündigt. Seine Hände können nur sich selber greifen, die Zehen oder Haare berühren oder sich zur Flasche ziehen. Seine Schultern und Hüften können sich rhythmisch von rechts nach links bewegen, und wenn er das tut bewegen sich auch die Zimmerdecke und die Stäbe von selber und verschieben sich miteinander. Wenn er dann die Augen zumacht, fühlt er das Wiegen überall, und es ist gut und beruhigend.

Rudys Gehirn, wie alle Babygehirne, ist im Prozess der »exuberant synaptogenesis«, d.h. es produziert mehr synaptische Verbindungen, als es am Ende braucht. Es ist dazu bereit, Umweltinformationen aufzunehmen und seine Nervenverbindungen so einzurichten, dass sie nutzbar auf diese spezielle Welt reagieren. Mit der Zeit passt sich Rudys Gehirn seiner ganz bestimmten Umwelt an, und er kommt sehr gut in ihr zurecht (Polley u.a. 2008; Stein, Perrault Jr, Stanford, & Rowland 2009; Wallace 2004). Wir haben letztlich nur eine grobe Vorstellung von den anderen Wahrnehmungsdimensionen, auf die sich dieses Kind eingestellt hat. Obwohl ihm die Fähigkeit fehlt, die menschliche Sprache zu verstehen, ist er doch vielleicht ein Mozart der alltäglichen Klanglandschaft; ohne Tiefenwahrnehmung ist er vielleicht doch ein Cézanne des Lichtvolumens. Wiegt er sich hin und her, weil er sich auf den Rhythmus seines eigenen Herzschlages und Atmens einschwingt und ihn mit dem Flüstern der Windel über die Matratze synkopiert? Stellt er sich Formen und Geräusche in seiner Einbildungskraft vor und variiert sie, um sich zu amüsieren? Wir wissen es nicht.

Aber wir wissen, dass Rudy mit 18 Monaten bei seiner Adoption in einer amerikanischen Familie weder sitzen noch laufen kann; dass er weitere zwei Jahre braucht, bevor er spricht; dass er wenig Gefühlsvariationen zeigt, und kein Interesse an anderen Menschen hat. Als er im Alter von drei Jahren und zwei Monaten in einer Klinik getestet wird, zeigt er die folgenden Verhaltensweisen: Rudy ist leicht von Wahrnehmungen überwältigt und kann sich nur mühsam konzentrieren; er zeigt taktile Abwehr und entzieht sich, wenn die Eltern ihn anfassen; ständig fallen ihm Dinge aus den Händen und er kann Formen und Oberflächenbeschaffenheit mit den Fingern nicht unterscheiden; er stößt sich ständig an Dingen in seinem Umfeld, besonders an großen Sachen wie Stühlen, Türpfosten und sogar geparkten Autos, weil er nicht weiß wo sie im Bezug auf seinen Körper sind und wie und wo sich seine Leiblichkeit im Raum befindet (Propriozeption); er hat Schwierigkeiten mit Treppenstufen, weil er keine gute Tiefenwahrnehmung hat und leicht die Balance verliert; er wird ganz aufmerksam wenn er Geräusche im Heizungssystem hört oder das Blinken von Weihnachtslichtern sieht, aber er hat es schwer Sprache zu verstehen und zu gebrauchen und aus dem Tonschwall des Sprechens bedeutungsvolle Wortformen zu unterscheiden. Rudys Fall ist nicht fiktiv: Ich habe Rudys Testbefunde gelesen und eine Doktorarbeit über seinen Fall wurde bei mir geschrieben (McParlane 2001).

Warum diese Beschreibung eines Waisenkindes, das in Isolierhaft aufgewachsen ist? Normalerweise sehen wir Psychologen uns Rudys Bindungsprobleme an, und zahlreiche therapeutische Ansätze greifen da ein, wo die Beziehung zum vertrauten Erwachsenen fehlt. Bei Kindern wie Rudy gehen die Störungen aber noch tiefer als die Abwesenheit eines Liebesobjektes. In Rudys Fall wird die organische Verbindung zwischen einer bestimmten Raumkonstitution und der Gehirnstruktur des Kindes sichtbar. Die Räumlichkeit hat sich in den Bau und die Funktion seines Bewegungs- und Wahrnehmungssystems eingeschrieben. Es ist eine Überlebensfunktion des *menschlichen* Gehirnes, dass wir uns mit unserem offenen, flexiblen Nervensystem auf eine bestimmte Umwelt einstellen. Es gibt z.B. dokumentierte Fälle wo Kinder von einem Wolfsrudel in einem unterirdischen Bau aufgezogen wurden, und sich ihre Hand- und Kieferknochen und ihre Wahrnehmungssinne der Wolfsexistenz angepasst haben (Candland 1995). Da diese Kinder, wie Rudy, sich gut in ihrer gewohnten wölfischen Räumlichkeit zurechtfinden konnten, ging es ihnen nicht gut, wenn sie mit den Anforderungen der Zivilisationswelt konfrontiert wurden: sie lernten wenig mehr als Hygiene, konnten die Sprache nicht erwerben, wurden nie unabhängig, und starben im jungen Alter. Therapie für Rudy muss da ansetzen, wo der Schaden am tiefsten liegt: bei seinen Bewegungs- und Wahrnehmungsfähigkeiten. Wir haben hier nicht genug Zeit, dies weiter auszuarbeiten, aber es gibt eine weite Literatur über sinnliche Integrationstörungen (Sensory Intergration Disorders, SID, oder Sensory Porcessing Disorder, SPD) und Integrationstherapie, besonders im Bereich der Beschäftigungstherapie (Ayres 1979), die uns Möglichkeiten eröffnet, die Wahrnehmungsfähigkeiten des Kindes umzustrukturieren und somit den Bau und die Funktion seines Gehirnes auf die Anforderungen der menschlichen Mitwelt einzustellen. Und natürlich müssen auch seine Beziehungs- und Gefühlsstörungen behandelt werden, denn die Verbindung mit dem Anderen eröffnet den symbolischen Raum der Sprache und Kultur und somit einen Großteil dessen, was Wert und Bedeutung im Menschenleben hat.

Die Psychopathologie des erlebten Raumes

Wenn wir die Raumerfahrungen von Annie und Rudy vergleichen, werden einige allgemeine Grundstrukturen sichtbar. Beide haben sich einer bestimmten Umwelt angepasst. Rudy lebte in einem engen, erfahrungsarmen Raum, der seine Leiblichkeit auf das kleinst mögliche Aktionsfeld beschränkte. Annie wuchs in einer warmen, wohlhabenden, abenteuerlustigen Familie auf, und ihre Eltern erweiterten nach und nach den Spielraum ihrer Raumerfahrung und ließen sie frei in den Straßen und im Stadtwald herumlaufen. Raum ist *Aktionsraum* (Straus 1956), und er kann weiter oder enger erlebt werden. Der früheste Aktionsraum unserer Kindheit prägt unser Gehirn, unsere Sinne, und unsere Bewegungsfähigkeit.

Als *Aktionsraum* erlaubt uns der Raum ein spezifisches Spektrum von Handlungen und verdeckt andere. Wenn wir uns z.B. in einem Hausflur befinden, haben wir den Drang, schnell durch diesen Raum hindurchzugehen zur Tür am anderen Ende. Es gibt da wenige Möbel die zum Verweilen einladen, denn er ist nur als Durchgangspassage angelegt. Kinder haben eine weniger konventionelle Auffassung von den Aktivitäten, die sozial in einem solchen Raum zugelassen sind: Sie lieben die lange Strecke Fußboden als Rennbahn für ihre Modellautos, aber auch sie gehorchen den Aktionseinschränkungen dieses Raumes. Ein Puppenpicknick findet meist in einer Ecke am Ende des Flures statt, oder hat eine ganz deutlich raumabgrenzende Decke unter sich, die aus dem leeren Durchgangsraum einen intimen Verweilraum schafft.

Rudys Aktionsraum im Waisenhaus ist äußerst beschränkt, und auch als er in einem üppigen amerikanischen Kinderzimmer lebt, hat er immer noch Schwierigkeiten, sich durch die Welt zu bewegen. Er kann der Verbindung zwischen seiner Leiblichkeit und seinem Wohnraum nicht trauen. Wenn er ins Wohnzimmer geht, stößt er sich oft an den Möbeln, und wenn er nach den Bauklötzen greift, schubst er sie unabsichtlich durcheinander oder verpasst sie ganz. Seine Räumlichkeit bietet ständig Hindernisse, und kaum eine Bewegung ist einfach und unbewusst. Die Platzierung der Dinge und ihre Beziehung zueinander sind ungewiss. Annie, andererseits, folgt dem Ruf der offenen Straße, und manchmal rennt sie so schnell wie der Wind einfach, weil es ihr Spaß macht. Ihr Raum ist einfühlsamer Bewegungsraum, und ihre Glieder passen sich den Raumanforderungen an. Ihr Aktionsraum wird spielerisch aufgenommen. Sie sieht die Möglichkeiten, vertraut sich selbst und ihrem Raum und macht neue Erfahrungen. Ihre Verbindung mit dem Raum ist »pathisch«, anstatt »gnostisch«, d.h. intuitiv anstatt verstandesmäßig, gelebt und latent anstatt bewusst und thematisiert (Buytendijk 1933). Annie hat die Eigenschaft erworben, bewusst aus dem pathischen Verbund mit ihrer Räumlichkeit herauszutreten und sie sich mit einer gewissen gnostischen Distanz anzusehen und über sie nachzudenken: Sie stellt sich vor, wie die Straßen auf einer imaginären Landkarte miteinander verbunden sind, und abends im Bett übt sie den Tagesweg rückwärts zu gehen. Sie erschafft hypothetische, rein imaginäre Strecken auf ihrer Landkarte, die sie selbst noch nie begangen hat.

Rudy hingegen fehlt die pathische, intuitive Einfühlung in die Welt. Räumliche Gegenstände dringen ständig ins Bewusstsein ein und können sich nicht zu einer gewohnten Landschaft konsolidieren; sie bedrohen und durchbrechen immer wieder die Grenzen seiner Leiblichkeit. Eine ungewohnte, immer sich dem Bewusstsein aufdringende Welt ist schwer zu ertragen und muss ständig bewältigt werden. Es gibt kein freies Durchatmen und Vorwärtsschreiten, kein Spielerisches Aufnehmen von Dingen. Diese Welt ist ein bedrohlicher Raum, der vor einem steht und seine Einladung verweigert; er verschließt sich als Aktionsraum für dieses Kind.

Der Psychiater und Philosoph Eugène Minkowski (1970) beschreibt in seiner Psychopathologie des Erfahrungsraums, wie sich die Raumerfahrung bei verschiedenen psychiatrischen Krankheiten verändert. Schizophrene erfahren den Umraum als bedrückend und zusammengezogen und mit versteckten Bedrohungen durchsetzt, die jederzeit hervortreten und angreifen können. Sie können aus diesem bedrohlichen, engen Raum nicht heraustreten und haben keinen Abstand von ihm. Der Raum steht als Feind vor ihnen. Somit können sie sich auch nicht dem Raum anvertrauen und ihn mit lockeren Bewegungen durchdringen. Wir sehen diese Raumkonfiguration auch bei Rudy (und das heißt nicht, dass er schizophren ist!). Bei Rudy ist allerdings die Kausalität umgekehrt: seine organische Wahrnehmung des Raumes ist verengt, die leiblich-räumliche Solidarität ist unterbrochen, und so erfährt er die Welt als zu nah und bedrängend.

Die Raumerfahrung des Schizophrenen ist eine Variation und Intensivierung von herkömmlichen Raumstrukturen. Minkowskis Analyse zeigt, wie im normalen, pathischen Raum eine »erlebte Distanz« erfahren wird: Die Dinge im Zimmer, die Häuser entlang der Straße, die Bäume im Wald drängen sich uns nicht auf, sondern bleiben an ihrem Ort und halten sich von uns entfernt. Wir sind von einer »Sphäre der Gelassenheit« umgeben, und die Dinge in unserem Umfeld bewegen sich *mit uns* durch die Zeit als das »umgebende Werden«. In der erlebten Distanz sind wir von den Dingen zugleich getrennt und mit ihnen verbunden, und ein Freiraum eröffnet sich vor uns, in dem wir uns Ziele setzen und unsere Projekte verwirklichen. Nur wenn ein Kind dem Raum traut, wagt es dort zu spielen – und das ist auch für manche Tierkinder so, wie Harlow es demonstriert hat (Harlow & Harlow 1986). Kinder wie Rudy haben so wenig Vertrauen, dass sie noch nicht einmal ein Kuschelobjekt als spielerisches Eigentum annehmen. Erwachsene, die die Räumlichkeit nicht gelassen angehen können, wagen sich nicht aus dem Haus ohne von der Angst überfallen zu werden, von den offenen Plätzen vernichtet oder von den bedrohenden Häusern erdrückt zu werden. Nur mit Gelassenheit kann man Raum als Möglichkeitsraum erfahren und gestalten. Doch Rudy und Minkowskis schizophrener Patient sehen die Offenheit und Distanz nicht. Alles ist zu nah, alles ist zu bedrohlich, und die Fülle des Lebens wird auf den kleinst möglichen Erfahrungsraum beschränkt. Eine Zukunft, die anders als die Gegenwart ist, kann man sich nicht vorstellen. Die Katatonie des Schizophrenen und die endlos wiederholten Körperbewegungen des Autisten sind Formen der räumlich-zeitlichen Weltbeschränkung um nicht überwältigt und vernichtet zu werden.

Raumformen, Körperhaltung und Bewusstsein

Der Raum, wie Buytendijk (1933) gezeigt hat, stellt eine Einladung an die Leiblichkeit dar: Hier ist der Bordstein, und er will von dem Kind behüpft werden; dort ist eine Rauchwolke am Horizont, und unsere Augen und unsere Nase werden magnetisch angezogen; hier ist ein Esstisch und wir setzen uns zusammen mit Freunden zum Abendessen und zur Geselligkeit nieder; dort ist ein Schlafzimmer, jedoch kaum einer würde Freunde einladen, um sich zum Gespräch aufs Bett zu legen. Räume arrangieren unsere Leiblichkeit und somit unser Erfahrungsfeld. Das ist die ontologische Solidarität zwischen Raum und Körper, wie Minkowski das nennt.

Jeder Raum formt die Leiblichkeit und bestimmt unsere Haltung, eröffnet oder verschließt Bewegungsmöglichkeiten, bietet Wahrnehmungsfelder an, und strukturiert unsere Beziehungen mit anderen Menschen. Räumlichkeit hat Transzendenz, d.h. sie ist mehr als was vor unseren Augen liegt und könnte auch anders erscheinen, und kann von anderen Menschen, und besonders Kindern, anders erfahren werden.

In seiner prägnanten Studie über die aufrechte Haltung hat der Psychiater Erwin Straus (Straus 1956; 1966/1980) dargelegt, wie Veränderungen in der menschlichen Körperhaltung Veränderung des Bewusstseins bewirken. Die aufrechte Haltung erfordert den konstanten Widerstand gegen die Schwerkraft, ist eine immerwährende Anstrengung. Aufrechtsein ist mit intensiverem Bewusstsein und verschärfter Umweltwahrnehmung verbunden, und wenn wir uns bedroht fühlen, springen wir auf um anzugreifen oder zu fliehen: Wir sind zur Tat bereit. Andererseits »entspannen« wir uns, wenn wir uns hinsetzen. Die chiasmische Verbindung zwischen Körperhaltung und Bewusstsein wird noch deutlicher, wenn wir uns das Hinlegen betrachten. Sobald wir unseren Körper in die Horizontale bringen, wird es schwerer, aufmerksam zu bleiben und wir gleiten leicht in den Schlaf: »Im Schlaf geben wir den Kampf mit der Schwerkraft auf; in unseren schwerelosen Träumen oder in unserem Phantasieleben wird die Erfahrung kaleidoskopisch und letztendlich formlos« (Straus 1966/1980, 142). Wenn wir die aufrechte Haltung aufgeben, wird unsere Erfahrungswelt umstrukturiert, wie jeder Patient in einem Krankenhausbett es weiß. Wir werden von anderen abhängig, sind unfähig uns selbst zu versorgen. Der Welthorizont verengt sich auf das Krankenbett und der einladende Aktionsraum verliert sich im Nebel von fragmenthaften und formlosen Ereignissen. Die Aufmerksamkeit wandert, das Bewusstsein wird kaleidoskopisch, der Wille zur Tat verliert sich. Die Zeit dehnt sich aus, und wir verlieren unseren Sinn von Individualität und Autonomie. Es fällt Patienten oft schwer, ihre Mündigkeit im Krankenhaus zu fordern und zu verteidigen. Wenn möglich, reden sie nie mit dem Arzt wenn sie flach liegen. Die menschliche Körperhaltung bestimmt die Qualität und Reichweite von Aufmerksamkeit und Aktivität und ist oftmals von den gegenwärtigen Raumstrukturen abhängig

Raum und Ideologie

Ich möchte nur ganz kurz anmerken, dass die Verbindung zwischen Leibesgefühl und Räumlichkeit auch eine geschlechtliche Komponente hat. Die Philosophin Iris Young (2005) hat untersucht, warum Mädchen traditionell einen Ball anders werfen als Jungen, und sie hat festgestellt, dass das weibliche Aktionsfeld von Anfang an sozial eingeschränkt ist. Das Mädchen hat somit Schwierigkeiten den lateralen Raum voll aufzunehmen und seinen Körper ganz der Bewegung nach vorne anzuvertrauen. Sie erlebt Ihren Raum als bedrohlich und ihren Körper als Objekt unter dem Blick anderer. Die Leiblichkeit und die damit zusammenhängende Raumerfahrung werden schon beim Kleinkind durch kulturelle Praktiken ganz spezifisch ausgerichtet. Meistens sind wir uns dessen nicht bewusst.

In Leni Riefenstahls Film *Triumph des Willens*, der eine Dokumentation über den 1936er Reichstag der NSDAP ist, steht die Masse auf einem Platz in Nürnberg. Alle zusammen schauen sie ständig nach oben und bewegen sich auf Kommando wie ein Massenballett hin und her. Gemeinsam strecken sie ihre rechten Hände in einer Geste zwischen Segnen und Erflehen Hitler zu. Da steht der Führer über ihnen oben auf dem Podium und empfängt ihre Unterwerfung und sagt ihnen, was sie tun sollen und wie wundervoll und stark sie sind. Es ist erstaunlich, wie detailliert die Raumstukturen und Körperhaltungen der Teilnehmer von den Planern inszeniert worden sind, um bestimmte Machtgefühle und -positionen zu produzieren. Räumlichkeit ist nicht neutral. Politische Machtstrukturen verankern sich in der öffentlichen Architektur und wir als Teilnehmer werden leiblich und geistig zu bestimmten Haltungen und Gefühlen gedrängt, die die eingebaute Ideologie unterstützen. Es gibt eine permanente Kommunikation mit dem Raum – ohne dass wir uns dessen immer bewusst sind.

Kindliche Freiräume

Die Institutionalisierung des Raumes als soziale Anwendung von Machtformen wird auch im Kinderleben deutlich. Erwachsene planen und bauen die Räume, in denen Kinder heutzutage die meiste Zeit verbringen, wie Kindergärten und Schulen, und auch die virtuellen Räume von Videospielen und im Fernsehen. Der Pädagoge Martinus Langeveld hat vor Jahren eine interessante und sehr brauchbare Unterscheidung in Hinblick auf Kinderräume getroffen. Erwachsene strukturieren kindliche Räume, um Kinder zu bilden und zu sozialisieren. Schulräume und ihre Möbel und die Sozialrituale, die damit zusammenhängen, drängen das Kind in bestimme Leib-und Bewusstseinsformen, die das Lernen unterstützen sollen. Langeveld nennt diese vorherbestimmten Räume »bestimmte Stellen« oder »bestimmte Räume« (Langeveld 1960), die die Spontanität und Freiheit von Kindern einschränken und modifizieren. »Unbestimme Stellen« sind kindliche Freiräume, die nicht von Erwachsenen vorgeplant sind, sondern es dem Kind selber überlassen, wie der Raum genutzt und erfahren wird. In den letzten 20 Jahren habe ich hunderte von Menschen nach ihren geheimen Kindheitsorten befragt, und festgestellt, dass Kinder sich unbestimmte Stellen in Räumen einrichten, die die Erwachsenen anders nutzen oder einfach übersehen. Die kindliche Einkehr, wie Langeveld das nennt, findet ihren geheimen Freiraum im unbenutzten Speicher oder im Heizungskeller, tief im Kleiderschrank, im verwahrlosten Grundstück nebenan oder hoch oben im Baum. Dort sitzt man und träumt, man sortiert seine Sammlungen, man richtet sich einen Wohnraum ein oder baut eine Bude. Manchmal flieht man dort hin, wenn die Eltern sich zanken oder wenn man Schwierigkeiten mit der

Schule oder mit anderen Kindern hat. Langeveld ruft uns auf, diese kindlichen Freiräume zu beschützen, weil hier das Kind bei sich selbst sein kann und die eigene kleine Welt aus eigener Kraft und Vorstellung gestaltet. Wir leben in einer Zeit, wo diese Freiräume des Kindes immer mehr eingeschränkt werden um einen bestimmten, »geschulten« Kulturbürger heranzuziehen und zu produzieren. Annies Eltern gaben ihr den Freiraum der Straße und entließen sie in den unbestimmten Raum. Dort fand sie ihre eigene Orientierung, setzte sich selbst Aufgaben und erntete persönlichen Erfolg. Lernen geschieht nicht immer unter Anweisung und Überwachung von Eltern oder Lehrern. Manche Lernräume müssen wir den Kindern selber überlassen.

Ich möchte Annie Dillard das letzte Wort geben:

»Ein Kleinkind beobachtet seine Hände und fühlt, wie sie sich bewegen. Mit der Zeit erfährt es seine eigenen Grenzen an der komplexen Landschaft seiner Haut. Danach legt es eine Handfläche gegen die andere und versucht spielerisch zu unterscheiden, welche Hand fühlt und welche gefühlt wird. Ein Haus ist nichts als eine größere Haut, und die Karte des Stadtviertels nichts als die sich immer erweiternde Haut der Welt.« (Dillard 1987, 44)

LITERATUR

Ayres, A. J. (1979): Sensory integration and the child. Los Angeles

Buytendijk, F. J. J. (1933): Wesen und Sinn des Spiels. Berlin

Candland, D. K. (1995): Feral children and clever animals: Reflections on human nature. New York

Dillard, A. (1987): An American childhood. New York

Eliade, M. (1959): The sacred and the profane. New York

Ileana, D. (1996): A follow-up study of adopted children from Romania. In: Child and Adolescent Social Work Journal, 13(6), 541-565

Gunnar, M. R. u.a. (2000): International adoption of institutionally reared children: Research and policy. In: Development and Psychopathology, 12(04), 677-693

Harlow, H. F., & Harlow, C. M. (Hg.) (1986): Learning to love: The selected papers of H.F. Harlow New York

Langeveld, M. J. (1960): Die Schule als Weg des Kindes. Braunschweig

McParlane, J. (2001): Attachment formation and sensory development: a theoretical heuristic case study. Unpublished Dissertation, Duquesne University Pittsburgh

Merleau-Ponty, M. (1962): Phenomenology of perception (C. Smith, Trans.). London

Merleau-Ponty, M. (1974): Phänomenologie der Wahrnehmung (Übersetzt von R. Boehm). Berlin

Minkowski, E. (1970): Lived time: Phenomenological and psychopathological studies. Evanston

Polley, D. B. u.a. (2008): Development and Plasticity of Intra- and Intersensory Information Processing. In: Journal of the American Academy of Audiology, 19(10), 780-798

Ruggiero, J. A., & Johnson, K. (2009): Implications of Recent Research on Eastern European Adoptees for Social Work Practice. In: Child and Adolescent Social Work Journal, 26(6), 485-504

Simms, E. M. (2008): The child in the world: Embodiment, time, and language in early childhood. Detroit

Stein, B. E. u.a. (2009): Postnatal experiences influence how the brain integrates information from different senses. In: Frontiers in Integrative Neuroscience. Winston-Salem, 3

Straus, E. (1956): Vom Sinn der Sinne. Berlin

Straus, E. (1966/1980): Phenomenological psychology. New York

Wallace, M. (2004): The development of multisensory processes. In: Cognitive Processing, 5(2), 69-83

Young, I. M. (2005): Throwing like a girl: A phenomenology of feminine body comportment, motility, and spatiality. In: On Female Body Experience. Oxford

Zeanah, C. H. u.a. (2003): Designing research to study the effects of institutionalization on brain and behavioral development: The Bucharest Early Intervention Project. In: Development and Psychopathology, 15(04), 885-907

Wider die ›Puppenstarre‹

Ein Plädoyer für die (Wieder-)Aneignung des intermediären und imaginären Raums im Spiel mit Puppen

INSA FOOKEN

Puppen sind ein uraltes Kulturgut. Die enge Beziehung zwischen Menschen und Puppen lässt sich bis in die Ursprünge der Menschheit zurückverfolgen. Nach Fritz (1992) ist die »Puppe als Spiegel der Gesellschaft [...] eine ›Mitteilung‹ dieser Gesellschaft über sich selbst« (ebd., 7) und sie stellt die »zum Gegenstand gewordene Projektion des Menschen von sich selbst in seinen Bezügen zur Welt« (ebd., 66) dar. »Die Puppe [...] existierte schon Jahrtausende, ehe das erste Kind sich ihrer bemächtigt hat« (v. Boehn 1929, 4). Dabei galt das Spiel mit Puppen in den letzten Jahrhunderten als *das* typische Mädchenspiel, bei dem Jungen nur partiell partizipieren konnten. Gilt diese geschlechtsrollenstereotypisierte Konnotation auch heute noch? Sind Puppen immer noch vor allem für Mädchen gedacht und Baumaterial bzw. Technik für Jungen? Auch wenn vom Anspruch der zeitgenössischen Elementarpädagogik her Puppen- und Bauecken in den Kindergärten für beide Geschlechter offen und zugänglich sind, läuft das empirische Spielverhalten in den entsprechenden pädagogischen Institutionen oft immer noch in eher geschlechtergetrennten Bahnen ab.

Veränderte Spiel-Sachen und Kinder-Räume oder: Erstarrung der Spielwelten?

Im privaten häuslichen Bereich des Spielens und der Spielsachen deuten sich mittlerweile aber noch ganz andere Tendenzen an. So zeigt sich in zwei aktuellen Studien zu den »Gefährten der Kindheit« (Holler & Götz 2011), dass Jungen ohnehin nur noch in ganz seltenen Ausnahmefällen Puppen als Kindheitsbegleiter nutzen bzw. dass junge Männer sich zumeist nicht daran erinnern, früher jemals mit Puppen gespielt zu haben (Fooken 2012). Darüber hinaus scheint aber inzwischen selbst bei Mädchen die frühere Bevorzugung von Puppen deutlich zugunsten der Lieblingsstoff- und Kuscheltiere abgenommen zu haben. Die von Holler und Götz (2011) befragten 700 repräsentativ ausgewählten Mütter von 1-6jährigen Kindern berichten zu 69 % von der eindeutigen Präferenz eines Kuscheltiers, während bei nur 19 % der Kinder die Puppe an erster Stelle kommt (Holler & Götz 2011).

Dabei ist das Stofftier historisch gesehen gerade einmal erst gut 100 Jahre alt Lohmann & Fooken 2009). In dieser Zeit hat es eine beeindruckende »Evolution« durchgemacht (Hinde & Barden 1985): es hat sich von seiner ursprünglichen Tierähnlichkeit in eine Art geschlechtsneutralen, an einem eher unspezifischen, amorphen Kindchenschema orientierten Spielzeugtypus gewandelt, der auch jenseits des Kleinstkindalters sowohl für Mädchen als auch für Jungen die Funktion eines Übergangsobjekts erfüllt (vgl. Winnicott 1953, 1973). Selbst Erwachsene tragen solche persönlichen Liebes- und Lieblingsobjekte (vgl. Habermas 1996) mittlerweile mehr oder weniger öffentlich mit sich herum und können – auf diese Art legitimiert – regressiv-kindliche Bedürfnisse zum Ausdruck bringen.

Sind Puppen im Kontext dieser Entwicklungen mehr oder weniger auf der Strecke geblieben? Schaut man sich in den Auslagen der Spielzeugläden um, dann haben sich auch die klassischen Puppenwelten der Mädchen in den letzten 50 Jahren entscheidend verändert. Mit dem Einzug von Barbie (erwachsene Modepuppe), Lillifee (Prinzessin) und Baby Born (monströse Lebensechtheit eines Babys) scheint sich eine neue Bedeutung von Puppen etabliert zu haben, die auf eine vorwiegend konsumierende Nutzung durch die Kinder bzw. Mädchen verweist: Sowohl Lillifee mit ihrer rundum rosa gefärbten Prinzessinnenwelt als auch Barbie mit ihrem eingefrorenen Gestus und Habitus eines beispielsweise von Karl Lagerfeld eingekleideten Models, einer Golferin mit den entsprechenden Insignien und Statussymbolen, einer Schwimmerin oder Sekretärin etc. lassen sich nicht mehr ›bewegen‹ und erzeugen überwiegend reproduktives Spiel. Vielfalt, Veränderbarkeit und Entwicklung können somit kaum noch mit einer einzigen derartigen Puppe durchgespielt werden. Will man andere Themen und Spielszenen ansprechen, bedarf es weiterer Varianten von namensmäßig gleichen Puppen-Exemplaren, mit denen das neue Thema dann tendenziell genauso stereotyp durchdekliniert wird. Somit tendieren Denken und Vorstellungen der Mädchen, die mit solchen Puppentypen spielen, dazu, in festgesteckten, immer wieder reproduzierbaren Bahnen abzulaufen. Ähnliches gilt auch für die hoch technisierte und dabei – im Verhältnis zur Größe des Kindes – unproportional große ›lebensechte‹ Baby Born Puppe.

Die These, die in diesem Beitrag zur Diskussion gestellt werden soll, lautet dem gemäß: Die Nutzung der Spiel-Räume und die Art und Weise der Spiel-Sachen haben sich verändert, wobei insbesondere der (weibliche) Lebensraum entweder seine traditionellen Bezüge verloren hat oder in Perfektion erstarrt ist. Die klassischen Spielräume, in denen Kinder als aktive Konstrukteure im Symbol- und Rollenspiel mit Puppen mehr oder weniger wild, frei und gelegentlich anarchisch agieren konnten, scheinen bedroht zu sein. Der ursprünglich offene Erlebnisraum des Puppenspiels, in dem die Erwachsenenwelt sowohl imitiert als auch auf den Kopf gestellt sowie (lustvoll) konterkariert werden konnte, in dem zudem die ganze Skala der zuweilen hoch ambivalenten kindlichen Gefühle sanktionsfrei durchexerziert werden konnte, unterliegt bereits ab dem Vorschulalter einem einengenden, normierenden und formativen Sozialisationsdruck – der kindliche ›Eigen-Sinn‹ droht verloren zu gehen.

Puppen-Evidenz gegen den (normativen) Strich gelesen – Eine wieder zu entdeckende pädagogische Chance?

Ein Blick auf die kinder- und jugendliterarische Tradition der Puppengeschichten zeigt, dass es hier durchaus emanzipatorische Ansätze (wieder) zu entdecken gilt (vgl. Mikota, Blumesfelder & Fooken 2010). Angefangen bei der ›Puppe Wunderhold‹, die im Jahre 1839 im deutschsprachigen Raum die Bühne der Puppenerzählerinnen, die von ihrer eigenen Lebensgeschichte berichten, betrat (Cosmar 1839/1841), erweisen sich die Puppen als Ich-Erzählerinnen und Memoirenschreiberinnen oft als erstaunlich emanzipierte und eigensinnige ›Frauenzimmer‹. Wunderhold beobachtet ihre diversen Puppenmütter kritisch und kommentiert deren weibliche Qualitäten zuweilen ironisch distanziert. Als die Mädchen sie unbedingt mit einem Puppenmann verheiraten wollen, lässt Wunderhold ihrem Spott über die mehr oder weniger lächerlichen Bewerber recht unverhohlen freien Lauf. Schließlich findet zumindest Prinz Liebreiz Gnade vor ihren Augen, die beiden unternehmen eine erste Kutschfahrt, bei der er allerdings vom Wagen fällt und seinen Kopf verliert. So wird Wunderhold bereits als Braut zur Witwe – eine Existenz, die sie für den Rest ihres Lebens relativ selbstbewusst auslebt. Dabei faszinierten die Schicksale der Puppe Wunderhold die jungen Leserinnen bis etwa in die Mitte des 20. Jahrhunderts hinein. Etwa vierzig Jahre nach Wunderholds erstem Auftritt entwickelte vor allem die Autorin Emma Biller verschiedene literarische Puppenerzählerinnen, die gut dreißig Jahre lang die zeitgenössischen Debatten über sich verändernde Bildungsverläufe und Rollenverständnisse von Mädchen und Frauen aufgriffen. Vor allem »Minchen, die kluge Puppe« (Biller 1881/1902) repräsentierte nicht mehr nur den bis dahin in der Kinderliteratur oft üblichen moralisierenden und disziplinierenden Sozialisationsdruck. Minchen ist offen gegenüber ihrer sozialen Umwelt und lässt sich von kundigen Frauen belehren:

»Siehst du, Minchen, ich glaube, daß wir Puppen klüger und besser geraten, wenn man Mädchen aus uns macht; männliche Puppen geraten nicht sehr gut. [...] Siehst du, wir weiblichen Puppen sind Hausfrauen oder Köchinnen oder Schulmädchen – wir haben immer etwas zu thun, lernen etwas und werden klüger. Was thut aber so ein Puppenmann? Wenn es heißt, daß mein Husar auf den Exerzierplatz gehen soll, wird er in einen Schrank oder einen Winkel gesteckt. Mit dem Gesicht gegen die Wand aber kann mein Husar nicht gescheiter werden.« (›Braut-Puppe‹ zu ›Minchen‹, Biller 1902, 98)

Die Chancen der Puppenmänner auf Erkenntnisgewinn stehen somit schlecht. So haben die männlichen Puppen zwar bestimmte Funktionen, die aber häufig nicht über einen dekorativen Stellenwert hinausgehen und somit vergleichsweise wenig zum Spielgeschehen beitragen. Minchen hingegen demonstriert die nützliche probatorische Funktion des Als-ob-Spiels, sie weiß viel von der Gefühlsambivalenz der Mädchen und der Ambiguität der weiblichen Lebenswelten überhaupt und auch die Vergänglichkeit bestimmter Entwicklungs- und Lebensphasen ist ihr nicht unbekannt: »Große Mädchen müssen sehr viel lernen und werden dabei klug: aber sie haben zum Spielen nicht mehr Zeit.« (Biller, 1881/1902, 137)

Überspringt man die Zeit des Nationalsozialmus mit seinen zumeist deformierenden pädagogischen Vorstellungen, dann findet sich im Jahr 1949 wiederum ein literarisches Puppenmädchen, das wild und eigensinnig ist: Die ›Puppe Mirabell‹ (Lindgren 1949) wächst aus einem kleinen Samenkorn, das dem Mädchen Britta-Kajsa, dessen arme Eltern ihm keine Puppen schenken können, von einem alten Mann gegeben wird, und das es täglich begießt. Mirabell entpuppt sich als ein wildes Puppenmädchen, aber nur wenn es mit Britta-Kajsa zusammen ist. Sind Erwachsene anwesend, liegt sie still da und sieht wie eine gewöhnliche Puppe aus. Die Idee der lebendigen und ungewöhnlichen Puppen wird auch in einem weiteren Puppenbuch über das ›geheime Leben der Puppen‹ (Martin & Godwin 2001) aufgegriffen: Die Familien Puppenheimer und Flinkbeiner trennt zwar ein ganzes Jahrhundert, als sie aber aufeinandertreffen, wird deutlich, dass beide Familien etwas Wichtiges gemeinsam haben: Schon bei ihrer Herstellung in der Fabrik haben sie sich verpflichtet, keine gewöhnlichen Puppen ohne Eigenleben zu werden, wie es beispielsweise Barbie-Puppen sind, sondern sie haben freiwillig – ›in Übereinstimmung mit dem ewigen Gesetz‹ – einen Eid auf das geheime Leben der Puppen als Puppenindividuen geleistet. Wird dieser Eid gebrochen, droht ihnen die ›Ewige Puppenstarre‹, so wie das bei den gewöhnlichen Puppen der Fall ist.

Diese Beispiele zeugen von der Inspirationskraft, die sich in der Beschäftigung mit Puppen entfalten kann. Leider scheint das Augenzwinkern, mit dem von unkonventionellen und wilden Puppen erzählt wird, weitgehend verloren gegangen zu sein. Die meisten Kinderbücher beziehen sich kaum noch auf die Möglichkeit der Schaffung offener, eigensinniger und fantastischer Räume im Spiel mit Puppen. Das Stichwort ›Puppenspiel‹ scheint fast zwangsläufig zu bedeuten, dass es um ›typische‹ Mädchen geht, die sich mit starren Weiblichkeitsnormen identifizieren und darüber selber erstarren und zu Puppen werden. So zumindest lässt sich die Bildergeschichte von der ›schönen Anna-Lena‹ lesen, die zum Entsetzen ihrer Eltern nur mit Puppen spielen mag und am Ende selber zu einer Puppe wird: »hübsch doch ohne Leben« (v. Bredow 2009, 17).

Wie sieht in diesem Zusammenhang die Situation für Jungen aus? In der großen klassischen Puppen-Untersuchung, die gegen Ende des 19. Jahrhunderts von Ellis und Hall (1897) durchgeführt wurde (vgl. Lohmann & Fooken 2010), wird grundsätzlich konstatiert, dass Jungen im Prinzip genauso gern wie Mädchen mit Puppen spielen. Ab dem Schulalter wird ihnen dann aber von der Außenwelt suggeriert, dass ein solches Spielverhalten zu sehr von einer anzustrebenden männlichen Geschlechtsrollenorientierung abweicht. Dabei gehen Ellis und Hall (ebd.) davon aus, dass Jungen, die Erfahrungen mit dem Puppenspiel über einen längeren Zeitraum haben, als erwachsene Männer mehr Empathie gegenüber Mädchen und Frauen zeigen als ihre ›puppenfernen‹ Peers. Auch in der 1968 in der damaligen DDR durchgeführten Untersuchung von Lippelt (1968) wurde die Frage nach dem Puppenspiel von Jungen gleichfalls mit dem Beginn des Schulalters heftig verneint, während es in der Zeit des Vorschulalters, wenngleich manchmal nur verschämt zugegeben, bei etwa einem Fünftel der Jungen durchaus üblich war. Hier erwies sich die elterliche Einstellung als ein wichtiger Mediator: Die Jungen, die ein hohes Gestaltungsniveau im Spiel mit Puppen zeigten, hatten Eltern, die ihren Söhnen prinzipiell auch Puppen geschenkt haben bzw. schenken würden. In einer aktuelleren kleinen Befragung von sowohl Eltern von Jungen als auch Jungen selber (n=117; Altersbereich 2-11 Jahre) zur Frage des Puppenspiels wurde deutlich, dass nur ca. ein Drittel der Jungen über Puppen verfügt, wobei es sich dabei vor allem um eine der typischen hypermaskulinen Actionfiguren handelt (Rybka 2010). Im Rahmen einer anderen Studie zum Umgang von Kindern mit Puppen wurde untersucht, inwieweit Mädchen und Jungen im Kindergartenalter das ›Wiegen‹ einer (lebensechten) Babypuppe auf der linken Seite (›cradling bias‹) bevorzugen bzw. überhaupt geschlechtsspezifisches ›Wiegverhalten‹ zeigen (Deres & Reissland 2011). Generell zeigten sich keine solchen Effekte, allerdings merkte eine der Autorinnen (mündlich) an, dass die Innigkeit, mit der sich auch Jungen auf das Halten und Wiegen von Puppen eingelassen haben, für sie erstaunlich war. Insofern scheint der aktuelle Sozialisationsdruck, Puppen als ›Mädchensache‹ abzuwehren und abzuwerten, für Jungen spätestens zum Ende des Vorschulalters erheblich zuzunehmen. Dies bedeutet wahrscheinlich, dass manche Jungen sich genötigt fühlen, ihre diesbezüglichen Bedürfnisse vor anderen, insbesondere vor ihren eigenen Peers, zu verbergen.

»Das ist doch nur Spiel!« oder: Puppenspiel im intermediären Raum und als Entwicklungsgeschehen

Nach Sutton-Smith (1986, 1997) ist Spielen eine Form der Kommunikation, die bestimmte Signale und Intentionen enthält, und die Botschaft ausdrückt: Dies hier ist Spiel und das, was hier passiert, ist nicht wirklich ernst gemeint. Spielen ist eine oft paradoxe, verfremdete Form der Expression: Es passiert hier die Gleichzeitigkeit des Ungleichzeitigen, es verbindet sich ein ›etwas‹ mit einem ›nicht etwas‹, man tut lustvoll so ›als ob‹. Beim Spielen ist eine Spielzeugeisenbahn gleichzeitig eine Eisenbahn und auch keine Eisenbahn, weil man nicht wirklich einsteigen und damit fahren kann. Ein Kampf zwischen zwei Spielfiguren ist gleichzeitig ein Kampf, aber auch kein richtiger Kampf, die Lieblingspuppe ist gleichzeitig eine verwunschene Prinzessin, aber auch keine Prinzessin, sondern eine Puppe. In einem Experiment sollten Kinder unter anderem ›sich selbst‹ spielen, was von ihnen mit der Begründung ablehnt wurde, dass das kein Spiel mehr sei (vgl. Elkonin 1980). Spielen bedeutet zwar, man selbst zu sein, aber gleichzeitig jemand anders zu sein bzw. eine ›andere‹ Rolle zu übernehmen und unübliche Handlungen auszuführen. Wenn man nur ›man selbst‹ ist, verliert sich der typische Charakter des Spiels (Oerter 1999). Dieser inhärente, aber integrierte Widerspruch gilt nach Bateson (1972) als *die* Essenz des Spielens. Im Spiel darf ein Verhalten offen zum Ausdruck gebracht werden, das üblicherweise nicht zum Repertoire gehört bzw. zumeist auch gar nicht möglich wäre.

Angesichts der Fähigkeit, Dinge und insbesondere (menschenähnliche) Puppen animieren zu können, eröffnet sich im Puppenspiel ein (intermediärer) Raum, in dem intrapsychische und interpersonale Ambivalenzen und Uneindeutigkeiten zugelassen und in Szene gesetzt werden können. Im Puppenspiel konstituiert sich ein ›Ermöglichungsraum‹: Utopien, Fantasien, Imagination, Stereotypien, Wiederholungen. Ritualisierungen, Vertrautes und Unbekanntes – alles kann hier stattfinden. Das kann der Niederschlag von Erfahrungen sein, das sind individuelle Formen der Aneignung der Außenwelt, das kann aber auch ein Ausprobieren von ›Noch-nicht-Erfahrenem‹ sein. Außenwelt und Innenwelt stehen in einem dialektischen Spannungsverhältnis – Sozialisation und Individuation sind wechselseitig aufeinander bezogen, die verschiedenen psychischen Funktionen (kognitiv, motivational, emotional, sozial) werden angesprochen, es geht um Lernen und um Lebensbewältigung (vgl. Abbildung 1).

Abbildung 1: Puppenspiel als intermediärer und imaginärer Raum

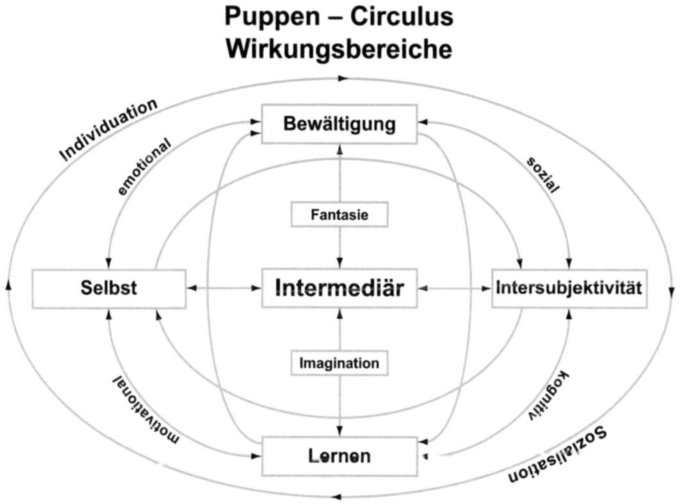

Dabei verändern sich die Funktionen von Puppen (und auch Kuscheltieren) im Verlauf der Subjektgenese und der verschiedenen Entwicklungsphasen im Kindes- und Jugendalter (vgl. Tabelle 1).

Tabelle 1: Funktionen von Puppen (und Kuscheltieren) im Entwicklungsverlauf

Entwicklungs-phase	Funktionen von Puppen und Kuscheltieren
Säuglings- und Kleinst-kindalter (0-18 Monate)	Kuschelobjekte bzw. weiche Puppen mit stilisierten Gesichtszügen fungieren als *Übergangsobjekte;* sie fördern die sensumotorische Entwicklung, befriedigen Bedürfnisse nach Exploration, Selbstwirksamkeit und Kontrolle, ermöglichen Freude an der eigenen Handlungsfähigkeit und unterstützen die ersten Schritte in die Selbständigkeit
Kleinkindalter (1 ½-3 Jahre)	Puppen und Kuscheltiere dienen als *Partner für die Nachahmung* von konkreten, in der ›äußeren Welt‹ beobachteten Erfahrungen, aber auch immer noch als Übergangsobjekte und Hilfe zur Selbständigkeit; sie fördern die *Entwicklung von Fürsorge* und Empathie, aber auch das solitäre *Spiel alleine*
Kindergarten- und Vorschulalter	Puppen und Kuscheltiere helfen in der Verarbeitung von Alltagserfahrungen und dienen als *Projektionsfläche für Wünsche, Gefühle und Rollenumkehr;* es findet eine zunehmende Symbolbildung statt; Höhepunkt des Als-ob-Spiels; klassisches *geschlechtsspezifisches Puppenspiel* (Babypuppen/Barbie vs. Aktionsfiguren); Anfänge des *gemeinsamen Puppenspiels*

(Grund-) Schulalter	*komplexeres* Rollenspiel mit Puppen; Unterstützung der *Identitätsbildung* in Bezug auf *gesellschaftliche Normen, Rollenverständnisse und Schönheitsideale;* Puppenfiguren als mögliche Hilfs-Ichs in der schulischen Sozialisation
Adoleszenz/ Jugendalter	Kuscheltiere fungieren partiell wieder als *Übergangsobjekte* zur *emotionalen Stabilisierung;* Ambivalenz gegenüber gesellschaftlichen Schönheitsidealen können in Auseinandersetzung mit Puppen (z.B. mit *Barbie*) verarbeitet werden

Auch wenn der Stellenwert von Puppen nicht für alle Kinder in gleicher Weise Gültigkeit hat, wird doch deutlich, dass sich die Meilensteine kognitiv-motivationaler und sozio-emotionaler Entwicklung auch in der Art und Weise des Umgangs mit Puppen nachweisen und diagnostizieren lassen.

Fazit: Imaginäre (Spiel-)Räume als Entwicklungskontexte

Puppen als Kulturgut und als ein ganz besonderes Spielzeug sind mehr als nur Dinge aus Porzellan, Plüsch oder Plastik. Die Existenz von Puppen verweist auf die menschliche Fähigkeit, Dinge symbolisieren und animieren zu können. Es droht ihnen allerdings im aktuellen Überangebot der Spielzeugwelt der ›Untergang‹ bzw. die ›Erstarrung‹ auf geschlechtsrollenstereotypisierte Formen. Eine neue Achtsamkeit gegenüber den Dingen, in diesem Falle gegenüber den Puppen und ihrem Ausdrucksgehalt, könnte an das alte Phänomen der Nutzung intermediärer und imaginärer Räume anknüpfen. Solche Spiel-Räume wären wichtige Entwicklungskontexte nicht allein für kindliche Entwicklung, sondern für Prozesse der Menschwerdung überhaupt.

Literatur

Bateson, G. (1972): Steps to the ecology of mind. New York

Biller, E. (1881/1902): Minchen, die kluge Puppe. Leipzig

Bredow, W. v. (2009): Lola rast und andere Geschichten. Mit drolligen Bildern von Anke Kuhl. Leipzig: Klett Kinderbuch. Lizenzausgabe für Büchergilde Gutenberg, Frankfurt a.M.

Cosmar, A. (1839): Die Schicksale der Puppe Wunderhold. Zur Unterhaltung für kleine Mädchen. Berlin

Cosmar, A. (1841): Neue Schicksale der Puppe Wunderhold. Zur Unterhaltung für kleine Mädchen der Suite der »Mémoires d'une poupèe« der Mll. Louise d'Aulnay, nacherzählt von A. Cosmar. Berlin

Deres, T. & Reissland, N. (2011): Wiegen junge Kinder Puppen auf der linken Seite? Posterpräsentation. 20. Fachgruppentagung Entwicklungspsychologie der DGPs. Universität Erfurt. 12.-14. September 2011

Elkonin, D. (1980): Psychologie des Spiels. Köln

Ellis, A. C. & Hall, G. S. (1897): A study of dolls. In G. S. Hall, A. C. Ellis, A study of dolls. New York and Chicago (dt. Übersetzung. hrsg. von der Stiftung »Chancen für Kinder durch Spielen«)

Fooken, I. (2012): Puppen – Heimliche Menschenflüsterer. Göttingen

Fritz, J. (1992): Spiele als Spiegel ihrer Zeit: Glücksspiele, Tarot, Puppen, Videospiele. Mainz

Habermas, T. (1996): Geliebte Objekte – Symbole und Instrumente der Identitätsbildung. Berlin/New York

Hinde, R. & Barden, L. A. (1985): The evolution of the teddy bear. In: Animal Behaviour 33, 4, 1371-1373

Holler, A. & Götz, M. (2011): Nicht ohne meinen Teddy! Die Gefährten der Kindheit. Eine Kooperationsstudie der Stiftung »Chancen für Kinder durch Spielen« und des Internationalen Zentralinstituts für das Jugend- und Bildungsfernsehen (IZI). www.br-online.de/jugend/izi/deutsch/Gefaehrten derKindheit_IZI.pdf vom 26.03.2011.

Lindgren, A. (1949/2006): Die Puppe Mirabell und andere Geschichten. Hamburg Lippelt, U. (1968): Unterschiede im Spielverhalten von Jungen und Mädchen des Vorschulalters beim Rollenspiel. Jena

Lohmann, R. & Fooken, I. (2009): Puppen und Kuscheltiere. Schlüssel zur Menschwerdung? Eine Literaturübersicht im Auftrag der Stiftung »Chancen für Kinder durch Spielen«. Universität Siegen/Wiesbaden

Lohmann, R. & Fooken, I. (2010): Eine wissenschaftliche Untersuchung über Puppen

Martin, A. M. & Godwin, L. (2000/2001): Das geheime Leben der Puppen. Mit Bildern von Brian Selznik. Würzburg

Mikota, J., Blumesfelder, S. & Fooken, I. (2010).:Puppen- und Kuscheltiergeschichten in der (Kinder- und Jugend-)Literatur. Eine kommentierte Bibliografie mit ausgewählten Textauszügen. Universität Siegen. Wiesbaden: Stiftung »Chancen für Kinder durch Spielen«.

Oerter, R. (1999): Psychologie des Spiels. Weinheim/Basel

Rybka, N. (2010): Puppen – (K)ein Thema für Jungen? Eine empirische Annäherung. Schriftliche Hausarbeit im Rahmen der Ersten Staatsprüfung für Lehrämter an Schulen. Universität Siegen

Sutton-Smith, B. (1986): Toys as Culture. New York

Sutton-Smith, B. (1997): The ambiguity of play. Cambridge, Mass./London

Winnicott, D. W. (1953): Transitional Objects and Transitional Phenomena: a study of the first not-me possession. In: The International Journal of Psychoanalysis 34, 89-97Winnicott, D. W. (1973):Vom Spiel zur Kreativität. Stuttgart

Raumaneignung von Jugendlichen

Öffentliche Räume und die sozialräumliche Orientierung von Kindern und Jugendlichen

Ulrich Deinet

Drei Typen von öffentlichen Räumen können unterschieden werden (vgl. Frey 2004, 170): »Öffentliche Freiräume« (Grünflächen, Parks, Spielplätze, der Straßenraum etc.), »öffentlich zugängliche verhäuslichte Räume« (Kaufhäuser, Shopping-Malls, Bahnhöfe etc.) und »institutionalisierte öffentliche Räume« (Sportanlagen, Vereine, Musikschulen, Schulräume, Kirchenräume etc.)«. Diese Differenzierung ist insofern hilfreich, als sie unterschiedliche Bereiche des öffentlichen Raums beschreibt und die umgangssprachliche Assoziation als Grünfläche, Park etc. hervorhebt. Insbesondere für Kinder und Jugendliche spielen die öffentlich zugänglichen, verhäuslichten Räume (wie Kaufhäuser, Shopping-Malls etc.) eine wichtige Rolle, ebenso aber auch die institutionalisierten öffentlichen Räume (wie Sportanlagen, Vereine, Musikschulen etc.). Letzterer Typ weist auf eine Qualität öffentlicher Räume hin, die durch eine bestimmte Nutzungsform entsteht. Das heißt, öffentliche – und andere – Räume erhalten ihre spezifische Qualität durch die Art der Nutzung, Aneignung, Umdeutung und Definition durch Menschen. Dies bedeutet, dass auch institutionalisierte öffentliche Räume (z.B. Schulen) aus Sicht der Kinder und Jugendlichen eine spezifische Aneignungsqualität besitzen (können).

Eine sehr differenzierte Beschreibung öffentlicher Stadträume nimmt Schubert (2000, 60) vor (vgl. Tabelle 1). Seine Typisierung geht weit über die von Frey hinaus und schließt z.B. auch virtuelle Stadtöffentlichkeit oder mobile Transiträume (Buslinien etc.) mit ein. Mit dem Begriff *pattern* ist hier auch ein Hinweis auf die jeweilige Raumdefinition und Raumqualität verbunden, die sich aus den jeweiligen Benutzergruppen jeweils unterschiedlich erschließt. Damit legt Schubert ein multiples Verständnis der Bereiche des öffentlichen Raumes vor, das auch eine wichtige Grundlage für deren Interpretation sein kann. Zusammen mit dem weiter unten ausgeführten Aneignungskonzept können auf sehr unterschiedliche Qualitäten, öffentliche Orte und Räume aus

Sicht verschiedener Zielgruppen beschrieben werden. Dies schafft eine große Bandbreite sehr unterschiedlicher Nutzungsweisen und Erfahrungen des öffentlichen Raumes.

Für ein erweitertes Verständnis des öffentlichen Raums ist als Grundlage ein Raumbegriff erforderlich, der nicht mehr von einer Trennung von Subjekt und Raum ausgeht bzw. den Raum als etwas Äußeres betrachtet, den das Individuum betritt, um ihn zu nutzen, zu gestalten etc. Solche – zu überwindende – Vorstellungen gehen davon aus, dass Subjekte ohne Raum existieren und dieser mehr oder weniger eine physikalische Gegebenheit darstellt. Löw (2001, 264) nennt solche Raumbegriffe »absolutistisch«. Dies meint, »dass Raum als eigene Realität, nicht als Folge menschlichen Handelns gefasst wird. Raum wird als Synonym für Erdboden, Territorium oder Ort verwendet« (ebd.). Auch in der neueren Sozialraumdiskussion findet man den absolutistischen Raumbegriff an vielen Stellen, insbesondere in einer rein formalen Sozialraumorientierung, in der Räume als Stadtteile, als sozialgeografisch begrenzte Territorien definiert werden und erst im zweiten Schritt die Frage nach dem Zusammenhang zwischen den Sozialräumen und deren Bewohnern gestellt wird.

Löw entwickelt demgegenüber einen dynamischen Raumbegriff, der die Trennung von Subjekt und Raum überwindet:

»Meine These ist, dass nur, wenn nicht länger zwei verschiedene Realitäten - auf der einen Seite der Raum, auf der anderen die sozialen Güter, Menschen und ihr Handeln - unterstellt werden, sondern stattdessen Raum aus der Struktur der Menschen und sozialen Güter heraus abgeleitet wird, nur dann können die Veränderungen der Raumphänomene erfasst werden.« (Ebd.)

Räume entstehen durch die Interaktion von Menschen und können für diese sehr unterschiedlich gestaltet sein. Insofern geht Löw davon aus,

»dass an einem bestimmten Ort (als eindeutig bestimmbare sozialgeografische Lokalisierung, eine bestimmte Stelle unserer Erdoberfläche) unterschiedliche Räume entstehen können, je nachdem, welche Bedeutungen, Veränderungen Menschen den Orten verleihen. Raum ist »eine relationale (An)Ordnung von Lebewesen und sozialen Gütern an Orten« (Löw 2001, 271).

Damit ist die Grundlage für ein sehr breites Verständnis des öffentlichen Raums gelegt, das sich auch auf virtuelle Räume beziehen lässt. Die Frage ist aber, wie Kinder und Jugendliche diese unterschiedlichen Räume nutzen und wie dabei sehr verschiedene Raumqualitäten entstehen können.

Die Frage nach den Räumen von Kindern und Jugendlichen ist auch als eine sozial-räumliche zu verstehen. Der Sozialraum-Diskurs wird allerdings sehr stark durch planerische und administrative Aspekte geprägt. In der Diskussion um Sozialräume bzw. eine sozialräumliche Orientierung fehlt oft der Blick der Akteure – etwa der von Kindern und Jugendlichen –, die Sozialräume und Stadtteile als Aneignungsräume sehen und spezifische Nutzungen suchen. Es geht also darum, die subjektive Sichtweise des Sozialraums stärker in den Blick zu nehmen. Dabei plädiere ich für ein erweitertes Verständnis des Sozialraumbegriffes, wie er etwa von Bader verwendet wird:

»Der hier verwendete Begriff des Sozialraums bedeutet die erschlossenen und genutzten sozialen bedeutsamen Handlungszusammenhänge, verweist aber gleichzeitig auf bisher unerschlossene und wenige bzw. nicht genutzte Handlungsmöglichkeiten – Möglichkeitsräume. Sozialraum ist hier ausdrücklich als Subjektbegriff verwendet und setzt sich entschieden von einem Begriff des Sozialraums ab, der in den letzten Jahren verstärkt in der Sozialverwaltung als quantitative Raumzuweisung verwendet wird.« (Bader 2002, 55)

In Abgrenzung zu einem eher administrativen Begriff des Sozialraums als Planungsraum wird im Folgenden eine stärker subjektorientierte Sichtweise von Sozialräumen als Lebenswelten entwickelt.

Um die Bedeutung des öffentlichen Raumes für die Entwicklung von Kindern und Jugendlichen zu erfassen, sind theoretische Bausteine erforderlich, so wie sie in den sozialökologischen Modellen zu finden sind. Die sozialökologischen Modelle von Baacke (1984) und Zeiher (1983) sind geeignet, einen Zusammenhang herzustellen zwischen der Entwicklung von Kindern und Jugendlichen und den Räumen, in denen sie leben und heranwachsen. Beide Ansätze gehen nicht explizit auf den öffentlichen Raum ein, sondern beschreiben sehr viel allgemeiner die sozialräumliche Entwicklung von Kindern und Jugendlichen bzw. die Struktur subjektiver Lebenswelten in Form des Inselmodells.

Baacke ging es darum, »den Handlungs- und Erfahrungszusammenhang Heranwachsender – zunächst ohne weitere theoretische Prätentionen – zu ordnen nach vier expandierenden Zonen, die der Heranwachsende in bestimmter Reihenfolge betritt und die ihn »ihrem räumlich-sozialisatorischen Potential aussetzen« zu betrachten (Baacke 1980, 499). In Anlehnung an Bronfenbrenner beschreibt Baacke die Lebenswelt in vier ökologischen Zonen, die das Kind nacheinander betritt: »das ökologische Zentrum, der Nahraum, die Ausschnitte und die ökologische Peripherie« (ebd.). Dieses Zonenmodell darf nicht zu statisch verstanden werden, etwa so, dass die einzelnen Zonen in einem ganz bestimmten Alter betreten werden, sondern vielmehr als dynamisches Modell, das verschiedene Bereiche der Lebenswelt von Kindern und Jugendlichen systematisch erfasst. Die einzelnen Zonen bieten verschiedene Erfahrungs- und Erlebnismöglichkeiten und stellen unterschiedliche Anforderungen an das Kind oder den Jugendlichen (vgl. dazu auch Krisch 2009).

Die Vorstellung einer Struktur des kindlichen Lebensraumes als Zonenmodell von konzentrischen Kreisen, die nach und nach erobert werden, kann nach Überlegungen von Zeiher so nicht aufrechterhalten werden. Wohl bestätigte auch Zeiher die Bedeutung des ökologischen Nahraums. Für die Erweiterung des Handlungsraumes über diesen Nahraum hinaus, treffe das Zonenmodell jedoch nur sehr bedingt zu. Die Struktur des großstädtischen Lebensraumes von Kindern und Jugendlichen könne eher mit einem Inselmodell beschrieben werden: »Der Lebensraum ist nicht ein Segment der realen räumlichen Welt, sondern besteht aus einzelnen separaten Stücken, die wie Inseln verstreut in einem größer gewordenen Gesamtraum liegen, der als ganzer unbekannt oder zumindest bedeutungslos ist.« (Zeiher 1983, 187) Die Wohninsel ist das ökologische Zentrum, von dem aus die anderen Inseln (wie der Kindergarten, die Schule, das Kinderzimmer eines Freundes in einem anderen Stadtteil etc.) aufgesucht werden. Die Entfernungen zwischen den Inseln werden mit dem Auto oder anderen Verkehrsmitteln zurückgelegt. Dabei verschwindet der Raum zwischen den Inseln und wird von den Kindern nicht wahrgenommen: »Im Extrem versinkt der ›Zwischenraum‹ sogar, nämlich in Großstädten mit U-Bahnen, wo er zur Röhre wird, durch die man befördert wird, um anschließend auf einer anderen Insel wieder aufzutauchen.« (Rolff 1985, 152) Die Erweiterung des Handlungsraumes vollzieht sich nicht mehr in konzentrischen Kreisen, sondern entsprechend der Inselstruktur. »Die Aneignung der Rauminseln geschieht nicht in einer räumlichen Ordnung, etwa als allmähliches Erweitern des Nahraums, sondern unabhängig von der realen Lage der Inseln im Gesamtraum und unabhängig von ihrer Entfernung.« (Zeiher 1983, 187)

Löw (2001) entwickelt die skizzierten Raumvorstellungen weiter und formuliert, dass Kinder und Jugendliche heute, anders als frühere Generationen, keine homogene Raumvorstellung mehr entwickeln könnten, sondern Raum als inkonsistent erführen. »Diese neue Sozialisationserfahrung bestätigt nicht mehr die Vorstellung, im Raum zu leben. Raum wird nun auch als diskontinuierlich, konstituierbar und bewegt erfahren. An einem Ort können sich verschiedene Räume herausbilden. Dadurch entsteht, so meine These, neben der kulturell tradierten Vorstellung, im Raum zu leben, d.h. von einem einheitlichen homogenen Raum umgeben zu sein, auch eine Vorstellung vom Raum, die einem fließenden Netzwerk vergleichbar ist.« (Löw 2001, 266)

Das Konzept der sozialräumlichen Aneignung

Das Aneignungskonzept der Kritischen Psychologie eignet sich dazu, die Entwicklung von Kindern und Jugendlichen als sozialräumliche Aneignung ihrer Lebenswelt zu begreifen. Die Ursprünge des Aneignungskonzeptes gehen auf die so genannte kulturhistorische Schule der sowjetischen Psychologie zurück, die vor allem mit dem Namen Leontjew verbunden ist. Die grundlegende Auffassung dieses Ansatzes besteht darin, die Entwicklung des Menschen als tätige Auseinandersetzung mit seiner Umwelt und als Aneignung der gegenständlichen und symbolischen Kultur zu verstehen. Die Umwelt präsentiert sich dem Menschen in wesentlichen Teilen als eine Welt, die bereits durch menschliche Tätigkeit geschaffen bzw. verändert wurde. In der materialistischen Aneignungstheorie von Leontjew (1973) wird der Begriff der »Gegenstandsbedeutung« in den Mittelpunkt gestellt. Genauso wie im Prozess der Vergegenständlichung Personen und Gegenstände durch das Ergebnis produktiver Arbeit miteinander verbunden sind, geht es im umgekehrten Prozess der Aneignung für das Kind oder den Jugendlichen darum, einen Gegenstand aus seiner »Gewordenheit« (Leontjew 1973) zu begreifen und sich die in den Gegenständen verkörperten menschlichen Eigenschaften und Fähigkeiten anzueignen.

Im Gegensatz zu klassischen entwicklungspsychologischen Ansätzen entwickelt Leontjew damit ein Konzept, das die Entwicklung des Menschen nicht als innerpsychischen Prozess begreift, der mehr oder weniger von außen beeinflusst verläuft, sondern Entwicklung als tätige Auseinandersetzung mit der Umwelt begreift. Als tätigkeitstheoretischer Ansatz wurde das Aneignungskonzept insbesondere von Holzkamp (1983) weiterentwickelt und auf heutige gesellschaftliche Bedingungen übertragen. In der Individualentwicklung geht es unter diesem Aspekt u.a. um zwei Dimensionen, die biografisch nie abschließbar sind: die Fähigkeiten der »Bedeutungsverallgemeinerung« und der »Unmittelbarkeitsüberschreitung« (vgl. Braun 1994, 108) Der Begriff der Bedeutungsverallgemeinerung meint »zunächst die subjektive Erkenntnis, positive emotionale Bewertung und alltagspraktische Umsetzung der Tatsache, dass die gegenständliche Welt nicht zufällig so ist, wie sie ist, sondern dass in sie eingehen die Erfahrungen und Erkenntnisse einer tendenziell verallgemeinernden und optimierenden Gebrauchsfähigkeit der Gegenstände (vom Besteck über die Möbel und Werkzeuge bis hin zu den Verkehrsmitteln und Massenmedien)« (Braun 1994, 109). Der Leontjewsche Begriff der Gegenstandsbedeutung (als Vergegenständlichung gesellschaftlicher Erfahrung, die im Aneignungsprozess erschlossen werden muss) wird von Holzkamp bis auf die gesellschaftliche Ebene komplexer sozialer Beziehungen abstrahiert, die in der individuellen Entwicklung ebenfalls von einfachen gegenständlichen Formen bis zu hochkomplexen Zusammenhängen verallgemeinert werden müssen.

Der Aneignungsbegriff lässt sich vor dem Hintergrund der gesellschaftlichen Entwicklungen aktualisieren. Er meint nach wie vor die tätige Auseinandersetzung des Individuums mit seiner Umwelt und kann, bezogen auf die aktuelle Diskussion um Raumveränderungen, der Begriff dafür sein, wie Kinder und Jugendliche eigentätig Räume schaffen und die (verinselten) Räume ihrer Lebenswelt verbinden. Insofern verknüpft sich auch der Begriff der Aneignung mit der von Löw besonders herausgehobenen Bedeutung der Bewegung und der prozesshaften Konstituierung von Raum im Handlungsverlauf. Tätigkeit ist heute jedoch nicht mehr (nur) als gegenständlicher Aneignungsprozess im klassischen Sinne zu verwenden; tätige Auseinandersetzung ist vielmehr auch, die von Kindern und Jugendlichen heute zu leistende Verbindung unterschiedlicher (auch virtueller und symbolischer) Räume. Zusammenfassend kann man den Aneignungsbegriff wie folgt operationalisieren: Aneignung für Kinder und Jugendliche ist:

- Erweiterung motorischer Fähigkeiten
- Erweiterung des Handlungsraums
- Veränderung von Situationen
- Verknüpfung von Räumen
- Spacing (vgl. Derecik 2011)

In der Konsequenz bedeutet also die Aneignung von Raum für Kinder und Jugendliche nicht nur die Aneignung schon vorhandener und vorstrukturierter Räume, sondern im Sinne von Löw auch die Schaffung eigener Räume als Platzierungspraxis (Spacing). Gerade der öffentliche Raum hat in Hinblick auf die hier dargestellten Prozesse, eine wichtige Funktion als ›Bühne‹ für Aneignungsprozesse außerhalb von Institutionen, wie Schule oder Jugendarbeit.

Die Förderung von Prozessen der Raumaneignung im öffentlichen Raum

Mit dem Begriff der Raumaneignung wird eine Programmatik sozialpädagogischen Handelns verbunden, die in Form von Projekten und Aktionen versucht, Kinder und Jugendliche in neue Handlungssituationen und Umgebungen zu bringen, um sie sicherer im Umgang mit fremden Menschen und neuen Räumen zu machen. Erlebnispädagogische Projekte bieten dazu ein geeignetes Medium. Die Förderung sozialräumlicher Aneignung bezieht sich aber nicht nur auf die Möglichkeiten der Freizeitpädagogik, Jugendarbeit und Erlebnispädagogik im engeren Sinne ihrer eigenen Örtlichkeiten und Angebote, sondern auch auf die Chance einer sozialräumlich-, aneignungs- und bildungsorientierten Arbeit mit Kindern und Jugendlichen, die sich für die Revitalisierung öffentlicher Räume und die Schaffung jugendkultureller Räume einsetzt. Eine solche Mandatsfunktion kann besonders die Kinder- und Jugendarbeit aber dann übernehmen, wenn sie sich nicht nur an Besucherinnen und Besuchern, sowie Mitgliedern orientiert, sondern an allen Kindern und Jugendlichen eines Stadtteils.

So kann z.B. die Kinder- und Jugendarbeit durch Schaffung unterschiedlicher Gelegenheiten für verschiedene Gruppierungen im öffentlichen Raum, Treffmöglichkeiten schaffen und Verknüpfungen zwischen verschiedenen

Szenen und Cliquen herstellen. Hierbei geht es etwa um die Beteiligung der Jugendlichen bei der Suche nach geeigneten Plätzen für die Errichtung von überdachten Treffs im öffentlichen Raum, deren konkrete Gestaltung sowie die Nutzung durch unterschiedliche Gruppierungen, somit um Verfahren und Methoden, die weit über die eingangs beschriebene Bedürfnisabfrage hinausgehen (Deinet u.a. 2009).

Orte der Raumaneignung als Bestandteile von Bildungslandschaften

Zwischen dem tätigkeitstheoretischen Aneignungskonzept und dem aktuellen Bildungsdiskurs ergibt sich ein direkter Zusammenhang: Schlüsselkompetenzen wie Handlungskompetenz, Risikoabschätzung, Neugier und Offenheit als Dimensionen personaler Kompetenz und als zentrale Schlüsselqualifikationen auch für schulisches Lernen werden von Kindern und Jugendlichen insbesondere in den Bereichen informeller Bildung, d.h. an den Orten und Räumen der Lebenswelten erworben. Die Chancen, solche Kompetenzen zu entwickeln, werden wesentlich geprägt durch die Struktur der jeweiligen Lebenswelten und die Fähigkeiten des Individuums, sich die Räume seiner Umgebung anzueignen.

Kinder und Jugendliche lernen und bilden sich also nicht nur in Institutionen oder der Schule, sondern insbesondere auch im öffentlichen Raum. Diese Bereiche sind die Orte der informellen Bildung, welche die intentionalen Bildungsprozesse wesentlich mitprägen. Die Entwicklung sozialer Kompetenz in wechselnden Gruppen oder im Umgang mit fremden Menschen in neuen Situationen, die Erweiterung des Handlungsraumes und damit des Verhaltensrepertoires prägen auch die Fähigkeit für den Erwerb von Sprachkenntnissen und Bildungsabschlüssen.

Die Erweiterung des Bildungsbegriffs – insbesondere auf informelle und nicht-formelle Bildung – geht in der Debatte um die Bildungslandschaften aber einher mit einer Verengung der Bildungsprozesse auf Institutionen, Einrichtungen und formelle Orte (vgl. Reutlinger 2009). Der öffentliche Raum gerät hier als wichtiger Bildungsbereich für Kinder und Jugendliche kaum in den Blick, ist aber Schauplatz der vom Subjekt ausgehenden Aneignungsprozesse und muss deshalb stärker betrachtet werden.

Auf der Grundlage eines dynamischen Raumbegriffes müssen Bildungslandschaften deshalb weiter gefasst werden und können sich nicht nur auf die Vernetzung von Bildungsinstitutionen beziehen. Die Einbeziehung weiterer Bildungsorte, insbesondere im öffentlichen Raum und die Orte der informellen Bildung machen eine interdisziplinäre Sichtweise erforderlich, in der z.B. die Stadtplanung viel stärker ins Spiel kommt. Die Planung von Spielräumen,

Spielplätzen, öffentlichen Räumen bis hin zur Umnutzung und Zwischennutzung von Räumen kann die Grundlage für die Entwicklung einer Bildungslandschaft sein, die vielgestaltig ist, vielfältige Settings unterscheidet und die Förderung formeller, non-formaler und informeller Bildungsprozesse zum Ziel hat.

Zusammenhänge zwischen Raumaneignung und sozialpädagogischen Konzepten

Auf der Grundlage der Einblicke in subjektive Lebenswelten und das Erleben von Kindern in ihren Wohngebieten unter dem Aspekt der Raumaneignung wurden vielerorts Verfahren einer »sozialräumlichen Konzeptentwicklung« entwickelt (vgl. Deinet & Krisch 2006): Man geht davon aus, dass aus der Beobachtung, Analyse und Interpretation der Raumaneignung von Kindern und Jugendlichen auch die Bedarfe für die Entwicklung von Konzepten und konkreten Angeboten der Kinder- und Jugendarbeit und andere Bereiche abzuleiten sind. Solche Verfahren arbeiten deshalb weniger mit Bedürfnisabfragen, sondern versuchen die sozialräumlichen Zusammenhänge der Zielgruppen zu analysieren und ihr Aneignungsverhalten zu deuten. So können mit Hilfe von qualitativen Verfahren (wie z.B. der Stadtteilbegehungen mit Kindern und Jugendlichen oder der Kennzeichnung von bestimmten Orten und Raumqualitäten mit farbigen Nadeln auf einem Stadtplan: Nadelmethode) Erkenntnisse über subjektives und z.B. zwischen Mädchen und Jungen unterschiedliches Raumerleben und Platzierungspraktiken in einem Stadtteil gewonnen werden.

Mit Hilfe solcher qualitativer Methoden (siehe ausführlich Deinet 2009; Krisch 2009) entwickelt die Kinder- und Jugendarbeit einen »sozialräumlichen Blick«, d.h. Kompetenzen und Kenntnisse über Formen der Raumaneignung, jugendkulturelle Ausdrucksformen, ihre Orte und Räume etc. Mit einer solchen Kompetenz können sich die Mitarbeiterinnen und Mitarbeiter der Jugendarbeit für die Nutzbarmachung, Rückgewinnung und Schaffung jugendkultureller Räume stark machen.

Eine sozialräumliche Konzeptentwicklung geht nicht – wie die klassische Konzeptentwicklung – von den institutionellen Rahmenbedingungen aus, sondern fragt aus der Analyse der Lebenswelten und dem Aneignungsverhalten von Kindern nach Bedarfen und Anforderungen an die Jugendarbeit oder andere Institutionen. Diese Vorgehensweise steht im Gegensatz zu einer institutionellen Konzeptentwicklung, die sehr stark von den Organisationen und Trägern sowie deren Ausstattung und Ressourcen ausgeht (vgl. Deinet 2005 und 2009).

Literatur

Blinkert, B. (1997): Aktionsräume von Kindern auf dem Land. Eine Untersuchung im Auftrag des Ministeriums für Umwelt und Forsten Rheinland-Pfalz, Pfaffenweiler. Freiburg

Böhme, J. (Hg.) (2009): Schularchitektur im interdisziplinären Diskurs. Territorialisierungskrise und Gestaltungsperspektiven des schulischen Bildungsraums. Wiesbaden

Deinet, U. (Hg.) (2005): Sozialräumliche Jugendarbeit. Grundlagen, Methoden, Praxiskonzepte. Wiesbaden

Deinet, U. (Hg.) (2009): Methodenbuch Sozialraum. Wiesbaden

Deinet, U. & Reutlinger, C. (Hg.) (2004): »Aneignung« als Bildungskonzept der Sozialpädagogik. Beiträge zur Pädagogik des Kindes- und Jugendalters in Zeiten entgrenzter Lernorte. Wiesbaden

Deinet, U. & Krisch, R. (2006): Der sozialräumliche Blick der Jugendarbeit. Methoden und Bausteine zur Konzeptentwicklung und Qualifizierung. Opladen

Deinet, U. u.a. (Hg.) (2009): Betreten erlaubt! Projekte gegen die Verdrängung Jugendlicher aus dem öffentlichen Raum, soziale Arbeit und sozialer Raum. Opladen

Derecik, A. (2011). Der Schulhof als bewegungsorientierter Sozialraum. Eine sportpädagogische Untersuchung zum informellen Lernen an Ganztagsschulen. Aachen

Holzkamp, K. (1973): Sinnliche Erkenntnis. Frankfurt a.M.

Kessl, F. & Reutlinger, C. (2007): Sozialraum. Eine Einführung. Wiesbaden

Krisch, R. (2009): Sozialräumliche Methodik der Jugendarbeit. Aktivierende Zugänge und praxisleitende Verfahren. Weinheim

Krisch, R.: Sozialraumanalyse als Methodik der Jugendarbeit. www.sozialraum.de/sozialraumanalyse-als-methodik-der-jugendarbeit.php. vom 09.10.2009.

Leontjew, A. N. (1973): Problem der Entwicklung des Psychischen. Frankfurt a.M.

Löw, M. (2001): Raumsoziologie. Frankfurt a.M.

Rauschenbach, T. (2009): Zukunftschance Bildung, Familie, Jugendhilfe und Schule in neuer Allianz. Weinheim

Reutlinger, C. (2002): Unsichtbare Bewältigungskarten von Jugendlichen in gespaltenen Städten. Sozialpädagogik des Jugendraums aus sozialgeografischer Perspektive. Opladen

Reutlinger, C. (2009): Bildungslandschaften – raumtheoretisch betrachtet. In: Böhme (Hg.): Schularchitektur im interdisziplinären Diskurs. Territorialisierungskrise und Gestaltungsperspektiven des schulischen Bildungsraums. Wiesbaden, 119-139

Schubert, H. (2000): Städtischer Raum und Verhalten. Zu einer integrierten Theorie des öffentlichen Raumes. Opladen

Jugendliche Perspektiven urbaner Räume

ANKE SCHMIDT

Der folgende Beitrag beschreibt Vorgehensweisen und Ergebnisse der Studie *»Stadtsurfer, Quartierfans&Co.«*, die im Auftrag der Wüstenrot Stiftung am STUDIO URBANE LANDSCHAFTEN der Leibniz Universität Hannover in einem interdisziplinären Team unter Leitung von Prof.-Dr. Hille von Seggern von 2005-2008 bearbeitet wurde. Anknüpfend an ein Forschungsprojekt zu unterschiedlichen Typen öffentlicher Räumen der Stadt im Hinblick auf die Raumaneignung von Jugendlichen (vgl. Herlyn u.a. 2003) wurden in dieser Studie die Sichtweisen von Jugendlichen auf die Stadt und das Gesamtsystem ihrer Nutzungszusammenhänge – über die physisch-materiellen Aspekte hinaus – untersucht. Hierunter sind in Anlehnung an einen multidimensionalen Raumbegriff (vgl. Löw 2001; von Seggern, Werner & Grosse-Bächle 2008) die Gesamtheit der komplexen Raumnutzungs- und Wahrnehmungszusammenhänge zu verstehen. Die qualitative Untersuchung ging der Frage nach, welche Orte der Stadt Jugendliche nutzen und wie sie diese in ihrer Raumpraxis und Raumvorstellung verbinden. Diesen individuellen Stadtkonstruktionen wollte sich das Forschungsteam annähern, sie beschreiben und für Entwurf und Planung operationalisieren. Welche Impulse diese Erkenntnisse für Planung und Gestaltung öffentlich nutzbarer Räume haben, wird an einem strategischen Projekt in Hannover erläutert, welches an Ergebnissen der Studie ansetzt.

Bildhafte Methoden zur Untersuchung komplexer Raumpraxis

Die Untersuchung erfolgte zusammen mit drei Klassen unterschiedlicher Jahrgänge (7., 9. und 12. Klassenstufe) einer integrierten Gesamtschule in Hannover. Die methodische Herausforderung bestand darin, das hochgradig implizite Erfahrungswissen der alltäglichen Raumpraxis in explizites Wissen zu übertragen. Alleinige Zugänge über Befragungen sind für eine Betrachtung von

Stadt »*durch die Augen der Jugendlichen*«, ihren komplexen Raumpraktiken und Raumvorstellungen, unzureichend.

Das Forschungsteam entwickelte ein Methodenset, das den Jugendlichen nicht-sprachliche und unterschiedliche Ausdrucksmöglichkeiten bot: bildlich, schriftlich, diagrammatisch, im Modell, dialogisch und kartografisch. Innerhalb konkreter Rahmensetzungen in Bezug auf Formate und Materialien konnten die Jugendlichen sich frei ausdrücken.

Abbildung 1: Kartenabfragen, Tagesprotokolle und Modelle visualisieren unterschiedliche Dimensionen jugendlicher Raumnutzung

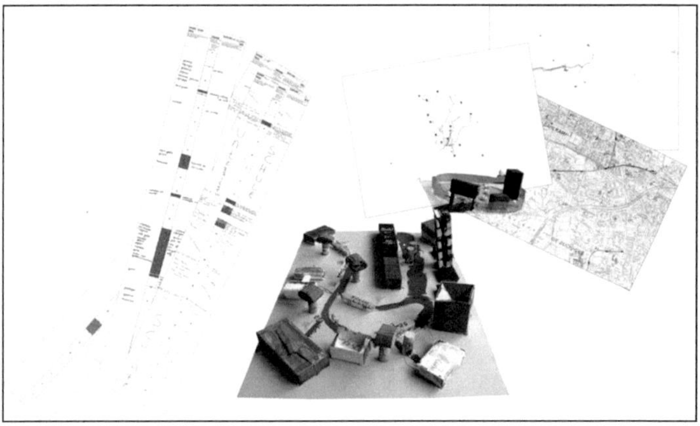

DIALOGISCHER FORSCHUNGSPROZESS

In Modellbauwerkstätten bauten die insgesamt 66 Jugendlichen zwischen 13 und 18 Jahren an je einem Tag »*ihr Hannover an einem Samstag*« und »*ihr Hannover an einem Schultag*«. Das Forschungsteam gab neben der Erläuterung der Fragestellung eine Anleitung zum Modellbau nur in technischen Fragen. Im Verlauf des Modellbauprozesses begannen die Jugendlichen, über die Situationen, die sie bauten, zu erzählen: Was das für Orte sind, was ihnen daran wichtig ist, wer mit dabei ist, und vieles mehr. Das Modell fungierte als Gesprächsanlass, und so konnten die Jugendlichen ihre Räume auf ihre Weise beschreiben. Die Informationen wurden von den Mitgliedern des Teams kontinuierlich aufgenommen und dokumentiert. Zusammen mit vorab im Unterricht erstellten Raumnutzungskarten, Tagesprotokollen und Kurzinterviews wurden in der Auswertung die Ergebnisse zu fünf Typen jugendlicher Stadtkonstruktionen verdichtet. Diese wurden im zweiten Forschungsschritt über Interviews und begleitende Beobachtungen mit prototypischen Vertretern vertieft.

TYPEN JUGENDLICHER RAUMNUTZUNG – ZWISCHEN QUARTIERSBEZUG UND GESAMTSTADT

Innerhalb der Studie konnten fünf unterschiedliche Typen jugendlicher Raumnutzung für die Stadt Hannover beschrieben werden: Häusliche Quartierfans, Pragmatische Quartierflitzer, Spontane Stadtsurfer, Mobile Stadtfahrer und Kommunikative Stadthopper. Ihre Stadtkonstruktionen unterscheiden sich in Größe und Struktur der Alltagsnetze, in den Handlungsrhythmen, in denen sie die Stadt nutzen, den Arten des Unterwegsseins und in den Handlungssituationen, die Jugendliche auswählen und präferieren. Im Folgenden werden schlaglichtartig einige wichtige Aspekte der Ergebnisse erläutert.

Stadt findet für Jugendliche auf unterschiedlichen Maßstabsebenen statt. Für Pragmatische Quartierflitzer ist zum Beispiel ihr Wohnquartier das Zentrum ihrer Handlungszusammenhänge mit punktuellen »*Auslegern*« z.B. in die Innenstadt oder am Wochenende ins Stadion. Für die Mobilen Stadtfahrer spielt das Wohnquartier keine entscheidende Rolle. Ihre Stadt ist entlang ihrer Hauptroute zwischen Schule und Zuhause, die sie mit dem Öffentlichen Personennahverkehr (ÖPNV) zurücklegen, organisiert. Der ÖPNV und dessen Taktung bestimmen ihren Alltag.

Abbildung 2: Schülerinnen und Schüler entwerfen ›ihr Hannover‹

Lage und Entfernung der Schule zum Wohnort prägen den Raumbezug aller Jugendlichen. Nur eine sehr kleine Gruppe nutzt hauptsächlich Angebote im Wohnquartier: Ein Großteil entwirft seine Alltagszusammenhänge auf gesamtstädtischer Ebene. Daran anknüpfend entwickeln Jugendliche Bewegungsstrategien, Raumwissen und Orientierungsstrukturen. Jugendliche sind viel unterwegs. Der zentrale Weg aller Jugendlichen stellt in der Woche die Strecke zur Schule dar. Die Jugendlichen der Studie legten 3,1 bis zu 6,3 Wege pro Tag zurück. Neben dem Typus der Mobilen Stadtfahrer und Pragmatischen Quartierflitzer, die sehr zielgerichtet unterwegs sind, sind andere Jugendliche wie die Häuslichen Quartierfans und Kommunikativen Stadthopper *»schweifender«* unterwegs. So bewegt sich der Häusliche Quartierfan mit einem Freund zu Fuß innerhalb seines Wohnquartiers zu seinen festen Orten und Treffpunkten, wie den Bolzplatz oder die Tischtennisplatte.

In einem »Samstagsmodell« einer Schülerin der 7. Klassenstufe zeigt sie Stationen, die sie in ihrer schweifenden Raumpraxis als Kommunikativer Stadthopper mit ÖPNV und zu Fuß verbindet, wie den Platz vor dem Jugendzentrum, einen Kiosk oder die Wohnungen der Freundinnen.

Anlaufstellen und die jeweils richtige »Infrastruktur« sind von großer Bedeutung. Ein Bolzplatz mit Kiosk in der Nähe birgt weniger das Risiko, dass die Freunde bei großem Hunger nach Hause gehen und nicht wiederkommen. Überdachungen, Sitzgelegenheiten beim Warten oder ein Vordach bei Regen sind wichtige Qualitäten im täglichen Unterwegssein der Kommunikativen Stadthopper. Im Gegensatz zu Häuslichen Quartierfans haben sie Treffpunkte in unterschiedlichen Stadtteilen.

Soziale Dimensionen verweben sich mit öffentlichem Raum

Die in Modellen und Tagesprotokollen erzählten Situationen der Jugendlichen bilden vielschichtige Handlungsräume ab und nicht allein physisch-materielle Räume. Schwimmbäder sind der zentrale Treffpunkt im Sommer; Schulen sind für Jugendliche weit mehr als nur Bildungsräume, sondern in ihren Darstellungen stehen ihre Freunde, das Fußballspiel nach der Schule und die Freistundenclique im Vordergrund. Veranstaltungen, Freunde und familiäre Zusammenhänge bestimmen und prägen die genutzten Orte: Es entstehen Situationen, die viele Raumnutzungsdimensionen integrieren. Eine bestimmte Bank im Park wird zum Rückzugsraum für die Freundinnen, wenn es ihnen schlecht geht oder die Kanalbrücke zum informellen Partyraum, da er weit genug abgelegen von der Kontrolle der Erwachsenen liegt. Die Schnittstellen öffentlicher Räume sind jugendliche Treffpunkte und Aufenthaltsorte. Jugendliche haben der Studie nach ein feines Gespür für »ihre« Raumqualitäten. Sie wählen genau aus und interpretieren Raumstrukturen und Orte in ihrem Sinne.

Abbildung 3: Modelle des »Pragmatischen Quartiersflitzers« und des »Spontanen Stadtsurfers«

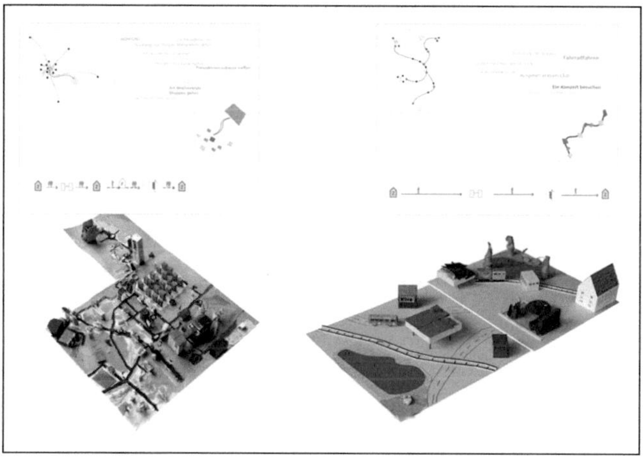

IMPULSE FÜR DIE PLANUNG – INTERDISZIPLINÄR STADT FÜR JUGENDLICHE ENTWICKELN

Was bedeuten nun die Ergebnisse für die Planung und Gestaltung öffentlicher Räume? Betrachtet man jugendliche Raumpraxis und Planungs- und Verwaltungsstrukturen, ist offensichtlich, dass diese nicht korrespondieren. In der jugendlichen Perspektive und Nutzung verschränken sich öffentlichen Plätze, Gebäude und Grünräume mit Bildungsangeboten, Erreichbarkeiten und Sportmöglichkeiten. Folgt man der Zielsetzung, Stadtentwicklung für und mit Jugendlichen zu betreiben, so muss eine Vernetzung der Disziplinen gesucht werden. Mit einer produktiven Kultur der Zusammenarbeit und neuen Methoden können Planungsprozesse mehrdimensionaler gestaltet werden.

Dies war der Ausgangspunkt für eine auf Jugendliche ausgerichtete Stadtentwicklungsstrategie in Hannover. Auf Initiative des Fachbereichs Jugend und Familie wurde 2010 ein Prozess in Gang gesetzt, in dem stadtplanerisches Handeln, Jugendarbeit und Bildungsprozesse konzeptionell entwickelt werden. Das Projekt verfolgt das Ziel, die städtischen Räume, Einrichtungen und Infrastrukturen aus dem Blickwinkel von Jugendlichen ressortübergreifend und auf gesamtstädtischer Ebene zu qualifizieren und zu entwickeln. Es geht nicht darum, neue Projekte zu initiieren, sondern um die strategisch intelligente Verknüpfung und nachhaltige Qualifizierung bestehender Planungen, Einrichtungen und Konzepte. Sechs Fachbereiche der Stadt Hannover, die mit dem Themenkreis Jugendliche, Infrastrukturen, Kultur und räumliche Stadtentwicklung befasst sind, wollen so in einem langfristigen Diskussions- und Umsetzungsprozess miteinander kooperieren.

Die Verknüpfungen stadtplanerischen Handelns, Jugendarbeit und Bildungsverständnis wird am Beispiel der Konzeptstudie »*Das PLUS entwickeln!*« (v. Detten, Heinzelmann & Schmidt 2011) deutlich. In dieser Studie wird entlang der Buslinie100/200, die den Innenstadtbereich von Hannover umfährt und unterschiedliche (Wohn-)Stadtteile miteinander verbindet, nach der Überlagerung von öffentlichem Raum, jugendlicher Infrastruktur und Einrichtungen, ÖPNV und Planungskonzepten und ihrem »Pluspotenzial« für eine strategische Gesamtentwicklung gefahndet.

ZUSAMMENHÄNGE GESAMTSTÄDTISCH DENKEN UND ENTWERFEN

Die interdisziplinäre Verschränkung in der Projektentwicklung erfolgt auf zwei räumlichen Ebenen – eine strategische (großräumige) Raumperspektive und die Ebene der (lokalen) Impulsprojekte als Entwicklungsgrundlage und Basis für aktuelle Entscheidungsnotwendigkeiten. Die strategische Raumperspektive betrachtet die große Anzahl innovativer, aber bislang weitgehend ohne gegenseitige Bezugnahme arbeitender Projekte, Handlungsansätze und Konzepte der einzelnen Fachbereiche in Zusammenhang mit Raumtalenten und entwickelt atmosphärische Kraftfelder. Impulsprojekte entwickeln die Potentiale und Synergien dann innerhalb lokaler Räume und Einrichtungen mit ihrem spezifischen Charakter unter Stärkung des gesamtstädtischen Netzzusammenhangs weiter.

Vorausschauend über das Zusammenspiel von Angeboten auf lokaler und städtischer Ebene nachzudenken und neue Lösungsansätze zu entwickeln trägt sowohl den veränderten Raumnutzungspraktiken der Jugendlichen als auch den immer geringeren personellen und finanziellen Ressourcen der Kommunen Rechnung. Eine zentrale Rolle spielt die Frage der Erreichbarkeit und der Mobilität. Verbindungen, Wege und Vernetzung müssen konzeptionell und in Bezug auf ihre gestalterischen Qualitäten betrachtet und entworfen werden.

Temporäres und improvisiertes Arbeiten fördern

In Experimenten und temporären Interventionen im öffentlichen Raum können Situationen und Orte vorübergehend und versuchsweise gestaltet werden. Mit geringem Aufwand können Fragen an den Raum gestellt und Möglichkeitsräume ausgelotet werden (vgl. Karow 2008). Diese Projekte bieten auch eine gute Möglichkeit der Beteiligung von Jugendlichen, da sie in sehr viel kürzeren Zeithorizonten entstehen. Mobile Ausstattungselemente können öffentliche Räume bereichern und sind an unterschiedlichen Orten einsetzbar. So werden Nutzungskonflikten z.B. in Bezug auf Lärm entschärft. Gleichzeitig werfen solche Projekten Fragen der temporären Nutzungserlaubnis, der Organisation des Auf- und Abbauens und der Aufbewahrung, Versicherungs- und Haftungsfragen auf. Hier sind kreative Lösungsmodelle zu entwerfen, die in einer Kultur der produktiven Zusammenarbeit entstehen können.

Abbildung 4: Experiment mit Musik in einer U-Bahn-Haltestelle

Jugendlichen als Experten

Projekte für Jugendliche im öffentlichen Raum nicht nur für sondern zusammen mit Jugendlichen zu entwickeln bringt für beide Seiten einen Gewinn (BMVBS 2011). Jugendliche sind Experten für ihre Bedürfnisse und haben ein feines Gespür für Räume. Wenn man dies anerkennt und geeignete Beteiligungsformate entwickelt, lassen sich spannende und passgenaue Projekte entwickeln. Gleichzeitig werden Lernprozesse in Gang gesetzt, in denen die Planer,

Verwaltungsangestellte und Jugendliche gemeinsam neue Sichtweisen entdecken und Perspektiven entwickeln. So kann eine bisher fehlende Wertschätzung von Jugendlichen als Nutzer des öffentlichen Raums aufgebaut werden. Das Projekt »*Jugend bewegt Stadt!*« hat gezeigt, dass Jugendliche innerhalb eines Rahmens und mit der notwendigen Hilfestellung verantwortungsvoll auch mit finanziellen Ressourcen umgehen und ihre kreativen Ideen eigenständig realisieren.

Jugendliche in Planung und Gestaltung öffentlicher Räume mit einzubeziehen und ihnen damit auch Verantwortung zu geben ist noch immer ungewohnt. Dabei können jugendliche Stadtperspektiven richtungsweisende Impulse für die Gestaltung und Entwicklung zukünftiger lebendiger Städte geben.

LITERATUR

BMVBS Pressemitteilung 048/2011: www.bmvbs.de/DE/Presse/Pressemittei lungen/pressemitteilungen_node.html vom 24.03.2011.

Detten, B. & Schmidt, A. (2010): Schullandschaften – Schule im Netz urbaner Räume von Jugendlichen. In: PlanerIn 5/10, 25-29

Karow-Kluge, D. (2008): Gewagte Räume. Experimente als Teil von Planung zwischen Wissenschaft, Gesellschaft und Kunst. http://edoko 1.tib.uni-han nover.de/edoks/e01dh08/578878593.pdf vom 24.03.2011

Landeshauptstadt Hannover, Fachbereich Jugend und Familie (Hg.) (2011): Das PLUS entwickeln! Jugendliche und das Netz urbaner öffentlicher Räume in Hannover. Konzeptstudie zu Handlungsstrategien und Modellvorhaben Linie 100/200

Löw, M. (2001): Raumsoziologie. Frankfurt a.M.

v. Seggern, H., Werner, J. & Grosse-Bächle. L. (Hg.) (2008): Creating Knowledge. Innovationsstrategien im Entwerfen urbaner Landschaften. Berlin

Wüstenrot Stiftung (Hg.) (2003): Jugendliche in öffentlichen Räumen der Stadt. Chancen und Restriktionen der Raumaneignung. Opladen

Wüstenrot Stiftung (Hg.) (2009): Stadtsurfer, Quartierfans & Co. – Stadtkonstruktionen Jugendlicher und das Netz urbaner öffentlicher Räume. Berlin

»My Campus Karlsruhe«

Zur Rekonstruktion studentischer Raumnutzungsmuster mittels Logbuch-Verfahren

Daniela Eichholz & Alexa Maria Kunz

»Schönheit ist wichtig«, so die Überschrift eines Artikels in DIE ZEIT (Nr. 23 vom 28.5.2009, 71) über den 800. Geburtstag des Kings College in Cambridge: Im Interview benannte die Präsidentin der Universität ›Schönheit‹ als einen der Wettbewerbsvorteile, der neben ›Tradition‹ eine wichtige Rolle für die Zukunft der Einrichtung spiele. Ähnlich werden auch in Presseberichten über andere Universitäten neben den gängigen Qualifizierungskriterien wie der Platzierung in Rankings oder einem umfangreichen Angebot an Studiengängen zusätzliche, raumbezogene Standortvorteile wie eine Lage im Grünen, im Herzen von Metropolen oder in unmittelbarer Nähe zu namhaften Forschungseinrichtungen sowie zeitgemäße (Service-)Einrichtungen oder moderne Gebäudegestaltungen hervorgehoben. Dass solche Faktoren für einen dauerhaften Erfolg von Hochschulen relevant sind, wird wohl niemand bezweifeln wollen. Kaum näher beleuchtet ist jedoch bisher, welche Eigenschaften einer ›Alma Mater‹ gerade aus der Studierendenperspektive im Studienalltag von *besonderer* Bedeutung sind und noch grundsätzlicher: wie Studierende ›ihren‹ Campus wahrnehmen und nutzen.

Campusnutzung als Forschungsgegenstand

Eben diesen Fragen ging das im Jahr 2008 am Karlsruher Institut für Technologie (KIT, vormals Universität Karlsruhe) von einem Team aus Stadtplanerinnen und Soziologinnen durchgeführte, aus Hochschulmitteln finanzierte, Projekt »My Campus Karlsruhe« nach, dessen Vorgehensweise und zentrale Ergebnisse im Folgenden dargestellt werden (sämtliche Ausführungen beziehen sich auf den von Gothe & Pfadenhauer 2010 veröffentlichten Projektbericht; mit freundlicher Genehmigung der beiden Projektleiterinnen wurde aus Gründen der Lesefreundlichkeit auf eine redundante Zitation verzichtet).

Raumforschung mittels Logbuch

Zur Bearbeitung dieser forschungsleitenden Fragen wurden nach ersten sensibilisierenden Feldkontakten in einem recht aufwändigen Rekrutierungs- und Betreuungsverfahren rund 60 Studierende des KIT gewonnen, die 14 Tage lang während des Sommersemesters mehr oder minder rund um die Uhr ihren individuellen Studienalltag schriftlich, kartographisch und mitunter auch fotographisch in so genannten ›Logbüchern‹ dokumentierten. Logbücher, die aus anderen Forschungskontexten auch als ›Tagebuch‹ oder ›Diary‹ bekannt sind (vgl. Alaszewski 2006), ermöglichen es dabei u.a., die Beforschten zeitnah und somit unter Verringerung unerwünschter Memory-Effekte, wie sie aus der Interviewforschung bekannt sind, ein Geschehen berichten zu lassen. Insbesondere in dem Mittel der Selbstbeobachtung und der Darstellung der ›eigenen Perspektive‹ zeigt sich der Versuch, Daten zu nichtbeobachtbaren Dimensionen persönlicher Erfahrungen zu gewinnen (vgl. Pulver 1999, 44). Rein forschungspragmatisch weisen Logbücher gegenüber anderen Methoden zur Erforschung von Raumnutzungsverhalten u.a. den Vorteil auf, dass sie für größere Untersuchungsgruppen geeignet sind, weil sie – etwa anders als Beobachtungsverfahren – keine Forscherpräsenz an den zahlreichen Orten erfordern (umfassend zu Vor- aber auch Nachteilen von Logbuch-Verfahren vgl. Kunz & Pfadenhauer 2012). Im Rahmen des Campus-Projekts wurden strukturierte Logbücher entwickelt, um die Vergleichbarkeit der erhobenen Daten zu begünstigen (bereits dieser Grad an Vorstrukturierung zeigt an, dass diese Daten nicht als so genannte ›natürliche‹ missverstanden werden dürfen, was insbesondere bei der Interpretation mit in Rechnung zu stellen ist; dazu vgl. auch Kenten 2010, 4). Anhand dieser Logbücher wurden die Studierenden gebeten: 1. die von ihnen belegten Lehrveranstaltungen in Wochenplänen anzugeben; 2. ihre täglichen (studienbezogenen) Aktivitäten in Tagespläne einzutragen; 3. dabei die Orte zu benennen, an denen diese Aktivitäten stattgefunden haben; 4. ihre Raumwahrnehmung (an diesen Orten) zu explizieren und zu kommentieren; 5. zur weiteren Veranschaulichung (nach eigenem Belieben) ›kreative‹ Einträge (z.B. Zeichnungen, Skizzen, Fotos etc.) hinzuzufügen, 6. chronologische Angaben zu ihren Aufenthaltsorten und Wegstrecken zu machen – und diese Wege in Kartenmaterial nachzuzeichnen, die dem Tagesablaufplan hinzugefügt waren und 7. Auskünfte über Orte zu geben, die an den entsprechenden Tagen als besonders ›gut‹ oder ›schlecht‹ empfunden worden waren.

Die Dokumentation der täglichen Wahrnehmungen und Nutzungen wurde darüber hinaus um eine Zwischenbetrachtung ergänzt, in der die Studierenden dazu angeregt wurden, von ihnen als vorbildlich empfundene Orte, aber auch ›Meideorte‹, sowie ihre Vorstellungen von einem idealen Campus Karlsruhe zu beschreiben. Außerdem wurden die Studierenden danach gefragt, an welchen Orten (auch außerhalb des Campus) sie ihre studienbezogenen Aktivitäten erledigen. Dabei wurden sie v.a. darum gebeten: 1. all das zu notieren, was ihnen selbst wichtig erscheint, um ihre Campusnutzung darzustellen, 2. die von ihnen gemachten Angaben zu kommentieren (und somit zu kontextualisieren) sowie 3. ihre Aufzeichnungen möglichst zeitnah zu tätigen (zur theoretischen Einbettung dieser Maßgaben vgl. Kunz & Pfadenhauer 2012).

Nicht nur vor dem Hintergrund dieser Instruktionen, sondern auch des eher knapp bemessenen Schreibplatzes sowie mit Blick auf den Zeitaufwand einer täglichen Dokumentation sämtlicher studienbezogener Tätigkeiten ist davon auszugehen, dass die Teilnehmenden schon aus pragmatischen Erwägungen heraus ausschließlich ›Dinge‹ aufgeschrieben haben, die ihnen aus irgendeinem Grund als ›wissenswert‹ für das Forscherteam erschienen. Auch ohne derartige Vorkehrungen zur Fokussierung von Äußerungen ist eine in der oftmals so genannten ›qualitativen‹ Forschung grundlegende Prämisse bei der Datensammlung wie -interpretation, dass zunächst ›Alles‹ als relevant zu betrachten ist, was von den Beforschten thematisiert wird (vgl. exemplarisch: Hitzler 2002 und 2003, 50). Auch in solchen Anmerkungen, die für Forscher zunächst nebensächlich, irritierend oder befremdlich erscheinen, schwingen die Relevanzen der Untersuchten mit: In ihnen dokumentiert sich – ebenso wie in Aussagen, in denen anscheinend explizit eine Antwort auf die je gestellte Forschungsfrage gegeben wird – der subjektiv gemeinte Sinn, den Teilnehmende ihren Aussagen und Taten beimessen.

Dieser Sinn ist nicht unbedingt offensichtlich und erschließt sich insofern nicht zwangsläufig unmittelbar. Um die spezifische ›Eigen-Logik‹ der jeweils dokumentierten Raumnutzungsmuster möglichst angemessen, also nah an der Perspektive der Studierenden, rekonstruieren zu können, wurde bei der Interpretation die sequentielle Abfolge der Einträge strikt befolgt. Über die Versuche, die Tagesabläufe anhand der Erläuterungen buchstäblich ›Schritt für Schritt‹ nachzuvollziehen, konnten Auffälligkeiten und Widersprüche in den Darstellungen entdeckt werden, die in einer wiederholten Interpretation als potentielle ›Schlüssel zum Verständnis‹ von Raumwahrnehmungen und -nutzungsprioritäten an die Texte herangetragen wurden. So schrieb beispielsweise ein Teilnehmer: »Ich würde nie im Rechenzentrum versuchen zu lernen... aber sonst gehe ich dahin, wo ich muss« (Logbuch 34, Eintrag auf Seite 34). Dieser Kommentar erwies sich als Zugang zu einem tiefergehenden Verständnis der ›Gesamterzählung‹, da sich in den weiteren Ausführungen zeigte, dass die obersten Priorität des Schreibers tatsächlich darin bestand, möglichst wenig Zeit auf dem Campus zu verbringen und *nur* dorthin zu gehen, wohin er unbedingt muss. Über eine Rekonstruktion ebensolcher in den Logbüchern explizierter Relevanzen konnten schließlich Typen gebildet und Grundorientierungen der Studienorganisation erkannt werden (vgl. Kap. 3).

Ein weiteres Erkenntnis bringendes Potential ist in irritierenden Kommentaren zu sehen: Zahlreiche Teilnehmende räumten dem auf den ersten Blick nebensächlichen Thema ›Essen‹ eine auffallend prominente Stelle in ihren Tagesprotokollen ein. In zwei Fällen (Logbuch 24 und 42) wurde der gesamte Tagesablauf um die Nahrungsaufnahme herum organisiert. In einem anderen Fall erfuhren Orte durch die Verfügbarkeit oder den Konsum von Bio-Kost eine Aufwertung (Logbuch 61). In ähnlicher Weise wies eine weitere Schreiberin (Logbuch 76) in ihren Kommentaren wiederholt auf die Bedeutung von ›Butterbrezeln‹ für ihren Tagesablauf hin – und eine andere Teilnehmerin gab als Statement in der Rubrik ›guter Ort am Campus heute‹ an: »Audimax [...] Kaffeeautomat im Foyer; nur an diesem Automat gibt es Espresso Choc!; gehen oft nur dort hin, um das zu trinken« (Logbuch 63, Eintrag auf Seite 34) und begründete damit einen Umweg auf dem Weg zu einer Lehrveranstaltung. Über eine komparative Analyse der diversen Logbuch-Erzählungen können gerade derart nebensächlich erscheinende Bemerkungen als wichtige Indikatoren für Gemeinsamkeiten erkannt werden (hier: der Orientierung ›Convenience‹, s.u.).

Darüber hinaus sind Irritationen besonders ertragreich, da durch sie individuelle Gewichtungen in den Raumnutzungsgewohnheiten erkennbar werden können: Als der ›rote Faden‹ in Logbuch 54 konnte etwa eine stetige Positivbewertung solcher Lehrveranstaltungsräume festgestellt werden, die in unmittelbarer Nähe von Haltestellen des ÖPNV gelegen waren. Diese Präferenz wurde nicht zuletzt dadurch einsichtig, dass an einer Stelle zwar ein Seminarraum als ›guter Ort‹ benannt, zur Illustration jedoch ein Foto der Haltestelle verwendet wurde – wodurch sich die Schreiberin selbst v.a. als ›Pendlerin‹ thematisierte. Dieses Beispiel verdeutlicht letztlich auch, dass in der Interpretation der Logbücher ein besonderes Augenmerk auf die Kombination von schriftlichen Aussagen mit Illustrationen zu legen war, um die Darstellungsabsichten der Teilnehmenden ›sinngemäß‹ fassen zu können.

Zusammengenommen sollte anhand dieser Beispiele plausibel geworden sein, dass es in der Interpretation derartigen Datenmaterials von elementarer Bedeutung ist, jede zunächst noch so unscheinbar wirkende Bemerkung der Teilnehmenden ernst zu nehmen, da darin ein nicht zu verkennendes Potential für das Verstehen des jeweils implizierten Sinngehalts und des Gesamtzusammenhangs ihrer Erzählungen zu finden ist.

In dem auf diese Weise gesammelten Material wurde von den untersuchten Studierenden insofern nicht nur ihre Campusnutzung, sondern auch ihr Studierverhalten außerhalb des Unigeländes abgebildet. Dabei sind die in der Logbuchstruktur angelegten Möglichkeiten zur Kommentierung der dokumentierten Aktivitäten als ein immenses Potential für den Nachvollzug von Bewertungskriterien zu sehen. Derartige Erläuterungen zu den physischen und/oder sozialräumlichen Qualitäten und Defiziten konkreter Orte eröffneten Rückschlüsse darauf, weshalb der Campus im jeweiligen Fall eben genau so und nicht anders, für eine bestimmte Aktivität vielleicht sogar gar nicht, genutzt worden ist – und welche Alternativen sich Studierende jeweils eigenständig für fehlende Raumangebote erschließen. Anhand der protokollierten Tagesverläufe (auch im Abgleich mit den jeweils angegeben Lehrveranstaltungsplänen) ließen sich Nutzungsmuster erkennen, die differenzierte Einblicke in die räumlich-zeitliche Organisation des Studienalltags der Untersuchten lieferten. Zumindest für derart fokussierte und der Selbstbeobachtung zugängliche Aspekte der Wahrnehmung (vgl. dazu Rodriguez & Ryave 2002, 11f.) ist das Logbuch-Verfahren – nicht zuletzt aufgrund der hohen Anschaulichkeit der damit erzeugten Daten – geeignet und erlaubt die Rekonstruktion individueller wie kollektiver Raumnutzungsmuster. Mittels des umfangreichen Datenmaterials ließen sich neben zwei Grundorientierungen der Studiengestaltung und einem intersubjektiv geteilten Campusbild vor allem fünf Campusnutzertypen herausarbeiten.

Ausgewählte Ergebnisse

Die Erkenntnisse aus der My Campus-Studie lassen sich in zwei wesentliche Bereiche unterteilen: Die individuellen Raumnutzungsmuster einerseits und die kollektive Campuswahrnehmung andererseits, wobei insbesondere Letztere hier lediglich skizzenhaft dargestellt werden können.

Kollektive Campuswahrnehmung

In den Logbuch-Einträgen wurden neben den rein protokollarischen Darstellungen vielfach deutlich subjektive Empfindungen räumlicher Eigenschaften geäußert, die auf den ersten Blick mit speziellen Eigenschaften, Vorlieben oder Befindlichkeiten der jeweiligen Studierenden zusammenzuhängen schienen. Nichtsdestotrotz sind aber auch diese eher individuellen Anmerkungen als wichtige Hinweise auf die Qualitäten der Universitätsräumlichkeiten zu bewerten, da sich bei einer genaueren Betrachtung zeigte, dass sich derartige Aussagen zu kollektiv als relevant markierten Bewertungskriterien bündeln lassen. So notierte beispielsweise ein Logbuchschreiber: »Der schlimmste Hörsaal aller Zeiten. Mit 1,95m Körpergröße und einer Beinlänge von 1,10m kann ich nicht sitzen« (Logbuch 26, Eintrag auf Seite 18). Im vergleichenden Überblick über das gesamte Datenmaterial wurde jedoch ersichtlich, dass nicht allein Studierende mit einer außergewöhnlichen Körpergröße ein ›Platzproblem‹ in Hörsälen thematisierten. Stattdessen wiesen weitere Einträge in eine ähnliche Richtung – z.B. solche, in denen die vormontierten Tischplatten als zu klein für Schreibutensilien und Laptops kritisiert wurden oder die Ergonomie der Sitzmöbel beanstandet wurde. Umgekehrt fanden sich vielfach positive Hervorhebungen von Veranstaltungsräumen als ›vorbildlich‹, sofern dort ebendiese als störend empfundenen Raumeigenschaften nicht vorlagen. Insgesamt konnten in einer systematisierenden Zusammenschau sechs – aus der Perspektive der untersuchten Studierenden besonders wichtige – Bewertungskriterien-Komplexe der kollektiven Campusnutzung und -wahrnehmung ausgemacht werden:

1. Bauen und Gestaltung: diverse Aspekte der Fassaden und Innenraumgestaltung, aber auch die Lage von Orten bzw. ihre Einbettung in den Campus
2. Komfort und Benutzerfreundlichkeit: Bequemlichkeit des Mobiliars und andere Eigenschaften der Raumausstattung
3. Erscheinungsbild und Hygiene: Gepflegtheit, Sauberkeit, Ordnung
4. Technik, Apparaturen, Funktionalität: Qualität der technischen Ausstattung (z.B. Beamer, Messinstrumente), Klimatisierung, Beleuchtung etc.
5. Organisation und Serviceorientierung: Raumbelegung (Verhältnismäßigkeit von Raumgröße und Anzahl der Nutzer), Weitergabe und Transparenz von Informationen, Freundlichkeit des Personals etc.
6. Soziales und Kommunikation: Geselligkeit, gegenseitige Bezugnahme, Perspektivenübernahme etc. (vornehmlich der Studierenden untereinander).

Zudem enthielt das Material mannigfaltige Anmerkungen zum Themenkomplex ›Mobilität‹, die etwa auf den Bewertungsaspekt der Erreichbarkeit des Campusgeländes mit dem ÖPNV, Fahrrädern und PKW bezogen waren. In diesem Zusammenhang ist für eine positive Bewertung des Unigeländes ebenfalls ausschlaggebend, ob die Wegstrecken, die zwischen Lehrveranstaltungsorten zurückgelegt werden müssen, ohne nennenswerten Zeitaufwand zu bewältigen sind, so dass gleichermaßen Pausen für Verpflegung oder Rekreation *und* ein pünktliches Erscheinen ermöglicht werden. Auch adäquate Möglichkeiten der Fortbewegung, wie ›gut‹ angelegte (und voneinander abgetrennte) Fuß- und Radwege spielen in der Gesamteinschätzung eine nicht zu verkennende Rolle. Darüber hinaus ist für den Standort Karlsruhe festzuhalten, dass die Universität in der Bewertung durch die Studierenden von ihrer geographischen Lage profitiert: Sowohl die unmittelbare Nähe zur Innenstadt als auch der an den Campus angrenzende Schlosspark wirken dabei auf eine positive Bewertung der Universität zurück und diese Gebiete werden sogar oftmals in einer Art ›mentalen Erweiterung‹ dem offiziellen Campusareal zugerechnet.

Individuelle Raumnutzungsmuster

Die individuellen Raumnutzungsmuster der Studierenden ergeben sich aus einer Aufschichtung von drei unterschiedlichen Aspekten – (a.) den *Gruppen* und (b.) den *Typen*, denen die untersuchten Studierenden jeweils zugeordnet werden können sowie (c.) den *Grundorientierungen* der Studiumsorganisation, die diese Studierenden in ihren Logbuch-Einträgen erkennen lassen.

Durch Vorgespräche mit Studierenden sämtlicher Fachrichtungen für die mögliche Relevanz bestimmter Merkmale sensibilisiert, wurden die Fälle in einem ersten Auswertungsschritt gesondert unter folgenden vier *Gruppen*-Aspekten betrachtet:

Inhousing: Die formalen Vorgaben des ›Stundenplans‹ lassen darauf schließen, dass Studierende ihre zu erledigenden Studienaktivitäten prinzipiell auf einige wenige Orte konzentrieren können, wobei hauptsächlich kurze Wegstrecken – oft innerhalb desselben Gebäudes – zurückgelegt werden müssten.

Hopping: Dem Stundenplan zufolge konzentrieren sich die zu besuchenden Lehrveranstaltungen nicht auf einen zentralen, sondern auf mehrere, weiter auseinander liegende Orte – für Raumwechsel müssten häufiger längere Wege in Kauf genommen werden.

Pendeln: Studierende wohnen außerhalb und pendeln deshalb (täglich oder mehrmals wöchentlich) zum Studium nach Karlsruhe. Für die Gruppe der Pendler war z.B. zu erwarten, dass ihre Stundenpläne in der Folge zeitaufwändiger Anreisewege eine Verdichtung zu kompakten Lehrveranstaltungsblöcken mit möglichst wenigen Freistunden aufweisen würden oder dass der Campus zwischen den Lehrveranstaltungen seltener für kurze Aufenthalte ›zu Hause‹ verlassen werden würde.

Herkommen: Dieser Kategorie wurden ausländische Studierende zugeordnet, die entweder eine andere als die deutsche Staatsbürgerschaft besitzen oder die (trotz deutscher Staatsbürgerschaft) bis zu ihrem Studium dauerhaft im Ausland gelebt haben und für ihr Studium (dauerhaft oder auch temporär über Austauschprogramme oder Stipendien) nach Karlsruhe gekommen sind.

Diese verschiedenen Gruppenkategorien schließen sich nicht zwangsläufig aus, da beispielsweise ein ›Pendler‹ seinen Unialltag durchaus nach einem ›inhouse-typischen‹ Stundenplan organisieren könnte (usw.). In der Auswertung wurde jedoch bald der beschränkte Erklärungsgehalt der Gruppenmerkmale ersichtlich. Bestimmte Merkmale begünstigen zwar bestimmte Nutzungsarten und -wahrnehmungen – wie etwa die Tendenz von Pendlern, Wege zu

›sparen‹ –, aber sie determinieren sie nicht annähernd. Selbst nach ›formalen‹ Merkmalen (wie Wohnort, Stundenplan, räumliche Infrastruktur etc.) sehr ähnliche Fälle können de facto sehr unterschiedliche Tagesabläufe aufweisen, da die Spielräume zur Ausgestaltung des persönlichen Studienalltags auf je eigene Art und Weise genutzt werden. Dergestalt für das differenzierte Wechselspiel von strukturellen Gegebenheiten und individuellen Handlungen sensibilisiert, konnte in einem weiteren Auswertungsschritt eine Typologie entwickelt werden, die vor allem aus den Angaben darüber abzuleiten ist, welche Aktivitäten jeweils auf dem Campus stattfinden und welche nicht – und v.a., ob die jeweils angegebene Ortsnutzung als ›Präferenz‹ oder ›Notlösung‹ beschrieben wurde. Das Spektrum der *Typen* entfaltet sich zwischen den Extremen, den Campus einerseits so wenig wie irgend möglich aufsuchen zu wollen und den Campus andererseits im Idealfall auch für Freizeitaktivitäten und Geselligkeit gar nicht erst verlassen zu müssen:

Abbildung 1: Typen von Campus-Nutzern

	HOMIE	SEPARATOR	INTEGRATOR	COLLEGE	FLANEUR
Motto	"My home is my campus"	"My campus is my campus and my home is my home"	"My campus-home or my home-campus?!"	"My campus is my home"	"My campus is my pleasure"
Aktivitäten *auf* dem Campus	v.a. Informationen abholen; Studium & Verpflegung so viel wie absolut nötig	Studium; möglicherweise Erwerbstätigkeit; Verpflegung so weit nötig	Studium; Verpflegung; Erwerbstätigkeit; Freizeit; Sonstiges – je nachdem, was gerade anfällt/angeboten wird und welcher Ort dafür praktisch erscheint	Studium; Verpflegung; Erwerbstätigkeit; Freizeit; Sonstiges – so viel wie möglich	Freizeit; Verpflegung; evtl. noch studentisches Engagement
Aktivitäten *außerhalb* des Campus	Studium; Verpflegung; Erwerbstätigkeit; Freizeit; Sonstiges	Verpflegung; Erwerbstätigkeit; Freizeit; Sonstiges		Freizeit (v.a. Schlafen) und Sonstiges, sofern nicht auf Campus möglich	Studium (falls überhaupt); Erwerbstätigkeit; Freizeit; Sonstiges
Campus =	**Informationsort**	**Arbeitsort**	**Arbeitsort und Lebensraum**	**Lebensraum**	**Freizeitort**

Eine Sonderstellung kommt innerhalb der Logik dieser Typologie dem *Flaneur* zu: Ihn kennzeichnet oftmals eine weitreichende Entpflichtung von studienbezogenen Aktivitäten, die aber seiner ausgesprochenen Vorliebe für den Campus als Aufenthaltsort nicht abträglich ist – im Gegenteil: Der Campus wird als ein angenehm vielseitiger Ort thematisiert, an dem man Freunde treffen, entspannen, freie Zeit genießen, kulturell oder politisch aktiv sein und/oder einen Job ausüben kann.

Sozusagen als ein Nebenerzeugnis der Typenbildung wurden in der Datenanalyse zwei unterschiedliche *Grundorientierungen* – also Einstellungen zur Studiengestaltung – sichtbar, die quer zu der Ordnung von Gruppen und Typen liegen. Charakteristisch für die Orientierung ›*Efficializing*‹ ist ein ausgesprochener Pragmatismus, der sich in dem Versuch äußert, anfallende Verpflichtungen möglichst speditiv abzuwickeln, um damit Zeit zu sparen. Diese Orientierung wird in den Logbüchern beispielsweise durch Anmerkungen zu einer akribischen Organisation von Tagesabläufen zum Ausdruck gebracht. Sie zeigt sich aber auch an einer Integration von Einkäufen in die Lehrveranstaltungspausen oder der Verpflegung in die Anfahrtszeiten. Jede freie Minute wird mit einer Aktivität gefüllt. Die Orientierung ›*Convenience*‹ unterscheidet sich hiervon durch das Bemühen, den Unialltag durch Phasen der Entspannung aufzulockern und überhaupt das Nützliche mit dem Angenehmen in einer komfortablen Art und Weise zu verbinden. Ausgleichsaktivitäten werden dabei gewissermaßen als ›Belohnung‹ für die eigenen Leistungen eingesetzt, um motiviert und ›gut gelaunt‹ sein Tagwerk verrichten zu können. Auf eine Convenience-Orientierung verweisen ebenfalls Einträge, in denen die Bequemlichkeit der Raumausstattung beanstandet wird, straffe Zeitpläne als Zumutung thematisiert werden und in denen beispielsweise der Konsum von Lebensmitteln während einer Vorlesung zur der Aufwertung der Veranstaltung wie auch der räumlichen Umgebung beitragen.

Den vorherigen Ausführungen entsprechend lassen sich individuelle Raumnutzungen als Zusammenwirken von Gruppen- und Typeneigenschaften sowie grundlegenden Orientierungen darstellen:

Abbildung 2: Individuelle Campus-Nutzung

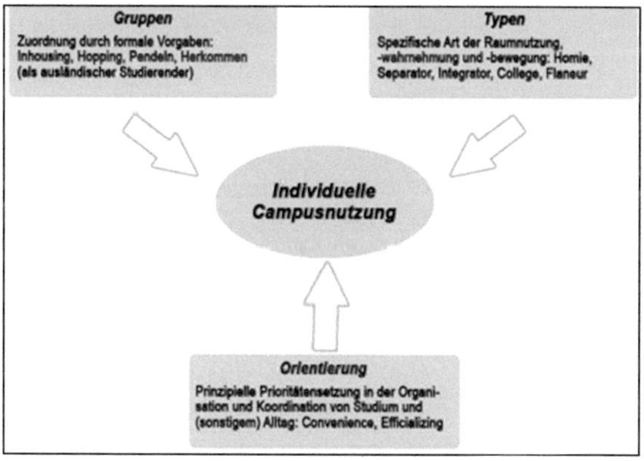

Die Erträge der Analyse deuten außerdem darauf hin, dass präferierte Raumnutzungsmuster sozusagen zeitweilig durch übergeordnete Prioritäten aufgebrochen werden können: So werden beispielsweise in Prüfungsphasen räumliche Präferenzen oder Gewohnheiten zurückgestellt, indem etwa auch von Studierenden des Typus ›Homie‹ die Notwendigkeit einer Teilnahme an Präsenzveranstaltungen oder ein kontinuierliches Lernen in der Bibliothek vorübergehend anerkannt wird. Zudem ist nicht auszuschließen, dass insbesondere die Zugehörigkeit zu Typen dynamisch sein – also vom ersten Semester bis zum Studienabschluss Veränderungen unterliegen – könnte: D.h. Raumnutzungsmuster korrespondieren wahrscheinlich (auch) mit unterschiedlichen Leistungsanforderungen in den verschiedenen Phasen des Studiums.

Bemerkenswert ist letztlich auch, dass sich im Hinblick auf die individuellen Nutzungsmuster wie auch auf die kollektiven Campuswahrnehmungen keine genderspezifischen Eigenheiten feststellen ließen. Die nahezu identischen Logbucheinträge von weiblichen und männlichen Studierenden deuten insgesamt stark darauf, dass für die räumlichen Bezugnahmen auf den Campus und die Organisation des Unialltags andere Aspekte als das Geschlecht bedeutsam sind.

Next Campus?

Die Bandbreite der Ergebnisse, die hier nur ansatzweise dargestellt werden konnten, verdeutlicht u.a. die Potentiale von explorativ-interpretativen Forschungsprojekten als Basis für Raumgestaltungsprozesse gegenüber solchen Planungen, die ausschließlich am Schreibtisch entwickelt werden: Anhand der Forschungserträge wurde deutlich, dass ›Raumnutzer‹ sehr differenziert darüber Auskunft geben können, welche Räume und Ausstattungen für diverse Nutzungsansprüche als zweckmäßig, wünschenswert, angenehm etc. empfunden werden (würden), ohne dass dabei formulierte Idealvorstellungen zwangsläufig ins Kostspielige oder Utopische ausufern müssen. Die Eintragungen der teilnehmenden Studierenden erwiesen sich auch in der Hinsicht als gemäßigt, dass in keinem Fall der Eindruck entstanden ist, die Logbücher seien als ›Meckerboxen‹ gebraucht worden. Stattdessen zeigt sich, dass die Nutzerperspektive viele ›realistische‹ Hinweise auf Verbesserungsbedarfe liefert, die auf eine andere Weise möglicherweise gar nicht erkannt worden wären (vgl. auch Reinhartz 2007).

Aus den im My Campus-Projekt erarbeiteten Ergebnissen können selbstverständlich keine Aussagen zur quantitativen Verteilung der Studierenden auf die einzelnen Gruppen, Typen und Orientierungen abgeleitet werden, weshalb zudem keine Rückschlüsse darauf zulässig sind, inwiefern sich eine solche Verteilung zukünftig, z.B. beeinflusst durch Studienreformen oder neuartige Studiengänge, verändern könnte. Mögliche Dynamiken lassen sich allenfalls schemenhaft erkennen. Darüber hinaus liefert das Projekt zwar Erkenntnisse zur Raumnutzung von Studierenden und ihren Ansprüchen an einen idealen Campus – ausgeblendet musste seinerzeit jedoch bleiben, ob diese mit denen des Universitätspersonals vereinbar wären. Dementsprechend bietet sich für ähnliche Projekte an, 1. die in explorativen Studien herausgearbeiteten Erkenntnisse flankierend durch eine standardisierte Befragung zu quantifizieren, 2. dabei die Raumnutzungsmuster aller Nutzergruppen zu erfassen, die in dem jeweils untersuchten räumlichen Kontext ›tätig‹ sind und 3. eine solche Erhebung mit einigem zeitlichen Abstand zu wiederholen, um etwaige Veränderungen räumlicher Bedarfe empirisch fundiert einschätzen zu können.

Literatur

Alaszewski, A. (2006): Using Diaries for Social Research. London

Brinck, C. (2009): Schönheit ist wichtig. In: Die Zeit, Nr. 23 vom 28.5.2009, 71

Gothe, K. & Pfadenhauer, M. (2010): My Campus – Räume für die »Wissensgesellschaft«? Raumnutzungsmuster von Studierenden. Wiesbaden

Hitzler, R. (2002): Ethnographie – Die Erkundung fremder Lebenswelten. In: Grimm, A. (Hg.): Mit der Jugendforschung zu einer besseren Praxis? Rehburg-Loccum/Pößneck, 15-35

Hitzler, R. (2003): Ethnographie. In: Bohnsack, R., Marotzki, W. & Meuser, M. (Hg.): Hauptbegriffe Qualitativer Forschung. Opladen, 48-51

Kenten, C. (2010): Narrating Oneself: Reflections on the Use of Solicited Diaries with Diary Interviews. In: FQS 11 (2), Art. 16; www.qualitative-research.net

Kunz, A. M. & Pfadenhauer, M. (2012): One Campus – Many Ways to Go?! Exploring students‹ patterns of spatial use: a methodological comparison of paper-pencil and electronic logbooks. In: Journal of New Frontiers in Spatial Concepts (im Erscheinen)

Pulver, Urs (1999): Selbstbeobachteter Alltag. In: Journal für Psychologie 7, 2, 42-46

Reinhartz, P. (2007): Lernort Universität. In: Westphal, K. (Hg.): Orte des Lernens. Beiträge zu einer Pädagogik des Raumes. Weinheim, 151-159

Rodríguez, N. & Ryave, A. (2002): Systematic Self-Observation. London

Räume bilden Wissen

Kognitive und epistemologische Grundlagen der Ermöglichung von Wissensgenerierung in Enabling Spaces

Markus F. Peschl & Thomas Fundneider

Vermeintlich in einer »*Wissensgesellschaft*« lebend müssen wir uns der Frage stellen, wie solch eine »*Gesellschaftsform*« denn zu realisieren sei. Welche Wissensprozesse sollen in solch einer Gesellschaft eine zentrale Rolle spielen, auf welcher Granularitätsebene manifestiert sich solch eine »*Gesellschaft*« (kleine Gruppen, Organisationen, Regionen etc.) und auf welchem epistemologischen Framework basiert solch eine Gesellschaft etc.? Ein Bereich, in dem die meisten dieser Fragen zusammenlaufen, betrifft die Frage, wie *Räume* aussehen, in denen sich solch eine Wissensgesellschaft etablieren kann, Räume die Wissensgesellschaft *ermöglichen*. Hierbei soll nicht nur der euklidische Raum in den Blick genommen, sondern eine Integration unterschiedlicher Dimensionen zu einem umfassenden Raumverständnis zusammengefügt werden; das soziale, kognitive, emotionale, organisationale, technologische Aspekte ebenso umfasst, wie architektonische.

Knowledge Creation, Lernen und Innovation

Sowohl im Bereich der Wissenschaft (z.B. Actor Network Theory; Latour 1987; Law 1992) als auch z.B. im Wissensmanagement (Krogh u.a. 2000; Nonaka u.a. 2008) hat sich der Prozess der Generierung neuen Wissens (»knowledge creation«) als zentrale Quelle und Basis für alle weiteren Entwicklungen (z.B. Innovation, neue wissenschaftliche Modelle, soziale Innovation etc.) herausgestellt. Wissensgenerierungsprozesse sind Prozesse, in denen die Optimierung des Bestehenden und die Extrapolation der Vergangenheit eine weniger wichtige Rolle spielt, als radikal neu bzw. »von der Zukunft her« zu denken, in denen die implizit oder explizit gewählten Einschränkungen des eigenen Denkens auf vorgegebene, gut eingefahrene und (scheinbar) erfolgreiche Muster des Denkens gezielt hinter sich gelassen werden und in denen Wissen primär als Prozess und nicht so sehr als statischer Gegenstand verstanden wird.

In diesem Aufsatz wird eine Perspektive entwickelt, in der Innovation als ein Prozess der knowledge creation, des radikalen Lernens und der Wissens-(co-)konstruktion verstanden wird; als ein Prozess, der eine profunde Veränderung des Denkens hervorbringt. Es geht um eine permanente radikale Veränderung bzw. Erneuerung des individuellen und kollektiven Denkens aller an dem Innovationsprozess Beteiligten und um die Frage, welche Bedingungen gegeben sein müssen, dass solche Prozesse überhaupt emergieren können. Dabei werden wir u.a. auf Methoden und Ansätze der Philosophie, Epistemologie und der Wissenschaftstheorie zurückgreifen, eine deren Aufgaben es ja seit jeher war, Wissen in all seinen Dimensionen zu untersuchen (z.B. Reflexion, Vordringen zum Wesen eines Gegenstandes etc.).

Räume bilden Wissen. Enabling Spaces als »extended cognitive spaces«

Die Erzeugung neuen Wissens findet nicht in einem abstrakten oder *»luftleeren«* Raum statt. Vielmehr sind diese Prozesse immer an konkrete Umwelten gebunden, deren spezifische Ausformung und Struktur die Dynamik der dort stattfindenden Wissensprozesse entscheidend mitprägt, jedoch nicht determiniert. Nicht nur neuere Ansätze aus der Cognitive Science zeigen, dass Kognition – und damit die Generierung neuen Wissens – nicht nur in unseren Köpfen stattfindet, sondern radikal aus der Interaktion mit unserer Umwelt entsteht. Dies geht sogar so weit, dass Kognition eigentlich nur adäquat verstanden werden kann, wenn man diese auf die Umwelt ausdehnt. Im sog. *»extended cognition approach«* (Clark 2008, Menary 2010) wird dies folgendermaßen charakterisiert:

> »[...] the actual local operations that realize certain forms of human cognizing include [...] loops that promiscuously criss-cross the boundaries of brain, body, and world. The local mechanisms of mind [...] are not all in the head. Cognition leaks out into body and world [...] This matters because it drives home the degree to which environmental engineering is also self-engineering. In building our physical and social worlds, we build (or rather, we massively reconfigure) our minds and our capacities of thought and reason.« (Clark 2008, 28)

Wissensgenerierung ist also immer an- und eingebunden in konkrete Räume und Umwelten. Dies impliziert, dass – wenn man diese Prozesse unterstützen will –, *Bedingungen* zur Verfügung gestellt werden müssen, die diese radikale Veränderung des Denkens und des daraus resultierenden Wissens *ermöglichen* bzw. hervorrufen/»triggern«. Diese Bedingungen sind nicht so sehr in Form von detaillierten Rezepten, Mechanismen, oder vorgefertigten Wissensstrukturen zu begreifen, sondern vielmehr als das Schaffen von Räumen, in denen diese Prozesse der radikalen Veränderung des Denkens und Wissens entstehen/emergieren können, als *Enabling Spaces*. Wie Nonaka u.a.(1998) oder v. Krogh u.a. (2000) zeigen, gab es seit jeher solche Räume der Wissensgenerierung; im Bereich des Knowledge Management wurde beispielsweise das Konzept des »Ba« als solch ein Raum der knowledge creation entwickelt.

Welche Charakteristika müssen solche Räume der Innovation und knowledge creation aufweisen? Wodurch zeichnen sie sich gegenüber klassischen Räumen der Wissensarbeit aus? Mit anderen Worten, was sind die Bedingungen dafür, dass (radikal) neues Wissen entstehen kann?

DIMENSIONEN DER ERMÖGLICHUNG DER WISSENSGENERIERUNG

Enabling Spaces (vgl. Peschl & Fundneider 2012, im Erscheinen) dürfen nicht nur als »*Möglichkeitsräume*«, sondern müssen vielmehr als *Ermöglichungsräume* verstanden werden: d.h., sie bieten Rand-/Rahmenbedingungen, die Prozesse der Innovation, des individuellen und kollaborativen Lernens und der Wissensgenerierung ermöglichen und unterstützen, diese aber nicht explizit und mechanistisch vorgeben. Diese Randbedingungen betreffen unterschiedliche Domänen und Dimensionen – zu den wichtigsten zählen:

- *Physische und technologische* Randbedingungen: Dies reicht von der Einrichtung und Infrastruktur des Raumes bis hin zur (wissens-)technologischen Unterstützung der Wissensprozesse (vgl. Überlegungen zu »innovation labs«, »Ideenfabriken«, Räume für Prototyping etc.; Lewis u.a. 2005; Schnetzler 2005; Allen u.a. 2007)
- *Kognitive, mentale, intellektuelle und epistemologische* Randbedingungen: Bereitstellen eines mentalen und konzeptuellen frameworks resp. epistemologischer Werkzeuge, die die Entwicklung eines mentalen Raumes unterstützen, welcher die Prozesse z.B. des Einnehmens neuer Perspektiven und des Lernens, des Dialogs (z.B. Bohm 1996), des Eintretens in neue paradigmatische Räume etc. befördern.
- *Soziale und kulturelle* Randbedingungen: All diese Prozesse und Strukturen sind immer in einen sozialen Raum eingebettet, in welchem diese Interaktionen stattfinden können. Dieser Raum kann sowohl real als auch virtuell sein. Zentral scheint hier in jedem Fall die Notwendigkeit des Schaffens einer Atmosphäre des Vertrauens (z.B. Bohm 1996), des gegenseitigen Respektierens und des gemeinsamen Willens, neues Wissen ohne Rücksicht auf Denktabus zu generieren.

Diese Randbedingungen stecken einen Raum von Ermöglichung ab (daher: »Enabling Space«), in dem neue Qualitäten – durch eben diese Randbedingungen ausgelöst und begrenzt – emergieren können. Das Konzept der »Enabling Spaces« (Peschl & Fundneider 2012) zielt auf eine Modulation der kognitiven und sozialen Dynamik, die Innovationsprozesse nicht determiniert, sondern triggert. Diese trigger lösen einerseits Wissenskonstruktions- und Lernprozesse aus und stellen andererseits Randbedingungen dar, damit die Konstruktionen nicht in die Beliebigkeit abgleiten. Die delikate Aufgabe der Konstrukteurin oder des Konstrukteur eines Enabling Space und der Moderatorin oder des Moderators ist es, eine gute Balance zwischen diesen beiden Polen zu halten und die Rolle *eines »knowledge facilitators«* einzunehmen, der diese Wissensprozesse moderiert.

In der Folge werden weitere Charakteristika von Enabling Spaces diskutiert, die eine zentrale Rolle für eben diesen Prozess des Ermöglichens spielen:

RAUM DER »GRATUITÉ«

Ein zentrales Charakteristikum solcher Enabling Spaces besteht darin, *Frei- oder Spiel-Räume* in folgendem Sinn zu sein: es sind *Räume der »gratuité«*, in denen der Prozess der Wissensakquisition und des Lernens, Rezeptivität im Sinne einer möglichst unvoreingenommenen Wahrnehmung und Beobachtung, der experimentellen Wissenskonstruktion und Hypothesenbildung, der offenen Reflexion und Verhandlung von Wissen/Bedeutung und des Fehler-Machens und Scheiterns im Vordergrund steht. In gewisser Weise sind dies einmalige – im Sinne von nicht kommerzialisierte – Räume, in denen »gratis« Fehler gemacht werden dürfen respektive sogar systematisch gemacht werden sollen. Diese Charakteristika repräsentieren die klassische Laborsituation, wie man sie aus der Wissenschaft kennt: Labors sind *»geschützte Werkstätten«*, in denen Experimente gemacht werden. Wenn wir beginnen, Innovationsprozesse genau in diesem Sinne zu verstehen, so verändert sich die Art und das Verständnis der Erzeugung neuen Wissens radikal. Sie werden zu *»knowledge and learning labs«* (vgl. Peschl 2006), in denen der Fokus auf die experimentelle Generierung und Konstruktion von Wissen und auf die Förderung innovativer Denkweisen gerichtet ist. Dies bedeutet nicht, dass alles in die Beliebigkeit abrutscht, sondern vielmehr sind profundes Wissen und Verstehen die Voraussetzung für die Generierung hoch-qualitativ neuen Wissens.

Diese Charakteristika finden sich nicht nur in Laborsituationen, sondern gehen im Grunde auf die klassische Auffassung von Philosophie zurück. Genau in der (scheinbaren) *»Unbrauchbarkeit«* bzw. der gratuité der Philosophie kommt im Kontext der Innovationsarbeit ihre Stärke zum Ausdruck: nämlich ihre – idealerweise – nicht Verfügbarkeit für Zwecke, Ideologien, Anwendungsansprüche, kommerzielle Interessen etc. »...das andere Gesicht (der Philosophie Anm.d.V.) heißt: Freiheit. Philosophie ist »*unbrauchbar*« im Sinne unmittelbarer Verwertung und Anwendung – das ist eines. Ein anderes ist, dass Philosophie sich nicht gebrauchen lässt, dass sie nicht verfügbar ist für außerhalb ihrer selbst liegende Zwecke, dass sie selber Zweck ist. Philosophie ist... nicht »nützliches« Wissen, sondern »freies« Wissen. ... Freiheit verstanden als Nichtverfügbarkeit für Zwecke (Pieper 2003, 25 & 26).

In Räumen der gratuité geht es wesentlich um diese Freiheit und Unverfügbarkeit für Zwecke, die außerhalb des zu generierenden Wissens liegen; also in gewisser Weise um philosophische Grundlagenarbeit im besten Sinne. Das bedeutet nicht, dass das dort entstehende Wissen immer völlig unbrauchbar ist! Vielmehr ist es eine Frage der primären Finalität dieser Räume: Ist eine innovative und erfolgreiche Anwendung das primäre Ziel für die in diesen Räumen realisierte Wissensarbeit, so sind die Ergebnisse oft recht enttäuschend und wenig originell (z.B. lediglich Downloading und Optimierung bestehender Konzepte), da sie genau diesem Zweck der »*instant-innovation*« unterstellt und damit eingeengt sind. Leistet man sich die Freiheit und den »*Luxus der gratuité*«, solch innovatives Anwendungswissen bzw. ein sofort verwertbares Produkt nicht direkt anzuzielen, und beginnt dieses als eine Frucht der gemeinsamen Wissensarbeit zu verstehen, eine Frucht, die erst aus dem Nährboden eben dieser Freiheit der gratuité emergieren kann, so nimmt man zwar ein gewisses Risiko einer Fehlinvestition auf sich, die Wahrscheinlichkeit für fundamentale Innovation und tiefgehende Einsichten steigt durch solch einen Prozess jedoch überproportional!

Im engeren Sinne kann bei einem Misslingen auch nicht von »*Fehlinvestition*« gesprochen werden, da solche Prozesse (z.B. der Reflexion, des Dialogs) oftmals fundamentale Schwächen und Mängel (der benutzten Konzepte, des Produkts, der Organisation etc.) aufzeigen, die ansonsten meist unter den Tisch gekehrt würden. Für den Bereich der Innovation bedeutet dies, dass auch eine scheinbar »*erfolglose*« Diskussion, Wissensarbeit etc. oft tiefere und häufig erst später zur Wirkung kommende (kognitive Veränderungs-)Prozesse auslöst, als man vordergründig an den direkten Ergebnissen ablesen kann.

Theater- und Experimentierraum

Räume der Innovation beinhalten auch den dem Laborcharakter verwandten Theateraspekt. Theater ist ebenfalls ein experimenteller Raum, in dem Dinge »*gespielt*« werden.

»Theater goes back to the Greeks. The purpose of theater was to transform your (moral) perspective in the deep sense [...] Theater is how you transform your perspective and develop an emotional reaction to what you see that changes something profoundly. This addresses the issue of how to create new kinds of communication tools or meaning-carrying tools that allow the change process to become truly revolutionary in the best sense. By that I mean not just sharing content, but creating a context around the content which allows it to become alive in a very immediate way.« (Kao, Nonaka & Scharmer 2000, 11)

Begreift man Innovationsprozesse in Analogie zu einem Theater-Raum, der die vorerst experimentelle radikale Veränderung seines Blicks und seiner Perspektive zum Ziel hat (dies gilt in gleichem Maße für alle an diesem Prozess Beteiligten), so werden diese zu einem *sozio-epistemologischen Experimentierraum*, in dem Neues spielerisch und in unterschiedlichen Kontexten entwickelt und ausprobiert werden kann.

Raum der Musse, des tiefen Verstehens und Primat der Kooperation

Verwandt mit dem Charakteristikum der »gratuité« ist jenes der Muße: um tief greifende Veränderung im Denken und Wissen zu ermöglichen, bedarf es immer eines Raumes der/für Muße.

»Muße ist eine Gestalt jenes Schweigens, das eine Voraussetzung ist für das Vernehmen von Wirklichkeit: nur der Schweigende hört; und wer nicht schweigt, hört nicht. Solches Schweigen ist nicht stumpfe Lautlosigkeit, nicht totes Verstummen; es bedeutet vielmehr, dass der dem Seienden auf Grund ewiger Zuordnung *ent-»sprechenden«* Antwortkraft der Seele nicht ins Wort gefallen werde. Muße ist die Haltung des empfangenden Vernehmens, der anschauenden, kontemplativen Versenkung in das Seiende [...] Die Muße ist nicht die Haltung dessen, der eingreift, sondern dessen der sich öffnet; nicht dessen, der zupackt, sondern dessen der loslässt, der sich loslässt und überlässt.« (Pieper 1965,52)

Tiefes Verstehen ebenso wie nachhaltige und radikale Veränderung einer Realität oder des eigenen Denkens und Wissens bedarf des sich Einlassens auf die Realität. Dies ist ein Prozess, welchen man – wenn er ernst genommen wird – nicht nebenbei und in der Eile des Alltags herbeiführen kann. Wie etwa im Prozess des Presencing und der Theory-U (vgl. Scharmer 2007) deutlich wird, ist ein »kontemplativer Zugang« zur Realität ebenso wie das Loslassen von den eigenen Vorstellungen, Wissensrastern und Projektionen eine conditio sine qua non für tiefes Verstehen und die Generierung qualitativ neuen Wissens. Prozesse der Innovation hätten das Privileg, solche Räume der Muße sein zu können – Räume des individuellen und kollektiven sich Einlassens auf die Realität jenseits der Ideologie der permanenten Kompetition, Instrumentalisierung und Kommerzialisierung. Räume, in denen der Primat der Kooperation (versus des

Kontrollierens und Eingreifens) verwirklicht wird; der fruchtbaren Kooperation mit der Realität, mit sich selber und mit den anderen.

EPISTEMISCHE HALTUNGEN ALS ANGELPUNKTE FÜR PROZESSE DER WISSENSGENERIERUNG

Die Realisierung von Enabling Spaces in konkreten Projekten (sowohl an Universitäten als auch im kommerziellen Bereich) hat gezeigt, dass neben den oben genannten Dimensionen vor allem die Frage der *epistemischen Haltungen* und deren gezielte Entwicklung eine zentrale Rolle spielt. Diese beinhalten das Staunen, die Offenheit für das Neue, das radikale (Hinter-)Fragen, das Wartenkönnen auf Prozesse, die erst emergieren (und die man nicht »machen«) kann, das Reflektieren und das Double-Loop Learning, eine Liebe zum präzisen Beobachten und zum Detail und das Hinhören auf das, was entstehen will und die Bereitschaft »von der Zukunft her zu denken«.

Innovation und Generierung radikal neuen Wissens sind nicht nur als technologische und ökonomische Prozesse zu verstehen. Vielmehr geht es darum, genauer auf das Fundament hinzusehen, auf dem diese Prozesse aufbauen: dies sind in erster Linie epistemologische Fragen (z.B. der Wissenskonstruktion, der Reflexion, des double-loop learning etc.), welche immer in einem sozialen Raum abgehandelt werden. Hierzu sind epistemische Technologien ebenso wie soziale Technologien/Techniken zentrale Werkzeuge. Darüber hinaus können Werkzeuge aus der Informations- und Kommunikationstechnologie zum Einsatz kommen, welche diese – in erster Linie an das jeweilige kognitive System und sein/ihr Verstehen gebundene – Wissensarbeit unterstützen (z.B. Visualisierung von Wissen, Dokumentation, Simulation etc.). Innovationsarbeit muss daher immer als ein ganzheitliches Phänomen verstanden werden; in gewisser Weise kann man sie auch als »Technologie« im umfassenden Sinn interpretieren: als *»socio epistemological engineering/technology«*, in der es darum geht, in kollaborativen Settings und in einem hoch reflektierten Raum radikal neues Wissen und Denken zu generieren.

Zwei der zentralen Implikationen, welche aus dem Konzept der Enabling Spaces und der epistemologischen Überlegungen abgeleitet werden können, sind ernüchternd, aber zugleich ein Ansporn: Enabling Spaces sind nur »Ermöglicher« – d.h., sie sind keine Rezepte oder Mechanismen, die zu einem sicheren erfolgreichen Ergebnis in Form von radikaler Innovation führen müssen (das ist aus epistemologischer Sicht prinzipiell nicht möglich!). Daraus folgt, dass Innovationsarbeit nicht *»effizient«* ist: aus den philosophischen Überlegungen wird klar, dass radikal neues Wissen/Innovation immer nur eine Frucht sein kann, die man niemals direkt als Finalität anpeilen kann. Enabling Spaces nehmen genau diese Einsichten zum Anlass und versuchen, Räume zu bieten, in denen die Wahrscheinlichkeit und das Potential durch oben beschriebene Konzepte und Prinzipien erhöht wird, sodass radikal neues Wissen individuell und kollektiv entstehen kann.

Literatur

Allen, T.J. & Henn, G.W. (2007): The organization of architecture and innovation. Managing the flow of technology. Amsterdam

Bohm, D. (1996): On dialogue. London

Clark, A. (2008): Supersizing the mind. Embodiment, action, and cognitive extension. Oxford

Kao, J., Nonaka,I. & Scharmer C.O. (2000): The seventh career: building an innovation keiretsu. Conversation with John Kao www.dialogonleadership.org/Kao-2000.pdf vom 21.09.2005

Krogh, G.v., Ichijo, K.& Nonaka,I. (2000): Enabling knowledge creation. How to unlock the mystery of tacit knowledge and release the power of innovation. New York

Latour, B. (1987): Science in action: how to follow scientists and engineers through society. Milton Keynes

Law, J. (1992): Notes on the theory of the Actor-Network: ordering, strategy and heterogeneity. In: Systems Practice 5, 379-393

Lewis, M. & Moultrie, J. (2005): The organizational innovation laboratory. In: Creativity and Innovation Management 14(1), 73-83

Menary, R. (2010): The extended mind. Cambridge

Nonaka, I. & Konno, N. (1998): The concept of »ba«: building a foundation for knowledge creation. In: California Management Review 40(3), 40-54

Nonaka, I.,Toyama, R. & Hirata, T. (2008): Managing flow. A process theory of the knowledge based firm. Basingstoke

Peschl, M.F. (2006): Socio-Epistemological Engineering: Epistemological issues in mobile learning technologies. Theoretical foundations and visions for enabling mobile learning labs. In: Nyiri, K. (Hg.): Mobile understanding. The epistemology of ubiquitous communication, Wien, 145-157

Peschl, M.F. & Fundneider, T. (2012): Designing (and) enabling interfaces for collaborative knowledge creation and innovation. In: Journal for Computers and Human Behavior 2012 (im Erscheinen)

Pieper, J. (1965): Muße und Kult. MünchePieper, J. (2003): Was heißt Philosophieren? Einsiedeln

Scharmer, C.O. (2007): Theory U. Leading from the future as it emerges. The social technology of presencing. Cambridge

Schnetzler, N. (2005): The Idea Machine: How ideas can be produced industrially. Weinheim

Das Fremde in der Architektur

Existente Räume in ihrer klanglich-künstlerischen Bearbeitung

Sarah Mauksch

Gegenstand dieser Untersuchung sind Räume, die in ihrer ursprünglichen Erscheinungsform vorliegen und individuell mit Klang während eines künstlerischen Prozesses bearbeitet wurden. Klang hat in den beiden, dieser Analyse zugrunde liegenden, Beispielen eine Fremdwirkung, die allerdings spezifisch betrachtet werden muss. Die Ausprägungen klangkünstlerischer Arbeiten sind enorm vielfältig, sodass es schwer fällt, Konstanten zu finden, die alle Herausbildungen innerhalb dieser Kunstform betreffen. In einem umfassenderen Projekt widme ich mich jedoch dieser Aufgabenstellung und versuche, Konstruktionen künstlicher Klangräume in den Zusammenhang einer Typologie zu stellen. Diese Arbeit wird sich mit Räumen beschäftigen, in denen Klang eine wesentliche Rolle spielt. Die Typologie umfasst fünf Kategorien dieser Räume, auf die im folgenden aber nicht näher eingegangen werden soll: 1. die gebauten, 2. die präexistenten, 3. die leeren und/oder ent-leerten, 4. die theatralen und 5. die virtuellen Räume.

Der Ansatz folgt den architektonischen Konstitutionen der Arbeiten. Das ermöglicht, sich auf das Beschreibbare der Kategorien zu stützen. Dabei ist die Art der Einbindung des Klangs in den architektonisch-physischen Raum essentiell. Eine mögliche Konsequenz daraus ist die wahrnehmungsästhetische Umfunktionierung des Raums. Es können hybride Kunstwerke entstehen, die traditionell-manifestierte Grenzen von Materialität und Ästhetik aufweichen. Bei einem so interdisziplinären Untersuchungsgegenstand ist es naheliegend, dem mit einer ebenso interdisziplinären Herangehensweise zu begegnen. Bei der Betrachtung der einzelnen Arbeiten konnten so genannte »Parameter« aufgeschlüsselt werden, anhand welcher die Systematisierung vorgenommen wurde. Bisher liegen sechs Parameter vor:

1. die Ortsgebundenheit des Kunstwerks,
2. das wechselseitige Verhältnis von Werk-Künstler-Rezipient,
3. die Frage nach Performativität und Interaktion,
4. der Faktor der Öffentlichkeit, der die Einbindung des installativen Klang-Raums in der Öffentlichkeit beschreibt,
5. die Bedeutung des Ortes als Ausstellungs- oder Aufführungsort, die mit
6. der Einordnung in den jeweiligen Grenzbereich zwischen den Künsten zusammenhängt.

DAS FREMDE

Die vorliegende Untersuchung zeigt zwei Beispiele aus der Kategorie der existenten – oder besser präexistenten – Räume. Ein Raum dieses Typs liegt in seiner endgültigen physischen Erscheinungsform bereits vor. Der Raum in seiner ursprünglichen Beschaffenheit bestimmt sich ohne Klang. Klang ist damit nichts Räumlich-Originäres und erscheint aus diesem Grund als etwas Fremdes. Folgende Fragen rücken in das Blickfeld: Was bedeutet das Fremde und seine Wirkung innerhalb dieser räumlichen Konstruktionen? Kann das Fremde zu einem Mittel werden, durch welches sich Raum strukturiert? Wie hoch ist der Grad an Fremdheit, durch welchen sich die jeweiligen Kunstwerke konstituieren? Und schließlich: Was bedeuten die Ergebnisse der vorangegangenen Fragestellungen für den Wahrnehmungsprozess des Rezipienten?

Grundlegend für die folgenden Ausführungen sind einerseits die »Phänomenologie des Fremden« von Bernhard Waldenfels (Waldenfels 2006), dessen Auffassung von Aufmerksamkeit für die Analyse fruchtbar gemacht werden kann, und andererseits Dieter Merschs Publikation »Ereignis und Aura« (Mersch 2002). Merschs Idee ist insofern interessant, als dass er es versteht, das Konzept der Aufmerksamkeit mit den Begriffen ›Ereignis‹ und ›Aura‹ zu verknüpfen und damit einen wertvollen Beitrag zur Gestaltung eines Wahrnehmungsprozesses liefert. Dieser Prozess soll im weiteren Verlauf in den Mittelpunkt rücken: Vorab ließe sich bereits eine Frage zum Ausblick formulieren: Ist es möglich den Wahrnehmungsprozess durch Modifikationen bestimmter Komponenten zu manipulieren?

Zunächst zum Begriff der Fremdheit: Was empfinden wir als ›fremd‹? ›Fremd‹ ist alles, was nicht sofort zu erfassen ist. Es bricht mit den Erwartungen der Rezipienten, indem es verwundert, alarmiert oder betört. So verweigert es einen alltäglichen Umgang. Das Fremde löst Anziehung und Faszination aus und taucht als etwas Außergewöhnliches auf. Ich möchte zuerst auf die Mehrdeutigkeit des Fremden hinweisen. Es gibt dreierlei Arten von Fremdheit (Vgl. Waldenfels 2006, 111): Zuerst kann als ›fremd‹ bezeichnet werden, was als außerhalb eigener Grenzen lokalisiert werden kann. Also etwas, was einen äußeren von einem innerem Bereich absteckt. Diese Art von Fremdheit verweist auf den Ort des Fremden. Die zweite Art, etwas als ›fremd‹ zu definieren, ist das Besitz-bezügliche Fremde, das eigenes Besitztum von anderem unterscheidet. Die dritte Art von Fremdheit bezieht sich vor allem auf Charaktereigenschaften, die mit ›fremdartig‹, ›geheimnisvoll‹ und ›bizarr‹ umschrieben werden können. Dadurch wird die Abgrenzung vom Vertrauten verdeutlicht. Diese dritte Art bezieht sich also auf das Verständnis von Fremdem, das eng mit der Wahrnehmung verknüpft ist. Mithilfe dieser Einordnung ist es möglich, die Wirkung von Fremdheit zu beschreiben und in Beziehung zueinander und zum Rezipienten zu setzen. Um Fremdes zu verarbeiten oder zu erkennen, durchläuft es ein Raster der Erfahrungen der Rezipienten. Fremd-sein bezieht sich also in erster Linie auf sich selbst, tritt in den Vordergrund und bekommt folglich mehr Bedeutung. Anders als im Alltag ist dies ein Prozess, der in der Regel zum Wahrnehmungsprozess von Kunst dazugehört und im Folgenden an zwei Beispielen aufgezeigt werden soll.

Der erste Schritt, der sich in diesem Akt der Wahrnehmung vollzieht, ist das Aufmerken – ein von Waldenfels geprägter Begriff (Vgl. Waldenfels 2006, 92): Am Zeitpunkt des Aufmerkens ist es völlig unklar, was diese Reaktion hervorruft. Das Aufmerken gleicht in diesem flüchtigen Moment einer Ahnung. Es wird hervorgerufen, weil es eine Abweichung vom Regelfall gibt. Das Fremde erfordert also eine aktive Handlung in Form eines Zutuns oder eines Entzugs. Die Aufmerksamkeit ist nicht nur ein bedeutendes Phänomen, durch welches sich Erfahrungen erschließen lassen. Sie changiert zwischen Subjekt und Objekt; der eigenen Aktivität und der Fremdeinwirkung auf den Rezipienten. Lässt sich das Aufmerken nun als Phänomen beschreiben, das ausschließlich vom Rezipienten ausgeht oder als unvorhersehbarer Affekt, der nicht beeinflusst werden kann? In jedem Fall wird eine Sinnesschwelle überschritten. Das Auge sieht etwas, das Ohr hört etwas oder etwas wird haptisch spürbar. So funktioniert es auch in der Umkehrung. Das Fremde erweckt ein Interesse an dem, was der Besucher nicht kennt. Etwas, was als verheißungsvoll, schockierend oder stimulierend empfunden wird. Das Sehen oder Hören liegt demnach nicht in der Hand des Rezipienten selbst, sondern die Sinne werden angerührt oder affiziert. Das Übertreten der Schwelle ist ein wahrnehmungsspezifischer und sinnlicher Akt; eine Schärfung der Sinne ohne im selben Moment einen konkreten Zielpunkt zu haben. Genau das, was nicht verbalisierbar ist, ist ausschlaggebend für den gesamten Wahrnehmungsprozess, der auf diese Weise seinen Fortgang findet. Wie ist es möglich, näher zu beschreiben, was wahrgenommen wird? Wenn nicht physisch auszumachen ist, wodurch der Prozess in Bewegung gesetzt wird, liegt es dann womöglich an der Fremdheit des Zu-Bemerkenden?

In einem zweiten Schritt des Ablaufs entscheidet sich der Rezipient nun intuitiv, ob er sich dem Aufmerksamen zu- oder abwendet. Das Aufmerksame ist dabei nicht nur ein optisches oder akustisches Zeichen, sondern hat zusätzlich einen ereignishaften Charakter. Etwas ›wird‹ sichtbar oder etwas ›wird‹ hörbar. Der Zustand der Situation ändert sich. An dieser Stelle verbinden sich Waldenfels‹ Aufmerksamkeitsbegriff mit Merschs Hinführung zu Ereignis und Aura. Das Ereignen gibt keinerlei Aufschluss über den Gegenstand, sondern speist sich aus einer Aura von Fremdheit und Andersheit (vgl. Mersch 2002, 26). Innerhalb des Wahrnehmungsprozesses wird die Kluft dessen als »Differenzerfahrung« (Mersch 2002, ebd.) deutlich. Das Fremde zieht durch seinen ereignishaften Charakter die Aufmerksamkeit auf sich und manifestiert sich als Disharmonie, die zwischen Subjekt und Objekt mitschwingt. Der dritte, sich anschließende Schritt bestimmt die Dauerhaftigkeit der Aufmerksamkeit. Stete Aufmerksamkeit funktioniert nur innerhalb eines spezifischen Raum- und Zeitkontinuums. Je länger sich der Rezipient in einer Erwartungshaltung befindet, also nicht weiß, worauf er eigentlich wartet, desto länger hält die Aufmerksamkeitsspannung an. Allein eine Erfahrung dieser Art kommt dem sinnlichen Genuss im Wahrnehmungsprozess nahe. In den folgenden Beispielen möchte ich eben Geschildertes konkretisieren.

JÜRGEN SCRIBA »BACH _ 10K« (2009)

Es handelt sich im ersten Beispiel um die Modifizierung – oder anders ausgedrückt: klanglich-künstlerische Bearbeitung des Augsburger Gaskessels durch den Physiker und Künstler Jürgen Scriba. Die Idee, ein Foucault'sches Pendel in dem seit 2001 stillgelegten Gasometer zu installieren, bestand bereits, ehe Scriba dort seine Klanginstallation realisierte. Ein Foucault'sches Pendel liefert bekanntlich den Nachweis über die Rotation der Erde. Innerhalb von etwa 32 Stunden dreht sich das Pendel um 360 Grad. Das entspricht einer Rotation von etwa sechs hundertstel Grad pro Pendelschlag, die für den Besucher sinnlich kaum erfahrbar wären. Diese Veränderung ist so minimal, ja fast unsichtbar, dass die Aufmerksamkeit des Rezipienten verhältnismäßig schnell vom Pendel auf das architektonische Bauwerk zurückwandern würde. Scriba versucht nun diesen, sich der Wahrnehmung des Betrachters entziehenden Vorgang auf sinnliche Weise erfahrbar zu machen.

Ein Scheibengasbehälter ist ein imposantes Bauwerk. Er hinterlässt allein durch seine Größe, im Fall Augsburg von 86 Metern, einen nachhaltigen Eindruck bei den Besuchern. Schon der Standort macht diesen Gaskessel zu etwas Besonderem, befindet er sich doch direkt im Stadtkern und hebt sich damit deutlich vom homogenen Stadtbild ab. Der kolossale Stahlzylinder bricht zusammen mit den umliegenden Gebäuden im schwäbisch-städtischen Baustil die architektonische Einheit der Stadt auf.

Die erstaunliche äußerliche Gestalt und das Fassungsvermögen mit einem Volumen von 100.000 m^3 sind im Inneren für den Besucher nicht zu begreifen.

Ihm fehlt das Gefühl für solche Größenordnungen. Die ästhetische Umwandlung des Gasspeichers in einen Resonanzraum schafft die Möglichkeit, diese außerordentlichen Größenverhältnisse akustisch wahrzunehmen. Dafür setzt Scriba das Foucault'sche Pendel als Metronom für seine Klanginstallation ein.

Seit 2008 ist der Gaskessel zwischen April und Oktober der Öffentlichkeit zugänglich. Bei Interessenten, die einen Erkundungsgang in das Innere des Gaszylinders wagen, wird die sinnliche Wahrnehmung auf eine äußerst komplexe Art und Weise angeregt: Der Raum wird von einem diffusen Licht eingenommen. Nach einer Orientierungsphase ist im Zwielicht eine schimmernde Kugel auszumachen, die träge und bedächtig im Raum zu schweben scheint. Wenn sich dann das Auge an die Lichtverhältnisse gewöhnt hat, kann der Besucher eine verworrene Stahlkonstruktion erkennen. Ein Öl-Geruch, der schwere Maschinerie vermuten lässt, erfüllt den Raum. Die Luft hat einen, wie Scriba selbst sich ausdrückt, »merkwürdigen Beigeschmack« (Scriba 2010, 43).
Auf diese Weise ließen sich die Eindrücke der Nahsinne und des Sehsinns beschreiben. Wie konstituiert sich nun die Klangwahrnehmung?

Die basale Geräuschschicht im Bauwerk bildet sich aus dem Hall der Schritte der Besucher und den Umweltgeräuschen, wie z.B. dem Stadtverkehr, die von außen in den Gasbehälter dringen. Doch noch bevor der Besucher überhaupt einen Schritt auf das Gelände des Gaswerks setzt, sind dunkle, warme Klänge wahrzunehmen, die aber keinesfalls einzuordnen gelingen. Je näher man dem Gaskessel kommt, desto stärker wird die Vibration der Klänge und nach und nach lassen sich Orgeltöne in diesem Klangteppich erkennen. Scribas musikalisches Material, das in der Klanginstallation vorkommt, formiert sich tatsächlich aus Orgelklängen. 58 Orgelpfeifen in zehn Gruppen ließ der Künstler vom Münchner Orgelbaumeister Markus Harder-Völkmann kreisförmig um das etwa 70-Meter-lange Pendel anordnen. Die Verwendung von Orgelklängen entpuppt sich nahezu als »zwingend« (Scriba 2010, 43), wenn man sich verdeutlicht, wie Orgeltöne entstehen: In diesem Prozess erzeugt strömendes Gas den Ton. Außerdem liegt dabei ein ähnlicher Druck vor, wie er auch ehemals im Gaskessel herrschte. Das gesamte Luftvolumen gerät somit in Schwingung und Tonschichten überlagern sich gegenseitig. Die so erzeugten Interferenzeffekte lassen einen magischen Klangraum entstehen.

Die Harmonien sind an jeder Stelle im Raum auf unterschiedliche Art und Weise neu erlebbar. Damit Klang ein Gefühl für die stetig fortschreitende Veränderung der Erdrotation vermitteln kann, muss ein kompositorisches Prinzip nachvollziehbar sein. Als Klangmaterial verwendet der Künstler das C-Dur-Präludium von Johann Sebastian Bach.

In der originalen Komposition fügen sich Sechzehntel-Figuren aneinander, in einer behänden Geschwindigkeit, durch die das Stück innerhalb kürzester Zeit verklingen lässt. Die Bearbeitung durch Scriba steht diesem Zeitfaktor diametral gegenüber. Elektronisch gesteuert wird die zeitliche Achse bis aufs

Äußerste gedehnt. Die expandierte Dimension der Zeit verhindert, dass das Präludium in seiner musikalischen Urform sofort zu erkennen ist. Die Harmonien sind an den Pendeltakt (rund 17 Sekunden) gekoppelt und bauen sich so in berückender Langsamkeit auf. Auf diese Weise dauert das gesamte Stück etwa 10.000 Sekunden (etwas mehr als 2,5 Stunden) und es ergab sich der Titel: »Bach_10k«.

Vor diesem Hintergrund bedeutet das, dass der Wahrnehmungsprozess zu keinem Ende kommen kann. Die Aufmerksamkeitsspannung ebbt kaum ab. Immer wieder werden unbekannte Impulse ausgelöst, die das Versiegen neuer sinnlicher Erfahrung verhindern.

Wie gestaltet sich nun der wahrnehmungsspezifische Prozess? Der Besucher des Augsburger Gaswerks weiß, dass sich im räumlichen Inneren ein Kunstwerk befindet. Die Erwartungshaltung ist also auf mögliche Wahrnehmungseffekte eingestellt; die Sinne erwarten Aktion. Die erste erstaunliche Erfahrung ist die der Größenordnung eines solchen Gebäudes. Was passiert aber im Inneren des Objekts? Die Flut der sinnlichen Eindrücke beim Betreten, die eben dargestellt wurden, vereiteln vorerst eine Orientierung. Statt Strukturierung erfährt der Besucher zunächst Desorientierung. Der Sehsinn ist beeinträchtigt und gehemmt. Die beschriebenen Lichtverhältnisse verweigern vorerst die Erfassung der Raumstruktur. Auch das Gehör wird irritiert: Eine Ortung der Klänge läuft durch die kreisförmige Anordnung der Klangquellen ins Leere. Wabernde Tonschichten füllen das gesamte Volumen des Gaskessels aus. Sie überlagern einander und erzeugen so eine nahezu gespenstische Atmosphäre. Nach und nach ist die Bewegung des Pendels auszumachen. Der Besucher spürt seine Anwesenheit als ein »fremdes Moment« innerhalb der architektonischen Struktur. Die gleichförmige Hin-und-Her-Bewegung verkörpert den Ausspruch, das etwas auf uns zu kommt oder sich uns entzieht – ohne zu wissen, worum es sich handelt. Von dieser mechanischen Bewegung geht eine Faszination aus, die in der Verbindung mit Klang vermag, Spannung immer wieder aufzubauen und nicht versiegen zu lassen. Es gibt keinen eigentlichen Kulminationspunkt. Das heißt, das sinnliche Erleben scheint nicht zu enden. Durch die unterschwellige Veränderung der Richtung wird die Bewegung nicht monoton. Es ist genau das, was Waldenfels mit einem »Sog« vergleicht. Der Betrachter »unterliegt der Anziehung durch das Gesehene und Gehörte« (Waldenfels 2006, 93). Erst sukzessive begreift der Besucher, dass die Bewegung des Pendels mit den Harmonien gekoppelt ist. Erste Referenzen stellen sich her. Der Besucher bekommt nun die Möglichkeit, sich verhältnismäßig frei im Raum zu bewegen. »Das Unerwartete braucht den Kontrast des Gewohnten. Daraus resultiert die Aufmerksamkeitsspannung (lat. tensio), von der die Aufmerksamkeit (lat. attentio) durchzogen ist.« (Ebd., 103) Im vorliegenden Fall wäre das Gewohnte einerseits die Architektur des Gaskessels in seiner eigentlichen Funktion und nach einer Phase der Gewöhnung auch die Pendelbewegung an sich. Das Unerwartete ist die unmerkliche Richtungsveränderung des Pendels und der Klang, der niemals gleich bleibt. Je nachdem, wo der Besucher sich vor den Orgelpfeifen, die entweder tönen oder nicht tönen, positioniert, variiert die Wahrnehmung. Die geschichteten Klänge lassen den Rezipienten erahnen, welch räumliche Dimension sich im Halbdunkel des Gebäudes verbirgt.

Derart sinnliche Wahrnehmungseffekte können nur durch die Konstruktion von Klang erzielt werden. Die bloße Verstärkung anderer Elemente im Raum, wie bspw. des Lichts, könnte eine solche andauernde Spannung, eine »tensio«, nicht hervorrufen. Der Klang ist also in der Lage, eine Atmosphäre der Sinnlichkeiten zu erschaffen.

Ich möchte behaupten: der Klang fungiert als Katalysator der Sinne. Die bauliche Konstruktion, die Lichtverhältnisse, sogar die olfaktorischen Eigenschaften des Raumes werden durch die Klangwirkung verstärkt. Waren vor der Modifizierung des Stahlzylinders die räumlichen Strukturen im Inneren kaum auszuloten, so stellt sich jetzt ein interessantes Spannungsverhältnis der räumlichen Struktur zur zeitlichen Struktur her. Musik ist Zeitkunst. Bildende-installative Kunst ist von einer anders bemessenen Dauer. In diesem Beispiel werden aber beide Bereiche miteinander verbunden. Die Zeit wird hier bis aufs Äußerste gedehnt, ja fast außer Kraft gesetzt. Sie wird als Mittel zur Manipulation des Klangs genutzt, um die Wirkung der übrigen Sinne zu intensivieren. Der Fokus der Wahrnehmung, der sich in der Musik auf den kompositorischen Ablauf konzentriert, wird nun auf die Wahrnehmung innerhalb der räumlichen Dimension gelenkt. Die zeitliche Überdehnung klanglichen Materials und die damit einhergehenden Effekte erlauben die ganzheitliche Wahrnehmung und werden so der architektonischen Imposanz des Gaskessels in seiner außergewöhnlichen Dimension gerecht.

Fremdheit begegnet dem Rezipienten in diesem Bauwerk also auf mehreren Ebenen: Zu allererst empfindet er den Stahlzylinder in seiner innerstädtischen Umgebung als Fremd-körper. Im Inneren des Gasbehälters formieren fremde Klänge eine rätselhafte Atmosphäre und auf der strukturellen Ebene wird das musikalische Material durch seine zeitliche Überdehnung so ver-fremdet, dass es in Folge dessen zu einem Kunstwerk wird, das skulpturale Züge annimmt. Es wird heterogenes Material hinzugefügt, das dennoch ein homogenes Kunstwerk bildet. Dabei spielen sich zwei voneinander differenzierte Entwicklungen ab: Die Wirkung des fremden Klangs lässt sich einerseits als Bruch mit der herrschenden Ordnung begreifen. Als Bruch mit dem Ausgangsmaterial des Gasbehälters, der von der Urform wegführt. Andererseits führt schließlich jeder dieser Brüche Stufe für Stufe zu einem gesamt-harmonischen Kunstwerk. Es sind die Waldenfels'schen Schwellen, die Spannung erzeugen und den Besucher unweigerlich zu einer gesteigerten Aufmerksamkeit zwingen.

Im Gegensatz zu anderen klangkünstlerischen Arbeiten, die als Bearbeitungen präexistenter Räume einzuordnen sind, hat der Klang eine so vordergründige Wirkung, dass er nicht mit dem Raum und seiner architektonischen Struktur verschmilzt. Der Klang hat hier die primäre Aufgabe, sinnliche Wahrnehmung und räumliche Wahrnehmung zu verstärken. Scriba gelingt es in »Bach_10k« dem Besucher nicht nur die Rotation der Erde erfahrbar zu machen, sondern den signifikanten räumlichen Gegebenheiten Ausdruckskraft zu verleihen. Der Klang bleibt jedoch fremdes Material innerhalb des architektonischen Baus. Nur mithilfe der Wirkung von Fremdheit hat der Klang in seinen vielfältigen Veränderungen die Fähigkeit die Aufmerksamkeitsspannung beim Besucher aufrecht zu erhalten. Der Klang ist der Katalysator für eine Atmosphäre der Sinnlichkeiten.

Bernhard Leitner »Ton-Raum« (1985)

Ein zweites Beispiel aus der Kategorie der präexistenten Räume, soll einerseits die Vielfältigkeit dieser Kategorie aufzeigen und andererseits die differenzierte Wirkung von Fremdheit verdeutlichen. Es handelt sich um die dauerhafte Installation »Ton-Raum« des Klangkünstlers Bernhard Leitner, die seit 1984 im Treppenaufgang der TU Berlin installiert ist. Wie vollzieht sich hier der wahrnehmungsspezifische Prozess? Wie wird die Aufmerksamkeit des Rezipienten gelenkt? Wie kann sich der Raum klanglich strukturieren und wie ist das Phänomen der Fremdheit zu verstehen?

Dieses Beispiel stellt einen bezeichnenden Kontrast zu »Bach_10k« dar, obwohl es innerhalb des Typologie-Versuchs in dieselbe Kategorie einzuordnen ist. Obschon ihrer Vielfalt haben beide Beispiele verbindende Elemente. Im Detail funktioniert es wie folgt: Leitners Klanginstallation ist wie das erstes Beispiel eine Installation in einem präexistenten Raum; in diesem Fall in einem Durchgangsraum im Treppenhaus des Hauptgebäudes der TU Berlin. Anders als im Oberhausener Gasbehälter ist ein Treppenhaus ein praktisch genutzter, architektonisch bereits vorgeformter Raum. Die Rezipienten sind hier Studenten, Dozenten und das Personal der TU Berlin. Was bedeutet das für den Wahrnehmungsprozess?

Der Raum ist für die Öffentlichkeit zugänglich. Aus diesen Gründen begegnet der Rezipient dem Kunstwerk mit einer anderen Erwartungshaltung als bei Scriba. Der Rezipient ist im Normalfall kein expliziter Besucher der Installation Leitners, sondern vielmehr zufälliger Passant. Gerade in diesem Beispiel ist die Bearbeitung so subtil und tatsächlich rein akustisch. Visuell wird der Raum nicht verändert. Das bestärkt die These, dass das klangkünstlerische Werk in diesem Raum nicht fremd wirkt. Ähnlich wie im ersten Beispiel sind die Klänge bereits vor Betreten des Kunstwerks zu hören. Je näher der Passant dem Ort im Treppenhaus kommt, desto deutlicher sind die Klänge zu vernehmen. Wenn sie sich bei größerer Entfernung noch in die Klangkulisse des öffentlichen Gebäudes einzufügen scheinen, ist der Rezipient aufgefordert, seine Ohren zu spitzen. Sobald die Klänge als fremdartig erkannt werden, kann ihnen durch das Treppenhaus gefolgt werden. Die Aufmerksamkeit wird viel unterschwelliger geweckt, als bei »Bach_10k«. Befindet sich der Besucher der Universität, nunmehr Rezipient, im Durchgangsraum, fangen ihn die Klänge ein. Obwohl es zu einer gesteigerten Aufmerksamkeit kommt und der Raum durch den Klang architektonisch wandelbar wird, verbindet sich das klangliche Material mit den architektonisch-physischen Gegebenheiten zu einer Einheit.

Der Durchgangsraum ist würfelförmig und über drei Flure zugänglich. Für den Besucher nicht sichtbar ist die schallschluckende Verkleidung der Wandflächen, die aus demselben Material zu bestehen scheint, wie andere Wandverkleidungen in den Gängen des Gebäudes. Das bestärkt die Behauptung, dass das Kunstwerk nicht visuell begreifbar ist. Unter der Verkleidung hat Leitner 42 Lautsprecher angebracht, die den Raum im Prozess der künstlerischen Arbeit zu einem medialen Kunstwerk werden lassen. Leitner versteht den Raum als elektronisches Instrument. Mit einem komplizierten Verfahren hat Leitner den Raum vermessen und komplexe Kompositionen – es gibt etwa 20 – nur für diesen Raum geschaffen. Die Kompositionen werden auf die Lautsprecher programmiert, wodurch ein Gefühl von Dreidimensionalität entsteht. Sie bekommen also einen architektonischen Charakter und sind gleichzeitig fähig, neue Strukturen innerhalb der präexistenten architektonischen Form zu bilden. Die Klänge sind elektronischer produziert und thematisieren den Raum selbst. In jeder Komposition werden neue Strukturen ausgelotet und erfasst. Der Umgang mit dem Material ist ein spielerischer. Leitner untersucht dabei architektonische Charakteristika wie Proportion, Spannung und Gewicht, indem er ihre Merkmale verzeitlicht und flexibel gestaltet. Die Verortung der Klangdaten im Raum wirkt dabei strukturgebend und lässt sie als musikalisches Ereignis wahrnehmbar werden. Die Arbeit verfolgt das Anliegen, die Eigenwahrnehmung zu verstärken, indem bauliche, architektonische, geometrische Aspekte von Raum rein klanglich nachgestellt werden. Klangbewegungen ziehen denkbare Architekturformen nach, werden plastisch durch Klanglinien nachempfunden.

Mit Klang- oder Ton-Linien, wie Leitner sie selbst in seinem Ton-Raum-Manifest von 1977 beschreibt, meint er folgendes:

»Eine Linie ist eine Folge von Punkten. Raum kann durch Linien begrenzt werden. Eine Ton-Linie ist eine Ton-Abfolge entlang einer Anzahl von Ton-Orten (Lautsprechern). Raum kann durch Ton-Linien begrenzt werden, wobei der Raum-Form eine aus der Ton-Sprache dimensionierte Erlebnisform überlagert wird. Nichtlineare Ton-Verschiebungen zwischen zwei oder mehreren Ton-Orten tasten den Raum punktförmig ab, wobei dem Raum-Maß eine aus der Ton-Sprache geformte Erlebnis-Dimension überlagert wird.« (Leitner 1977)

Diese Ton-Linien durchdringen den Körper des Rezipienten. Je nachdem, wo sich der Rezipient im Raum befindet, kann er die kompositorisch geschaffene Struktur anders hören, anders spüren. Leitner intensiviert die alltägliche Erfahrung von Raum, wenn er ihr das Alltägliche nimmt. Hier findet also das Fremde in Form eines Entzugs statt. Der Kontakt zur ganz normalen Welt wird in Leitners modifizierter Architektur intensiviert.

Diese ästhetische Umfunktionierung bleibt an dieser Stelle aber nicht fremd. Sie verbindet sich fast unmerklich, weil auf höchst subtile Art, mit dem vorhandenen architektonischen Material des Treppenhauses. Die Umdeutung der Grenzen des architektonisch-physischen Raumes wird hier zum Gegenstand der künstlerischen Arbeit.

LITERATUR

Leitner, B. (1977): Ton-Raum-Manifest, New York www.bernhardleitner.at/texts vom 01.09.2011.

Mersch, D. (2002): Ereignis und Aura. Untersuchungen zu einer Ästhetik des Performativen. Frankfurt a.M.

Scriba, J. (2010): Der Gesang des Pendels. Klangkunst im Gasbehälter in Augsburg. In: Kultur&Technik 34, 2, 42-43.

Waldenfels, B. (2006): Grundmotive einer Phänomenologie des Fremden. Frankfurt a.M.

Zugängliche Räume bilden

Barrierefreiheit im öffentlichen Raum

BERT BIELEFELD & ALBRECHT ROHRMANN

Während der private Raum oft durch die Nutzung einer einzelnen Person oder einer kleinen Gruppe geprägt ist, zeichnet sich der öffentliche Raum dadurch aus, dass er von einer Vielzahl unterschiedlicher Menschen mit ebenso unterschiedlichen Bedürfnissen und Interessen genutzt wird. Die Ausgestaltung des öffentlichen Raumes stellt sich als Ergebnis eines durch Macht und Verhandlung strukturierten Prozesses dar. Die faktische Ausgestaltung des öffentlichen Raumes zeigt, dass bestimmte Interessen – wie z.B. die von Unternehmen – sich durch außerpolitische Einflussnahme und in demokratischen Entscheidungsprozessen gut durchsetzen. Am Beispiel der Durchsetzung von Normen der Barrierefreiheit kann hingegen gezeigt werden, dass die Berücksichtigung von »schwachen Interessen« (Clement u.a. 2010) durch Richtlinien und gesetzliche Vorschriften nur unzureichend gelingt. Die Ausgestaltung des öffentlichen Raumes folgt nicht einfach Interessen, sondern symbolisiert zugleich Lebensstile und normiert Verhaltensweisen. Dies wird an Leitbildern wie der autogerechten Stadt, Orientierung an Konsum und Erwerbsarbeit deutlich. Daher wird gerade auch von unterprivilegierten Gruppen der – häufig konflikthaften – kulturellen Selbstpräsentation im öffentlichen Raum ein hoher Stellenwert beigemessen.

Die veränderte Thematisierung von Behinderung als Wechselwirkung zwischen individuellen Beeinträchtigungen und einstellungs- und umweltbedingten Barrieren, wie sie beispielsweise in der UN-Konvention zum Schutz der Rechte von Menschen mit Behinderung zum Ausdruck findet (BMAS 2010), markiert einen Übergang von einer ausschließlich sozialpolitischen Orientierung der Behindertenpolitik hin zu einer an Akzeptanz von Verschiedenheit orientierten Sozial- und Gesellschaftspolitik. Dies hat auch erhebliche Auswirkungen auf die Gestaltung öffentlicher Räume. Die Wahrnehmung von behinderungs- und altersbedingten Beeinträchtigungen als individuelles Problem führte zu einer Zuweisung der Fürsorge in private Räume und Sondereinrichtungen und einer Verdrängung von Menschen mit Behinderungen aus öffentlichen Räumen. Die Thematisierung von Behinderung als soziale Benachteiligung geht einher mit Kämpfen um Anerkennung im öffentlichen Raum. In diesem Beitrag soll die Entwicklung einer auf die Gestaltung öffentlicher Räume gerichteten Behindertenpolitik nachgezeichnet werden. In einem zweiten Schritt sollen Probleme der Herstellung von Barrierefreiheit benannt werden, um im letzten Teil Ansätze zur partizipativen Entwicklung von öffentlichen Räumen skizziert werden, die auf eine möglichst gute Nutzbarkeit für alle Menschen zielen.

Barrierefreiheit als Thema der Behindertenpolitik

Die Behindertenpolitik in Deutschland hat sich wie in anderen Ländern nicht als ein einheitliches Politikfeld entwickelt, und es gelingt darüber hinausgehend nicht überzeugend, die verschiedenen Zielsetzungen der auf soziale Sicherung zielenden Kompensation, der auf Eingliederung zielenden Rehabilitation und der auf Vermeidung von Diskriminierung zielenden Teilhabe in eine konsistente Politik zu integrieren (vgl. Maschke 2008, 66). In Deutschland dominiert dabei die Sichtwiese von Behinderung als medizinisch diagnostizierbarem Zustand, auf dessen Grundlage die soziale Absicherung als Renten- bzw. Grundsicherungsleistung erfolgt und Rehabilitationsleistungen bis heute abhängig von der Verursachung der Behinderung sehr unterschiedlich ausgestaltet werden. Fragen der Teilhabe am gesellschaftlichen Leben wurden insbesondere aufgeworfen durch die Integration der Kriegsversehrten nach den beiden Weltkriegen, aus denen auch die bis heute einflussreichsten Interessensverbände von Menschen mit Behinderungen hervorgegangen sind. Erste Versuche der Vereinheitlichung der Behindertenpolitik verbinden sich mit der Reformära in der Anfangszeit der sozialliberalen Koalition. Vor dem Hintergrund einer starken Zunahme degenerativer Erkrankungen, die zu einem frühzeitigen Ausscheiden aus dem Arbeitsleben führten, erfuhr insbesondere die Weiterentwicklung der Rehabilitation zur Wiederherstellung der Erwerbsfähigkeit eine verstärkte Beachtung.

In diesem Kontext wurden auch Fragen des Wohnungsbaus und der Gestaltung der öffentlichen Infrastruktur thematisiert. Angesichts der starken Rehabilitationsorientierung verwundert es nicht, dass dabei die Bedürfnisse von Menschen mit körperlichen Behinderungen im Vordergrund standen. Nach entsprechenden Richtlinien für den Wohnungsbau wurde 1974 die DIN 18024 eingeführt, die Planungsrichtlinien für bauliche Maßnahmen für behinderte und alte Menschen im öffentlichen Bereich enthält. Von Anfang an gestaltete sich die Arbeit an dieser Richtlinie als äußerst schwierig, da sehr heterogene Interessen berücksichtigt werden mussten (vgl. Bösl 2009, 329). Als Hauptkonfliktpunkt stellt sich bis heute die Berücksichtigung der divergierenden

Interessen von sehbehinderten Menschen und Menschen, die einen Rollstuhl nutzen: Während die einen markante Orientierungspunkte wie Bordsteine benötigen, stellen diese für Rollstuhlnutzer eine der Hauptbarrieren dar. Schaut man sich die Umsetzung der DIN-Norm an, so stellt man fest, dass sie in der Regel nicht systematisch bei der Neu- oder Umgestaltung von öffentlichen Räumen zur Anwendung gebracht wurde. Es ist vielmehr örtlichen Initiativen von Selbsthilfegruppen, Behindertenbeiräten und Behindertenbeauftragten zu verdanken, wenn einzelne Elemente der Richtlinie bei Bauvorhaben berücksichtigt wurden. Bis heute ist die Realität der barrierefreien Ausgestaltung öffentlicher Räume und Gebäude häufig davon geprägt, dass nur isolierte Bereiche berücksichtigt werden. So finden sich Rathäuser, aber auch Kindergärten, die als Gebäude barrierefrei oder barrierearm für Rollstuhlfahrerinnen und Rollstuhlfahrer gestaltet sind, aber durch eine Treppe im Außenbereich nicht erreichbar sind. Im Bereich des öffentlichen Verkehrs werden einzelne Fahrzeuge oder Haltepunkte barrierefrei ausgestaltet, die es Menschen mit Behinderungen nur selten im Sinne einer Mobilitätskette ermöglichen, einen individuell benötigten Verkehrsweg durchgängig barrierefrei zu nutzen. Generell überwiegt auf Grundlage der besseren Artikulationsmöglichkeiten von Menschen mit Körperbehinderungen die Berücksichtigung von deren Belangen, gefolgt von den Belangen von sehbehinderten Menschen. Sehr viel seltener werden die Bedürfnisse von Menschen mit Hörschädigungen oder kognitiven Beeinträchtigungen in Planungen einbezogen. Vielen Projekten zur Realisierung von Barrierefreiheit haftet bis heute der Charakter einer wohltätigen Maßnahme an.

Einen neuen Impuls erhielt die Diskussion um Barrierefreiheit durch die Gesetzgebung zum Schutz vor Diskriminierung von Menschen mit Behinderung. Ausgehend von Antidiskriminierungsrichtlinien der Europäischen Union und der Aufnahme des Benachteiligungsverbotes von Menschen mit Behinderungen im Grundgesetz im Jahre 1994 wurden entsprechende Gesetze auf der Ebene des Bundes und der Länder erarbeitet. Das Behindertengleichstellungsgesetz von 2002 führt einen sehr weitreichenden Begriff von Barrierefreiheit ein. Als barrierefrei gelten:

> »bauliche und sonstige Anlagen, Verkehrsmittel, technische Gebrauchsgegenstände, Systeme der Informationsverarbeitung, akustische und visuelle Informationsquellen und Kommunikationseinrichtungen sowie andere gestaltete Lebensbereiche, wenn sie für behinderte Menschen in der allgemein üblichen Weise, ohne besondere Erschwernis und grundsätzlich ohne fremde Hilfe zugänglich und nutzbar sind.« (§ 4 BGG)

Die gesetzlichen Vorschriften haben zu einer Intensivierung der Aktivitäten zur Herstellung von Barrierefreiheit geführt, das grundlegende Problem der Planung aber nicht beseitigt.

Planungsprobleme bei der Herstellung von Barrierefreiheit

Das Grundproblem besteht darin, dass unsere geschaffene Umwelt für eine typische, durchschnittliche Nutzergruppe konzipiert ist. Diese ist zwar nicht final abgegrenzt, was sich z.B. in der Erhöhung von Küchenarbeitsflächen oder Türen auf 2,13 m durch statistisch größer werdende Nutzer widerspiegelt. Falls jedoch Nutzer mit spezifischen Einschränkungen von dieser Durchschnittsnorm abweichen, so sind diese oft aufgrund fehlender individueller Erfahrungswerte zunächst nicht im Bewusstsein der Menschen im Durchschnittsbereich. Somit werden bei Entscheidungsträgern von Bauprojekten, Planern und späteren Nutzern ausschließlich Nutzungsskripte bedient bzw. gelebt, die selbst erfahren und verinnerlicht wurden. Oft werden so unwissentlich Barrieren erschaffen. Wenn auch mit guten Intentionen versehen, so fehlt es an allgemeiner Folgerichtigkeit, wenn in Normen wie der DIN 18024 oder der DIN 18040 Menschen mit individuellen Einschränkungen statistisch subsumiert und deren Bedürfnisse wiederum mit gleicher Methodik des Durchschnittsmenschen vereinheitlichend erfasst werden.

So ist bei jeder Planungsaufgabe zunächst die Frage zu stellen, für wen konzeptioniert wird: Wird beispielsweise privater Wohnraum geschaffen, so kann die Planung individuell auf die Fähigkeiten und Einschränkungen eines spezifischen Nutzers ggf. unter Berücksichtigung von Alterungsprozessen abgestellt werden. Wenn sich spezifische Nutzergruppen, wie z.B. Gehörlose oder Demenzerkrankte, identifizieren lassen, so können über wesentliche und typische Eigenschaften sinnvolle Adaptionen geplant und umgesetzt werden, auch wenn diese nicht jedem Individuum gerecht werden können. In diesem Kontext wären auch nutzergruppenspezifische Normen sinnvoll – allerdings ohne Anspruch auf Allgemeingültigkeit für verschiedene Einschränkungen.

Die Schaffung einer zugänglichen und gleichen Umgebung für jegliche Arten von Nutzerprofilen und somit eine universale Barrierefreiheit stellt jedoch eine Utopie dar, denn wie schon beschrieben, schließen sich gewisse Maßnahmen für verschiedene Nutzer gegenseitig aus. Eine Steckdose oder ein Türöffner, der für Rollstuhlfahrer in besonderer Höhe angeordnet wurde, ist für Sehbehinderte ggf. unauffindbar, da diese in der typischen Höhe des Durchschnittsmenschen suchen werden.

Daher ist eine wesentliche Grundlage einer sinnvollen Planung, Nutzungs- und Bedienungsskripte von Menschen mit spezifischen Einschränkungen zu verstehen, um zumindest eine möglichst barrierearme Umgebung zu erschaffen. Dies umfasst als Zielgruppe nicht nur dauerhaft beeinträchtigte Menschen, sondern selbstverständlich auch Menschen in lebenszyklusbedingten Situationen wie Kinder, alternde oder temporär kranke Menschen.

Barrieren sind zudem nicht ausschließlich mit Bewegungseinschränkungen gleichzusetzen. Selbstverständlich sind z.B. die rollstuhlgerechte Erreichbarkeit verschiedener Ebenen oder eine ausreichende Breite von Verkehrswegen unerlässliche Grundlagen jeder Planung. Darüber hinaus sind aber vor allem Barrieren in der Orientierung zu berücksichtigen, die nicht nur Sehbehinderte und Blinde betreffen. Grundsätzlich kann bei jedem eingeschränkten Sinnesorgan (z.B. akustische Warnsignale im Straßenverkehr oder Bahnsteigdurchsagen bei Gehörlosen) die Orientierung zur Barriere werden.

Als dritte und im Detail am schwierigsten zu erfassende Kategorie sind Barrieren in der Bedienung zu benennen. Hierzu gehören nicht nur die im allgemeinen Bewusstsein verankerte Aufzugsnutzung, sondern alle Arten von technischen und nicht-technischen Bedienelementen: Tür- und Fenstergriffe, Mülltonnenzugriff, Ruf- und Klingelanlagen, Waschbecken, Toiletten, Badewannen, Küchenelemente und vieles mehr. Oft werden selbst gut durchdachte Planungen durch die spätere Nutzungen konterkariert, in dem durch fehlendes Problemverständnis z.B. Wege oder Bedienelemente verstellt werden.

Ansätze zu einer partizipativen Planung öffentlicher Räume

Die bisherigen Ausführungen zur Realität von Barrierefreiheit und zu den planerischen Schwierigkeiten bei der Berücksichtigung von entsprechenden Richtlinien legen den Schluss nahe, dass sich Planungen nicht an der Herstellung eines technischen Optimums orientieren können, sondern in viel stärkerem Maße an einer Sensibilität für die tatsächliche Nutzung öffentlicher Räume orientieren müssen. Dies legt bereits die Definition von Barrierefreiheit im Behindertengleichstellungsgesetz, vor allem mit dem Verständnis von Barrierefreiheit als Nutzbarkeit in der allgemein üblichen Weise ohne fremde Hilfe, nahe. Eine solche Gestaltung von Gegenständen und räumlichen Strukturen lässt sich nur unzureichend über Richtlinien erreichen. Sie setzt vielmehr die Berücksichtigung verschiedener Nutzungsbedürfnisse und »Raumlogiken« (Reutlinger & Lingg 2011) voraus. Räume stellen sich in dieser Perspektive nicht als objektive Gegebenheiten, sondern als Ergebnisse sozialer Praktiken dar, an die die Vermeidung von Barrieren anknüpfen muss. Es kommt darauf an, der Perspektive von Menschen mit unterschiedlichen Beeinträchtigungen Möglichkeiten der Artikulation und Gestaltung der von ihnen genutzten Räume zu schaffen. Konzepte wie das »Universal Design« (vgl. Ostroff 2011) setzen daher auf partizipative Prozesse, mit denen erreicht werden soll, dass die gestaltete Umwelt von allen oder von vielen Menschen möglichst ohne Anpassung genutzt werden kann. Sie reagieren damit auf eine Entwicklung, die für Menschen mit Behinderungen eine optimale und förderliche Umgebung in speziell gestalteten Orten favorisiert hat, die die Abhängigkeit von professionellen Settings und von sozialstaatlichen Leistungen und eine Ausgrenzung gefördert hat.

Bezogen auf die barrierefreie Ausgestaltung öffentlicher Räume bedeutet dies, dass Menschen mit Beeinträchtigungen hier Ansatzpunkte vorfinden müssen, die ihnen ein möglichst selbstbestimmtes und selbständiges Leben ermöglichen. Damit geht es nicht nur um die vorgefundene, quasi verobjektivierte Struktur von Räumen, sondern vielmehr um die Möglichkeit, auf die sozialräumlich vorgefundenen Strukturen verändernd Einfluss nehmen zu können. Soziale Räume lassen sich nicht hinreichend durch ihre objektive Struktur beschreiben, sondern gewinnen erst durch Handlungen Bedeutung. Barrieren sind in diesem Sinne zu verstehen als Gegebenheiten, die Handlungsmöglichkeiten begrenzen. Barrieren in diesem Sinne sind in vielen Fällen, beispielsweise zur Vermeidung von Gefahren, ausdrücklich erwünscht. Sie erlauben darüber hinaus die Signalisierung von Rechten, die als legitim anerkannt werden, wie beispielsweise die Abgrenzung von Eigentum. Barrieren spiegeln auch Machtverhältnisse wieder: im Sinne des Anspruchs auf die Kontrolle von Räumen.

Die Herstellung von Barrierefreiheit im Sinne der selbstbestimmten Aneignung und Nutzung von Räumen umfasst nicht nur die Ausstattung von Straßen und Plätzen oder die Zugänglichkeit von Gebäuden, sondern ebenso die Verfügbarkeit einer nahräumigen Infrastruktur an Einrichtungen des allgemeinen Bedarfs und speziellen Unterstützungsdiensten für Menschen mit Behinderung. Während viele Menschen beispielsweise Mängel einer nahräumigen Infrastruktur durch ein erhöhtes Maß an Mobilität ausgleichen können, steht alten und behinderten Menschen diese Möglichkeit aufgrund ihrer Beeinträchtigung häufig nicht zur Verfügung. Unterstützungsangebote für pflegebedürftige und anderweitig auf alltägliche Hilfen angewiesene Menschen stehen in der Regel nur dann zur Verfügung, wenn es sich um einen sehr geringen Hilfebedarf handelt. Professionelle Dienste und Einrichtungen orientieren sich ihrer Organisationslogik folgend eher an Maximen der Spezialisierung und der institutionellen Abgrenzung als an den Erfordernissen einer auf die alltägliche, selbstbestimmte Lebensführung bezogenen Verfügbarkeit und verfestigen so räumliche Strukturen der Besonderung. Vor diesem Hintergrund wird deutlich, dass der Gestaltung von Nahräumen eine besondere Bedeutung zukommt, was allerdings im Umkehrschluss nicht dazu führen darf, dass Menschen mit Behinderungen auf die Nutzung dieser eingeschränkt werden sollen.

Mit der Behindertenrechtskonvention der Vereinten Nationen liegt seit der Verabschiedung im Jahre 2006 ein vom Ansatz des Rechtes auf Schutz vor Benachteiligung getragenes Konzept zur Entwicklung einer für Menschen mit Beeinträchtigung nutzbaren gestalteten Umwelt vor. Leitend für die Konvention ist der Begriff der Inklusion. Damit verbindet sich der Anspruch, Menschen mit Behinderungen »eine unabhängige Lebensführung und die volle Teilhabe in allen Lebensbereichen zu ermöglichen« (BMAS 2010, Artikel 9). Die Konvention macht für alle Lebensbereiche die Vorgabe, dass dies nicht durch besondernde Maßnahmen, sondern durch die Sicherstellung der Zugänglichkeit (*accessibility*) der sozialen Umwelt geschieht. Die Konvention orientiert sich dabei an den Standards der Nutzung, wie sie für andere Mitglieder einer Gesellschaft üblich sind. Im Bereich der unabhängigen Lebensführung konkretisiert sich dieses Prinzip auf drei Ebenen: Die Möglichkeiten, den Wohnort frei zu wählen, gemeindeintegrierte Unterstützungsdienste in Anspruch zu nehmen und Einrichtungen für die Allgemeinheit auf der Grundlage der Gleichberechtigung zu nutzen (Artikel 19).

Der sich daraus ergebende Gestaltungsauftrag ist weitergehender und präziser als der der Sicherstellung von Barrierefreiheit und ermöglicht es, technische Verkürzungen zu vermeiden. Er fügt sich ein in einen Ansatz örtlicher Teilhabeplanung, der einen »lernorientierten und partizipativen Prozess [bezeichnet], in dem sich unter politischer Federführung der Kommune die örtlich relevanten Akteure auf den Weg machen, die Zielsetzungen eines ›inklusiven Gemeinwesens‹ unter den Bedingungen ihrer spezifischen Örtlichkeit zu verwirklichen« (Lampke u.a. 2011, 15). Damit wird eine unterschiedliche Perspektiven und unterschiedliche Lebensbereiche integrierende Planung ermöglicht, die die Ausgestaltung sozialer Nahräume in den Vordergrund stellt. So wird nicht ignoriert, dass die Struktur von Räumen sich als Ergebnis gesellschaftlicher Prozesse darstellt, die nur sehr bedingt auf der Ebene des sozialen Nahraumes beeinflussbar sind. Die gestaltete Umwelt ist geprägt durch das Wirtschaftssystem, den Arbeitsmarkt und Eigentumsverhältnisse, die jedoch ihre Konkretisierung in sozialen Strukturen des Raums Ausdruck finden. Insbesondere in seiner nahräumigen Ausgestaltung sind diese durch demokratische und partizipative Prozesse gestaltbar.

Prozesse der Teilhabeplanung können nicht ausschließlich als Expertenplanung verstanden werden. Es kommt vielmehr darauf an, Menschen mit Beeinträchtigungen als Experten in eigener Sache in Planungsprozesse einzubeziehen und ihre kulturelle Selbstrepräsentation und Artikulation im öffentlichen Raum ernst zu nehmen. Eine solche Planung ist im Unterschied zu der bisher üblichen Praxis von Fachplanung eher projekthaft und auf Dauer angelegt. Da soziale Räume durch die Aktivitäten unterschiedlicher Akteure geprägt sind, die häufig einer politischen Kontrolle (zumal auf kommunaler Ebene) entzogen sind, kann die Planung nicht allein auf Vorschriften setzen. Mittel sind eher politische Aktionen, die auf Überzeugung setzen und unterschiedlichen Akteuren einen Orientierungsrahmen bieten, in den sie die von ihnen selbst verantwortete Planung einfügen können. Kommunale Planung hat wenig unmittelbare Gestaltungsmöglichkeiten im privatwirtschaftlichen Bereich, nur begrenzte Einflussmöglichkeiten auf Bildungseinrichtungen oder die Politik von Verbänden der Wohlfahrtspflege. Sie kann jedoch mit den Mitteln einer integrierenden Planung ausgehend von dem Auftrag der kommunalen Daseinsvorsorge die lokale Ausgestaltung von Infrastrukturen, von Betrieben, Schulen und sozialen Diensten steuern und die Artikulationsmöglichkeiten von »schwachen Interessen« (Clemet u.a. 2010) stärken.

In Prozessen der Teilhabeplanung ist über die Beteiligung von Beiräten hinaus an eine Aktivierung von Planungskompetenzen zu denken, die auch Menschen einbezieht, die in formalen Planungsprozessen nur geringe Chancen der Durchsetzung haben. So wurden im Rahmen eines Teilhabeplanungsprozesses Sozialraumerkundungen in Teams von Menschen mit kognitiven Beeinträchtigungen und Menschen ohne Behinderungen durchgeführt (vgl. Gaida & Konieczny 2011). Durch dieses Projekt können Planungserfordernisse verdeutlicht werden, es ermöglichte durch den Vergleich der Sozialraumnutzung aber darüber hinaus eine Sensibilisierung für die spezifischen Bedürfnisse der beteiligten Personen. Durch die Begehung von Stadtteilen oder die Erprobung der Zugänglichkeit von Verwaltungsstellen bei der Inanspruchnahme von Dienstleistungen kann ebenfalls über das Aufzeigen von konkreten Problemen hinaus die selbstverständliche Einbeziehung und die selbstbewusste Interessensvertretung gestärkt werden. In beiden Fällen wird das Ziel verfolgt, Möglichkeiten zur Verbesserung der Zugänglichkeit zu entwickeln, die sich nicht nur an technischen Normen orientieren, sondern die Kompetenzen zur Entwicklung von kreativen, auf konkrete Lebenssituationen bezogenen Lösungen zu finden.

Weitergehend sind Ansätze, die Menschen mit Behinderungen dazu ermutigen, Probleme der Zugänglichkeit beispielsweise in Internet-Foren zu veröffentlichen, um so einerseits Informationen zur Verfügung zu stellen und andererseits öffentlichen Druck auszuüben. In solchen Foren können öffentliche Einrichtungen aber auch private Einrichtungen wie Arztpraxen oder Hotels dargestellt und bewertet werden.

Das Behindertengleichstellungsgesetz stellt mit dem Instrument der Zielvereinbarung eine weitere Möglichkeit dar, um partizipativ die Zugänglichkeit von öffentlichen Einrichtungen zu verbessern. Nach § 5 des Behindertengleichstellungsgesetzes können anerkannte Verbände behinderter Menschen mit Unternehmen eine Zielvereinbarung zur Herstellung von Barrierefreiheit abschließen. Die Zielvereinbarungsregister beim Bundesministerium für Arbeit und Soziales und bei den Sozialministerien der Länder belegen, dass von diesem Instrument zunehmend Gebrauch gemacht wird. Bislang liegt noch keine systematische Auswertung der abgeschlossenen Zielvereinbarungen vor, es ist jedoch zu vermuten, dass mit diesem Instrument neue, kreative Ansätze zur Herstellung von Barrierefreiheit entwickelt werden.

Räume bilden, indem sie durch Barrieren Grenzen markieren und Ausgrenzungen signalisieren und verfestigen. Räume, die in ihrer Ausgestaltung offen sind für Entwicklungsprozesse, die ein selbstbestimmtes Leben ermöglichen, setzen Lernprozesse in Gang, welche nicht nur einer einzelnen sozialen Gruppen zugutekommen. Die Spezialisierung und Funktionalisierung von Räumen und die damit einhergehende Ausgrenzung durch Barrieren betrifft keineswegs nur behinderte und alte Menschen. In diesem Sinne kann der von der Behindertenrechtskonvention entfaltete Grundsatz der Inklusion als Grundlage für politische Gestaltungsprozesse verstanden werden, allen Tendenzen sozialräumlicher Segregation entgegenzuwirken.

Literatur

Bösl, E. (2009): Politiken der Normalisierung. Zur Geschichte der Behindertenpolitik in der Bundesrepublik Deutschland. Bielefeld

Bundesministerium für Arbeit und Soziales (BMAS) (Hg.) (2010): Übereinkommen der Vereinten Nationen über die Rechte von Menschen mit Behinderungen. www.bmas.de/portal/41694/property=pdf/a729 _un kon vention.pdf vom 14.05.2010

Clement, U. u.a. (2010): Einleitung: Public Governance und schwache Interessen. In: Clement, U. u.a. (Hg.): Public Governance und schwache Interessen. Wiesbaden, 7-25

Gaida, M.& Konieczny, E. (2011): Sozialraumerkundung – Partizipative Projekte in der Teilhabeplanung. In: Lampke, D. u.a. (Hg.): Theorie und Praxis örtlicher Teilhabeplanung mit und für Menschen mit Behinderungen. Wiesbaden, 245-256

Lampke, D. & Rohrmann, A. & Schädler, J. (2011): Kommunale Teilhabeplanung – Einleitung. In: Lampke, D. (Hg.): Theorie und Praxis örtlicher Teilhabeplanung mit und für Menschen mit Behinderungen. Wiesbaden, 9-24

Maschke, M. (2008): Behindertenpolitik in der Europäischen Union. Lebenssituation behinderter Menschen und nationale Behindertenpolitik in 15 Mitgliedstaaten. Wiesbaden

Ostroff, E. (2011): Universal Design: An Evolving Paradigm. In: Preiser, W. u.a. (Hg.): Universal design handbook. New York. 1.3-1.11

Reutlinger, C. & Lingg, E. (2011): Der ambivalente Charakter von Barrieren. Zum reflexiven Umgang mit Barrierefreiheit in der (sonder-)pädagogischen Gestaltung. In: Behindertenpädagogik 50, 3, 277-289

Ruhe! Raum.

Übungen vor Ort

Angela Ziesche & Anja Ciupka

Ruhe! Raum.

Angela Ziesche

Ich sitze auf einem Stuhl.
Der Stuhl steht in einem Raum.
Der Raum ist ein Raum der Universität.
Ein Raum zum Lehren.
Ein Raum der Leere,
ein leerer Raum.
Der Raum als Lehrer?

Beeinflusst der Raum die darin sitzenden Personen?
Die Personen werden zusammengehalten,
wie in einem Käfig.
Die Tür ist geschlossen.
Die Fenster eröffnen Blicke nach draußen.

Ich betrachte den Raum.
Um den Raum wahrzunehmen brauche ich Zeit.
Die Schnelligkeit und permanente Beschleunigung lässt uns wenig Spiel-Raum.
Ich nehme mir Zeit, den Raum wahrzunehmen.

Kann ich das überhaupt,
mitten unter so vielen Leuten?
Fremden Menschen?
Inmitten einer Tagung?

Ich muss mir Zeit nehmen.
Die Dinge betrachten, den Raum wahrnehmen,
sich Zeit lassen.
Die Zeit aufschreiben: 15.38 Uhr
Das Datum aufschreiben: 1.7.2011
Den Ort aufschreiben: Universität Siegen
Die Strasse aufschreiben: Adolf-Reichwein-Strasse
Den Raum aufschreiben: Raum AR - A- 1090

»Aufschreiben, was man sieht.
Was sich an Erwähnenswertem ereignet.
Vermag man zu sehen, was erwähnenswert ist?
Gibt es etwas, das uns auffällt?
Nichts fällt uns auf.
Wir vermögen nichts zu sehen.
Man muss behutsamer vorgehen, fast naiv.
Sich zwingen, das zu schreiben, was ohne Bedeutung ist,
was das Selbstverständlichste, das Allgemeinste,
das Glanzloseste ist.« -
sagt Georges Perec 1974.

Wände. Betonwände. Betondecke. Lampen. Grüne Tür. Fenster. Vorhänge. Laminatfußboden. Stühle. Tische fehlen. Schränke. Tafel. Overheadprojektor. Mappenschrank. Telefon.
Wieso ein Telefon?
Alte blaue Plastikstühle aus den 70er Jahren. Haben Ähnlichkeit mit dem berühmten Eames-chair - ein Designklassiker. Aber warum sehen diese Stühle nicht aus wie Designklassiker?
Die Fenster. Man kann sie nicht öffnen. Nicht richtig öffnen. Nicht weit öffnen: um frischen Wind herein zu lassen.
Ein Mappenschrank zum Aufbewahren von Zeichnungen. Was ist da wohl drin?
Ein Overheadprojektor. Wird heute eigentlich nur noch selten benutzt.
Der Geruch, ein seltsamer Geruch. Man nimmt ihn wahr, wenn man den Raum betritt.
Jeder Raum hat seinen eigenen Geruch. Kommt dieser Geruch von den alten Vorhängen, dem alten Fußboden?
Der Blick aus dem Fenster. Blickte man aus dem Fenster, so war hier ein Wäldchen. Jahrzehntelang. Jetzt ist es weg. Gerodet. Leere. Man sieht auf die dahinter liegende Einfamilienhäuserzeile. Die hat man vorher nie wahrgenommen. Die Bewohner waren sauer, stinksauer, weil sie plötzlich auf das hässliche Universitätsgebäude blicken, vorher sahen auch sie das Wäldchen. Die Bäume. Grün. Protest. Bürgerprotest. Wutbürger. Eingaben beim Gericht. Gebaut wird trotzdem. Aus Studienbeiträgen. Ein Gebäude für Organisationsangelegenheiten des Studiums,

Die Personen im Raum.
Sie sitzen auf Stühlen.
Sie sitzen verteilt im Raum.
Nicht geordnet in Reihen.
Nicht versteckt hinter Tischen.
Sie sitzen und sie hören zu.
Sie warten.
Worauf?
Bis sie an der Reihe sind?
Bis sie gehen können?

Ästhetisches Alphabetisieren.
Ein Stück Raum entziffern.
Daraus Gewissheit ableiten.

»Sich zwingen, das Thema erschöpfend zu behandeln,
selbst wenn es grotesk, belanglos oder zu dumm zu sein scheint.
Man hat noch nichts betrachtet,
man hat nur das bemerkt,
was man seit langem schon bemerkt hatte.
Sich dazu zwingen, oberflächlicher zu sehen.
Einen Rhythmus feststellen« –
Sagt Perec auf Seite 65.

Ruhe!

Im Raum:
Stühle,
Gelbe Stühle,
Stühle mit Studierenden,
Blaue Stühle,
Stühle mit Tagungsteilnehmern.
Die einen haben alte blaue Stühle die anderen neue gelbe Stühle.
Was bewirken Farben?
Was bewirken neue Stühle?
Sitze ich auf einem gelben Stuhl anders?
Sitze ich auf einem neuen Stuhl anders?
Was ist anders, wenn ich mich woanders hinsetze?

Sehe ich den Raum von hier anders?
Wir sind es gewohnt, dass der Vortragende vorne sitzt,
dass alle ihn anschauen.

Sitzt der Sprechende hinten, können die Zuhörer ihn nicht mehr sehen.
Die Worte dringen von hinten nach vorne in den Raum.
Wenn man den Sprechenden nicht sehen kann, muss man genauer zuhören,
sich stärker konzentrieren.
Bei einem Hörbuch kann man auch niemanden sehen,
hört nur die Stimme des Sprechers.
Dadurch wird der Text wichtiger. Eindringlicher.
Wenn ich eine Bedingung der Konstanten des Raumes ändere, ändert sich alles.

Ruhe!

Wir hier sind vom Fach Kunst.
Wir denken gemeinsam mit unseren Studierenden darüber nach,
wie man Kunst im Kontext von Schule vermitteln kann.
Wir suchen nach neuen Wegen zwischen Kunst und Bildung.
Wir haben uns auf den Weg gemacht.
Wir bewegen uns immer wieder.
Immer wieder neu.
Dabei ist alles erlaubt.

Jetzt sind wir von unserem Rektor mit den Architekten in eine Fakultät gesteckt worden.
Deshalb werden wir jetzt verstärkt über den Zusammenhang von Architektur und Kunstpädagogik nachdenken.
Architektur hat bei der Erziehung von jungen Menschen bislang nicht wirklich eine Rolle gespielt.
Wir müssen uns also nicht wundern, dass unsere Städte und unsere Einfamilienhäuser und unsere Universitätsgebäude und unsere Schulen so aussehen wie sie aussehen.
Wir müssen also die Räume der Architektur wahrnehmen lernen.
Müssen sie genau anschauen, ertasten, erfühlen, be- greifen.
Um sie dann zu verändern.
Behutsam
oder experimentell.
Zweckfreie Gesten verändern den Raum.

Ruhe!

Ich betrachte den Raum:
Länge mal Breite mal Höhe.
So bemessen wir Räume,
Machen Pläne.
Haben gelernt zu messen, zu rechnen, zu zeichnen.
Systematisierung.

Geometrisierung.
Kartographieren.
Zentralperspektive:
ein Konstrukt von Künstlern den Raum zu erfassen
auf der Fläche,
im Bild.
Der Raum im Bild -
der Raum als Bild?

Der Mensch will sich den Raum aneignen:
Jeder Mensch anders.
Jeder Einzelne erfährt die Wirklichkeit anders.
Die Wirklichkeit existiert nicht an sich.
Wirklichkeit ist eine Konstruktion, an der wir beteiligt sind.
Auch DEN Raum gibt es nicht.

Räume existieren nur in einer Verschachtelung von weiteren Räumen.
Heterogene Vielfalt
Der Raum und Nebenräume
Die Räume des Hauses
Das Haus inmitten des Stadtraums
Die Stadt als Großraum
Die Städte eines Landes
Raumerfassung
Raumerschließung
Raumfahrt
Weltraum
Fiktive Räume
Virtuelle Räume
Erinnerungsräume
Träume von Räumen

Wir erinnern uns an unsere Schulräume.
Das Klassenzimmer:
Wände, Tür, Fenster,
Tische, Stühle, Tafel.
Der Blick aus dem Fenster,
das Versteck unter dem Tisch,
der Geruch,
Geräusche.
Das Kratzen der Kreide an der Tafel.
Das Rascheln von Papier.

Das verbotene Tuscheln mit der Freundin.
Spiele unter der Bank mit dem Nachbarn.
Die vielen Stunden, die wir in dem Klassenzimmer gesessen haben!
Was haben wir da eigentlich gemacht?

Der Raum als Herausforderung etwas mit ihm zu machen.

Räume können Verhaltensmuster ändern:
Ein Parkhaus der Architekten Herzog/de Meuron in Miami ist so spektakulär,
dass Hochzeitspaare dort ihre Hochzeit feiern.
Warum feiern sie ihre Hochzeit nicht in Räumen unserer Universität?

Wir müssen den Raum ändern,
das Verhalten ändern,
den Ablauf im Raum ändern.

Störung
Flashmob
Ästhetische Handlungen und Interventionen

Labor für unkontrollierbare Situationen
- eine Künstlergruppe namens LIGNA:
tanzt im Leipziger Bahnhof Ballett:
Teilnehmer haben Kopfhörer und agieren auf Anweisung.
Die Aktion findet in einer Art Blase aus virtueller Gemeinschaft statt,
im funktional determinierten öffentlichen oder halböffentlichen Raum.
Spielerische Gruppenaktion,
Verweigerung der erwarteten Rolle.
Für einen flüchtigen Moment eine Differenz bilden.
Artikulation von Souveränität gegenüber dem halb-öffentlichem Raum.

Ruhe!

»Für mich ist Stille im Wesentlichen das Aufgeben jeglicher Absicht«
meinte John Cage in den 70er Jahren.
Bazon Brock hingegen sprach vom »Action Teaching«
als Parallele zum »Action Painting«.
»perform a lecture« -
empfahl Dan Graham.
Rebecca Horn
berührte mit beiden Händen gleichzeitig die Wände
- mit Hilfe von Fingerverlängerungen.

VALIE EXPORT
Führte den Mann an der Hundeleine auf allen Vieren durch die Stadt.
Und heute?
Berichtet Lili Fischer
von Hand- und Fußarbeiten an der Kunstakademie Münster
und Christine Biehler praktiziert
ein – räumen – aus – reizen.
Lehrend lernen wir.
»Wir alle spielen Theater« -

behauptete Erving Goffman 1954.

ÜBUNGEN VOR ORT

ANJA CIUPKA

Abbildung 1: Übungen vor Ort

Hören Sie mit geschlossenen Augen auf die Geräusche im Raum.

Erschnuppern Sie die Gerüche eines Raumes mit geschlossenen Augen.

Ertasten Sie einen Raum und die drin befindlichen Materialien mit geschlossenen Augen.

Abbildung 2: Übungen vor Ort

Schätzen Sie die Raummaße (Länge, Breite, Höhe) eines Raumes. Messen Sie anschließend nach.

Schätzen Sie die Raumtemperatur. Sehen Sie anschließend auf einem Thermometer nach.

Welche Materialien befinden sich im Raum? Wie ist ihre Oberflächenbeschaffenheit? Welche Farben haben Sie? Wie wirken Sie? Achten Sie auf Decken, Wände, Böden und Einrichtungsgegenstände.

Wie ist das Licht im Raum? Woher kommt das Licht? Handelt es sich um natürliches oder künstliches Licht? Gibt es Schatten?

Legen Sie sich auf den Boden und betrachten Sie den Raum aus der Froschperspektive. Steigen Sie auf eine Leiter und schauen Sie sich den Raum aus der Vogelperspektive an. Wenn Sie möchten, können Sie den Raum aus diesen Perspektiven zeichnen.

Fotografieren Sie kleine Raumausschnitte mit einer Kamera (z.B. Oberflächen, Materialien, Objektseiten...)

Wo befindet sich der Raum? In welchem Gebäude? In welchem Ort? In welchem Land? Auf welchem Kontinent?

Welche Stimmung herrscht in diesem Raum? Wie fühlen Sie sich? Was ist Ihnen angenehm? Was empfinden Sie als unangenehm?

Welche Situationen, Handlungen und Vorgänge könnten die Atmosphäre im Raum verändern? Entwickeln Sie Ideenskizzen (z.B. alle Fenster öffnen, den Raum verdunkeln, 40 weiße Neonröhren installieren, den Raum farbig streichen, den Raum mit 100 Personen füllen, ein Festessen veranstalten, eine Sitzung durchführen, eine Yogastunde abhalten...).
Nutzen Sie die Ausstattung des Raumes für Veränderungen. Bringen Sie die Gegenstände des Raumes in einem skulpturalen oder installativen Zusammenhang zum Raum. Nehmen Sie anschließend eine Kamera und fotografieren Sie die neue Anordnung.

Bringen Sie sich selbst durch einen Standortwechsel oder Ihre Körperhaltung in einen neuen Bezug zum Raum.

Erfinden Sie eigene Übungen zur Raumwahrnehmung.

LITERATUR

Biehler, C. (2004): ein – räumen – aus – reizen. Bildhauerische Maßnahmen am Ort und für den Ort. In: Joachim Kettel/Internationale Gesellschaft der bildenden Künste (igbk) Landesakademie Schloss Rotenfels (Hg.): Künstlerische Bildung nach Pisa. Neue Wege zwischen Kunst und Bildung. Oberhausen, 304-314

Fischer, L. (1996): Primäre Ideen. Hand- und Fußarbeiten aus der Kunstakademie Münster. Münster

Goffman, E. (2003): Wir alle spielen Theater. Die Selbstdarstellung im Alltag. München

Perec, Georges (1990): Träume von Räumen. Frankfurt a.M.

Lebensorte und Lernorte

Neues aus dem Mädchenzimmer

Stefanie Marr

Unter der überwiegenden Anzahl der Deutschen herrscht Konsens, dass Kinder nicht mehr geschlechtsspezifisch zu erziehen sind. Geschlechtsrollenstereotype Erziehung wird in der Regel von den heutigen jungen deutschen Müttern und Vätern abgelehnt. Ohne Frage wollen sie ihren Nachwuchs geschlechtsflexibel erziehen, ihm eine große Bandbreite an Verhaltensweisen zugestehen. Wie sich im Folgenden exemplarisch anhand zweier Phänomene der Mädchenerziehung zeigen wird, gelingt ihnen ihr Vorhaben aber nur bedingt.

Die geschlechtsspezifische Sozialisation beginnt heutzutage in der Regel mit dem Tag, an dem das Geschlecht des Kindes den Eltern mitgeteilt wird, meist also schon in der zwanzigsten Schwangerschaftswoche. Von da an wissen die Eltern, auf welches Geschlecht sie die Kleidung, das Spielzeug und die Möblierung abstimmen müssen. Eine Gewissheit über das Geschlecht des Nachwuchses zu haben, tut heutzutage Not, denn die Dinge, die den unterschiedlichen Geschlechtern zugewiesen werden, haben sich noch nie so deutlich voneinander unterschieden. Welche Rolle die Erstausstattung den beiden Geschlechtern zuweist, soll im Folgenden dargestellt werden. Vor der Geburt des Kindes wird in der Regel das Kinderzimmer hergerichtet. Wie Eltern den Raum ausstatten, wird maßgeblich von der in der Gesellschaft vorherrschenden Vorstellung bestimmt, wie ein Kinderzimmer auszusehen hat. Sucht man im Internet nach Einrichtungen für Kinderzimmer, zeigt sich, dass von den Herstellern nach Geschlechtern unterschieden wird. Es gibt Mädchen- und Jungenzimmer. Unisex-Kinderzimmer stellen eine Seltenheit dar.

Mädchenzimmer sind ein Traum in rosa, rot, weiß und fliederfarben. Hoch im Kurs stehen für sie Prinzessinnen-, Herz-, Blumen- und Schmetterlingsmotive. Die Farbgebung und die Motivwahl bestimmen die Wandgestaltung, die Möbel und die Accessoires. Mädchenzimmer sind ein Ort zum Träumen. Jungenzimmer sind hingegen in blau und grün gehalten. Für sie beliebt sind Ritter- und Piratenmotive. Auch bei ihnen durchziehen Farbgebung und Motivwahl sämtliche Gegenstände. Jungenzimmer sind Abenteuerspielplätze. Die

Art der Zimmergestaltung ist für die beiden Geschlechter eindeutig. Kinderzimmer verkünden Geschlechterdifferenz. Es gibt keine Schnittmenge.

Da Mädchenzimmer oftmals als Prinzessinnenzimmer hergerichtet werden, gilt nachzufragen, welche Rollenzuschreibungen damit einhergehen. Auf den ersten Blick meint man, dass mit der Zuschreibung den Mädchen eine hohe Wertschätzung entgegengebracht wird. Prinzessinnen sind etwas Besonderes, sind bezaubernd schön. Aufgrund ihrer Eigenschaften werden sie von allen geliebt. Prinzessinnen sind Traumfrauen, allerdings im doppelten Wortsinn. Zum einen stellen sie zwar aufgrund ihrer Vollkommenheit ein Ideal dar: Sie besitzen makellose Schönheit und tadelloses Verhalten. In ihrer Vollendung sind sie unübertrefflich, aber – und das ist entscheidend – zum anderen sind sie auch unerreichbar. Denn als Traum-Frauen sind sie bloße Kunstfiguren. Als solche dienen sie anderen als Projektionsfläche für deren eigene Fantasien. Wie sehen nun diese Fantasien aus? Und welche Rolle wird den Mädchen durch die Zuweisung nahe gelegt?

Im Märchen erfüllt die Prinzessin zwei Hauptaufgaben. Ihre eine Aufgabe besteht darin, sich vom Prinzen aus einer Notsituation erretten zu lassen. Er ist ihr Erlöser. Ohne ihn währte Dornröschens Schlaf noch heute. Ihre zweite Aufgabe besteht darin, sich von einem Prinzen von ihrem eigenen törichten Verhalten befreien zu lassen. Der Prinz ist ihr Erzieher. Nur der Zähmung des Froschkönigs hat es die Prinzessin zu verdanken, dass aus ihr noch ein mustergültiges Wesen geworden ist. Dass die Prinzen die Mädchen erretten wollen, verdanken diese ihrer jugendlichen Schönheit. Einmal errettet oder aber belehrt nehmen die Prinzessinnen ihre Helden zum Gemahl und schenken diesem viele Kinder. Die Rolle der Prinzessin ist von der traditionellen Geschlechterrollenzuschreibung bestimmt. Demzufolge können Mädchenzimmer als Orte angesehen werden, an denen völlig überalterte aber immer noch blühende Mädchenträume zum Ausdruck kommen. Ein Wille, geschlechtsflexibel erziehen zu wollen, ist an ihnen nicht abzulesen.

Dass der Lehrplan des Mädchenzimmers die »emanzipatorische Steinzeit« vermittelt (Straßmann 2007, 29), zeigt sich, wird die Einrichtung im Einzelnen ins Auge gefasst. Allgemein gilt, dass Räume mit ihren strukturellen Vorgaben, wie Möbeln und Gegenständen, den Weltzugang determinieren (Berg 1999, 61). Durch ihre Gestaltung geben sie das in ihnen mögliche und unmögliche Handeln vor. Prinzessinnenzimmer sind »Gesamtkunstwerke«. Um sie zu arrangieren, können Eltern auf ein umfangreiches Sortiment zurückgreifen: Von der Bettwäsche bis zum Bleistift, vom T-Shirt bis zum Rucksack, von der Puppe bis zur CD, von der Schürze bis zur Bürste, vom Teller bis zur Spieldose steht ihnen alles zum Kauf zur Verfügung. In ihrem Zimmer kann sich ein Mädchen folglich wie eine Prinzessin kleiden, betten und frisieren, sie kann wie diese spielen oder speisen. In ihren Bildungsräumen ist es den Mädchen möglich, alles »prinzessinnenhaft« zu erledigen. Allerdings ist der ihnen damit zugestandene

Handlungsspielraum äußerst beschränkt. Prinzessinnenzimmer sind Spielräume ohne Spielraum. Zum einen liegt das an den Gegenständen, die den Mädchen zur Verfügung gestellt werden. Die meisten der Artikel dienen entweder dazu, sich oder den Raum zu schmücken. Wie die Ausschmückung der eigenen Person oder des eigenen Raumes auszusehen hat, ist durch die Rolle der Prinzessin vorgegeben: Zum einen müssen königliche Hoheiten selbst reizend aussehen, zum anderen müssen ihre Räume stets vorzeigbar sein. Auftrag des Kindes und des Zimmers ist, im Anblick zu gefallen. Mit der Art der Ausstattung wird darüber hinaus auch das von der Rolle erwartete Verhalten diktiert. Da die Räume ihren Auftrag, im Anblick zu erfreuen, nur erfüllen, wenn alles an seinem ihm zugedachten Platz ist, sind in ihnen Handlungen unerwünscht, die das Arrangement in Unordnung versetzen könnten. Sich gesittet zu verhalten, die Ordnung nicht zu stören, ist in ihnen oberstes Gebot. So wird der Auftrag des Raumes eigentlich schon durch die Anwesenheit des Kindes gefährdet. Dessen Dasein stellt eine Bedrohung dar. Dieser kann nur begegnet werden, wenn den Mädchen von Anfang an das in ihren »eigenen« vier Wänden gewünschte Verhalten eingeschärft wird: Prinzessinnen haben sich sittsam, dem Reich angepasst zu verhalten. Das Gebot, sich dem Raum anzupassen, in ihm nicht aufzufallen, degradiert das Mädchen zum Accessoire. Als Raumschmuck herabgesetzt, beschränkt sich ihr Sein auf ihren schönen Schein. Um als Raumschmuck dienen zu können, müssen die Mädchen darüber hinaus selbst untadelig aussehen. Dass dem Ordentlichen stets auch etwas Vorschriftsmäßiges anheftet, hat weitere Konsequenzen. Der Sinn von Vorschriften ist, Dinge festzuschreiben und damit eine eindeutige Richtung vorzugeben. Durch die Vorgabe, dass Mädchen ordentlich aussehen und sich untadelig verhalten müssen, wird das Bild vom Mädchen normiert. Anders zu sein, wird der Einzelnen nicht zugestanden. So unterbindet die den Töchtern zugedachte Rolle deren Individualität. Geschlechtsflexibles Verhalten wird ihnen untersagt.

Dass zudem die einzelnen Gegenstände den Mädchen keinen Spielraum gewähren, soll im Folgenden aufgezeigt werden. Werden die den Kindern dargebotenen Gegenstände betrachtet, vermittelt sich, dass es sich bei den meisten Dingen gar nicht um Spielzeug handelt. Bettwäsche, Bürste und Stifte sind Gebrauchsgegenstände, die bei alltäglichen Aufgaben dienen. Ihr Vorhandensein im Kinderzimmer erklärt sich jedoch weniger durch ihren funktionalen Nutzen als durch ihre Bedeutung als Sammelobjekt. Sie wollen besessen werden, unabhängig davon, ob verwandte Gegenstände im Haushalt schon vorhanden sind.

Die Aufgabe, als Sammelobjekt zu dienen, zeigt sich erstaunlicherweise jedoch auch bei den Dingen, die eigentlich klassisches Spielzeug darstellen, wie zum Beispiel die Puppe »Prinzessin Lillifee«. Dass auch diese nicht zum Spielen einlädt, liegt zum einen daran, dass sich die Mädchen mit ihr nicht die sie selbst bestimmende Lebensrealität aneignen können. Die Realität der Kinder hat mit der Welt der Prinzessin Lillifee nichts gemein. Denn in deren

Welt gibt es keinen Aspekt, der den kindlichen Alltag bestimmt. Banale Verrichtungen, lästige Pflichten und alltägliche Konflikte, denen sich die Kinder täglich stellen müssen, gibt es in Prinzessin Lillifees Welt nicht. Sie hat keine Eltern, von denen sie sich etwas sagen lassen, und keine Geschwister und Freunde, mit denen sie sich auseinander setzen muss. Ihre Welt ist von Banalitäten befreit, vom gewöhnlichen Alltag abgehoben. Dass sie sich keinen alltäglichen Herausforderungen stellen muss, hat Auswirkungen auf ihr Verhaltensrepertoire. Dieses ist eingeschränkt. Da sie nichts tun muss, was ihr missfällt, besitzt sie keine »widerspenstigen« Eigenschaften. Prinzessin Lillifee ist nicht trotzig, bockig oder ungehorsam: Eigensinn ist ihr fremd. Sie ist einfach nur lieb und nett. Da sie letztlich eine Puppe ohne Eigenschaften ist, können sich die Mädchen mit ihr nicht identifizieren. So ist sie als Spielgegenstand uninteressant. Dadurch, dass die kindliche Lebenswirklichkeit mit der von Prinzessin Lillifee keine Schnittmenge hat, kann die Puppe von den Mädchen im Spiel nicht zur Aneignung ihrer Lebenswelt genutzt werden.

Dass es sich bei der Puppe eher um ein Sammelobjekt als um ein Spielzeug handelt, zeigt sich auch in ihrer Verarbeitung. Prinzessin Lillifee wird so hergestellt, dass sie die traditionellen Spieltätigkeiten mit einer Puppe unterbindet. Ihre Kleidung ist am Körper festgenäht: Sie lässt sich nicht ausziehen. Ihre Haare sind aus Wolle: Sie lassen sich nicht kämmen, mit ihnen lassen sich keine Frisuren machen. Durch diese Vorgaben hat der Hersteller eigensinnigen Umgang mit der Puppe unterbunden. Durch ihre Machart wird den Besitzerinnen signalisiert, dass Prinzessin Lillifee, so wie sie ist, richtig ist. Sie bedarf keines kindlichen Eingriffs. Da die Puppe schon durch ihre Herstellungsart die Eigenaktivität der Kinder unterbindet, was einem Spielgegenstand grundsätzlich widerspricht, kann bei ihr nicht von einem Spielzeug gesprochen werden. Auch sie ist ein reines Dekorationssammelobjekt.

Im Vorschulalter gewinnt unter den Mädchen das Spiel mit der Barbiepuppe an Bedeutung. Ihre Präsenz in deren Zimmern ist gewaltig: Statistisch gesehen besitzen neun von zehn Mädchen zwischen drei und zehn Jahren mindestens ein Exemplar (Ritzer 2009, 2), durchschnittlich besitzen sie sieben. Die Barbiepuppe bietet diesen ein neues weibliches Rollenmuster an. Mit ihr können sich die Mädchen spielerisch mit der Rolle der Frau auseinander setzen. Zu fragen gilt nun, welchen Spielraum – bezüglich ihres Frauenbildes – Barbie den Kindern anbietet.

Charakteristisch für Barbie ist ihre Erscheinung. Sie ist schlank. Sie hat überproportional lange, graziöse Beine, eine Wespentaille, einen beträchtlichen Busen, langes, seidig glänzendes, meist blondes Haar und aalglatte Haut. Ihr Gesicht schmücken Rehaugen, ein Stupsnäschen und ein stets lächelnder Mund. Ihr Lebensstil ist luxuriös: Sie hat eine eigene Wohnung bzw. ein eigenes Schloss, einen Swimmingpool, eine Kutsche und Pferde, einen Autopark, einen Privatjet und ein Kreuzfahrtschiff. Des Weiteren verfügt Barbie über eine reichhaltige Garderobe. Zu jedem Outfit hat sie die entsprechenden Accessoires. Barbie ist berufstätig. Mehr als 125 Berufe hat sie zugewiesen bekommen (Hell 2010, 1). Im Jahr 2007 hat sie offiziell ihren langjährigen Freund Ken geheiratet. Sie hat keine Kinder.

Soll der Spielraum des Frauenbildes untersucht werden, den Barbie vermittelt, hat man sich zum einen mit ihrer Erscheinung und zum anderen mit ihrer Berufstätigkeit auseinander zu setzen. Die Puppe ist schön, zumindest entspricht sie mit ihren langen Beinen, schmalen Hüften, großen Brüsten und langen hellblonden Haaren genau der Traumfrau der überwiegenden Anzahl deutscher Männer (Schlünder 2010, 1). Dass es für Frauen darum geht, Männern zu gefallen und in Folge von ihnen als Partnerin auserwählt zu werden, begreifen auch die Mädchen. Hochzeiten sind beliebte Spielhandlungen.

Im Barbiespiel wird folglich ein traditionelles Frauenbild zementiert. Allerdings befriedigt die Barbiepuppe mit ihrem Aussehen nicht nur die Männerfantasien. Vielmehr verkörpert sie das allgemein in der Gesellschaft herrschende Schönheitsideal. Barbies Körperbau ist ins Unnatürliche und Ungesunde gesteigert. Er hat mit dem der Frau, mit ihren tatsächlichen Maßen nichts gemein. Es besteht die Gefahr, dass Mädchen, die mit ihr spielen, ein unrealistisches Bild vom Frauenkörper gewinnen. Allerdings gilt zu bedenken, dass Mädchen, werden sie danach gefragt, in der Regel stets klar zwischen Realität und Spiel, das heißt eben auch zwischen realer Figur und Puppe unterscheiden können. Ihnen ist also weitgehend bewusst, dass es sich bei der Barbie bloß um eine Puppe handelt. Insofern ist »die oft geäußerte Befürchtung, das Spielen mit Barbie-Puppen führe zur Beschränkung des weiblichen Ehrgeizes auf eine ... [Wespentaille]« (Moser 2009, 1) wohl beschränkt, auf jeden Fall begrenzter als der Einfluss, den heutzutage die realen Next-Top-Modells in den Medien auf die Mädchen ausüben.

Wird Barbies berufliches Wirkungsfeld hinzugezogen, scheint sich zunächst ein modernes Frauenbild zu zeigen. Barbie ist von Anbeginn als eine berufstätige Puppe gedacht. In jedem Jahr seit ihrem Erscheinen wurden ihr verschiedene Berufe zugeschrieben. Neben typischen Frauenberufen wurden ihr auch Berufe zugeordnet, in denen Frauen in der Realität unterrepräsentiert sind, wie Astronautin oder Pilotin. In ihrer Berufswelt ist sie anscheinend erfolgreich. Ihr Verdienst erlaubt ihr einen luxuriösen Lebensstil. Es vermittelt sich der Eindruck, dass Barbie dazu geeignet ist, Mädchen auf die Berufswelt vorzubereiten, können doch mit ihr von den Kindern spielerisch berufliche Rollen erprobt und Erfahrungen gesammelt werden.

Die Hoffnung, dass Barbies Lehrplan darin besteht, Mädchen im Spiel mit der Puppe dazu zu verhelfen, sich Berufsperspektiven zu eröffnen, erfüllt sich allerdings bei genauerem Hinsehen nicht. Mehr als offensichtlich wird das bei der Barbie Nachbildung der Politikerin Angela Merkel (Abbildung siehe Angela Merkel Barbie: www.glamour.de.). Angela Merkel ist promovierte Physikerin.

Sie ist die erste Frau, die in das Amt des Bundeskanzlers der Bundesrepublik Deutschland gewählt wurde. Durch ihr Amt ist ihr Einfluss in der Weltpolitik und Weltwirtschaft beachtlich. Mehrere Jahre wurde sie vom US-Magazin Forbes zur mächtigsten Frau der Welt gewählt.

In der Barbie Nachbildung geht es augenscheinlich nicht um Angela Merkel bzw. ihre politischen Leistungen. Denn die Puppe ist weniger von der Bundeskanzlerin und ihren Taten bestimmt als von Barbies charakteristischen Eigenschaften und Zuständigkeiten. So zeichnet sich die Puppe – wie jede Barbie – zunächst einmal vor allem durch ihre äußere Erscheinung aus. Die Puppenfrau ist jung und faltenlos, groß und sehr schlank. Sie hat einen großen, harten Spitzbusen, eine Wespentaille, Rehaugen und volle hellrosa geschminkte, lächelnde Lippen. Ihre Kleidung ist körperbetont. Das heißt, die Puppe besitzt eine Erscheinung, die mit der der Bundeskanzlerin nichts gemein hat. Das Accessoire der Puppe Angela Merkel ist ein Rednerpult. Doch wie sie daran steht und schaut, vermittelt sie nicht, dass sie uns etwas Entscheidendes, etwas weltpolitisch Wichtiges mitzuteilen hätte. Ihre mit den winzigen Händen vorgenommene Geste wirkt hilflos und hat keinerlei Überzeugungskraft. Hinzu kommt, dass sie – wie sich an der rosafarbenen Flagge zeigt – am Rednerpult auf einem Barbiekongress steht. Dort trägt sie als Expertin vor. Es kann davon ausgegangen werden, dass sich die reale Angela Merkel niemals für vergleichbare Dinge interessiert hat. Mode, oder aber selbst eine modische Ikone zu sein, war für sie nie von Belang. Deutlich ist, dass die Puppe und ihre Welt mit der Bundeskanzlerin und deren Realität nichts gemein hat. So liegt die Vermutung nahe, dass Barbie zwar das passende Outfit für eine Politikerin von Weltrang besitzt, aber ihr mögliches berufliches Wirkungsfeld bedeutungslos ist. Denn Barbie verharrt stets in ihrer eigenen Welt mit den in ihr geltenden Werten. In der Gestaltung der Figur zeigt sich, dass »der Druck zur ewigen Jugend, Schlankheit und Faltenlosigkeit [nicht] nur für Models und andere Berufsschönheiten« gilt (Schwarzer 2003, 62), sondern als Barbienachbildung auf jede Frau abzielt.

Bei der Angela Merkel Nachbildung handelt es sich um ein Einzelstück. Sie ist nicht im Handel erhältlich. Im Spiel findet sie keine Verwendung. Zu fragen ist nun, ob sich die eben aufgezeigte Problematik auch bei Barbies mit alltäglichen Berufen zeigt. So gilt es zu überprüfen, ob die Funktion beispielsweise der Barbie-Kunstlehrerin über die Ankleidung hinausreicht und damit den Mädchen im Spiel zur Identifikation mit und zur Erprobung von weiblichen Berufsrollen dienen kann.

Die von Barbie verkörperte Lehrerin unterrichtet in einer Grundschule (Abbildung siehe http://www.glamour.de/.../barbie-barbie-ist-eine-emanze). Dies lässt sich zum einen an dem Alter der Schülerin und zum anderen an dem Lehrinhalt ablesen. Das Tafelbild entspricht der Vorstellung von Erwachsenen, die sie sich von einer Kinderzeichnung machen. Auf dem Bild ist klischeehaft abgebildet: ein Haus, ein Baum, eine Sonne und Schmetterlinge. Die beiden an den Wänden hängenden Bilder geben Barbiemotive wieder. Beide dort verwandten Darstellungsformen entsprechen nicht der Bildsprache eines Kindes. Sie beachten nicht die eine Kinderzeichnung auszeichnenden Phänomene. Im Hintergrund stehen weitere Bildtafeln. Auf der vorderen sind Blumen und Herzen abgebildet. Bei diesen Darstellungen handelt es sich nicht um Bilder im eigentlichen Sinne. In ihnen wurde nicht den eigenen Eindrücken Ausdruck verliehen, wie es in den Lehrplänen gewünscht wird. Die Darstellungen sind rein dekorativ. Die Lehrerin selbst zeigt alle Charakteristika, die eine Barbie Puppe auszeichnen. Wie aus dem Ei gepellt steht sie in High Heels vor ihrer Schülerin. In der Abbildungsbeschreibung wird deutlich, dass Barbies Schulalltag als Lehrerin nichts mit der Realität gemein hat. Dass zum Beispiel in einer Grundschulklasse ungefähr 25 Schüler beiderlei Geschlechts sind und dass spezifische Fachinhalte vermittelt werden, wird nicht ersichtlich. Wird auch in dieser Schulstufe oftmals fachfremd unterrichtet und damit den Ansprüchen des Faches in keiner Weise genügt, so ist der Wirklichkeitsausschnitt, der im Grundschulalltag ins Auge gefasst wird, dennoch größer als der hier gespiegelte. Denn dieser beschränkt sich allein auf den Barbie-Kosmos.

So vermittelt sich auch bei der Ausstattung eines alltäglichen Berufsbildes der Eindruck, dass die Puppe, eben egal welcher Profession sie nachgeht, einzig von ihrem eigenen Universum bestimmt wird. Die einzelnen *settings* scheinen ihr schlicht als Präsentationsräume ihrer selbst und ihrer Vermarktung zu dienen. In ihnen führt sie ihre neuen Outfits vor und präsentiert – Verkaufsräumen gleich – ihre neuen Ausstattungsartikel. Das heißt, unabhängig davon, welcher Tätigkeit sie nachgeht, ist und bleibt sie vorrangig Barbie selbst verpflichtet. Mag sie also im Jahr 2010 auch als IT-Fachfrau ausgestattet worden sein, so wäre es naiv zu glauben, dass sie dadurch die Kraft besitzt, Mädchen zu ermutigen, den Beruf der Programmiererin zu ergreifen.

So kann gesagt werden, dass mit Barbies Berufszuschreibung auf der einen Seite zwar die Rolle der Frau über das Pflegen und Versorgen von Haushalt und Kindern hinausgeht, auf der anderen Seite führt ihre Ergreifung von Berufen allerdings weniger zu einer Teilhabe an der Gesellschaft als zum Erwerb von neuen Kleidungsstücken. Barbies Funktion reicht nicht über die Ankleidung hinaus.

Unter der überwiegenden Anzahl der Deutschen herrscht Konsens, dass Kinder nicht mehr geschlechtsspezifisch zu erziehen sind. Wie sich exemplarisch anhand der Mädchenerziehung gezeigt hat, gelingt ihnen ihr Vorhaben aber nur bedingt. In den ersten Lebensjahren werden den Kindern nur begrenzt Chancen eröffnet, ein vielfältiges Rollenbild zu erwerben. So widerspricht die frühkindliche Geschlechtererziehung dem Stoff, von dem man meinen würde, dass eine moderne Erziehung aus ihm besteht, denn unklar ist, wie aus einer Märchenprinzessin später eine Frau werden soll, die in der Gesellschaft ihren Mann steht, bzw. wie aus einem Piraten, der nur sich und seinen Abenteuern verpflichtet ist, später ein Mann werden soll, der in der Familie als fürsorglicher Vater Verantwortung übernimmt.

Ein Bewusstsein davon, dass mit einer solchen Erziehung Kinder nicht zu Frauen und Männern werden, wie sie von der heutigen Gesellschaft gemeinhin gefordert und anerkannt werden, erlangen die Eltern mit dem Schuleintritt ihrer Töchter und Söhne. Nun rückt die Wettbewerbsfähigkeit des Nachwuchses in den Mittelpunkt. Um in der Leistungsgesellschaft mitspielen zu können, wird ab diesem Zeitpunkt zum Beispiel von den Mädchen nicht mehr erwartet, anpassungsfähig sondern gleichzeitig auch stark und durchsetzungsfähig zu sein, zumindest dann, wenn es in der Schule für das eigene Fortkommen darauf ankommt. Dass das ihnen bisher mit der Rolle der Prinzessin vermittelte Verhalten sozial wenig Durchschlagkraft hat, erfahren die Mädchen selbst darüber hinaus auch durch ihre männlichen Klassenkameraden. Denn dafür, dass sie reich an Tüllkleidern und anmutig sind, erhalten sie von diesen – zumindest bis zur Pubertät – keine Anerkennung. Da Mädchen allerdings durch ihre geschlechtspezifische Sozialisation schon früh gelernt haben, dass sie Jungen gefallen müssen, um von diesen erwählt zu werden, passen sie sich schnell deren Wünschen an. Mit Schuleintritt legen sie Tüll und Krone ab. Kategorisch abgelehnt wird von da an auch ihre ehemalige Lieblingsfarbe rosa.

Mit Schuleintritt geraten Mädchen demzufolge in einen, ihren ersten Rollenkonflikt. Sie erleben, dass das, was ihnen vorher Anerkennung gebracht hat, ihnen nun nur noch begrenzt oder aber gar keine Bestätigung mehr bringt. Im wirklichen Leben zählt anderes. Da die Mädchen von klein auf gelernt haben, sich den Erwartungen von außen anzupassen, werden sie sich dieser Herausforderung auch jetzt stellen. Sie werden abermals probieren, es den anderen Recht zu machen. Durch das nun von ihnen erwartete Verhalten werden sie ihr Verhaltensrepertoire erweitern. Ob sie allerdings durch die neuen Anforderungen ihre zunächst erworbenen Eigenschaften gänzlich überwinden, ist fraglich. Ihr Wunsch zu gefallen, wird sie vielmehr mit hoher Wahrscheinlichkeit auf subtile Weise lebenslang in ihrem Denken beeinflussen. So verbaut den Mädchen ihre erste geschlechtsspezifische Sozialisation viele Entwicklungsmöglichkeiten, da sie von vornherein sperrige Alternativen als für ihr Geschlecht unpassend gar nicht erst in Betracht ziehen werden (Grünewald-Huber 2010, 3). Sollen also Mädchen »entsprechend ihren persönlichen Eigenschaften und Vorlieben unterstützt und gefördert werden« (Grünewald-Huber 2010, 4), gilt es bei ihnen von Anfang an vor allem das Selbstbewusstsein zu trainieren.

LITERATUR

Berg, C. (1999): Der Lehrplan des Kinderzimmers. In: Liebau, E. (Hg.): Vergiß den Ball und spiel‹ weiter. Köln, 60-64

Grünewald-Huber, E. (2010): Alles gender oder was? In: Museum.BL (Hg.): Mann, ist das weiblich. www.baselland.ch/fileadmin/.../mann-weiblich_dokumentation.pdf, 1-6

Hell, M. (2010): Barbie macht jetzt in IT. In: Computer Reseller News, www.crn.de/panorama/artikel-80125.html

Moser, M. (2009): Barbie wird fünfzig. In: EMMA: www.emma.de/ressorts

Ritzer, U. (2009): Mit Wespentaille in die Midlife-Crisis. In: Süddeutsche Zeitung http://www.sueddeutsche.de/leben/jahre-barbie-mit-wespentaille-in-die-midlife-crisis-1.489670

Schlünder, V. (2010): Traumfrau sieht aus wie Barbie. ElitePartner, magazin.elitepartner.de/studie-traumfrau-sieht-aus-wie-barbie.html

Schwarzer, A. (2003): Nur Mutti hat die ganze Macht. In: DIE ZEIT, 45, 61-62

Straßmann, B. (2007): Woher haben sie das? In: DIE ZEIT, 27, 29-30

Der Kirchenraum als außerschulischer Lernort

Ulrich Riegel & Katharina Kindermann

Kirchen stellen quasi-öffentliche Räume dar, denn sie sind in der Regel zugängliche Gebäude, welche sich jedoch im Eigentum einer Religionsgemeinschaft befinden. Für den Religionsunterricht bieten sich Kirchen(räume) als außerschulische Lernorte an, an denen auch religiös wenig sozialisierte Schülerinnen und Schüler Zeugnissen eines gelebten Glaubens begegnen können. Vor diesem Hintergrund beantworten wir in diesem Beitrag die Frage, wie sich der Kirchenraum als außerschulischer Lernort in das religiöse Lernen im Religionsunterricht integrieren lässt. Dazu klären wir zuerst die verschiedenen Dimensionen, unter welchen man einen Kirchenraum in einer säkularen Gesellschaft wahrnehmen kann. Dann bestimmen wir die Funktion des Kirchenraums als außerschulischen Lernort, wobei wir insbesondere auf die aktuelle kirchenraumpädagogische Diskussion eingehen. Diese Überlegungen überführen wir schließlich in ein generisches Modell eines Kirchenraumbesuchs im Rahmen des Religionsunterrichts.

Der Kirchenraum in der öffentlichen Wahrnehmung

Unter einer Kirche verstehen wir in diesem Beitrag ein Gebäude, welches von einer der großen christlichen Religionsgemeinschaften in Deutschland als Gebets- und Gottesdienstraum verwendet wird. Der Kirchenraum bezeichnet den von diesem Gebäude umfangenen Raum inklusive seiner baulichen Hülle, insofern die gestalteten Wände und evtl. Säulen eines Kirchengebäudes wesentlich zum Raumeindruck beitragen.

In der modernen Gesellschaft erfüllen Kirchenräume verschiedene Funktionen (vgl. Neumann 2003). Traditionellerweise dienen sie christlichen Gemeinden als Ort kultischer Handlungen, sind somit durch eine *rituelle Dimension* gekennzeichnet (vgl. Gerhards 2006; Schwebel 2005). Kirchenräume sind in erster Linie Orte, an denen die christliche Gemeinde »die Begegnung miteinander und mit Gott« feiert (DBK 1988, 9), wie sie sich in den verschiedenen

Gottesdienstformen ausdrückt. Entsprechend folgt ihre Inneneinrichtung (z.B. Altar, Tabernakel, Ambo, Taufbecken etc.) liturgischen Zweckmäßigkeiten, und Kirchenräume tragen die Spuren ihrer gottesdienstlichen Nutzung in sich. Neben der rituellen Dimension eignet Kirchenräumen auch eine *spirituelle Dimension,* denn sie sind voller Symbole für die christliche Verheißung (vgl. Degen 1997; Soeffner 2001). Zum einen drücken sich in ihrer Architektur christliche Grundüberzeugungen (z.B. Grundrisse in Kreuzform; Ausrichtung nach Jerusalem etc.) ebenso aus wie epochaltypische Glaubenshaltungen (z.B. theologische Bedeutung diverser Baustile; Hochaltar vs. Volksaltar). Zum anderen bieten Kirchen auch Raum für die individuelle Begegnung mit Gott und eine individuelle Frömmigkeitspraxis (z.B. Kerzenständer, Anliegenbuch etc.). Kirchenräume tragen also auch die Spuren ihrer spirituellen Bedeutung in sich, indem sie »Schlüsselerfahrungen des Glaubens [...] in raumhafter Weise aufbewahren« (Raschzok 2000, 147). Eine dritte Dimension kann *auratisch* genannt werden (vgl. Böhme 2005; Liebau 1998). Kirchenräume unterscheiden sich von anderen öffentlichen Räumen durch ihre Atmosphäre; Raumhöhe und Raumbreite, die Licht- und Klangverhältnisse in ihnen führen zu einer besonderen Stimmung des Raumes. Diese Stimmung ergreift viele Menschen, wenn Kirchen z.B. unabhängig von ihrer christlichen Bedeutungszuschreibung aufgesucht werden, um eine Pause vom Alltag zu machen und Ruhe zu finden. In diesen Situationen wirkt ausschließlich die Aura des Kirchenraumes, ohne dass diese notwendig in einen christlichen Bedeutungszusammenhang verwoben sein muss. Kirchenräume tragen schließlich auch eine *kulturelle* Dimension (vgl. Bühren 2008; Clausen 2010). Ihre Architektur, ihr Bildprogramm und ihre Kunstwerke symbolisieren nicht nur die jeweils zeitgenössische Interpretation des christlichen Glaubens, sondern stellen für sich selbst Kunstwerke dar, die zum kulturellen Erbe moderner Gesellschaften des Westens gehören und u.U. in touristischen Führungen erschlossen werden. Ferner bieten Kirchen einen Raum zur Aufführung von Konzerten oder zur Ausstellung von Kunstwerken und wirken so in das lokale kulturelle Leben vor Ort hinein.

Bedenkt man den Rückgang der Gottesdienstbesucher (Lüchau 2007) und die distanzierte Haltung der meisten Jugend-Milieus gegenüber der Kirche (MDG 2005), ist zu erwarten, dass die rituelle und spirituelle Funktion von Kirchengebäuden von vergleichsweise wenigen jungen Menschen erlebt wird. Tatsächlich deuten die wenigen empirischen Erkenntnisse zu dieser Thematik darauf hin, dass Kinder und Jugendliche mehrheitlich zwar wissen, dass und wo es eine Kirche in ihrem Ort oder Stadtteil gibt, sie den Kirchenraum selbst aber noch nicht besucht haben oder mit seiner liturgischen und spirituellen Bedeutung vertraut sind (Harz 2005, 126-127; Grünewald 1998, 44-46; Steinhäuser 2002, 9-10). Der Raum selbst wird von kühl und muffelig bis heimelig und ruhig erlebt (Steinhäuser 2002, 11-14).

Der Kirchenraum als ausserschulischer bzw. sekundärer Lernort

Für den schulischen Religionsunterricht bildet der Kirchenraum einen wichtigen Bezugspunkt. So ist in der Grundschule das Leben in der Pfarrgemeinde ein verpflichtender Inhalt dieses Unterrichts, und ein Besuch der Kirche vor Ort wird in vielen Lehrplänen explizit angeregt (z.B. NRW 2.4 und 3.4; Bayern 3.5.1) bzw. als fakultative didaktische Option erwähnt (z.B. Bayern: 1.2.3; 2.3.2; 2.5.2; 3.5.2; 4.7.2). Aus der Perspektive des Religionsunterrichts stellt der Kirchenraum einen außerschulischen Lernort dar.

Lernen innerhalb und außerhalb der Schulmauern suchte man bereits im Gefolge der Reformpädagogik verstärkt miteinander zu verschränken. Gezielt wurden die Natur oder Arbeitsstätten usw. aufgesucht, um schulische Inhalte durch authentische Erfahrungen vor Ort zu ergänzen. In den 1970ern wurde die sozialwissenschaftliche Diskussion um die verschiedenen Orte, an denen gelernt wird, durch den so genannten Faure-Report der UNESCO (Faure 1972) erneut angestoßen. In seinem klassischen Modell unterscheidet Mitchel (1974) neben der Schule zwischen den grundlegenden Lernorten »Soziales Leben«, »Beruf« und »Öffentliche Quellen und Medien«. Andere Systematiken nennen die Familie, den Nebenjob und Cliquen bzw. Peers (z.B. Tully & Weber 2006), z.T. ergänzt um Einrichtungen und Angebote der Kinder- und Jugendhilfe und kommerzielle Freizeitangebote, als außerschulische Lernorte (Rauschenbach 2006). Allen diesen Lernorten ist gemeinsam, dass sie außerhalb eines schulischen Rahmens angesiedelt sind und in der Regel mit informellen Lernprozessen identifiziert werden, d.h. einer Form des Lernens, welches in Bezug auf Lernziele, Lernzeit oder Lernförderung wenig strukturiert ist und üblicherweise nicht zu einer Zertifizierung des Gelernten führt (vgl. Dohmen 2001; Overwien 2005).

Die analoge Debatte in der Schulpädagogik unterscheidet zwischen primären und sekundären Lernorten, wobei unter primären Lernorten die Institutionen verstanden werden, deren vorzüglicher Zweck die Bildung ist, während sekundäre Lernorte nicht primär pädagogischen Zwecken dienen (Münch 1998; vgl. Keck & Feige 2005). Stehen sekundäre Lernorte für Münch konstitutiv in einer Beziehung zu schulischem Lernen (und stellen damit eine Spielart formellen Lernens dar), verwenden andere Schulpädagogen diesen Begriff auch eigenständig, um mit ihm außerschulische Orte informellen Lernens zu bezeichnen (z.B. Salzmann 2007, 435). Aus der Perspektive des Religionsunterrichts erweist sich der Kirchenraum jedoch als sekundärer Lernort im Sinne Münchs, d.h. als ein außerschulisches Bildungsangebot, das durch einen Unterrichtsgang in formellen Prozessen erschlossen und in enger Beziehung zu den im Klassenzimmer initiierten formellen Lernprozessen im Religionsunterricht steht. Freilich finden bei diesem Unterrichtsgang – wie auch beim Unterricht im Klassenzimmer – auch informelle Lernprozesse statt, welche mehr oder weniger in das Lernergebnis einfließen.

Der Besuch des Kirchenraums kann methodisch-didaktisch an die Kirchenraumpädagogik anschließen (vgl. Dressler 2003). Ursprünglich in beiden Teilen Deutschlands in den 1960er Jahren entstanden, um die Defizite religiöser Sozialisation bei einem Kirchenbesuch aus touristischen bzw. kulturellen Motiven zu kompensieren, geht es der Kirchenraumpädagogik heute darum, eine Kirche als Raum und Zeugnis gelebten Glaubens erfahrbar zu machen (vgl. Degen 1998; Radeke 1994). Entsprechend verfolgen kirchenraumpädagogische Angebote mindestens eines der folgenden drei Ziele (Rupp 2006, 18): »Alphabetisierung«, d.h. die kulturelle Gestalt des Christentums zu erschließen; »Er-Innerung«, d.h. eigene Erfahrungen mit gelebtem Glauben ins Bewusstsein zu rufen, und »Beheimatung«, d.h. mit dem liturgischen Raum vertraut zu machen.

Aktuelle kirchenraumpädagogische Angebote gründen in der Verfolgung dieser Ziele im Wesentlichen auf vier pädagogischen Prinzipien (vgl. Rösener 2003; Rupp 2006, 229-235):

- *Verlangsamung*: Besucher sollen aus der Hektik des Alltags in die Ruhe und Besinnlichkeit des Kirchenraumes durch bewusst gesetzte Phasen der Entschleunigung und des Innehaltens eintauchen können.
- *Versinnlichung* bzw. *Ganzheitlichkeit*: Besucher sollen den Kirchenraum mit allen Sinnen erleben können.
- *Aneignung*: Statt Inhalte möglichst interessant zu vermitteln sollen Besucher dazu angeregt werden, selbst wahrzunehmen und zu eigenen Deutungen zu gelangen.
- *Bewegung*: Die Besucher sollen die in den Kirchenraum eingeschriebene Theologie erfahren, indem sie den Raum in theologisch schlüssiger Richtung durchlaufen.

Innerhalb dieses Spektrums an Zielen und pädagogischen Prinzipien lassen sich gegenwärtig fünf Typen kirchenraumpädagogischer Angebote identifizieren (vgl. Degen 1998, 11-17; Rupp 2006, 17-18). Beim so genannten »Baukunde-Typ« geht es um die Vermittlung kulturell und architektonischer Elementarkenntnisse zum jeweiligen Kirchenraum. Beim »katechetischen Typ« wird der Kirchenraum in seinen liturgischen Funktionen erschlossen und als Zeugnis gelebten Glaubens gedeutet. Im »handlungsorientierten Typ« werden kulturelle und liturgische Kenntnisse zum Kirchenraum in individuellen oder kollektiven Erlebnissen erarbeitet. Beim »symboldidaktischen Typ« werden kulturelle und architektonische Zeichen und Zahlenverhältnisse in ihrer theologischen Bedeutung erschlossen. Der »spirituelle Typ« schließlich setzt bei der besonderen Atmosphäre des Kirchenraums an und ermutigt dazu, sich mit der eigenen Lebenssituation auseinander zu setzen.

Diese Prinzipien bzw. Typen fließen im Folgenden in ein generisches Modell für eine Kirchenraumerkundung ein.

Ein generisches Modell für eine Kirchenraumerkundung

Wir entwickeln auf der Grundlage der bisherigen Überlegungen ein generisches Modell für eine Kirchenraumerkundung, das den Besuch eines Kirchenraums prototypisch in eine Unterrichtssequenz des Religionsunterrichts einbindet. Wir gehen dabei davon aus, dass viele Schülerinnen und Schüler der Lerngruppe rudimentär religiös sozialisiert sind, d.h. bisher keine bis wenige eigene Erfahrungen mit dem Kirchenraum vor Ort gemacht haben. Der Besuch der lokalen Kirche vor Ort ist in diesem Szenario für die meisten Schülerinnen und Schüler faktisch eine Erstbegegnung, denn etwaige Kirchenraumerfahrungen im Zusammenhang mit der Erstkommunion bzw. Firmung bzw. Konfirmation oder einer Hochzeit oder dem Schuleingangsgottesdienst sind isolierte Erlebnisse mit diesem Raum, die normalerweise keinen nachhaltigen Eindruck hinterlassen. Insofern die aktuelle Kirchenraumpädagogik ähnliche Voraussetzungen ebenfalls berücksichtigt, kann ihr programmatischer Ansatz bruchlos in unser generisches Modell einer Kirchenraumerkundung aufgenommen werden. Diese Erkundung wird somit auf entdeckendes Lernen setzen, das die Schülerinnen und Schüler dazu ermutigt, den Raum ganzheitlich und entschleunigt zu erleben. Es grenzt sich somit gegenüber dem o.g. »Baukunde-Typ« ab, welcher vor allem kulturelle Tatsachen vermitteln will; eher gleicht es dem »handlungsorientierten Typ«, mit Anleihen beim »symboldidaktischen« und beim »spirituellen Typ« (s.o.).

In diesem Zuschnitt passt unser generisches Modell zu den Lehrplänen für den evangelischen und den katholischen Religionsunterricht, welche vor allem die liturgische und spirituelle Dimension des Kirchenraumes betonen, in denen aber auch dessen auratische Dimension eine Rolle spielt. Schließlich binden wir die Kirchenerkundung in eine Unterrichtssequenz ein. Diese Einbettung ist eine Konsequenz aus Untersuchungen zum außerschulischen Lernen im Museum, gemäß derer der Lernerfolg dann am größten ist, wenn der Besuch Bestandteil einer Unterrichtssequenz ist und im Klassenzimmer vor- und nachbereitet wurde (z.B. Anderson u.a. 2000). Deshalb besteht unser generisches Modell aus sieben Unterrichtseinheiten, welche sich zu einer Sequenz zum Thema ›Kirche – Gemeinschaft und Raum‹ ergänzen. Diese Zeitspanne erlaubt es im Sinn einer entschleunigten Erkundung, die Kirche zwei Mal zu besuchen. Beim ersten Besuch können sich die Schülerinnen und Schüler einen eigenen Zugang zum Kirchenraum eröffnen, wodurch vor allem die auratische Dimension dieses Raums erkundet wird. Der zweite Besuch widmet sich dann stärker den liturgischen und spirituellen Funktionen dieses

Raumes für die christlichen Gemeinden. Damit ergibt sich das folgende Modell (vgl. Abbildung 1).

Abbildung 1: Ein generisches Modell zur Kirchenraumerkundung

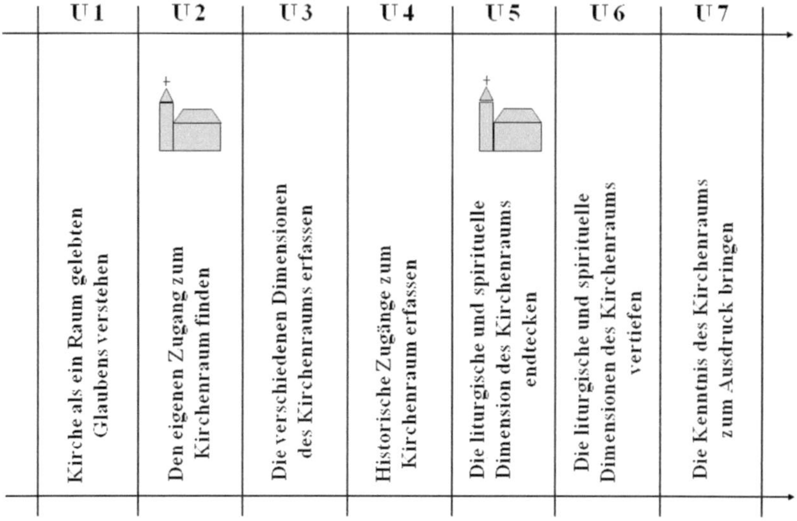

Der Beginn der generischen Unterrichtssequenz findet im Klassenzimmer statt. Der Schwerpunkt der ersten Unterrichtseinheit (U1) liegt auf der sozialen Bedeutung des Begriffs Kirche, um die Lerngruppe auf den Besuch einzustimmen. Die Schülerinnen und Schüler erfahren, dass eine Kirchengemeinde eine Gemeinschaft von Menschen ist, die an Gott glauben und sich u.a. in der Kirche treffen, um diesen Glauben zu feiern. In der folgenden Einheit wird die Kirche dann zum ersten Mal aufgesucht, wobei der Schwerpunkt auf der auratischen Dimension liegt. Der Kirchenraum wird dabei weitgehend ungelenkt von den Schülerinnen und Schülern selbstständig erkundet (U2). Die Schülerinnen und Schüler erarbeiten die Besonderheiten des Gebäudes (Lage, Größe etc.), werden mit Wahrnehmungsübungen an die Atmosphäre des Raumes herangeführt und können die Plätze und Ausstattungsstücke im Raum aufsuchen, die sie besonders ansprechen. Die Lernenden haben also die Gelegenheit, den Kirchenraum als Ganzes zu erkunden und auf sich wirken zu lassen. Die Eindrücke dieses Kirchenbesuches werden in der folgenden Einheit, welche wieder im Klassenzimmer stattfindet, rekapituliert und verschiedenen Raumdimensionen zugeordnet (U3). Der Schwerpunkt der folgenden Einheit liegt auf der liturgischen Funktion des Kirchenraumes (U4). Die Kinder lernen in einem historischen Rückblick die verschiedenen Bauformen von Kirchen kennen und erkennen dabei, dass sich die für die Liturgie wichtigen Prinzipalstücke des Kirchenraumes in allen Bauformen wieder finden. Mit diesem Wissen begeben sich die Schülerinnen und Schüler erneut in die Kirche (U5). Der Fokus dieses zweiten, stärker gelenkten Kirchenbesuches liegt auf den Prinzipalstücken des Kirchenraumes (Orgel, Taufbecken, Ewiges Licht, Kerzen, Ambo, Altar), welche in einer arbeitsteiligen Gruppenarbeit unter Einbezug performativer Elemente (gemeinsames Singen, Fühlen der Beschaffenheit eines Prinzipalstücks usw.) erarbeitet werden. Die sechste Unterrichtseinheit (U6) – wieder im Klassenzimmer – rekapituliert die Erlebnisse im Kirchenraum und sichert die Arbeitsergebnisse. Den Abschluss der Unterrichtssequenz bildet ein künstlerisches Element, in dem die Schülerinnen und Schüler ihre Traumkirche entwerfen und diesen Entwurf kommentieren (U7). Mit dieser ästhetischen Vertiefung wird nochmals die auratische – und u.U. spirituelle – Dimension des Kirchenraumbesuchs betont.

Wir haben eine Unterrichtssequenz im Sinne dieses Modells in einer dritten Jahrgangsstufe durchgeführt, wobei für jede Unterrichtseinheit eine Doppelstunde zur Verfügung stand. Gelungen scheint uns insbesondere der zweifache Besuch des Kirchenraums, der die subjektive Aneignung des Raumes von der liturgischen und spirituellen Erschließung entkoppelt hat. Diese behutsame Annäherung an den Raum hat mit Sicherheit einen entscheidenden Beitrag dazu geleistet, dass der Kirchenbesuch von den meisten Kindern als durchweg positiv bewertet wurde. Methodisch stützt sich diese Erkenntnis auf die Auswertung eines Nachdenkbuches, in welches die Kinder ihre Eindrücke beider Kirchenbesuche festhalten und reflektieren konnten. Auf diese Weise standen die Erfahrungen mit dem Kirchenraum bei der Nachbesprechung in der nächsten Unterrichtseinheit noch zur Verfügung.

Sicher handelt es sich bei diesem Unterrichtsversuch um einen Einzelfall, der nicht zur Validierung unseres generischen Modells einer Kirchenerkundung taugt. Durch seine enge Anbindung an die aktuelle Debatte um die Kirchenraumpädagogik sind wir aber zuversichtlich, dass er sich für die Praxis eignet – nicht nur für die Praxis der Grundschule, sondern bei entsprechender Operationalisierung auch für die praktische Umsetzung an weiterführenden Schulen.

Literatur

Anderson, D. u.a. (2000): Development of knowledge about electricity and magnetism during a visit to a science museum and related post-visit activities. In: Science Education 84, 658-679

Böhme, G. (2005): Atmosphäre. Essays zur neuen Ästhetik, Frankfurt a.M.

Bühren, R. v. (2008): Kunst und Kirche im 20. Jahrhundert. Die Rezeption des Zweiten Vatikanischen Konzils. Paderborn

Claussen, J. (2010): Gottes Häuser oder die Kunst, Kirchen zu bauen und zu verstehen. Vom frühen Christentum bis heute. München

Collmar, N. (2008): Kinder erfahren Kirchen und ihre Einrichtungen. Kirchenpädagogik als Schnittmenge von Stadt- und Welterkundung und Religionspädagogik. In: Sache, Wort, Zahl 36, 42-47

DBK – Deutsche Bischofskonferenz (1988): Leitlinien für den Bau und die Ausgestaltung gottesdienstlicher Räume. Bonn

Degen, R. (1998): »Echt stark hier!« – Kirchenräume erschließen. Aufgaben – Typen – Kriterien. In: Degen, R. & Hansen, I. (Hg.): Lernort Kirchenraum. Münster, 5-19

Degen, R. (1997): Kirchenräume als Gedächtnis der Christenheit. In: Biehl, P. u.a. (Hg.): Jahrbuch der Religionspädagogik. Band 13. Neukirchen-Vluyn, 145-161

Dohmen, G. (2001): Das informelle Lernen. Die internationale Erschließung einer bisher vernachlässigten Grundform menschlichen Lernens für das lebenslange Lernen aller. Bonn

Dressler, B. (2003): Die Schule entdeckt die Kirche als Ort von Religion. Was kann der Religionsunterricht von der Kirchenraumpädagogik lernen? In: Klie, T. (Hg.): Der Religion Raum geben. Kirchenpädagogik und religiöses Lernen. Münster, 77-92

Gerhards, A. (2006), Sinn und Sinnlichkeit sakraler Räume. Kirchenraumpädagogik ist im Kommen. In: Herder Korrespondenz 60, 149-153

Grünewald, E. (1998): »Heilige Orte« in multikultureller Großstadt. In: Degen, R. & Hansen, I. (Hg.): Lernort Kirchenraum. Erfahrungen – Einsichten – Anregungen. Münster, 43-56

Harz, F. (2005): Kindergartenkinder besuchen ihre Kirche. In: Bucher, A., Büttner, G., Freudenberger-Lötz, P. & Schreiner, M. (Hg.): »Kirchen sind ziemlich christlich«. Erlebnisse und Deutungen von Kindern (JKT 4). Stuttgart, 126-131

Keck, R. & Feige, B. (2005): Lernorte. In: Einsiedler, W. u.a. (Hg.): Handbuch Grundschulpädagogik und Grundschuldidaktik, Bad Heilbrunn

Liebau, E. (1998): Der fremde Raum. In: Degen, R. & Hansen, I. (Hg.): Lernort Kirchenraum. Erfahrungen – Einsichten – Anregungen. Münster, 237-244

Lüchau, P. (2007): By Faith Alone? Church Attendance and Christian Faith in three European Countries. In: Journal of Contemporary Religion, 22/1, 35-48

MDG – Medien-Dienstleistung GmbH (2005) (Hg.): Milieuhandbuch »Religiöse und kirchliche Orientierungen in den Sinus-Milieus® 2005«, München
Mitchell, P.D. (1974), Verschiedene Lernorte im Zusammenhang der Éducation Permanente. In: Unterrichtswissenschaft, 43-51
Münch, J. (1998): Lernorte und Lernortkombinationen – begriffliche und theoretische Vorklärungen. In: Münch, J. (Hg.): Lernorte und Lernort-Kombinationen im internationalen Vergleich. Innovationen, Modelle und Realisationen in der Europäischen Gemeinschaft. Luxemburg, 23-3
Neumann, B. (2003): Kirchenräume und ihre Bedeutung in unserer Gesellschaft. In: Neumann, B. & Rösener, A. (Hg.): Kirchenpädagogik. Kirchen öffnen, entdecken und verstehen. Ein Arbeitsbuch. Gütersloh, 11-18
Overwien, B. (2005): Stichwort: Informelle Lernen. In: ZfE H, 3, 339-355
Radeke, C. (1994): Umgang mit und in Kirchen. In: Die Christenlehre 6, 238-248
Raschzok, K. (2000): Spuren im Kirchenraum. In: Pastoraltheologie 89, 142-157
Rauschenbach, T. (2006): Non-formale und informelle Bildung im Kindes- und Jugendalter. Konzeptionelle Grundlagen für einen nationalen Bildungsbericht. Bonn
Rösener, A. (2003): Didaktische und methodische Leitlinien kirchenpädagogischen Arbeitens. In: Neumann, B. & Rösener, A. (Hg.): Kirchenpädagogik. Gütersloh, 60-71
Rupp, H. (2006): Handbuch der Kirchenpädagogik. Stuttgart
Salzmann, C. (2007): Lehren und Lernen in außerschulischen Lernorten. In: Kahlert, J. u.a. (Hg.): Handbuch Didaktik des Sachunterrichts. Bad Heilbrunn, 433-438
Schwebel, H. (2005): Kirchenbau, heiliger Raum und architektonische Gestalt. In: Kunst und Kirche 3, 148-154
Soeffner, H.-G. (2003): Kirchliche Gebäude – Orte der christlichen Religion in der pluralistischen Kultur. In: Klie, T. (Hg.): Der Religion Raum geben. Kirchenpädagogik und religiöses Lernen. Münster, 44-50
Steinhäuser, M. (2002): »Zu Weihnachten ist es die perfekte Umgebung.« Das Kirchengebäude als Wahrnehmungszone 10 bis 16-Jähriger. In: Christenlehre 1, 7-18
Tully, C. & Wahler, P. (2006): Neue Lernwelten Jugendlicher. Ergebnislinien einer empirischen Untersuchung. In: Tully, C. (Hg.): Lernen in flexibilisierten Welten. Wie sich das Lernen der Jugend verändert. Weinheim, 59-76

Körper in Bildungsräumen

Positionierung, Anpassung, Neukonstituierung

Norbert Grube & Veronika Magyar-Haas

Der vorliegende Beitrag stützt sich auf zwei unterschiedliche Projekte. Die primär quantitativ ausgerichtete Studie an der Pädagogischen Hochschule Zürich analysierte einen im Herbst 2008 erhobenen Bestand von annähernd 1000 Bildern aus Deutschschweizer Tageszeitungen unter der Fragestellung, wie Schule und Unterricht auf Fotos visualisiert werden. Das qualitative Forschungsprojekt im Bereich der Jugendarbeit geht den Aushandlungen von Grenzen bzw. daran anschließend Verhältnissen von sozialem Maskenspiel und Beschämung anhand der Analyse von Videomaterial nach. Trotz methodischer, methodologischer und theoretischer Unterschiede wird sich im Folgenden auf die Aspekte konzentriert, die sich in beiden Projekten zugleich als zentral erwiesen und zu ähnlichen Überlegungen geführt haben. Die Datenmaterialien ließen sich auch als Kontrastierungen verstehen, mit der Zielsetzung, den Konstitutionsmerkmalen arrangierter Sitzanordnungen – als Produkte und Produzenten des Sozialen – näher zu kommen. Ausgelotet werden Verhältnisse von Raum bzw. räumlich-materiellen Arrangements und Körper, wobei der Fokus auf den Umgang mit Sitzanordnungen in Bildungskontexten gelegt wird.

Im Folgenden interessiert primär die Frage, welchen Beitrag der Raum bzw. die Konstellationen im Raum im Hinblick auf die *Formationen des Sozialen* leisten. Dabei geht es weniger um die »pedagogical and ideological dimension« (Hutchison 2004, 7), der eine besondere Relevanz im Hinblick auf die räumliche Gestaltung der »educational places« zukommt. Da in diesem Beitrag Raum in seiner sozialen Konstituiertheit und relationalen Konzipiertheit verstanden wird, für welche Merkmale Martina Löw (2001, 158-159) Raum vorrangig als »Beziehungsraum« auffasst, interessiert die schon von Georg Simmel 1903 aufgeworfene Frage danach, wie das Soziale Räume konstruiert und formiert, bzw. wie in Bildungskontexten Räume sozial strukturiert werden. Dies wiederum schließt das Argument von Markus Schroer (2008, 135-137), die Materialität des Raumes im Rahmen soziologischer Analysen systematisch einzubeziehen, da von dieser »ganz bestimmte soziale Wirkungen aus[gehen]« (Schroer 2006,

177), nicht aus. Nur erscheint das insbesondere bei machttheoretischen Analysen etwa teilweise bei Foucault und Giddens angewendete Konstrukt des »Behälterraumes«, das Schroer (2008, 136) der relationalen Raumkonzeption von Löw analytisch entgegensetzt, insofern als problematisch, als die Konzeptionalisierungen »Behälter« und »Container« mit einer Vorstellung von Raum als physische Gegebenheit, als Stabilität und Passivität und nicht mit Praktiken, Bewegung und zeitlicher Gebundenheit einhergehen. Darauf machen auch Stephan Günzel (2006, 40-41) und Helmuth Berking (2010, 390-393) aufmerksam, der auch auf machtpolitische Effekte der bislang unaufgeklärten Differenzierung zwischen Raum und Ort, space and place explizit hinweist. In Anlehnung an die Kulturgeografin Doreen Massey, die Ort als »meeting places« ansieht, argumentiert Berking, Ort sei »wie der Körper immer im Hier. Raum und Zeit ereignen sich im Ort, der Ort ist Treffpunkt« (ebd. 392). Mit Edward Casey definiert Berking Ort als einen »ZeitRaum, ein Ereignis, das Platz auch für das Unerwartete und Überraschende lässt« (ebd. 393).

An dieses Verständnis anschließend wird das Wechselspiel von Raum und sozialen Strukturen bzw. Hierarchien in pädagogischen Kontexten vergleichend anhand von Foto- und Videoanalysen (Pilarczyk & Mietzner 2005; Knoblauch u.a. 2009) beleuchtet. Dabei wird davon ausgegangen, dass Videos und Fotos Räume nicht nur abbilden, sondern sie konstruieren diese durch Schnitte, Perspektiven und Techniken sowie durch die Visibilisierung spezieller Sequenzen – sodass hier von Räumen unterschiedlicher Ordnungen gesprochen werden könnte. Ähnlich trägt ein sehr schematisiertes, standardisiertes Klassengruppenfoto ebenfalls zur Konstruktion der Schulklasse bei (Burke & Ribeiro de Castro 2007, 214). Im Folgenden wird einerseits aufgezeigt, inwiefern bestimmte (Lern-)Verhältnisse durch die Formierung der Körper in pädagogisch-materiellen Arrangements vorstrukturiert werden. Andererseits werden divergente, widerständige Umgangsweisen mit Kreisformationen rekonstruiert. Dabei wird aufgezeigt, wie und mit welchen Machtverhältnissen die Körperpositionierung auf der körperlich-leiblichen Ebene in Auseinandersetzung mit der materiellen Welt ausgehandelt, inszeniert, anerkannt und legitimiert wird. Die pädagogisch propagierte Kreisform hebt zwar die herausgehobene – wie Michel Foucault (2004b, 102) formuliert – »panoptische« alleinige Beobachtungsposition der Lehrperson auf, etwa im Rahmen vom Frontalunterricht mit hintereinander angeordneten Körpern und nach vorne, meist Richtung Tafel gerichteten Blicken (vgl. Abb.1), etabliert jedoch potentiell zugleich subtile Beobachtungstechniken des wechselseitig kontrollierenden »Zentroramas«.

Abbildung 1: Frontalunterricht, 1898

ONE OF THE SCHOOL-ROOMS.

Zwar war auch das Panoptikum von Jeremy Bentham als Kreis angeordnet, jedoch standen die in kleinen Zellen abgeschlossenen Insassen ausschließlich unter der Kontrolle des vermeintlich alles erblickenden Wärters im zentral positionierten hohen Turm (Ruffing 2008, 63). »Zentrorama« meint dagegen in Anlehnung an Gunnar Schmidt (2003) einen »geschauten Mittelpunkt«, in dem das Subjekt »erblindet und [...] sich zum Objekt einer Blickvielheit gemacht [weiß]« (Schmidt 2003), also zum potentiellen Beobachtungsobjekt aller wird. Während dieser Mittelpunkt im Kontext der Medienästhetik geometrisch verstanden wird, ließe sich dieser ebenso im übertragenen Sinn, »als ein gelenkter (Aufmerksamkeits-)Fokus auf bestimmte Kreisteilnehmer/innen« (vgl. Magyar-Haas & Kuhn 2011, 28) verstehen. »The most political decision you make is where you direct people's eyes«, formulierte Filmregisseur Wim Wenders: »[...] And the most indoctrinating thing you can do to a human being is to show her, every day, that there can be no change.« (Zit.n. Burke & Ribeiro de Castro 2007, 215)[1]

Fixierung und Überwachung der Körper im Klassenraum?

Der Klassenraum im Schulunterricht ist besonders seit dem 19. Jahrhundert aufgrund des Übergangs zur industriellen Massen- und Serienproduktion durch zunehmend schematisierte und standardisierte Einrichtungen geprägt. Schulbänke richten die zum unbeweglichen Stillsitzen verordneten Körper der

Schülerinnen und Schüler fixierend und gleichförmig neben- und hintereinander aus. Zugleich ordnen und locken sie deren Blick – zumeist nach vorn zur Stirnwand, zur dort mit gesondertem Pult stehenden Lehrperson (Abb.1, Caruso 2010, 40). Der eingeschränkten Bewegungsfreiheit der Schüler stehen legitime bzw. durch die Position(iertheit) und zugewiesene Autorität legitimierte Bewegungsoptionen der Lehrperson gegenüber. Sie kann dabei nicht nur die Frontposition am Pult einnehmen, sondern gleichsam panoptisch den gesamten Klassenraum zur Beobachtung der Schüler nutzen, also sich auch in die hintere Ecke stellen oder nur imaginär auf dem Foto anwesend sein, etwa auf den Aufnahmen des Fotografen Hans Baumgartner (1911-1996) vom Primarschulunterricht im Kanton Thurgau der 1930er Jahre (www.baumgartner-feiern.ch/stiftung-schulmuseum-muehlebach-amriswil/). Dennoch werden die potentiell jederzeit mit Lehrerblicken taxierbaren, angeschauten Schülerinnen und Schüler nur scheinbar von unsichtbarer Hand angeleitet. Auf dem Foto der Hildesheimer Schulklasse von 1907 (Abb.2) bietet die Rund-Um-Wandtafel gleichsam panoptische Anleitung. Konstruiert wird weiter durch die Anordnung der Anwesenden auf dem Foto ein Innen und ein Außen: durch ihre Selbstbezüglichkeit und in ihrer Konzentration auf die Tafel können die sich von den Kindern in den Bänken abgewandten Schreibenden kaum einen sozialen Raum miteinander konstruieren – vielmehr vermögen sie den durch den Fotografen hergestellten Raum sogar zu spalten. Die vorne sitzende Lehrerin jedoch stellt ebenfalls einen eigenen Raum mit der Klasse her – durch die stetige Möglichkeit der Beobachtung und Kontaktaufnahme durch das Angeblickt-Werden-Können.

Abbildung 2: Hildesheimer Schulklasse, 1907

Unterrichtszimmer.

Diese Vorstellungen einer Allmacht räumlicher Überwachung durch den Lehrer haben jedoch Grenzen. Denn gerade bei einer großen Anzahl an Schülerinnen und Schülern gab es in den winkeligen Ecken der Tischbänke im Klassenraum zugleich Optionen der »Praktiken im Raum« (de Certeau 1988, 179), des Versteckens, des Verbergens und des spielerischen Entziehens vor dem panoptischen Blick der Lehrerin bzw. des Lehrers. So kann gerade das Materielle, können die Körper und Blicke der Schüler ordnenden Bänke zugleich einen gewissen Schutz vor den Blicken der Lehrperson und dadurch Spielräume ermöglichen.

»Siegeszug« des Kreises?

Diese scheinbare, hergestellte Gleichförmigkeit der Körperfixierungen im Klassenraum wird vor allem infolge von Innovationsschüben der radical education seit der Jahrhundertwende um 1900 durch ein neues Setting ergänzt, indem Schülerinnen und Schüler sowie die Lehrperson fluide Kreisformationen auf Stühlen oder auf dem Boden sitzend, abseits der vorgegebenen materiellen Einrichtungsvorgaben, bilden. Mittlerweile zählen Kreisgespräche in Deutschland gemäß der Studie von Heinzel (2003, 108) für etwa 90 % der befragten 604 Grundschullehrerinnen und -lehrer »zum eigenen didaktischen Repertoire und wurden von 40 % sogar täglich inszeniert« (Magyar-Haas & Kuhn 2011, 20).

Bereits bei Friedrich Fröbel (1826/1951, 70-71) erfolgte in den 1820er Jahren eine intensivere Auseinandersetzung mit der Kreisform und -linie in gestalttheoretischer Sicht, mit Implikationen für den frühpädagogischen Bereich. Auf seine Spieltheorie rekurrierend akzentuieren auch aktuelle Publikationen zur Elementar- (Jäger, Biffi & Halfhide 2006, Hemmerling 2007) und Grundschulpädagogik (Heinzel 2001, Prengel & van der Voort 1996) die Relevanz der Kreisspiele für die Förderung sozialer und motorischer Fähigkeiten. Weil Legitimationen von derartigen Kreisanordnungen sich weitgehend an normativen, positiv konnotierten Zielvorstellungen der Gemeinschaftsbildung, Gleichwertigkeit oder Partizipation orientieren, werden die dem Kreis im konkreten pädagogischen Alltagsgeschehen innewohnenden Ambivalenzen tendenziell ausgeblendet: dies gilt vor allem für die subtilen Formen des Gruppenzwangs und der wechselseitig kontrollierenden Beobachtung, welche Handlungsoptionen einzuschränken vermögen (vgl. dazu ausführlicher Magyar-Haas & Kuhn 2011, 20-22).

Neben den Kontexten Kindergarten und Schule hat die Propagierung der Kreisformationen insbesondere für pädagogisch arrangierte Besprechungen auch in den Bereich der Jugendarbeit Einzug gehalten. Nach Lothar Böhnisch, Wolfgang Schröer und Hans Thiersch (2005, 258) sei die offene Jugendarbeit primär dafür ausgerichtet, um der Jugend »Jugend zu ermöglichen«, im Sinne einer Bereitstellung von Experimentierräumen. Die folgende kurze Passage beschreibt einen Ausschnitt aus dem Videomaterial, wie ein Kreis zum Zweck einer Mädchenparlamentssitzung in einer offenen Jugendeinrichtung räumlich-materiell geformt wird. Diese Situation des Mädchenparlaments enthält semantisch eine politische, durch die formal-materielle Struktur vordergründig aber eine eher pädagogische Rahmung. Etwa zehn Minuten vor der Sitzung haben einige Jugendliche und Sozialpädagoginnen angefangen, Stühle in den leeren Bereich des »Wohnzimmers« der Einrichtung zu platzieren und einen etwas eckigen Kreis anzudeuten. In diesen integriert sind eine Couch mit Couchtisch in der Ecke sowie zwei Sessel, die hier fokussiert werden:

»Lea, Lea« ruft Heli, die auf einem Sessel sitzt. Rechts neben ihr ist ein Durchgang, links das noch leere Sofa, auf das sie mit energischen Zeigebewegungen hinweist. Lea sagt, sie wolle nicht auf das Sofa und setzt sich auf den zweiten Sessel, am anderen Ende der Couch. »Okay, dann komm hierhin!«, ruft Heli, lässt ihren rechten Arm über die Armlehne baumeln und weist auf den freien Raum hin. »Okay, warte«, sagt Lea und macht eine Ruckbewegung mit dem Sessel. »Komm auf den Stuhl hierhin!« sagt Heli und weist immer wieder, auch mit dem Kopf nach rechts von ihr, dabei ruft sie nochmal laut »Hierhin!« Ein Mädchen fragt: »Darf man aufm Sofa sitzen?«, auf welches gerade Sani um den kleinen Couchtisch herum zusteuert und sich hinsetzt. Lea schaut auf den Couchtisch, zieht diesen langsam von dem Sofa weg, bis der Tisch links neben ihrem Sessel steht und fängt mit ruckartigen Bewegungen an, Richtung Heli zu robben. »Kooomm!«, ruft Heli erneut. [...Das Sofa wird von einigen Mädchen eingenommen, die sitzenbleiben, oder die Couch wieder verlassen, an der mit dem Sessel immer weiter Richtung Heli rückenden Lea vorbei...]. Heli greift nach Leas Sessel und zieht diesen zu sich. Als Emma reinkommt, schaut Lea sie grinsend an, klatscht mit der Hand auf die linke Armlehne, robbt dabei weiter. »Extragroß«, ruft Emma. Sie packt den Sessel von Lea, schiebt den rechts neben Heli, ruft »Auf, Fettsack!« und lässt sich auf Lea fallen. Heli sagt etwas schmunzelnd zu Lea, woraufhin Emma hochhüpft, zwei Schritte Richtung Sofa macht, sich dabei dreht und auf den Platz links neben Heli fallen lässt. Sie schaut Heli an, streift ihre Hand vor dem eigenen Gesicht und meint grinsend »ich fühle mich beobachtet«.

Das Zeigen von Heli auf die leeren Räume neben ihr sowie der Ruf nach Lea hat etwas Hektisches an sich, welches wiederum mit einer gewissen »Festplatziertheit« einhergeht – als ob die Platz-Position mit einer Anweisungsmacht verknüpft wäre. Plätze sind dabei nicht wie in der Schule durch die Bänke vorgegeben; scheinbar werden sie hier erst durch das aktive Ergreifen, durch die Inbesitznahme des Raumes zum Platz – doch diese Aktivität geht zugleich mit passiver Akzeptanz tradierter, internalisierter Kreisanordnung einher. Die Stärke der auffordernden und befehlenden Sprache könnte insofern als Handlungskompensation verstanden werden, als Heli kaum gewillt ist, ihre ›geerdete Position‹ zu ändern.

Die Aushandlung der Körperpositionierung im Raum erfolgt nach mehreren Kriterien: auf der körperlich-leiblichen Ebene anhand der Orientierung aneinander und an den durch materielle Dinge gebotenen Möglichkeiten, sowie an tradierten Formen pädagogisch arrangierter Ordnungen. Als Beispiel dafür könnte das Tanzprojekt der Jugendeinrichtung in einem mit Wandspiegel ausgestatteten leeren Raum fungieren, in welchem zu Besprechungen die Kreisform auch ohne Vorstrukturierung durch Sessel oder Stühle eingenommen wird. Die Positionierung richtet sich nach einer – im Gegensatz zu den Schulklassen zu Beginn des 20. Jahrhunderts – materiell eben *nicht* fixierten und festgelegten, aber bereits angedeuteten (doch variabel gestaltbaren) Kreisform, von welcher Signale und Handlungsaufforderungen ausgehen. Die gemeinschaftlich vorgenommene Initiierung und Andeutung der »guten« (Besprechungs-) Form rekurriert womöglich auf eine ideale Kreisform, welcher sich die Jugendlichen widerständig anpassen, denn der Kreis ist auch formbar, je nach sozialer Nähe. Die Veränderbarkeit des Raumes ist offiziell für alle, nicht nur für die Lehrperson oder Sozialpädagogin gültig. Durch die größere Anzahl der Jugendlichen und durch die Öffnung des »Wohnzimmers« in mehrere Richtungen haben die Mädchen Raum zur Formierung eines zu der Beobachtungssituation passenden, angemessenen Kreises – mit Möglichkeiten des Ausweichens, des Zurücklehnens oder Wegrückens. Dieses Kriterium der Beweglichkeit, das bereits in reformpädagogischen Konzeptionalisierungen positiv konnotiert war, wird jedoch nicht nur durch den Kontext der offenen Jugendarbeit mit unterstützt und eingeholt, sondern verweist auch auf das ebenfalls beweglicher, leichter und handlicher gewordene Mobiliar.

Die Jugendlichen setzen sich mit ihrer Positionierung, mit den materiellen Gegenständen und gleichzeitig mit der Situation des Beobachtet-Werdens auseinander, welche mit mehreren multiplen Beobachtungs- sowie Positionierungsmomenten besetzt ist: durch Rufe und Blicke angedeutete Erwartungshaltung der Freundinnen, durch die potentiellen Anderen, die auf den Stühlen/dem Sofa Platz einnehmen, sowie durch die Kamera. Letztere wird dadurch auch zur Teilnehmerin des Kreissettings. Die Problematik des Beobachtet-Werdens ist jedoch nicht nur mittels der Kamera hervorgebracht, vielmehr potenziert sich, spitzt sich darin die Problematik erst zu – womit jedoch einige Jugendliche kokettierend-spielerisch umgehen. An dieser Stelle zeigt sich die von Levinas (1998) anerkennungstheoretisch angeführte und von Sartre (1966, 343, 364) ausdifferenzierte Paradoxie, denn einerseits sei der Andere (oder nach Sartre der Blick des Anderen) konstitutiv für das Selbst, für das Wissen um sich, andererseits sind es dieser Blick und der Andere, die einen zu beschämen und objektivieren vermögen (vgl. Magyar-Haas & Kuhn 2011, 27-28). Das Ausgesetzt-Sein einer Blickvielheit im Kreis kann zu potentiell beschämenden Situationen führen, bei denen Möglichkeiten der Distanzierung und das Kompensationsverhalten eingeschränkt wären, insbesondere wenn vor dem Angeblickt-Werden schützende Gegenstände fehlen.

Räume in Jugendeinrichtungen fungieren eher als Experimentierräume im Vergleich zu den formal-strukturierten, materiellen Anordnungen in Schulklassen bzw. Unterrichtsräumen. Auch wenn die Divergenzen in den Möglichkeiten des Umgangs mit pädagogisch-materiellen Arrangements im Rahmen der Schule bzw. der Jugendarbeit erkennbar werden, heißt dies jedoch nicht, dass diese Beweglichkeit und Umordnungsmöglichkeiten sich für den schulischen Kontext nicht ebenfalls konstatieren ließen.

Variierte und gestaltete Raumordnungen als Ausdruck neuer Lern- und Kontrollformen

Der Siegeszug der Kreisformen in pädagogischen Arrangements hat die traditionelle Frontalposition von Lehrpersonen in Schulklassen nicht völlig abgelöst, wie die seriell-ikonografische Analyse von Bildern zum Thema Schule in Deutschschweizer Zeitungen im Herbst 2008 belegt (Hermann & Grube 2011). Die dirigierende Positionierung der Lehrpersonen am Kopf des Klassenraums ist stets medial präsentierbar und scheint öffentliche Erwartungen von Schule zu bedienen. Bei zwei Fünfteln der visualisierten Unterrichtsszenen werden wiederum Kreisformationen fokussiert. Die ehemalige Fixierung der Schülerschaft in straff linearen schematisierten Sitzordnungen scheint neoliberalen Vorstellungen und Konzepten zu widersprechen, wonach Schule durch Mobilisierung der Leistungsentfaltungen in der Ära der Veridiktion des Marktes und der Zirkulation von Waren und Menschen für die Zukunft vorbereiten solle (Foucault 2004a, 52, 2004b, 94, 319). Zugleich reicht die panoptische Direktion der Schüler durch Lehrpersonen nicht mehr aus und droht Monotonie durch die eingeschränkten Ausweichmöglichkeiten der räumlich statisch vorgegebenen, nur teils freien Blickrichtungen hervorzurufen. Die traditionelle Autoritätsrolle der Lehrfigur zerfällt, auch weil die Schule angesichts vielfältiger außerschulischer Sozialisationseinflüsse an Erziehungsmacht verliert.

Nicht nur die Sozialpädagoginnen und Sozialpädagogen begeben sich in Kreisformationen unter die Schüler, auch die Lehrpersonen verlassen ihre panoptisch angelegte Steh-, Pult- und Kathederposition – und konstruieren so neue, verfeinerte Beobachtungs- und Steuerungsmöglichkeiten mit. Zugleich könnte der Zirkulation der Waren und Menschen das oben erwähnte Beweglichkeitspostulat entsprechen. In diesem Sinn ließe sich die Bildung variabler räumlicher Anordnungen innerhalb der vorgegebenen Klassenräume deuten. Traditionelle Lerngegenstände, wie die Wandtafel, können zwar ihre Funktion behalten, sie verlieren zugleich an Eindeutigkeit und Dominanz zur Formierung der Körper und Ausrichtung der Blicke. Dabei schaffen flexibel arrangierbare Utensilien (etwa ein ausgelegter Teppich) Räume im Raum, stiften neue Ordnung und disponieren Verhalten. Während die Fotos aus dem ersten Drittel des 20. Jahrhunderts den Schulraum als etwas Gegebenes, wenig Veränderbares zeigten, treten nunmehr variable, gestaltbare, von Lehrpersonen und Schülerinnen und Schüler gemeinsam nutzbare Zwischen-Räume zwischen Lehrertisch und Schulmobiliar hervor, wie das Foto aus dem Französischunterricht einer Berner Schule von 1988 zeigt (Abb. 3). Auf dem Fußboden im Kreis sitzend wird Egalität inszeniert, gleichwohl wird durch das Rederecht und den Zeigegestus die Deutungsinstanz des Lehrers hervorgehoben (Pilarczyk & Mietzner 2005, 165-185). Der Kreis bietet ihm mehr Beobachtungsperspektiven im Sinne des Zentroramas. Zugleich können auch die Schülerinnen und Schüler zum Rundum-Beobachter avancieren (Hermann & Grube 2011, 6). Hier eine Umkehrung tradierter Verhältnisse in Situationen des Frontalunterrichts zu sehen, wäre zu weit gegriffen, denn auch in den festen Schulbänken konnten Schülerinnen und Schüler früher den Lehrer im Auge behalten, er jedoch nicht alle. Dennoch ist die Möglichkeit gegenseitiger Beobachtung unter den Schülern/Jugendlichen im Kreis stets möglich, welche die soziale Kontrolle noch verstärkt.

Abbildung 3: Variable Schulraumnutzung, 1988

Fazit

Durch fluide Raumbildungsmöglichkeiten seitens der Akteure, die für den Kontext der Jugendarbeit mittlerweile als paradigmatisch angesehen werden kann, erfährt womöglich das Klassenzimmer als Ganzes einen Bedeutungsverlust. Eröffnet werden eher Nutzungsmöglichkeiten im »parzellierten« Klassenzimmer, sodass nicht die Schule als Ort verschwindet, sondern offensichtliche, durch traditionelle Vorgaben im Raum gestützte Hierarchien, die durch subtile Strategien der Beobachtung, des Zentroramas ersetzt werden.

Hierarchisierungen in pädagogischen Räumen sind somit in verfeinerter Form vorhanden, etwa mit der Inszenierung des Egalitären oder mittels Gleichheitsgesten durch Hinunterbeugen von Lehrpersonen oder Sozialarbeiterinnen und Sozialarbeiter. Kreisformationen schaffen neben einem Beobachtungsraum potentiell auch eine Spielbühne mit Möglichkeiten aktiven Aufführens für Jugendliche, Schülerinnen und Schüler, denen je nach unterschiedlichen Kontexten der Machtverhältnisse zugleich Gefahren ihrer Vorführung und Fixierung inhärent sind. Ob der Auf- oder Vorführraum zum Tragen kommt, hängt von individuellen Erfahrungen der Beteiligten auch mit Situationen des Beobachtet-Werdens ab. Zugleich können auch zahlreiche Spielmöglichkeiten von Schülerblicken die neu angeordnete Raumkomposition unterlaufen, indem sie neue, dem Lehrer invisible, fast virtuelle Räume schaffen.

Verkürzt wäre eine dualistische Konzeptionalisierung der Settings Frontalunterricht versus Kreis. Dies ließe nicht nur aktuelle und historisch vorhandene Mischformen unberücksichtigt. Vielmehr vermag diese Verkürzung eine statisch-fixierende Form durch aneinandergereihte Schulbänke im frontal ausgerichteten Klassenzimmer zu sehr mit einem Opferdiskurs der Schülerinnen und Schüler einherzugehen, während Idealisierungen von Kreisformationen aufgrund von Transparenz, Freiheit, Bewegung und demokratischer Gemeinschaftsbildung subtile Beobachtungsräume und Machtverhältnisse außer Acht lassen. Insbesondere könnten so Verhaltensoptionen und Subversionen der Schülerinnen und Schüler sowie Schutzfunktionen des Materiellen kaum in den Blick geraten.

LITERATUR

Berking, H. (2010): Raumvergessen – Raumversessen. Im Windschatten des Spatial Turn. In: Honer, A., Meuser, M. & Pfadenhauer, M. (Hg.): Fragile Sozialität. Inszenierungen, Sinnwelten, Existenzbastler. Wiesbaden, 387-395

Böhnisch, L. & Schröer, W. & Thiersch, H. (2005): Sozialpädagogisches Denken. Wege zu einer Neubestimmung. Weinheim

Burke, C. & Ribeiro de Castro, H. (2007): The School Photograph: Portraiture and the Art of Assembling the Body of the Schoolchild. In: History of Education 36, 2, 213-226

Caruso, M. (2010): Geist oder Mechanik. Unterrichtsordnungen als kulturelle Konstruktionen in Preußen, Dänemark (Schleswig-Holstein) und Spanien 1800-1870. Frankfurt a.M.

de Certeau, M. (1988): Kunst des Handelns. Berlin

Foucault, M. (2004a): Geschichte der Gouvernementalität. Bd. 1: Sicherheit, Territorium, Bevölkerung. Frankfurt a.M.

Foucault, M. (2004b): Geschichte der Gouvernementalität. Bd. 2: Die Geburt der Biopolitik. Frankfurt a.M.

Fröbel, F. (1826/1951): Die Kunde der Formen und Gestalten und diese in ihrer höheren Bedeutung und Beziehung. In: Hoffmann, E. (Hg.): Friedrich Fröbel: Ausgewählte Schriften. Band 1. Kleine Schriften und Briefe von 1809-1851. Düsseldorf, 43-79

Günzel, S. (2006): Einleitung. In: Dünne, J. & Günzel, S. (Hg.): Raumtheorie. Grundlagentexte aus Philosophie und Kulturwissenschaften. Frankfurt a.M., 19-43

Heinzel, F. (2001): Kinder im Kreis. Kreisgespräche in der Grundschule als Sozialisationssituation und Kindheitsraum. Halle a.d.S.

Heinzel, F. (2003): Zwischen Kindheit und Schule – Kreisgespräche als Zwischenraum. In: ZBBS Zeitschrift für qualitative Bildungs-, Beratungs- und Sozialforschung 1, 105-122

Hemmerling, A. (2007): Der Kindergarten als Bildungsinstitution. Hintergründe und Perspektiven. Wiesbaden

Hermann, T. & Grube, N. (2011): Ein ambivalentes Rollenbild: Zur bildlichen Präsenz und Darstellung von Lehrpersonen in der Presse. In: Bilder der Bildung. Wie Medien die Schule zeigen. Podium Pestalozzianum 2010. Zürich, 4-8

Hutchison, D. (2004): A Natural History of Place in Education. New York

Jäger, M. & Biffi, C. & Halfhide, T. (2006): Schlussbericht Grundstufe als Zusammenführung zweier Kulturen – Teil 1: Eine Ethnographie des Kindergartens. PH Zürich. www.phzh.ch/dotnetscripts/MAPortrait_Data/53613/3/Schlussbericht_ETHNO-KIGA.pdf vom 29.09.2011.

Knoblauch, H., Schnettler, B., Raab, J. & Soeffner, H.G. (Hg.) (2009): Video analysis: methodology and methods: qualitative audiovisual data analysis in sociology. Frankfurt a.M.

Levinas, E. (1998): Jenseits des Seins oder anders als Sein geschieht. München

Löw, M. (2001): Raumsoziologie. Frankfurt a.M.

Magyar-Haas, V. & Kuhn, M. (2011): Die Quadratur des Kreises? Formierungen von Gruppen- und Machtverhältnissen in pädagogisch arrangierten Kreissituationen. In: Neue Praxis, 41, 1, 19-34

Pilarczyk, U. & Mietzner, U. (2005): Das reflektierte Bild. Die seriell-ikonografische Fotoanalyse in den Erziehungs- und Sozialwissenschaften. Bad Heilbrunn

Prengel, A. & van der Voort, D. (1996): Vom Anfang bis zum Abschluß: Vielfalt durch ‹Gute Ordnung› – Zur Arbeit mit Kindern in einer Schule der Demokratie. In: Helsper, W., Krüger, H.-H. & Wenzel, H. (Hg.): Schule und Gesellschaft im Umbruch, Bd. 1. Weinheim, 299-318

Ruffing, R. (2008): Michel Foucault. Paderborn

Sartre, J.-P. (1966): Das Sein und das Nichts. Versuch einer phänomenologischen Ontologie. Hamburg

Schmidt, G. (2003): Zeit des Ereignisses – Zeit der Geschichte. Am Beispiel der Multiperspektivität. www.medienaesthetik.de/medien/zentrorama.html vom 21.10.2010.

Schroer, M. (2006): Räume, Orte, Grenzen. Auf dem Weg zu einer Soziologie des Raums. Frankfurt a.M.

Schroer, M. (2008): »Bringing space back in« – Zur Relevanz des Raums als soziologischer Kategorie. In: Döring, J. & Thielmann, T. (Hg.): Spatial Turn. Das Raumparadigma in den Kultur- und Sozialwissenschaften. Bielefeld, 125-148

Simmel, G. (1903/2006): Über räumliche Projektionen sozialer Formen. In: Dünne, J. & Günzel, S. (Hg.): Raumtheorie. Grundlagentexte aus Philosophie und Kulturwissenschaften. Frankfurt a.M., 304-316

Jugendwohnen: Das Jugendwohnheim als Lebens-, Lern- und Bildungsort

Laura de Paz Martínez & Elisabeth Schmutz

Das Jugendwohnen ist ein Unterstützungsangebot für junge Menschen im Alter von 14 bis 27 Jahren, die ausbildungs- und arbeitsmarktbedingt oder aus sonstigen Mobilitätsgründen die Familie verlassen und an einem anderen Ort ihren Alltag sowie Schule und Ausbildung gestalten müssen. Rechtlich basiert dieses Angebot auf § 13 SGB VIII (Jugendarbeit), so dass für seine Ausgestaltung die fachlichen Prämissen der Kinder- und Jugendhilfe maßgeblich sind, auch wenn die Finanzierung durch andere Leistungsträger erfolgen kann (SGB II, III, IX, XII, BAföG).

Jugendwohnen bietet diesen jungen Menschen bezahlbaren Wohnraum – in der Regel in einer Gruppe mit Gleichaltrigen – in Verbindung mit einer sozialpädagogischen Begleitung. Ziel ist die Unterstützung der jungen Menschen im Übergang von der Schule in Ausbildung und Beruf. Das Angebot Jugendwohnen zeichnet sich neben der pädagogischen Begleitung wesentlich durch das Vorhalten von Wohnraum für junge Menschen aus. Entsprechend ist die Bereitstellung und Instandhaltung von Immobilien eine zentrale Voraussetzung, um dieses Angebot gewährleisten zu können (vgl. de Paz Martínez/Höblich/Müller/Schmutz 2012).

Im Rahmen der Evaluationen des vom BMFSFJ geförderten Forschungs- und Praxisentwicklungsprojekts »leben.lernen.chancen nutzen. – Bestandsaufnahme und Entwicklungsperspektiven des Jugendwohnens« wurde u.a. der Frage nachgegangen, wie die Jugendwohnheime räumlich ausgestattet sind und wie dies von Fach- und Leitungskräften sowie von den jungen Menschen selbst bewertet wird. Träger des Projektes war der Verband der Kolpinghäuser eV (VKH), die wissenschaftliche Begleitung erfolgte durch das Institut für Sozialpädagogische Forschung in Mainz.

Mit diesem Artikel werden ausgewählte Ergebnisse der Evaluation vorgestellt, die zum sozialwissenschaftlichen Diskurs um die Bedeutung von Raum für das Aufwachsen junger Menschen sowie für die Gestaltung von sozialen Institutionen und pädagogischen Angeboten in Bezug gesetzt werden. Damit wird zugleich eine Diskussionsgrundlage für die Entwicklung von Planungs- und Gestaltungsperspektiven des Jugendwohnens angeboten.

Der Raum in der Pädagogik

Die Pädagogik kommt, so stellt Kemnitz (2001) fest, offenbar ohne das Stichwort »pädagogischer Raum« aus. Dieser Eindruck ergibt sich zumindest, wenn man in pädagogischen Lexika und Handbüchern nach entsprechenden Einträgen sucht. Es finden sich lediglich Hinweise auf Orte, an denen Erziehung, Bildung und Lernen stattfinden, oftmals in Form von Metaphern (z.B. »Schulraum«, »Klassenraum«, Schule als »Lernort« bzw. »Lern- und Lebensraum« oder »Erfahrungsraum«). Der tatsächlich gegenständliche Raum ist dabei immer ein Teil des beschriebenen »pädagogischen Raumes« (vgl. ebd., 46-47). Prinzipiell kann jeder Ort, ob umbaut oder nicht, zu einem pädagogischen Raum werden, muss es aber nicht auf Dauer bleiben. Kemnitz schlägt drei Kriterien vor, die zusammentreffen, aber auch einzeln vorliegen können, um von einem pädagogischen Raum sprechen zu können: »1. die (pädagogische) *Funktion* oder der Zweck des Raumes, 2. die (pädagogische) *Intention*, mit der im Raum agiert wird und 3. die in weitestem Sinn pädagogische *Wirkung*, die ein Raum auslöst oder hinterlässt.« (ebd., 47) Diese Definition bleibt weit und schließt eine ganze Bandbreite von öffentlichen und privaten Räumen ein.

Lebenswelt- und milieuorientierte Ansätze haben in der Pädagogik den Blick für das Sozialräumliche geschärft, das eine Rückbesinnung auf die soziale Welt als Lebens-Raum beinhaltet. Kinder und Jugendliche entwickeln sich demnach über Prozesse sozialräumlicher Aneignung, in denen sie die räumliche Welt für sich zu entdecken und gestalten suchen, um sich zu erleben und zu erfahren (vgl. Böhnisch 2003, 169/170; Kessl u.a. 2005).

Raum und Zeit können darüber hinaus als »Konstruktionsmittel für gesellschaftliche Wirklichkeit« (Ecarius & Löw 1997, 7) begriffen werden, an denen entlang sich Bildungsprozesse vollziehen: »In Bildungsprozessen werden Raumbilder vermittelt, soziales Handeln in Räumen eingeübt und räumliche Konstruktionen des Sozialen verfestigt, manchmal auch verändert«. Im Räumlichen ist die Chance zur Begegnung zwischen Gleichaltrigen und auch mit Erwachsenen enthalten, wobei Einfluss auf die Dynamik von Nähe und Distanz genommen werden kann. Mit Bezug auf den Raum entwickeln sich interaktionsbildende und identitätsstiftende Deutungen und Sozialformen wie z.B. Vertrautheit, Geborgenheit, Zugehörigkeit, Fremdheit, Ausschluss etc. (vgl. Böhnisch 2003, 169-171). Das Räumliche hat schließlich auch gesellschaftliche Konnotationen, wenn von Mobilität, Zentralität oder Nationalität die Rede ist: »Der Raum wird also erst über die gesellschaftliche Tätigkeit des Menschen zum Sozialraum und wirkt dann als solcher sozial zurück.« (ebd., 171)

Eine zentrale Bedeutung wurde dem Raum von Anfang an in der Kinder- und Jugendarbeit zugewiesen: »Die Erfahrung lehrt, dass ein Jugendverein am besten blüht, wenn er sein Eigenheim hat.« (Rody 1913, 339, zit.n. Köngeter & Cloos 2010, 101) In der bürgerlichen Jugendbewegung wurden durch die Einrichtung von »Stadtnestern« und Landheimen jugendeigene Räume geschaffen, »in denen man sich unkontrolliert von der ›Erwachsenenwelt‹ an den Abenden bzw. am Wochenende aufhalten konnte« (ebd., 102). Der Raum der Jugendarbeit wurde in seiner Konzeption und Bedeutung als Voraussetzung dafür gesehen, dass »die Jugend zu sich selbst kommt, diese eine Autonomie gegenüber der Erwachsenenwelt erlangt und kritische Distanz (gerade auch über das räumliche Arrangement) zu gesellschaftlich dominanten Deutungs- und Handlungsmustern gewinnt« (ebd., 103).

Der schulische Raum stand hingegen entweder unter Ideologieverdacht, wenn durch die räumliche Anordnung Körper und Geist diszipliniert werden sollten, oder er sollte durch eine geeignete räumliche Gestaltung Geborgenheit, Zugehörigkeit und Anregung verschaffen (vor allem in der Reformpädagogik). Er stand aber immer unter dem »Verdikt der Überpädagogisierung« (ebd., 103). Beide Konzeptionen – der Raum in der Jugendarbeit bzw. in der Schule – haben indes gemeinsam, dass dem Raum die Rolle eines wirkmächtigen Mediums zugeschrieben wird. Der Raum wird in den beschriebenen frühen sozial- und schulpädagogischen Reflexionen also gewissermaßen funktional im Hinblick auf seine Wirkung betrachtet und erhält dadurch den Status eines Akteurs.

Aus architektonischer Sicht sind nach Kühn (2000) für eine sozialräumlich orientierte Jugendarbeit zwei Forderungen relevant: Aneignungspotential sowie Ortsbindung und Vernetzung. Der Raum birgt ein Aneignungspotential für Kinder und Jugendliche, insofern er in einer Weise gestaltet ist, die »Kinder und Jugendliche dazu herausfordert, sich ihre Umwelt aktiv zu erobern, und zwar sowohl in der gegenständlichen und räumlichen als auch in der situativen und der sozialen Dimension« (ebd., 340). Daraus folgt die Forderung, dass Räume der Offenen Jugendarbeit gestalterisch offen sein und unterschiedliche Interpretationen und Nutzungsarten erlauben sollen, ohne aber neutral und leer zu sein (da hierdurch keine Anknüpfungspunkte für eine kreative Raumaneignung gegeben wären). Darüber hinaus soll eine Ortsbindung und Vernetzung erreicht werden, indem Einrichtungen stets als Teil eines Netzwerks von Orten in einem Stadtteil oder einer Region verstanden werden, die zusammen die soziokulturelle Infrastruktur für Kinder und Jugendliche bilden (ebd., 340). Somit würde eine standardisierte Bauweise der Anforderung der Offenheit in der Planungsphase entgegenstehen. Gefragt sind vielmehr spezifische und unkonventionelle Gestaltungslösungen, die im jeweiligen Kontext erarbeitet werden.

Im Jugendwohnen wird der Raum in mehrfacher Hinsicht relevant. Zum einen schaffen die räumliche und bauliche Ausstattung den materiellen Rahmen, in dem sich das Angebot Jugendwohnen vollzieht. Sie sind der physische

Rahmen, in dem junge Menschen sich täglich bewegen. Zum anderen konstituiert der dingliche Raum dabei gleichzeitig einen pädagogischen Raum. Die Gestaltung und Nutzung des dinglichen Raums kann pädagogische Intentionen unterstützen oder behindern, in jedem Fall aber beeinflussen. Raum stellt demnach eine wichtige Größe für die pädagogische Gestaltung des Aufenthaltes dar.

Zur Bedeutung der räumlichen und baulichen Ausstattung im Jugendwohnen

Augenscheinlich ist der Raum im Jugendwohnen auf verschiedenen Ebenen eine zentrale Kategorie. Die räumliche Gestaltung des Jugendwohnheimes strukturiert Rückzugs- und Kontaktmöglichkeiten: Soziale Bezüge in der Gleichaltrigengruppe ebenso wie die Kontaktaufnahme zu den Fachkräften werden durch die Raumstruktur und deren Ausgestaltung gefördert oder auch erschwert. Jugendwohnen heißt aber auch ›Wohnen lernen‹: »Erst im Zusammenspiel von Wohnpraxis und theoretischen Erkenntnissen und Strategien wird Wohnkompetenz für das Jetzt und für die Zukunft erworben.« (Orlowski 2002, 883) Es geht neben der Unterstützung in Fragen rund um die schulische und berufliche Maßnahme immer auch um die pädagogische Begleitung der Verselbständigung des jungen Menschen, die die Alltagsgestaltung ebenso umfasst wie den Aufbau sozialer Kontakte und die eigene persönliche Entwicklung (hin zu einer eigenverantwortlichen und gemeinschaftsfähigen Persönlichkeit, vgl. § 1 SGB VIII). In diesem Sinne ist Jugendwohnen ein Lebens-, Lern- und Bildungsort.

Dennoch findet sich wenig einschlägige (Fach-)Literatur zur Bedeutung oder zur konkreten Gestaltung sozialpädagogischer Räume. Die meisten Autoren begnügen sich damit, eben diesen Umstand festzustellen, ohne jedoch weiteres dazu beizutragen. Wenn in der Literatur der pädagogische Raum zur Sprache kommt, dann geht es vordergründig um den Schulraum (vgl. Kemnitz 2001; Kemnitz & Jelich 2003), den Raum in der Heimerziehung (vgl. Gründer 2003; Gehres 1997; Flosdorf 1988; Mahlke 1988), in der Offenen Kinder- und Jugendarbeit (vgl. Kühn 2000) und teilweise in Bezug auf Pflegeheime für Ältere (vgl. Moll 2006). Hingegen finden sich selten Veröffentlichungen, die explizit die Bedeutung von Raum im Handlungsfeld Jugendwohnen thematisieren. Zu nennen wären hier Empfehlungen für bauliche Standards (Moll 1997; 2001), Hinweise zu Sanierungen (Hendker 1997), Artikel zu Anforderungen an die Wohnqualität mit Bezug zu differenzierten Belegungsgruppen (Granrath 1997) und Empfehlungen zu Strukturstandards im Rahmen von allgemeinen Überlegungen zur »Qualität des Jugendwohnens« durch die Bundesarbeitsgemeinschaft Katholische Jugendsozialarbeit (BAG 2006). Zudem geben Breuer (2007) und Orlowski (1985a und 1985b) historische Rückblicke bzw. Einschätzungen zum Lernziel Wohnkompetenz.

Ergebnisse eines Praxisforschungsprojektes zum Jugendwohnen

Auf der Basis der Ergebnisse des Praxisforschungsprojektes »leben.lernen. chancen nutzen.« kann inzwischen der aktuelle Stand der räumlichen und baulichen Ausstattung der Einrichtungen des Jugendwohnens genauer beschrieben werden. So geben die Daten der Einrichtungsbefragung Auskunft zur räumlichen Gliederung der Wohnbereiche und der Verfügbarkeit gemeinschaftlich nutzbarer Räume. Außerdem liegen Bewertungen der Einrichtungsleitungen zur Angemessenheit der räumlichen Gegebenheiten bezogen auf die fachlichen Anforderungen des Jugendwohnens vor. Die Daten der Bewohnerinnen- und Bewohnerbefragung und Zielgruppenanalyse zeigen die Bedeutung des Raumes für die Arbeit mit jungen Menschen anhand der folgenden beiden Fragen auf:

- Welche Rolle (können) die baulichen Gegebenheiten und die räumlichen Strukturen in den Einrichtungen des Jugendwohnens für den Erfolg des Angebots spielen?
- Wie bewerten die jungen Menschen die Wohnsituation im Jugendwohnheim als Lebensort?

Ergänzt durch die Erfahrungen der Einrichtungsleitungen und sonstigen Fachkräfte sowie der Bewohnerinnen und Bewohner im Jugendwohnen konnten somit Erkenntnisse zusammengestellt werden, die Empfehlungen mit Bezug zur räumlichen Gliederung, zur Gestaltung des Wohnraums (Farben, Materialien, Einrichtung u. ä.) sowie Annahmen zur Wirkung bzw. zum Einfluss des Raums auf pädagogische Settings ermöglichen. Blitzlichtartig sollen im Folgenden Ergebnisse zu ausgewählten Kategorien dargestellt werden; die Konkretionsebene der Empfehlungen gestaltet sich dabei sehr unterschiedlich: Sie reicht von sehr konkreten Empfehlungen (z.B. Wunsch nach Sanitäranlagen im Zimmer; Abschließbarkeit der Zimmer; Wirkung von Farbe und Licht) bis hin zu eher diffusen Empfehlungen: Die »Zimmer sollen wohnlicher sein«; »Räume sollen anregungsreich sein«; »die Raumstruktur soll eine Aneignung durch die jungen Menschen ermöglichen«. Hier bedarf es einer gemeinsamen Konkretion unter Beteiligung aller Akteure, der Bauplanung und Architekten, der Leitungen und Fachkräfte und schließlich der Bewohnerinnen und Bewohner selbst (vgl. de Paz Martínez u.a. 2012, 240).

Bauliche Empfehlungen und räumliche Gliederung

Mit Bezug auf Zimmergrößen/-typen finden sich in der Literatur immer wieder Hinweise, dass Ein- und Zweibettzimmer anzustreben seien. Sie böten Möglichkeiten des Rückzugs und der Privatheit als Ausgleich zum Gemeinschaftsleben. In den Einrichtungen gibt es tatsächlich drei Viertel Ein- oder Zweibettzimmer (in katholischen Einrichtungen sogar 91 %).

Als weiteres Qualitätsmerkmal ist die Mischung von Wohnformen zu benennen. In der Planung der räumlichen Gliederung sollte (vgl. Flosdorf 1988) auf eine Vielgestaltigkeit der Räume geachtet werden, die verschiedenen Bedürfnissen der Bewohnerinnen und Bewohner gerecht wird: Es werden Räume und räumliche Angebote gebraucht, in denen ein geschütztes und ungestörtes Einzelgespräch mit der pädagogischen Fachkraft geführt werden kann, gleichzeitig soll es ein attraktives Raumangebot für umfassendere Kommunikation in der Gleichaltrigengruppe geben. Zudem soll auch ein individualisierender Rückzug zu persönlicher Entlastung und Entspannung möglich sein (z.B. Einzelzimmer, geschützter Privatbereich, Kapelle, Meditationsraum). Dies kann durch die gezielte Gestaltung von Nischen und Ecken in den Räumen und Zimmern erreicht werden. Lange Flure und Zimmerfluchten, einheitliche Grundrisse und Einheitsmöblierung sollen vermieden werden. Die Einrichtungen des Jugendwohnens halten Einzelappartements, Wohneinheiten für Wohngemeinschaften und Zimmer in nicht abgeschlossenen Einheiten vor. Tatsächlich ist jedoch nur bei einem Drittel der Einrichtungen eine Mischung der Wohnformen innerhalb des Hauses festzustellen.

Zur Ausstattung und Gestaltung des Wohnraums

Das Jugendwohnen soll als Lern- und Wohnumwelt die jungen Menschen in der aktuellen und zukünftigen selbständigen Bewältigung von Lern- und Lebensaufgaben anregen. Dazu wird immer wieder kontrovers diskutiert, welche Ausstattungs-Standards für die Jugendlichen maßgeblich sein sollen. Dabei geht es wesentlich um die Frage der Angemessenheit der räumlichen Ausstattung.

Orlowski (1985a, 66/67) warnte Mitte der 1980er Jahre davor, dass die Ausstattung des Jugendwohnheims den Jugendlichen nicht zu einem passiven Konsumenten von Unterhaltung erziehen soll, und auch nicht zu Ansprüchen, die seiner derzeitigen oder zukünftigen Lebenswirklichkeit nicht entsprechen (verwöhnende, luxuriöse Ausstattung, Überangebot an Medien). Diese Perspektive schließt an frühere Diskussionen in der Heimerziehung an, die davor warnten, Kinder in Heimen durch zu viel Luxus während ihres Heimaufenthaltes von ihrem Herkunftsmilieu zu entfremden und damit die Gefahr von übersteigerten Erwartungen für das zukünftige Lebensmilieu und Anpassungsschwierigkeiten nach der Entlassung zu schaffen (vgl. Gründer 2003, 143).

Dem steht der originäre Auftrag der Jugendhilfe gegenüber, das Recht junger Menschen auf die Entwicklung zu einer eigenverantwortlichen und gemeinschaftsfähigen Persönlichkeit zu fördern (vgl. § 1 SGB VIII). Dies erfordert entsprechende Rahmenbedingungen, die den gesellschaftlichen Aufgaben gerecht werden und Benachteiligungen entgegenwirken. Dazu gehört eine bildungsfördernde Raumgestaltung, die Wertschätzung und Anerkennung der Person vermittelt, ebenso wie eine technische Ausstattung, die allgemeinen gesellschaftlichen Standards entspricht (z.B. Zugang zu Medien, Internet etc.).

Darüber hinaus kommt in diesem Zusammenhang der Beteiligung an Umbau- und Renovierungsmaßnahmen große Bedeutung zu. Indem Mitarbeiterinnen und Mitarbeiter und Bewohnerinnen und Bewohner in Planungen einbezogen werden, wird sichergestellt, dass nicht an den Nutzern vorbei geplant wird. Als methodische Zugänge bieten sich dazu gemeinsame Workshops, Zukunftswerkstätten oder auch interne Befragungen an. Durch das Einbeziehen der Bewohnerinnen und Bewohner in einen Teil der Bauarbeiten – unter fachlicher Anleitung – kann darüber hinaus eine hohe Identifikation mit dem Bau-Projekt und dem Wohnheim erreicht werden. Diese Identifikation kann zu einem vorsichtigeren und verantwortungsvolleren Umgang mit Anlage und Einrichtung durch die jungen Menschen führen und somit auch langfristig wirken (Moll 1997, 96). Die Sanierung von Raum kann so auch zu einer pädagogischen Aufgabe werden; außerdem wird durch eine beteiligungsorientierte Planung die für die Entwicklung junger Menschen notwendige Aneignung von Raum gefördert.

Annahmen zu Wirkung und Einfluss des Raums auf pädagogische Settings

Wie aufgezeigt ist der Raum als Akteur pädagogischer Settings in seiner Wirkungsmacht zu beachten: von der räumlichen Gestaltung können intendierte und nicht-intendierte Wirkungen ausgehen, die es zu reflektieren gilt. Im Zuge der o.g. Evaluation wurde darum der Frage nachgegangen, welche Faktoren im Rahmen des Jugendwohnens zu einer positiven bzw. negativen Entwicklung von jungen Menschen beigetragen haben. Dazu wurden im Rahmen einer Fachkräftebefragung in einigen Jugendwohnheimen diejenigen Aspekte des fachlichen Handelns sowie der strukturellen Rahmenbedingungen identifiziert, denen die Fachkräfte eine besondere Wirkmächtigkeit zuweisen. Hieraus ergeben sich Erkenntnisse zur Rolle des Raumes im Jugendwohnen, die für die Reflexion und Weiterentwicklung des Angebotes relevant sind.

Die Fachkräfte bezeichnen für fast zwei Drittel der jungen Menschen das Zusammenleben der Gleichaltrigen in ähnlicher Lebenssituation als den zentralen Gelingensfaktor des Jugendwohnens (65 %). Das Zusammenleben der Gleichaltrigen trägt somit, nach Ansicht der Fachkräfte, in der überwiegenden Mehrzahl der Fälle zu einer positiven Entwicklung bei. Auf der anderen Seite wird eine schwierige Gruppendynamik unter den Bewohnerinnen und Bewohner am zweithäufigsten als negativer Faktor wahrgenommen. Hierüber wird deutlich, dass im Zusammenleben der jungen Menschen ein wesentliches Potential des Jugendwohnens liegt. Dieses Zusammenleben muss entsprechend begleitet und in seiner Dynamik gesteuert werden, damit sich die Wirksamkeit nicht umkehrt. Die pädagogische Begleitung im Jugendwohnen muss sich entsprechend zu einem wesentlichen Anteil auf die Bewohnerinnen und Bewohner als Gruppe beziehen. Die Gestaltung des Alltags (Essenssituationen etc.), die Verständigung auf Regeln, aber auch diverse (Freizeit- oder Bildungs-)Angebote bieten hierzu geeignete Ansatzpunkte. Auch räumliche Arrangements müssen dahingehend reflektiert werden, in welcher Weise sie die Dynamik in der Gleichaltrigengruppe beeinflussen.

Neben der Begleitung der Gruppe stellt die individuelle bedarfsorientierte Begleitung der jungen Menschen ein zweites zentrales Feld der pädagogischen Arbeit dar. Dabei geht es vor allem um den Aufbau von Beziehungen und eine flexible einzelfallgerichtete Begleitung. So benennen die Fachkräfte in über der Hälfte der Fälle den gelungenen Beziehungsaufbau zwischen der Fachkraft und dem jungen Menschen (54 %) sowie die flexible (einzelfallgerichtete) Begleitung (52 %) als zentrale Faktoren, die zu einer positiven Entwicklung der jungen Menschen beitragen. Dabei ist der Beziehungsaufbau als eine wesentliche Voraussetzung anzusehen, damit die Fachkräfte von den jungen Menschen als Ansprechpartner wahrgenommen und im Bedarfsfall genutzt werden. Mit einer flexiblen einzelfallgerichteten Begleitung gilt es zugleich, bedarfsgerecht die angemessene Intensität der Begleitung auszuloten, so dass den jungen Menschen altersgemäß Eigenständigkeit und Selbstverantwortung zugestanden, aber auch notwendige Unterstützung gewährt wird. Auch für diese Handlungsebene braucht es räumliche Arrangements, die den Aufbau tragfähiger Beziehungen fördern.

Ausblick

Die Bearbeitung des Themas ›Raum im Jugendwohnen‹ hat insbesondere gezeigt, dass keine standardisierten Empfehlungen im Sinne einer Check-Liste möglich sind, denn die bauliche und räumliche Gestaltung ist von verschiedenen Faktoren abhängig, die sich in den Einrichtungen ganz unterschiedlich darstellen können: Zu bedenken sind die sozialpädagogischen Zielsetzungen in der jeweiligen Einrichtung (diese können nach Nutzerinnengruppen und Nutzergruppen, Trägerverständnis etc. variieren), die materiellen und baulichen Voraussetzungen sowie die gegebenen finanziellen Möglichkeiten. Die gewonnenen Erkenntnisse können als Reflexionsfolie und Grundlage für einen gemeinsamen Austausch aller Beteiligten dienen. Hinsichtlich konkreter Bau- und Renovierungsmaßnahmen sind darüber hinaus Kooperationsformen der beteiligten Fachdisziplinen (insbesondere Pädagogik und Architektur) anzustreben, um zu einer gemeinsamen Sprache und einer abgestimmten Planung zu finden.

LITERATUR

BAG KJS (2006): Jugendwohnen in katholischer Trägerschaft. Internes Papier

Breuer, K. H. (2007): Jugendwohnheime in sechs Jahrzehnten deutscher Nachkriegsgeschichte. In: LAG KJS NRW (Hg.): Beiträge zur Geschichte katholischer Jugendsozialarbeit. Norderstedt: Books on Demand, 148-186

Böhnisch, L. (2003): Pädagogische Soziologie: Eine Einführung. Weinheim, 169-206

de Paz Martínez, L. u.a. (2012): Jugendwohnen in Deutschland. Ergebnisse des Forschungs- und Praxisentwicklungsprojektes »leben. lernen. chancen nutzen.« Institut für Sozialpädagogische Forschung Mainz e.V. www.projekt-jugendwohnen.de

Ecarius, J. & Löw, M. (1997): Raum – eine vernachlässigte Dimension erziehungswissenschaftlicher Forschung und Theoriebildung. In: Ecarius, J. & Löw, M. (Hg.): Raumbildung – Bildungsräume. Über die Verräumlichung sozialer Prozesse. Opladen, 7-12

Flosdorf, P. (1988): Räume und deren strukturierender Einfluß auf das Erleben und Verhalten. In: Flosdorf, P. (Hg.): Theorie und Praxis der stationären Erziehungshilfe. Band 2: Die Gestaltung des Lebensfeldes Heim. Freiburg i.Br., 9-22

Gehres, W. (1997): Das zweite Zuhause. Lebensgeschichte und Persönlichkeitsentwicklung von Heimkindern. Opladen, 137-138

Granrath, M. (1997): Jugendwohnen. Liegt die Qualität in der Differenzierung? In: AG KJS (Hg.): Die Heimstatt: Werkheft für Jugendsozialarbeit, 45. Jg., Heft 1-4, 70-77

Gründer, R. (2003): Praxis und Methoden der Heimerziehung: Entwicklungen, Veränderungen und Perspektiven der stationären Erziehungshilfe. Freiburg i.Br., 142-146

Hendker, R. (1997): Hinweise zur Beachtung und Umsetzung von Maßnahmen des vorbeugenden Brandschutzes, der Betriebssicherheit und der Verkehrssicherheit bei der Sanierung im Bereich von Jugendwohnheimen. In: AG

KJS (Hg.): Die Heimstatt: Werkheft für Jugendsozialarbeit, 45. Jg., Heft 1-4, 90-95

Kemnitz, H. (2001): »Pädagogische« Architektur? Zur Gestaltung des pädagogischen Raums. In: Die Deutsche Schule, 93. Jg., Heft 1, 46-57

Kemnitz, H. & Jelich, F.-J. (2003): Die pädagogische Gestaltung des Raums. Zur Einleitung in diesen Band. In: Jelich, F.-J. & Kemnitz, H. (Hg.): Die pädagogische Gestaltung des Raums. Geschichte und Modernität, Bad Heilbrunn, 9-14

Kessl, F. u.a. (Hg.) (2005): Handbuch Sozialraum. Wiesbaden

Köngeter, S. & Cloos, P. (2010): Der Raum in Jugendarbeit und Schule. In: Ahmed, S. & Höblich, D. (Hg.): Theoriereflexionen zur Kooperation von Jugendhilfe und Schule. Brücken und Grenzgänge. Baltmannsweiler, 67-86

Kühn, C. (2000): Räume planen, bauen und gestalten. In: Deinet, U. & Sturzenhecker, B. (Hg.): Handbuch Offene Jugendarbeit. Münster, 340-344

Mahlke, W. (1988): Therapeutisches Milieu – Räumliche Bedingungen und deren Gestaltung. In: Flosdorf, P. (Hg.): Theorie und Praxis der stationären Erziehungshilfe. Band 2: Die Gestaltung des Lebensfeldes Heim. Freiburg i.Br., 22-45

Moll, D. (1997): Checkliste zum kostenreduzierten Bauen im Bereich von Jugendwohnheimen, Jugendwohngruppen u.a. unter besonderer Berücksichtigung von Umbau- und Sanierungsmaßnahmen bestehender Einrichtungen. In: AG KJS (Hg.): Die Heimstatt, 45. Jg. Heft 1-4, 95-99

Moll, D. (2001): Bauliche Standards für Jugendwohnheime: Empfehlungen des Architektenausschusses für Jugendwohnheime des Landes Nordrhein-Westfalen. Erstellt durch das Architekturbüro Dörte Moll. Düsseldorf

Moll, D. (2006): Bedeutung von Farbe, Licht und Material für eine stimulierende Innenraumgestaltung in Pflegeeinrichtungen. In: Theorie und Praxis der Sozialen Arbeit, 57 Jg., Heft 5, 21-26

Orlowski, E. (1985a): Das Jugendwohnheim – eine Wohn-, Freizeit- und Bildungsstätte. Frankfurt a.M.

Orlowski, E. (1985b): Das Jugendwohnheim als Lernort. In: Doerfert, H. & Orlowski, E (Hg.).: Leben und Lernen außerhalb der Familie. Berufspädagogische, sozialpädagogische und seelsorgerische Überlegungen zum Auftrag eines Jugendwohnheims. Frankfurt a.M.

Orlowski, E. (2002): Pädagogik des Jugendwohnheims. In: Fülbier, P. & Münchmeier, R. (Hg.): Handbuch Jugendsozialarbeit. Geschichte, Grundlagen, Konzepte, Handlungsfelder, Organisation. Münster, 874-887

Drei Jugendhäuser in Frankfurt a.M.

Ein Werkbericht

Peter Karle

Viele Bauaufgaben, mit denen man sich als Architekt auseinanderzusetzen hat, haben im Laufe der Zeit eine Typologie bzgl. ihrer inneren Organisation und ihrer äußeren Erscheinung hervorgebracht, an der man sich bei der Bearbeitung eines Projekts orientieren kann. Es mag überraschen, dass dies bei der Aufgabe »Jugendhaus«, trotz seiner großen Verbreitung, bislang nicht festzustellen ist. Jedenfalls weisen die gängigen Nachschlagewerke für Architekten, wie etwa die Neufertsche Bauentwurfslehre oder der »Raumpilot« (Neufert 2009, Jocher 2011) keine entsprechenden Kapitel auf, wenngleich andere Gebäude für Bildung und Erziehung, wie etwa Kindergärten und Schulen, sehr ausführlich behandelt werden.

Wahrscheinlich ist die außergewöhnlich hohe Vielfalt der Erscheinungsformen, die diese Bauaufgabe bislang hervorgebracht hat ursächlich dafür, dass sie sich einer Kategorisierung entzieht. Auch wenn eingehende Untersuchungen über die bauhistorische Entwicklung der Bauaufgabe »Jugendhaus« noch nicht vorliegen, lassen sich einige Vermutungen anstellen, weshalb sich in architektonischer Hinsicht noch kein homogener Typus entwickeln konnte:

- Die Einrichtungen werden häufig in Selbstverwaltung oder von kleinen, lokal agierenden Trägern betrieben, entsprechend vielfältig sind die pädagogischen Konzepte und die baulichen Umsetzungen. Die Namensgebung (Jugendhaus, Jugendclub, Jugend Café, Haus der Jugend usw.) und die sozialpädagogischen Zielsetzungen sind zahlreich.
- Die Einrichtungen sind oft in mehr oder weniger geeigneten Bestandsimmobilien untergebracht, eine Harmonisierung der Bedürfnisse mit den Möglichkeiten des baulichen Bestands geht damit einher.
- Bei der Formulierung des baulichen Ausdrucks der Gebäude spielt der Gedanke der Partizipation der jugendlichen Nutzer augenscheinlich häufig eine Rolle, beispielsweise beim Innenausbau oder bei der Dekoration des Äußeren. Eigenleistung beim Bauen hat, neben der finanziellen, noch eine

pädagogische Komponente. Die Gestaltung der Bauwerke wird bisweilen mehr von den Möglichkeiten der Betreiber und den Aneignungsprozessen der Jugendlichen und weniger von konzeptionell-rationalen Überlegungen eines Planers bestimmt.

Im Mai 2009 erfolgte die Beauftragung durch die Stadt Frankfurt a.M. für die Planung von 3 neu zu errichtenden Jugendhäusern. Die Standorte befinden sich an der Friedberger Landstraße am Rande eines Konversionsgebiets (Jugendhaus Atterberry JHA) und in den beiden kleinstädtisch geprägten Stadtteilen Kalbach (Jugendhaus Kalbach JHK) und Bergen-Enkheim (Jugendhaus Bergen JHB). Zwei der Baumaßnahmen konnten durch die Finanzmittel des Konjunkturpakets II der Bundesregierung vom Frühjahr 2009 in Angriff genommen werden, ein Projekt sollte außerhalb dieses Programms realisiert werden.

Die Planungsgrundlage für alle 3 Jugendhäuser ist ein standardisiertes Raumprogramm der Stadt Frankfurt a.M., das abhängig vom Einzugsgebiet der Einrichtung, und damit auch abhängig von der Anzahl der zu betreuenden Jugendlichen, ein Gebäude gem. Modul 1 (175 bis 235 qm) oder ein Gebäude gem. Modul 2 (310 bis 440 qm) vorsieht (Standardraumprogramm für den Neubau von Jugendhäusern durch die Stadt Frankfurt a.M., Stand 15.3.2007).

Die Projekte JH Bergen und JH Kalbach wurden gem. Modul 1, das Projekt JH Atterberry wurde gem. Modul 2 geplant.

Eine weitere Grundlage der Planung sind die »Leitlinien zum wirtschaftlichen Bauen« der Stadt Frankfurt a.M., in denen u.a. festgeschrieben ist, dass alle neuen städtischen Gebäude dem Passivhausstandard zu genügen haben und entsprechend zu konzipieren sind (Leitlinien zum wirtschaftlichen Bauen der Stadt Frankfurt a.M., Stand 2009).

Alle 3 Projekte sollten gem. den engen terminlichen Vorgaben des Konjunkturpakets II bis Ende 2009 geplant, beantragt, genehmigt, ausgeschrieben und zur Hälfte vergeben sein.

Die Träger und Betreiber der Jugendhäuser standen zum Zeitpunkt des Planungsbeginns nicht fest, sie sollten durch öffentliche Ausschreibungen während der Bauzeit gefunden werden. In den Stadtteilen Bergen und Kalbach erhielten dann später diejenigen freien Träger, die die dort bereits bestehenden Einrichtungen aufgebaut und betrieben haben, den Zuschlag.

So präzise die Vorgaben aus sozialpädagogischer Sicht (Raumprogramm mit detaillierten Erläuterungen zu den Anforderungen an die Räume) und aus technischer Sicht (Leitlinien mit detaillierten Anforderungen zum energetischen Standard, zu den Baumaterialien usw.) waren, so unterschiedlich sind die Baugrundstücke mit ihren städtebaulichen Randbedingungen. Und schließlich stand auch noch die Frage nach der architektonischen Idee, die all diese Vorgaben verknüpft und darüber hinaus eine sinnfällige Gestalt für ein zeitgemäßes Jugendhaus hervorbringt, im Raum.

Neubau Jugendhaus Kalbach

Frankfurt-Kalbach, Am Brunnengarten 19

Bauzeit: 1/2010-4/2011

Am nördlichen Ortsrand von Kalbach, in unmittelbarer Nähe zur Umgehungsstraße L3019, befindet sich das Grundstück des Jugendhauses. Das Raumprogramm ist gemessen an der Grundstücksgröße vom Flächenbedarf her relativ klein (Modul 1) und in einem eingeschossigen Baukörper leicht unterzubringen. Anknüpfungspunkte für die städtebauliche Einbindung gibt es wenige, die benachbarte zweigeschossige Wohnbebauung ist in Form und Größe mit dem Raumprogramm nicht zu erreichen und eine gewünschte optische Präsenz, die das Gebäude als öffentliche Einrichtung ausweist, alleine mit dem sich ergebenden Volumen nicht herstellbar. Schon dem bestehenden Containerbau, in dem die Einrichtung bisher untergebracht war, mangelte es an der Einbindung in den stadträumlichen Kontext, darüber hinaus war die ungenügende Anbindung der Freiflächen an die Innenräume ein weiteres Defizit.

Die Neubau-Konzeption sieht ein Gebäude vor, das sich am Leitbild des Hofhauses orientiert und in einer großzügigen Geste mit seiner Einfriedung die zur Verfügung stehende Fläche in Beschlag nimmt, vom Bauplatz Besitz ergreift und einen Ort definiert.

Nach Außen dominieren die das Anwesen umschließenden Bruchsteinmauern bzw. Gabionenwände und Hecken, im Inneren ist das eigentliche Haus so eingefügt, dass sich ein kleiner Eingangshof und ein größerer Gartenhof ergeben. Innenraum und Außenraum sind bei dieser Art der Anlage von vorne herein so untrennbar miteinander verbunden, dass sie eine Einheit bilden.

Abbildung 1: Jugendhaus Kalbach, Skizze der stadträumlichen Situation

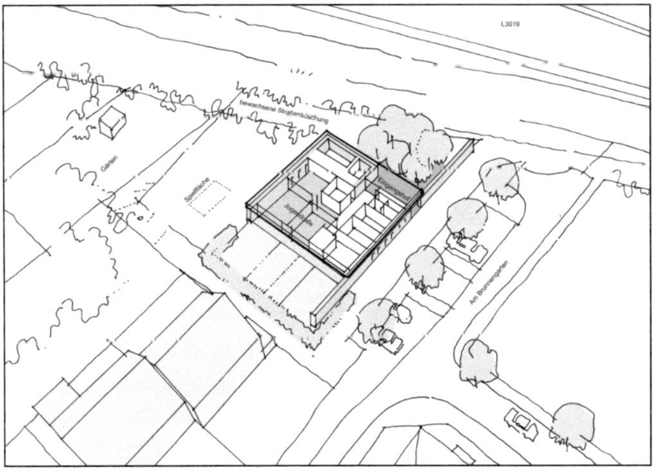

Die Umfriedungsmauer gewährt Schallschutz zur benachbarten Wohnbebauung, kontrolliert den Zugang zum Grundstück und verleiht der gesamten Anlage eine optische Präsenz, die ein Einzelbaukörper von relativ geringer Größe alleine nicht leisten könnte.

Abbildung 2: Jugendhaus Kalbach, Straßenfassade und Eingangssituation

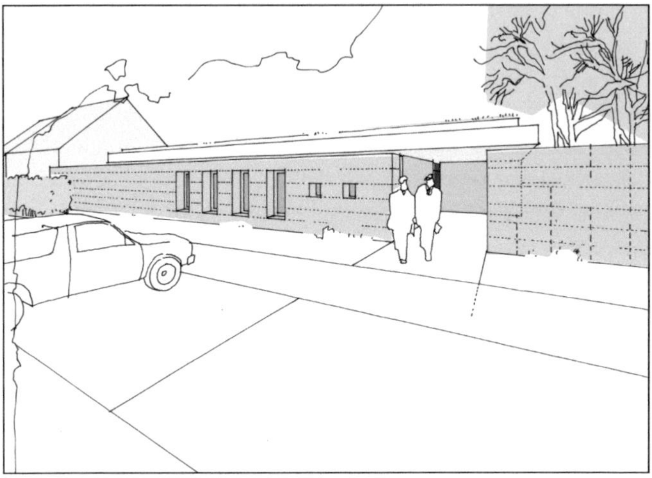

Neubau Jugendhaus Bergen

Frankfurt Bergen-Enkheim, Berger Marktplatz

Bauzeit: 10/2011-2012

Im Gegensatz zur beschriebenen Orts-Randsituation befindet sich der Bauplatz für das Jugendhaus Bergen auf dem (Jahr-)Marktplatz des Stadtteils. Es handelt sich um ein Grundstück in exponiert öffentlicher Lage.

Ähnlich dem zuvor beschriebenen Entwurf besteht die architektonische Strategie darin, den für das Jugendhaus insgesamt zur Verfügung stehenden Grundstücksbereich zu besetzen, als umfriedeten Bezirk vom Marktplatz abzugrenzen und das eigentliche Jugendhaus als eingeschossiges »Kerngehäuse« so einzufügen, dass sich im Osten einen kleiner und nach Westen ein großer Gartenhof ergibt.

Neben den bereits erwähnten Vorteilen des Hofhaustyps kommt im Falle des Projekts in Bergen noch hinzu, dass es für den Betrieb der Einrichtung außerordentlich wichtig ist die Freiräume kontrolliert abschirmen zu können, um wahlweise durch ein Öffnen der Hoftore einerseits den Zugang von und zum Marktplatz zu ermöglichen, aber andererseits auch eine gewisse Privatheit der Freibereiche herstellen zu können. Die Bruchstein-Gartenmauer aus Drahtsteinkörben (Gabionen) gewährt Sichtschutz, Schallschutz, Zugangskontrolle und verleiht der gesamten Anlage eine starke optische Präsenz als neue Platzkante.

Der Standort der Projekte Kalbach und Bergen in Großstadtrandlage, mit bereits deutlich erlebbarer kleinstädtischer bzw. ländlicher Atmosphäre, war ausschlaggebend dafür die Jugendhäuser in einer formal reduzierten, an traditionelle Gebäude der Landwirtschaft erinnernden, rustikalen Formensprache zu konzipieren.

Abbildung 3: Jugendhaus Bergen, Skizze der stadträumlichen Situation

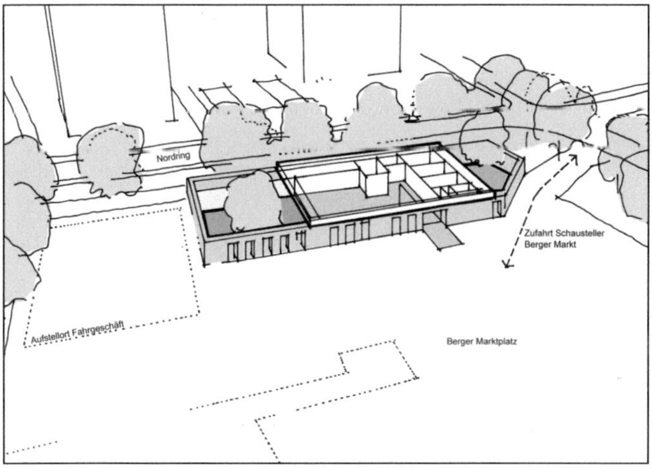

Abbildung 4: Jugendhaus Bergen, großer Gartenhof

Neubau Jugendhaus Atterberry

Frankfurt, Friedberger Landstraße 50

Bauzeit: nach der Baugenehmigung nicht mehr weiterverfolgt

An der Südost-Ecke eines Konversionsgebiets, das mittlerweile vollständig mit Geschosswohnungs-Neubauten bebaut wurde, befindet sich noch das Heizkraftwerk der ehemaligen amerikanischen Kasernenanlage. Hier, wo die städtebaulichen Randbedingungen im Winkel zwischen Autobahn und vierspuriger Ausfallstraße extrem sind, ist der Standort für das Jugendhaus Atterberry.

Abbildung 5: Jugendhaus Atterberry, das Haus-im-Haus Prinzip

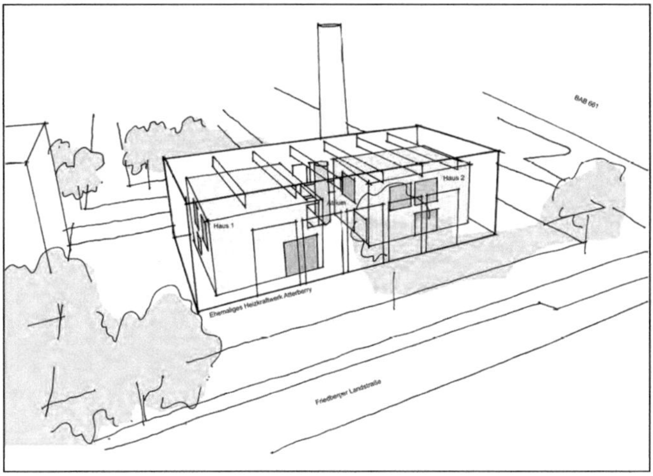

Abbildung 6: Jugendhaus Atterberry, Atrium

Abriss des Heizkraftwerks und Neubau des Jugendhauses sind möglich.

Eine Überprüfung des Bestandsvolumens ergibt, dass es deutlich größer ist als der geplante Neubau und mit dem Raumprogramm des Jugendhauses nicht zu füllen ist.

Dennoch könnte das Bestandsgebäude gute Dienste leisten, wenn man es als unbeheizte Hülle erhält, die Technikeinbauten entfernt und das neue Jugendhaus einfügt. Die neue Nutzung nistet sich gewissermaßen ein und nutzt die bestehende Hülle als Witterungsschutz und, noch wichtiger, als Puffer für den Außenlärm. Das Haus-im-Haus Prinzip kann darüber hinaus einen Beitrag zur energetischen Optimierung des Jugendhauses leisten, im unbeheizten Atrium zwischen den beiden Neueinbauten des Jugendhauses wird es nicht unter den Gefrierpunkt abkühlen.

Beim Altbau handelt es sich um ein architektonisch zwar nicht sonderlich wertvolles, aber um ein robustes und nach praktischen Erwägungen gebautes Gebäude. Nach der Überprüfung seiner Bausubstanz soll es so weit ertüchtigt werden, dass es für viele Jahre in seiner rauen Umgebung ohne großen Pflegeaufwand besteht.

Die Einbauten im Inneren sind zwei hoch wärmegedämmte Baukörper, in denen das eigentliche Raumprogramm (Modul 2) des Jugendhauses untergebracht ist. Zwischen den beiden Häusern befindet sich das innere Atrium, ein überdeckter Außenbereich, der nach dem Vorbild unbeheizter Wintergärten ganzjährig genutzt werden kann. Hierfür ist die Südausrichtung der Fensterflächen des Heizkraftwerks ideale Voraussetzung. Neben den erwähnten Vorteilen des Lärmschutzes und der mehrschaligen, energetisch wirksamen Gebäudehülle, profitiert das Jugendhaus Atterberry im Äußeren vom markanten Erscheinungsbild des ehemaligen Heizkraftwerks und im Inneren von der großzügigen, robusten Atmosphäre des ehemaligen Industriebaus.

LITERATUR

Jocher, T. u.a. (2011): Raumpilot. Stuttgart

Neufert, E. u.a. (2009): Bauentwurfslehre. o. O.

Soziale Ateliers

Räume bilden Ausgegrenzte

Anselm Böhmer

Bildung gilt gegenwärtig als Schlüssel für eine Vielzahl gesellschaftlicher und sozialer Fragen (vgl. Hurrelmann, Quenzel & Rathmann 2011, 315). So wird Bildung – zunächst noch allgemein verstanden als Wissen über die Welt und die Fähigkeit, sich in ihr verstehend zu bewegen – auch für gesellschaftlich Ausgegrenzte als ein nachhaltiger Schlüssel ihrer Inklusion eingeschätzt. Erkennbar ist nämlich, »dass Wissen, Bildung und Bildungstitel in allen modernen, westlichen Gesellschaften wichtige Zugänge zu beruflichen und gesellschaftlichen Positionen konstituieren« (Oelkers, Otto & Ziegler 2010, 85). Gleichwohl sind gerade die Zugänge zu regulären Bildungsräumen sehr unterschiedlich geöffnet, wie in besonderer Weise die Schulleistungsstudien der OECD (vgl. dazu Baumert, Stanat & Watermann 2006, 177, sowie Hurrelmann, Quenzel & Rathmann 2011, 320-325) oder auch aktuelle Untersuchungen über Lebenswelten von Kindern (vgl. Andresen & Hurrelmann 2010 und 2007) zeigen.

In diesem Kontext wird deutlich, dass Bildung in erheblichem Umfang von räumlichen Aspekten bestimmt wird: In der Verschränkung von sozialem und physischem Raum (vgl. Bourdieu 1991) finden Menschen Möglichkeiten und Eingrenzungen ihrer Bildungschancen. Denn wie sie sich bilden können, hängt in nicht geringem Maß davon ab, zu welchen Räumen und zu welchen darin befindlichen sozialen Ressourcen wie z.B. formalen Angeboten, Anerkennung oder zwischenmenschlicher Handlungsmacht sie vorzustoßen in der Lage sind. Insofern sind Menschen, die sich bilden wollen (oder sollen), auf besondere Konstellationen – und insofern: Räume – dieser Bildungsangebote angewiesen.

Ein möglicher Ansatzpunkt für die Gestaltung von bildenden Räumen wird dabei nicht selten über den Weg der Kunst gesucht, um kreative Potentiale zu wecken und Kompetenzerwerb in innovativen Kontexten zu ermöglichen. Dies gilt auch für die beiden im vorliegenden Text herangezogenen Initiativen. In diesem Zusammenhang kommen die Schnittstellen von Kunst und Bildungstheorie insofern zum Tragen, als verschiedene Versuche ausgemacht werden können, durch die künstlerische Gestaltung von Bildungsräumen, besonderen

Zielgruppen Bildungsprozesse zu ermöglichen. Dabei ist zu berücksichtigen, dass die Ambivalenzen der jeweiligen Bildungsprogramme nicht selten auch eine einschlägige sozialpolitische Programmierung erkennen lassen: So können diese Räume zu Bildungszwecken genutzt werden, um einen neuerlichen Ausschluss qua bildend-abgegrenztem Raum zu realisieren, oder aber sie sind Ausdruck einer dezidierten Inklusion in gesellschaftliche Strukturen und Prozesse. Auch unter dieser Hinsicht ist eine Kritische Bildungstheorie für die Soziale Arbeit vonnöten, um inkludierende Bildungsräume identifizieren zu können.

Vor diesem Hintergrund wird der vorliegende Aufsatz in drei Schritten Argumente sammeln und prüfen: Zunächst sollen zwei so genannte Soziale Ateliers für Ausgegrenzte vorgestellt werden: ein Kunstprojekt für Langzeitarbeitslose sowie ein weiteres von Erwachsenen mit geistiger Behinderung. Sodann wird daraus ein kontextualisiertes Verständnis bildender Räume gewonnen, um ein induktives Konzept von Bildungsprozessen und deren räumlicher Ordnung zu formulieren. Schließlich sollen erste Qualitätskriterien für Bildungsräume als Soziale Ateliers formuliert werden.

Räume bilden Ausgegrenzte

»So wie der physische Raum durch die wechselseitige Äußerlichkeit der Teile definiert wird, wird der Sozialraum durch die wechselseitige Ausschließung (oder Unterscheidung) der ihn bildenden Positionen definiert, d.h. als Aneinanderreihung von sozialen Positionen.« (Bourdieu 1997, 160)

Soziale Räume dienen also der zwischenmenschlichen Positionsbestimmung derjenigen, die sich darin aufhalten. Sie sind dabei nicht als Container zu verstehen, in denen sich alles versammeln und vereinheitlichen ließe, sondern fungieren in der Lesart Bourdieus gerade als Instrumente sozialer Unterscheidungen. Insofern sind Räume unter der Perspektive Sozialer Arbeit daraufhin zu befragen, auf welche Weise sie welche Unterschiede zum Ausdruck bringen, womöglich erst schaffen – und ob bzw. inwieweit es mittels geeigneter Initiativen gelingt, gerade angesichts der Unterschiede sozialer »Lagerungsbeziehungen« (Foucault 1992, 37) individuelle und strukturelle Freiräume zu öffnen respektive offenzuhalten.

Der hier bereits angedeutete Inklusionsbegriff ist daher keiner, der einer Vereinheitlichung von Individuen und ihren Möglichkeiten verpflichtet wäre, sondern einer, welcher die Diversität von subjektiven Entwürfen und Möglichkeiten, materiellen Ausstattungen oder auch gesellschaftlichen und politischen Perspektiven berücksichtigt (vgl. Sen 1992, XI; zur Kritik Dabrock 2010, 23-26). Dies allerdings geschieht unter der normativen Maßgabe, dass Verwirklichungschancen (*capabilities*) für ein von den Individuen als gelingend angesehenes Leben objektiv realisiert werden können:

»The capability approach focuses on human lives, and not just on the resources people have, in the form of owning - or having use of - objects of convenience that a person may possess.« (Sen 2009, 253; vgl. auch Sen 2002)

Dazu wiederum kann Soziale Arbeit ihren spezifischen Beitrag im Rahmen der Wohlfahrtsproduktion leisten, sofern sie sich ihrer gesellschaftlichen Funktion bei der Vergabe von Titeln und Positionen innerhalb des erwähnten Geschehens bezüglich der Aneinanderreihung von sozialen Positionen bewusst ist und ihre Handlungsspielräume im Sinne einer Dienstleistung für die *capabilities* der Individuen zu nutzen versteht.

Der Raum als soziales Atelier

Wird Bildung für gesellschaftlich Ausgegrenzte als Schlüssel ihrer Inklusion angesehen, so ist zunächst danach zu fragen, wie solcherart Inklusion verwirklicht werden kann. Die Inklusionsleistung wird – dies dürften die kurzen Hinweise zu Verwirklichungschancen deutlich gemacht haben – primär bei gesellschaftlichen Akteuren und nicht bei den exkludierten Individuen zu suchen sein. Als analytische Heuristik sozialer Kontexte mag folgende idealtypische Dichotomie dienen: Eine Gesellschaft fungiert vornehmlich inklusiv, d.h. sie verfügt über Mittel und Wege, unterschiedlichen Menschen in ihren Reihen Raum zu bieten, und setzt diese ein; oder sie fungiert vornehmlich exklusiv, d.h. die stets vorfindlichen Unterschiede der Menschen dienen dazu, bestimmte Gruppen von gesellschaftlicher Macht und Gestaltungsmöglichkeiten auszuschließen. Empirisch dürften die meisten gesellschaftlichen Formationen einen Mix aus beiden Varianten darstellen.

Werden daher für Ausgegrenzte Bildungsmöglichkeiten mit dem Ziel einer verstärkten Partizipation zur Verfügung gestellt, ist die nunmehr offenkundige Ambivalenz solcher Bemühungen zu gewärtigen: Partizipation mag der Bildung bedürfen, um zu sozial relevanten Ergebnissen beizutragen. Gleichwohl ist dann nach den Voraussetzungsformen wie nach den inhaltlichen Bezügen zu fragen, durch welche Bildung für Ausgegrenzte inkludierend wirken soll. Oder anders formuliert: Dient ein bestimmtes Bildungsangebot lediglich dem »Abbau von Vermittlungshemmnissen« auf Seiten der *Einzelnen*, wie dies der arbeitsgesellschaftlichen Sprachregelung mitunter zu entnehmen ist (vgl. etwa § 16e SGB II), so erfüllt dieses Angebot nachgerade nicht die Aufgabe, Inklusion als *gesellschaftliche* Aufgabe mit den Mitteln von Bildung subjektspezifisch zu verwirklichen.

Noch deutlicher tritt dies zu Tage, wenn man sich die vielfach bestätigten Hinweise vergegenwärtigt, dass der Zugang zu solchen Bildungsmöglichkeiten unterschiedlich verteilt ist und »damit zur Perpetuierung der Klassenverhältnisse beitragen kann« (so bereits Bourdieu 1973, 93; vgl. ferner Baumert, Stanat & Watermann 2006). Insofern ist zu attestieren:

»Vor dem Hintergrund einer leistungsgerechten Verteilung von Bildungszertifikaten konnte formale Bildung zum zentralen Schlüssel für gelingende Integration und für ein gutes Leben in modernen Gesellschaften avancieren. [...] Und an ihr lassen sich beispielhaft gesellschaftliche Ungleichheiten ablesen, die sich in unterschiedlichen Zugängen zu den relevanten Teilsystemen zeigen.« (Radtke & Stošić 2009, 40-41)

Deshalb ist zu bestimmen, wer in den Systemen formaler, aber im Hinblick auf die hier diskutierten Projekte mehr noch non-formaler Bildung (vgl. Autorengruppe Bildungsberichterstattung 2010, 61-94 sowie Rauschenbach u.a. 2004) welche Leistungen zu erbringen in der Lage und bereit ist. Näher ist zu klären, welche Konsequenzen seitens der Gesellschaft für jene bereitgehalten werden, die eine andere Leistungsbereitschaft als die der arbeitsgesellschaftlichen Orientierung aufweisen.

Zwei Projekte zur Inklusion durch Kunst

Vor diesem Hintergrund sollen nun zwei Initiativen vorgestellt werden, die sich mit den Fragen einer gesellschaftlichen Inklusion durch sozialpädagogische Kunstprojekte befassen. Die erste trägt den Titel »Neue Lebens- und Beschäftigungsformen« und wurde vom Caritasverband für die Erzdiözese Freiburg und seinen Gliederungen im Jahr 2007 initiiert (vgl. Böhmer & Hahn 2008 und 2008a). Ziel war es, Langzeitarbeitslose durch sinnstiftende Tätigkeiten und Sozialformen dabei zu unterstützen, eigene Perspektiven für eine aus ihrer Sicht gelingende Biographie zu verfolgen. In erklärter Differenz zum Fördern und Fordern des SGB II wurde primär nicht die Vermittlung in Arbeitsmärkte angestrebt, sondern die individuelle Entwicklung der Betroffenen.

Vor dem Hintergrund der zuvor entwickelten Inklusionsmaßstäbe wird deutlich, dass dieses Projekt zunächst auf Seiten der betroffenen Individuen und nachgerade nicht auf der gesellschaftlicher Akteure und Strukturen ansetzt. Insofern ist der Maßnahme zu attestieren, dass sie einem gesellschaftlichen Missstand durch individuelle Maßnahmen zu begegnen trachtete und zugleich die *capabilities* der Betroffenen zum Ausgangspunkt ihrer Initiative nahm.

Das zweite Projekt trägt den Titel »Inklusive Ateliers«. Hier kooperiert eine Kunstakademie für Erwachsene mit geistiger Behinderung (vgl. www.kunstakademie-u7.de) mit Regelschulen in Baden-Württemberg. Dabei werden die Menschen mit Behinderung zunächst in ihrer künstlerischen wie kunsthandwerklichen Kompetenz gefördert, um in Projektarbeit gemeinsam mit Schülerinen und Schülern z.B. von Gymnasien oder von Realschulen künstlerische Prozesse zu gestalten. Auf der Grundlage der UN-Konvention über die Rechte von Menschen mit Behinderungen sind nunmehr Menschen mit Behinderung als Lehrerinnen und Lehrer tätig, indem sie ihre Fähigkeiten in den Lehr- und Lernprozess an staatlichen Schulen einbringen. Unterstützt werden sie dabei durch Assistentinnen und Assistenten.

Ein erster Rekurs auf die *Capabilitiy*-Perspektive lässt erkennen, dass mit diesem zweiten Projekt Inklusion nicht von Individuen, sondern zunächst von Institutionen (hier insbesondere: Schulen) gefordert wird. Unter dieser Maßgabe kann von einem Bildungsverständnis ausgegangen werden, das nicht meint, individuelle Defizite beheben zu müssen, sondern strukturelle Beschränkungen bei der Ausübung individueller Freiheitsrechte und Verwirklichungschancen (vor allem künstlerischer und kunsthandwerklicher Kompetenz).

Kontextualisiertes Verständnis bildender Räume

Vor dem Hintergrund der bis hierher angestellten Vorüberlegungen und der in den erwähnten Projektstandorten bislang gesammelten Erfahrungen sollen nun Ansätze gewonnen werden, die in diesem Kontext in der Lage sind, Perspektiven für einen sozialpädagogischen Bildungsbegriff unter inklusionstheoretischer Hinsicht zu formulieren und dabei insbesondere die Bedeutung von Räumlichkeit zu beleuchten.

Bildung hängt auch ab vom Raum, in dem sie stattfindet. Nicht allein sind subjektive Prozesse mit Bildung zu umschreiben, sondern im Sinne des Habituskonzeptes nach Bourdieu fungieren in diesen Prozessen »strukturierte Strukturen, die geeignet sind, als strukturierende Strukturen zu wirken« (Bourdieu 1976, 147). Bildung als Verschränkung von subjektiven und objektiven Aspekten des Austausches zwischen den betroffenen Menschen und den Räumen ihrer Bildung strukturiert daher biographische wie gesellschaftliche Prozesse, an denen die solcherart Gebildeten beteiligt sind. Insofern sind nicht allein die Individuen zu fördern und zu fordern, um durch Bildung »strukturierende Strukturen« für die gesellschaftliche Partizipation der Betroffenen zu gewinnen; vielmehr müssen die Räume, in denen sich Bildung ereignen soll, dem Bildungsinteresse der Betroffenen gemäß gestaltet werden, sofern eben deren Maßstäbe als geltende eingeschätzt werden.

Ferner hängt Bildung auch ab von der sozialen Zuschreibung der jeweiligen Zielgruppe, insofern solche Etikettierungen die Bildungsräume ihrerseits mitprägen. Bildungsprozesse – in einem emanzipatorischen Sinne – bedürfen daher einer kritischen Einführung und Gestaltung: nicht um die Etikettierungen zu vermeiden, was schlechterdings unmöglich erscheint, sondern um die Zuschreibungen kritisch in den Blick nehmen und somit eine Denkungsart bewirken zu können, welche Foucault (1992a, 12) nennt: »die Kunst, nicht dermaßen regiert zu werden bzw. die Kunst, nicht auf diese Weise und um diesen Preis regiert zu werden.« Bildung kann insofern gerade für jene Ausgegrenzte von besonderer Bedeutung sein, die sich in ihren Bildungsprozessen auch der sozialpolitischen Programmierung ihrer Hilfesysteme bewusst werden und in der Lage sind, dazu gesellschaftlich wie politisch kritische Positionen einzunehmen.

Insofern grenzen Räume ein und aus. Bildungsräume sind zwar in der Lage, qua Bildungsabsicht Menschen zu exkludieren, sollte aber die zuvor skizzierte Denkungsart Raum greifen, ließe sich aus den Sonderräumen und ihren vordergründig exkludierenden Prozessen eine Solidarität der Betroffenen gewinnen, welche sie einerseits untereinander stärken (was für sich genommen noch nichts Außergewöhnliches und erst recht nicht Inklusionsprozesse bedeutet), um andererseits aus dieser Solidarität heraus gestärkt ihre Auffassungen öffentlich zu machen und auf diese Weise zumindest in Ansätzen zu verwirklichen, »nicht auf diese Weise und um diesen Preis regiert zu werden.« Einige der Erfahrungen aus dem Arbeitslosenprojekt lassen diese Perspektive realistisch erscheinen.

Dabei sind Räume im entwickelten Sinne von nicht allein subjektiv verstandener Bildung als »strukturierende Strukturen« aufzufassen, »als materiale, soziale und symbolische Rahmungen, die Interaktionen präfigurieren« (Ricken & Rieger-Ladich 2009, 197). Räume bilden Menschen: wohl nicht absolut und auch nicht überzeitlich, sehr wohl aber im jeweiligen Kontext und in der jeweiligen Situation (vgl. auch mit Bezug auf das *gym*, die Boxschule im amerikanischen Ghetto: Wacquant 2003, 20-22). Damit scheint nach dem bislang Entwickelten nahezuliegen: Kunstprojekte Sozialer Arbeit bilden Künstler und Künstlerinnen – und ihre Räume. Gruppenprozesse und die Wahrnehmung in der Öffentlichkeit scheinen auf solche Zusammenhänge hinzudeuten. Daher sind gerade unter dieser Hinsicht subjektive, objektivierte (vgl. Bourdieu), räumliche und politische Aspekte sozialarbeiterischer Kunstprojekte zu reflektieren, um nicht vorschnell einer subjektivistischen Einengung der fachlichen Perspektive zu erliegen.

Vielmehr lassen sich unter sozialpädagogisch aufgeklärter Hinsicht solche Bildungsräume als »Heterotopien« (Foucault 1992, 39) bezeichnen, die als »andere Orte« – so die wörtliche Übersetzung des griechischen Begriffs – eine andere Wirklichkeit gerade dadurch zu setzen in der Lage sind, dass sie Grenzen markieren – Inklusion durch situativ kalkulierte Exklusion gewissermaßen (vgl. ähnlich zum Diskurs der Migrationspädagogik: Mecheril 2004, 94-100, sowie mit Blick auf das hegemoniale Projekt moderner Subjektivität: Laclau

1990, 39). Diese heterotopische Perspektive einer für bestimmte Situationen gewählten und insofern nicht auf Dauer gestellten dialektischen Inklusion soll die nun folgenden Qualitätskriterien für Bildungsräume Sozialer Arbeit präzisieren.

EINIGE QUALITÄTSKRITERIEN FÜR BILDUNGSRÄUME ALS SOZIALE ATELIERS

> »Es gibt [...] – und das wohl in jeder Kultur, in jeder Zivilisation – wirkliche Orte, wirksame Orte, die in die Einrichtung der Gesellschaft hineingezeichnet sind, sozusagen Gegenplatzierungen oder Widerlager, tatsächlich realisierte Utopien, in denen die wirklichen Plätze innerhalb der Kultur gleichzeitig repräsentiert, bestritten und gewendet sind, gewissermaßen Orte außerhalb aller Orte, wiewohl sie tatsächlich geortet werden können. Weil diese Orte ganz andere sind als alle Plätze, die sie reflektieren oder von denen sie sprechen, nenne ich sie [ ] die Heterotopien.« (Foucault 1992, 39)

Unter dieser Perspektive sollen im Folgenden Bildungsräume Sozialer Arbeit qualifiziert werden – als kritische »Widerlager« zur Normalarbeitsgesellschaft, als »tatsächlich realisierte Utopien« von Inklusion der Unterschiedlichen. Da sie damit zugleich »Orte außerhalb aller Orte« werden, ist es notwendig, die Frage nach der Anschlussfähigkeit – sozial, gesellschaftlich, nicht zuletzt diskursiv – zu formulieren. Sollen also – gewissermaßen als Quintessenz der bislang vorgelegten Überlegungen – nunmehr heterotopische Qualitäten beschrieben werden, so ist davon auszugehen, dass inklusive und kritische Bildungsprozesse einer eigenen Logik folgen, dass sie genauerhin dem arbeitsgesellschaftlich Gewohnten einerseits entstammen, andererseits ›das ganz Andere‹ dazu anbieten. Mit dem bislang Entwickelten können folgende Positionen als erste Annäherungen an die systematische Fassung der in den beiden Bildungsprojekten gesammelten Erfahrungen gelten:

Bildungsprojekte sind kritisch und inklusiv. Denn die nicht auf Verwertung ausgerichteten Kunstprojekte für Arbeitslose und für Menschen mit Behinderung machen deutlich, dass eine Humankapitaltheorie, welche Bildung als – auch monetär quantifizierbare – Investition für einen ebensolchen Profit versteht, mit dem Maßstäben einer kritischen und inklusiven Sozialen Arbeit fraglich wird: Kritisch ist zu hinterfragen, inwieweit lediglich diejenigen Prozesse realisiert werden sollten, die einen finanziellen Ertrag generieren – alle Bemühungen um einen »social return on investment« als monetär ausgewiesen Größe (vgl. dazu Schellberg 2010) können dann nicht mehr überzeugen, wenn Bildung als Habitualisierung unterschiedlicher *capabilities* konzipiert (s.o.) und dabei vom bloßen Wohlstand abgehoben wird. Inklusiv ist ein solches Projekt eben dann, wenn es nicht auf ein mühseliges Zusammenführen von Verschiedenen abzielt, sondern schlicht den Unterschiedlichen die gleichen Rechte auf gesellschaftliche Teilhabe zugesteht und sie in deren unterschiedlicher Wahrnehmung unterstützt.

Bildungsräume müssen kritisch auf ihre sozialpolitische Programmierung hin analysiert werden. Dabei können gerade »Abweichungsheterotopien« (Foucault 1992, 40-41), also Orte, in die »man die Individuen [steckt], deren Verhalten abweichend ist im Verhältnis zur Norm« (ebd. 40), eine Versuchung Sozialer Arbeit sein. Dienen die Räume der skizzierten Bildungsprojekte lediglich dem Zweck, die Anderen dort zu versammeln und nach Möglichkeit in eine arbeitsgesellschaftliche Normalität hinein zu fördern und zu fordern, so wäre das sozialpädagogische Bildungsunterfangen lediglich eines der etikettierenden Kontrolle der (noch) Anderen. Soll aber Soziale Arbeit einem kritischen und inklusiven Auftrag folgen, so wären die normalisierenden und stigmatisierenden Anmutungen zu ersetzen durch eine Perspektive, die nach subjektiven Prozessen in objektiven Strukturen – nachgerade losgelöst von Normalitäten – fragt. »Die Heteroropien setzen immer ein System von Öffnungen und Schließungen voraus, das sie gleichzeitig isoliert und durchdringlich macht.« (Ebd. 44) Die ersten Ergebnisse der Schulkunst mit Menschen mit Behinderung verweisen in die Richtung von Inklusion.

Ein perspektivisches Verständnis von Bildung, Kunst und Räumen eröffnet individuelle wie soziale Spielräume. Das Imaginationsarsenal (ebd. 46) der Heterotopien macht in diesem Falle deutlich, was möglich sein könnte, wenn sich Bildung in Räumen von Kritik und Inklusion ereignete. Insofern sprechen die erwähnten Projekte gerade durch ihre Fremdheit in einer arbeitsgesellschaftlichen Selbstverständlichkeit von dem, was als Mögliches imaginiert werden und insofern seine ebenso anziehende wie inspirierende Wirkung für soziale Politiken bergen kann. Gerade die Möglichkeiten der Kunst bieten zu diesem Zweck eine Vielzahl von Ausdrucksvarianten. Insofern leisten beide Kunstprojekte auf jeweils unterschiedliche Weise die Imagination einer sozialen Situation, in welcher Inklusion als das gleichberechtigte Neben- und Miteinander der unterschiedlichsten Menschen realisiert werden kann. Soziale Arbeit scheint auf diese Weise auch ein utopisches Potential sicherzustellen und mithin Soziale Ateliers als kreative Räume sozialer Innovationen bieten zu können.

Vor dem Hintergrund dieser Qualitätskriterien ließe sich eine erster Anhalt gewinnen für Bildungsräume, die nicht Ausgrenzung und von Ausgrenzung betroffene Menschen generieren, sondern die den gemeinhin Ausgegrenzten im Medium von Bildung mit kritischen wie inklusiven Perspektiven auf das hin ausstatten, was man »good living« (Sen 2009, 254) nennt. Die Schritte dorthin indes mögen ebenso tentativ wie explorativ sein; dass sie tatsächlich gegangen werden, scheint die einzige Garantie dafür zu sein, dass gelingende Heterotopien verwirklicht werden können.

LITERATUR

Autorengruppe Bildungsberichterstattung (Hg.) (2010): Bildung in Deutschland 2010. Ein indikatorengestützter Bericht mit einer Analyse zu Perspektiven des Bildungswesens im demografischen Wandel. Im Auftrag der Ständigen Konferenz der Kultusminister der Länder in der Bundesrepublik Deutschland und des Bundesministeriums für Bildung und Forschung. Bielefeld

Baumert, J., Stanat, P. & Watermann, R. (2006): Schulstruktur und die Entstehung differenzieller Lern- und Entwicklungsmilieus. In: Baumert, J., Stanat, P. & Watermann, R. (Hg.): Herkunftsbedingte Disparitäten im Bildungswesen. Vertiefende Analysen im Rahmen von PISA 2000. Wiesbaden, 95-188

Böhmer, A. & Hahn, U. (2008): Neue Lebenslagen brauchen neue Beschäftigungsformen. Eine Antwort auf die Transformation der Arbeitsgesellschaft. In: Caritas-News 1/2008, 10-12

Böhmer, A. & Hahn, U. (2008a): Neue Lebens- und Beschäftigungsformen. Ein Wohlfahrtsverband sucht Alternativen zu Hartz IV. In: Maier, K. (Hg.): Soziale Arbeit in der Krise der Arbeitsgesellschaft. Freiburg, 228-236

Bourdieu, P. (1973): Kulturelle Reproduktion und soziale Reproduktion. In: Bourdieu, P. (Hg.): Grundlagen einer Theorie der symbolischen Gewalt. Kulturelle Reproduktion und soziale Reproduktion. Frankfurt a.M., 89-137

Bourdieu, P. (1976): Entwurf einer Theorie der Praxis auf der ethnologischen Grundlage der kabylischen Gesellschaft. Frankfurt a.M.

Bourdieu, P. (1991): Physischer, sozialer und angeeigneter physischer Raum. In: Wentz, M. (Hg.): Stadt-Räume. Frankfurt a.M., 25-34

Bourdieu, P. (1997): Ortseffekte. In: Bourdieu, P. u.a. (Hg.): Das Elend der Welt. Zeugnisse und Diagnosen alltäglichen Leidens an der Gesellschaft. Konstanz, 159-167

Dabrock, P. (2010): Befähigungsgerechtigkeit als Ermöglichung gesellschaftlicher Inklusion. In: Otto, H.-U. & Ziegler, H. (Hg.): Capabilities. Handlungsbefähigung und Verwirklichungschancen in der Erziehungswissenschaft. Wiesbaden, 17-53

Foucault, M. (1992): Andere Räume. In: Barck, K. u.a. (Hg.): Aisthesis. Wahrnehmung heute oder Perspektiven einer anderen Ästhetik. Leipzig, 34-46

Foucault, M. (1992a): Was ist Kritik? Berlin

Hurrelmann, K. & Andresen, S. (2007): Kinder in Deutschland 2007. 1. World Vision Kinderstudie. Hg. v. World Vision e.V. Frankfurt a.M.

Hurrelmann, K. & Andresen, S./TNS Infratest Sozialforschung (2010): Kinder in Deutschland 2010. 2. World Vision Kinderstudie. Hg. v. World Vision e.V. Frankfurt a.M.

Hurrelmann, K., Quenzel, G. & Rathmann, K. (2011): Bildungspolitik als Bestandteil moderner Wohlfahrtspolitik – Deutschland im internationalen

Vergleich. In: Zeitschrift für Soziologie der Erziehung und Sozialisation 31, 3, 313-327

Laclau, E. (1990): New Reflections on the Revolutions of our Time. London

Mecheril, P. (2004): Einführung in die Mirgrationspädagogik. Weinheim/Basel

Oelkers, N., Otto, H.-U. & Ziegler, H. (2010): Handlungsbefähigung und Wohlergehen: Der Capabilities-Ansatz als alternatives Fundament der Bildungs- und Wohlfahrtsforschung. In: Otto, H.-U. & Ziegler, H. (Hg.): Capabilities. Handlungsbefähigung und Verwirklichungschancen in der Erziehungswissenschaft. 2. Auflage. Wiesbaden, 85-89

Radtke, F.-O. & Stošić, P. (2009): Lokale Bildungsräume: Ansatzpunkte für eine integrative Schulentwicklung. In: geographische revue 1/2009, 34-51

Rauschenbach, T. u.a. (2004): Non-formale und informelle Bildung im Kindes- und Jugendalter. Konzeptionelle Grundlagen für einen Nationalen Bildungsbericht. (Hg. v. Bundesministerium für Bildung und Forschung.) Berlin

Ricken, N. & Rieger-Ladich, M. (2009): Macht und Raum: Eine programmatische Skizze zur Erforschung von Schularchitekturen. In: Böhme, J. (Hg.): Schularchitektur im interdisziplinären Diskurs. Territorialisierungskrisen und Gestaltungsperspektiven des schulischen Bildungsraums. Wiesbaden, 186-203

Sen, A. (1992): Inequality Re-examined. Oxford

Sen, A. (2002): Ökonomie für den Menschen. Wege zu Gerechtigkeit und Solidarität in der Marktwirtschaft. München

Sen, A. (2009): The Idea of Justice. London

Schellberg, K.-U. (2010): Sozialen Nutzen belegen. In: Sozialwirtschaft 6/2010, 19-22

Wacquant, L. (2003): Leben für den Ring. Boxen im amerikanischen Ghetto. Konstanz

Bildungsraum Architekturmuseum

Arne Winkelmann & Christina Budde

Die zentrale Herausforderung der didaktischen Arbeit eines Museums im Allgemeinen und der Architekturvermittlung im Besonderen ist das Erschließen neuer Zielgruppen: Wie kann man bildungsfernen Schichten den Zugang zum Museum erleichtern? Mit welchen Angeboten kann die Schwelle möglichst niedrig gesetzt werden, um neue Besucher für das Thema Architektur zu interessieren?

Probleme der Ausstellungspraxis im Architekturmuseum

Das Architekturmuseum, wie auch andere Spartenmuseen, läuft ständig Gefahr, mit seinem Programm nur eine bestimmte Klientel zu bedienen, und damit seine fachspezifischen Themen und Diskurse lediglich in einem hermetisch geschlossenen Zirkel zu verhandeln. Innerhalb dieses Expertendiskurses können die Kuratoren und wissenschaftlichen Mitarbeiter auch auf hohem Niveau mit dem Publikum kommunizieren. Das Museum fungiert damit als Stätte bürgerlicher Selbstbegegnung (Kaube 2010, 6). Darüber werden jedoch oftmals die interessierten Laien oder noch nicht gewonnenen Museumsgäste vergessen, was dem Bildungsauftrag der Einrichtung Museum zuwiderläuft. Das Versäumnis, sich dem Laien verständlich zu machen, wird von vielen anderen Berufs- und Wissenschaftszweigen geteilt und ist kein Alleinstellungsmerkmal des Architektenberufs. Doch mag es beim Bauwesen umso schwerer wiegen, als dass Architektur unsere baulich-räumliche Umwelt darstellt und damit jedem dauernd präsent ist und täglich permanent genutzt wird. Der Totalität dieses Phänomens steht ein großes Desinteresse reziprok gegenüber. Die Notwendigkeit der Architekturvermittlung ist in höchstem Maße gegeben.

Neben der Dringlichkeit aus dem eigenen Expertendiskurs herauszubrechen (Rambow 2000) besteht für Architekturmuseen als Bildungsraum noch ein weiteres Problem. Ein Problem, das nicht allzu schwer wiegen mag, das jedoch bei näherer Betrachtung und Reflektierung die gesuchten Möglichkeiten bietet, das Museum attraktiver zu machen.

Es ist das Problem der Repräsentation, das aus den Anfängen der Architekturmuseen resultiert, als Mitte des 19. Jahrhunderts an den Technischen Universitäten in München und Berlin Plansammlungen eingerichtet wurden. Primär als Institute zur Archivierung von Plangrafiken und Illustrationen etabliert, beschränkte sich das museale Sammeln (Flügel 2005, 53) auf zweidimensionale Repräsentationsformen von Architekturprojekten. Die eigentlichen Gegenstände der Architektur, nämlich Bauwerke, Gebäudeensembles, urbane Gebilde und Strukturen, Plätze, Gärten usw. können Architekturmuseen nie im Maßstab eins zu eins ausstellen. Selbst »Gehäuse« können Architekturmuseen keine anderen Gehäuse in sich bergen. Sie müssen immer mit Stellvertretern, mit Repräsentationsmedien arbeiten, mit Fotos, mit Bildern, mit Plangrafiken, mit Videos und vor allem mit Modellen. Architekturmuseen müssen Architektur deshalb praktisch medial verkleinern, um Bauwerke überhaupt in einer Ausstellung zeigen zu können. Dabei werden diese Repräsentationsmedien selbst ästhetische Gegenstände und das Bauwerk außerhalb, auf das verwiesen wird, bleibt Abstraktion. Bei einem Kunstmuseum befinden sich Gemälde, Skulpturen und Installationen quasi in ihrer »natürlichen« Umgebung – das Museum ist deren ureigener Kontext. Bauwerke hingegen haben ihren Kontext immer außerhalb des Museums.

Einige Architekten haben daher versucht, den Museumsbau selbst durch eine gestalterische Auseinandersetzung mit kunsthistorischen Motiven zu einem Ausstellungsstück zu erheben. Weniger als Hülle oder Rahmen für entsprechende Exponate, sondern als didaktisches Medium sollte es fungieren. Der britische Architekt James Stirling hat beispielsweise die Stuttgarter Staatsgalerie mit so vielen architektonischen Zitaten und stilistischen Versatzstücken gestaltet, dass es in der zeitgenössischen Kritik als »Zitatenmuseum« bezeichnet wurde (Sack 1984, 19). Dieses Museums tritt damit als Gebäude in Konkurrenz zu den darin gezeigten Ausstellungsstücken. Mit dieser postmodernen Entwurfskonzeption steht der Bau heute praktisch als Denkmal für dieses Architekturepoche der historischen Bezugnahmen.

Auch Oswald Mathias Ungers hat beim Deutschen Architekturmuseum in Frankfurt die Architektur zum Thema gemacht. Er hat mit historischen Motiven und Andeutungen gearbeitet, um die Bestimmung des Gebäudes, nämlich die »Thematisierung der Architektur« (Ungers 1983) exemplarisch umzusetzen. Um die Architektur förmlich ins Museum zu bringen, hat er das »Haus-im-Haus«-Konzept entwickelt: in eine historisierende Villa aus dem späten 19. Jahrhundert wurde ein Neubau kontrastierend eingestellt. In der Paragone nimmt diese Inversion den letzten Platz ein, denn in den anderen Künsten gab es das Buch im Buch, das Theaterstück im Theaterstück oder das Bild im Bild schon Jahrhunderte vorher. Im oberen Stockwerk tritt dieses »Haus-im-Haus«-Prinzip am deutlichsten zutage, wo mit einem stilisierten, archetypischen Haus, die Urhütte dargestellt wird, die seit Vitruv einen festen Topos der Architekturtheorie darstellt.

Abbildung 1: Deutsches Architekturmuseum, 3. OG mit »Urhütte«

Weitere Motive wie die südländisch wirkenden Arkadengänge der Eingangsfront, die Treppenränge im Auditorium, die auf römische Theater verweisen, oder die gewölbte Halle, die an Palladios *Palazzo della Ragione* in Vicenza erinnert, sind dem Bau eingeschrieben, aber auch abstrakte Entwurfsthemen wie das quadratische Raster oder das Prinzip positiver und negativer Formen.

Immer wieder kam die Idee auf, das Architekturmuseum doch einmal vollständig leer zu präsentieren und es als große Bauskulptur auszustellen, es praktisch für sich selbst sprechen zu lassen (Fischer 2008, 71). Doch waren und sind diese puristischen Vorschläge nicht wirklich realistisch, denn die vielen eingearbeiteten Motive, Topoi und Details erschließen sich selbst dem geschulten Betrachter auch mit freier Sicht auf das Haus einfach nicht. Als »Bildungsraum« taugt es damit nicht, denn seine integrierten Gestaltungsinhalte richten sich an den »vor-gebildeten« Besucher, den Experten, und eignet sich weniger dazu, mit ihm Architektur zu erklären (Cepl 2008, 28).

In seiner Ausstellungspraxis muss das Deutsche Architekturmuseum also auch auf mediale Repräsentationstechniken zurückgreifen wie Architekturmodelle, Plangrafiken, Skizzen und Fotos, wodurch dann die Ausstellungsarchitektur, die Präsentation dieser zweidimensionalen Medien wiederum sehr wichtig wird, um die Bildinhalte für den Besucher abwechslungsreich und ansprechend zu inszenieren, oder wie bei Projektionen und Videoinstallationen, die es dann wenigstens erlauben, eine zeitliche, prozessuale Dimension aufzumachen.

Durch diese Repräsentationstechniken gehen aber einige ganz wesentliche Aspekte von Architektur wie Raumwahrnehmung in der Bewegung, Raumerfahrung, Orientierung, Akustik, Haptik, Patina, Lichtführung oder so ungreifbare Dinge wie Atmosphäre (Böhme 2006, 105) verloren. Die Apperzeption von Architektur, ihr sinnliches Erleben ist im Museum schlicht nicht möglich. Architekturmuseen können damit kaum emotionale Affekte, körperliche Erfahrung oder suggestive Wirkungen bei ihrem Publikum hervorrufen. Eine Strategie, dieses Problem zu umgehen und einen »neuen«, wenn auch selbstverständlichen Weg der Architekturvermittlung einzuschlagen, besteht in der musealen Erschließung der baulich-räumlichen Umwelt. Während einer halbjährigen Umbau- und Schließungsphase im Jahr 2007 hat das Deutsche Architekturmuseum eine »Außenspielstätte« eröffnet und damit den »Bildungsraum« Architekturmuseum verlassen bzw. erweitert. So konnte erstmals ein Architekturobjekt in toto ausgestellt werden.

AUSSER HAUS 1

Auf der Suche nach geeigneten Objekten erhielt man Kenntnis von einem leerstehenden Polizeigefängnis in zentraler Lage Frankfurts. Ein unscheinbares Gebäude, das bis vor wenigen Jahren noch in Betrieb war und seitdem auf eine neue Nutzung oder den Abriss wartete.

Abbildung 2: Ehemaliger Polizeigewahrsam Klapperfeld

Als Ort der Verwahrung und Sicherung mit seinen hohen, stacheldrahtbewehrten Mauern wirkt der Bau nicht nur wie ein Fremdkörper in der Stadt, sondern er ist es auch in dem Sinne, dass eine Gesellschaft auf seine Funktion eigentlich gerne verzichten würde und eben nur aus gesetzeskonformen Bürgern bestehen möchte. Doch ist unsere Gesellschaft weit davon entfernt.

Im Gegenteil: Der Gefängniskomplex übt auf die meisten Menschen eine gewisse Faszination aus, die sich durch seine fast tägliche Präsenz in den Massenmedien manifestiert. Doch so wie diese Bauwerke die Gesellschaft vor Straftätern schützen, so verwehren sie auch umgekehrt dem unbescholtenen Bürger den Einblick. Hinsichtlich des massenhaften Interesses am Gefängniskomplex umfasst die potenzielle Zielgruppe einer Ausstellung in einem Gefängnis theoretisch alle nichtstraffälligen Bürger der Stadt und ihrem Einzugsgebiet.

Das ehemalige Polizeigefängnis stammt aus dem Jahr 1886 und kennzeichnet das Jahr, in dem die Stadt Frankfurt unfreiwillig unter preußische Herrschaft kam. Der Bau war nämlich Teil eines Gebäudeensembles, das aus einer Polizeiwache, einer Dienstvilla für den Polizeipräsidenten und eben dem Polizeigefängnis bestand. Für die Frankfurter stellte dieses Gebäude so etwas wie eine »preußische Zwingburg« dar und ihre Polizei den langen Arm des kaiserlichen Machtapparates in Berlin. Präsidium und Villa gingen im Krieg ab und nur das Gefängnis, das im »III. Reich« als Gestapogefängnis fungiert hatte, blieb erhalten (Kraus 2007, 8 u. 12).

Bei aller Ähnlichkeit mit einem Gefängnis handelt es sich um einen Gewahrsam und damit um ein polizeiliches Instrumentarium zum Schutz der öffentlichen Sicherheit und Ordnung. Die Ingewahrsamnahme darf maximal 24 Stunden dauern: Solange bis der Zweck des Gewahrsams erreicht ist oder der Insasse einem Haftrichter vorgeführt wird, der dann über Freilassung oder Untersuchungshaft entscheidet. In eine Justizvollzugsanstalt kommt man erst nach einem rechtskräftigen Urteil.

Die architektonische Struktur des Gebäudes ist denkbar simpel: Entlang eines langen Mittelgangs reihen sich links und rechts die schmalen Zellen auf, lediglich in den Kopfbauten befinden sich größere Sammelzellen für Gruppengewahrsame. Erstaunlich war eher, dass das Inventar wie die schweren Zellentüren, die Eisengitter, die stählernen Pritschen und Holzbänke noch aus der Zeit des Kaiserreichs stammt. Sie haben der jahrzehntelangen Nutzung und damit auch den Wutausbrüchen und Gewalttätigkeiten der Insassen standgehalten.

Der Zustand der Räume muss als äußerst unappetitlich bezeichnet werden – die Stilllegung des Gewahrsams war schon Jahrzehnte überfällig gewesen. Neben den zu erwartenden Graffitis an Türen und Mauern zeigten die Zellenwände Spuren von Schweiß, Blut, Zigarettenasche, Fußabdrücken und sonstigen Absonderungen der Einsitzenden. Den eintretenden Besuchern beschlich fast unweigerlich ein Gefühl des Ekels und klaustrophobischer Enge – ein Gefühl, das sich durch Betrachtung einer Fotografie und beschreibende Worte in dieser Intensität ganz sicher nicht einstellt.

Abbildung 3 und 4: Zellenflur im Polizeigewahrsam und Einzelzelle

Teile des Gewahrsams wurden einige Jahre für die Abschiebehaft genutzt, wovon die vielen fremdsprachigen Inskriptionen im Türlack zeugen. In dieser Funktion fungierte der Gewahrsam dann doch als eine Art Gefängnis, denn die Abschiebehaft kann sich über mehrere Monate erstrecken, bis über den Asylantrag entschieden ist. Die Abschiebehäftlinge saßen hier also nicht nur 24 Stunden ein, sondern bis zu einem halben Jahr. Das Entsetzen, das den Besucher bei den Gewahrsamszellen ereilte, vergrößerte sich also noch bei der Besichtigung der Abschiebezellen, wobei die körperlichen und seelischen Schäden, die durch diese Unterbringung bei den Delinquenten entstehen, in einem kurzen Besuch lediglich erahnt werden können.

Das Gebäude selbst verfügte also schon über eine derart starke Präsenz oder Aura, dass man es eigentlich auch ohne eine Ausstellung als eigenes Objekt hätte zeigen können. Doch hätte eine unkommentierte Öffnung des Gebäudes höchst wahrscheinlich nur platte Neugier und Sensationslust befriedigt und das kann nicht der Auftrag der Bildungsinstitution Museum sein.

Die Kuratoren Yorck Förster und Arne Winkelmann entschieden sich daher für eine Ausstellung über die Geschichte der Gefängnisarchitektur. Sie trug den Titel »Gewahrsam. Räume der Überwachung.« Im Sinne von Michel Foucaults Schrift »Überwachen und Strafen« wurde ein historischer Abriss von Überwachungsarchitekturen erstellt, der natürlich an keinem Ort schlüssiger gezeigt werden konnte wie in einem Gefängnis. In 12 Stationen wurde die Entwicklung der Gefängnisarchitektur in einem Zeitraum von knapp 300 Jahren abgehandelt. Von den ersten neuzeitlichen Zuchthäusern in den Niederlanden über das Panopticon Benthams über das Auburn-System bis zu Guantanamo.

Die Ausstellung musste sich gegenüber dem Gebäude zurücknehmen und nicht versuchen, mit ihm in Konkurrenz zu treten. Auf Exponate wie Modelle oder Originalzeichnungen wurde weitestgehend verzichtetet, um nicht mit der Aura des Gebäudes zu wetteifern. Mit einer Art Band aus grün-weißen Schautafeln wurde durch das Labyrinth von Einbahnwegen ein didaktischer Parcours durch das Gebäude gelegt. In dem grünen Teil der Tafeln wurden die verschiedenen Gefängnistypen abgebildet und in dem weißen Teil darunter verwandte Typologien, die sich im Fabrikwesen, im Krankenhausbau, bei »Irrenanstalten« und Psychiatrien, beim Wohnungsbau und im öffentlichen Raum finden lassen. Diese Analogie architektonischer Überwachungskonzepte mag für die Besucher genauso erschreckend gewesen sein wie der Zustand, des noch bis vor wenigen Jahren in Betrieb befindlichen Gebäudes.

Abbildung 5: Ausstellungstafeln zur Geschichte der Gefängnisarchitektur

Die Tafeln mäanderten mit einigen Zentimetern Abstand über die Wände, Nischen, Türöffnungen, Ecken und Wandgemälde. Die Ausstellung legte sich damit wie eine neue Nutzungsschicht über das Gebäude. Man hätte die Wände auch weiß streichen, Rück- und Vorsprünge mit Einbauten egalisieren können, um die Tafeln besser zur Geltung zu bringen, aber es sollten ganz bewusst alle Gebrauchsspuren, kleinere Umbauten, Schrauben und Nagellöcher, alle Schatten und Abdrücke von Möbeln als Patina erhalten bleiben, als Verweise auf die intensive Nutzung des Gebäudes.

Der Gewahrsam liegt in der Klapperfeldstraße in der Nähe der Zeil, der Haupteinkaufsstraße von Frankfurt. Um ihn herum liegen das Amtsgericht von Frankfurt und das Hessische Oberlandesgericht sowie eine Berufsschule, sodass der Standort des Gebäudes sehr stark frequentiert wird. Zu den Ausstellungsbesuchern zählten daher vor allem die Anwohner und Nachbarn, die Mitarbeiter der Gerichte und die Schüler, die dieses Gebäude »nun endlich einmal von innen sehen wollten«. Viele Besucher wollten mehr oder weniger sensationsgierig »nur einmal kurz reinschauen«. Wenn diese Besucher dann erst nach gut anderthalb Stunden wieder an der Kasse vorbeikamen, konnte man daraus schließen, dass sie in sämtlichen Räumen und Zellen gewesen sind, dass sie doch sämtliche Tafeln gelesen und sich alles angesehen haben mussten. Diese auffällige Diskrepanz zwischen Erwartungshaltung und Verweildauer mag verdeutlichen, wie die Strategie des »Außer-Haus-Gehens« aufging. Durch das »Ausstellen« eines Gebäudes konnten Besucher interessiert werden, die bis dato nicht zum Publikum des Deutschen Architekturmuseums gehörten. Über das Medium Architektur konnte auf das spezifischere Medium Architekturausstellung aufmerksam gemacht werden.

Im Gästebuch fanden sich einige Einträge, die die sinnliche Wahrnehmung des Gebäudes und die eigene Befindlichkeit reflektierten: »Es ist hier unheimlich, bedrückend, eng und dreckig …«, »Es war eine nette Erfahrung. Aber auch schlimmer als ein Horrorfilm. Ich denke nach so einer Anschauung sieht man alles etwas anders«, »Ein bedrückender Ort – bereits eine Stunde meines Rundganges lassen diese Stimmung aufkommen« oder »Unglaublich wie der Geruch in einzelnen Zellen noch präsent ist. Ziemlich beklemmend!« Diese und weitere Kommentare verdeutlichen das apperzeptive Moment, das im Museum nicht möglich ist. Die Authentizität des Ortes wird mit allen Sinnen wahrgenommen und dessen Besuch als »Erfahrung« rezipiert.

Viele Besucher äußerten sich geschockt über den Zustand des Gebäudes, viele zeigten sich erstaunt über die Komplexität des Themas, viele reflektierten darüber, ob so eine Unterbringung menschenwürdig sei und wie man selbst mit Kriminellen umgehen darf oder wie repressiv ein Staat sein darf, wie gerechtfertigt dieses bauliche Instrumentarium ist.

Das Gästebuch ist auch voll von Einträgen sehr junger Schülerinnen und Schüler, die von ihren Lehrern offensichtlich zur Aufklärung und »Abschreckung« hierher geführt wurden. Diese Einträge spiegeln Gedanken über Strafe, Gerechtigkeit und Recht wider, womit wir bei einem Bildungsbegriff wären, der sich nicht auf geistig-kulturelle Bildung reduziert, sondern auch auf die personale und soziale Bildung des Menschen.

Die Auseinandersetzung mit dem Thema Gefängnis beziehungsweise Gefängnisarchitektur am realen Objekt hat sehr unterschiedliche Eindrücke hinterlassen, hat Diskussion und Gedanken in Gang gebracht. Der Gewahrsam hat damit im weitesten Sinne als Bildungsraum fungiert. Durch den museal präsentierten Raum in einem Kontext außerhalb des Museums konnten einem wesentlich breiteren Publikum Inhalte und Erkenntnisse vermittelt werden, als in der »Stätte bürgerlicher Selbstbegegnung«. Mit der Öffnung des Gewahrsams und der Ausstellung konnte nicht nur ein architektonisches, sondern auch ein gesellschaftspolitisches Thema bearbeitet werden, das im Museum sicher nicht diesen Besuchererfolg verzeichnet hätte. Das Gebäude als Ausgangspunkt für eine Ausstellung, eröffnete also exemplarisch ungeahnte Möglichkeiten.

Prinzipiell stellt damit unsere gesamte baulich-räumliche Umwelt ein Architekturmuseum dar, die lediglich didaktisch erschlossen und aufbereitet werden muss. Es besteht fast überall die Möglichkeit, an die lebensweltliche Erfahrung potenzieller Museumsbesucher anzuschließen und damit eine Auseinandersetzung mit Architektur zu eröffnen. Insofern sie einen relevanten Aspekt abbilden, der die Fachwelt wie den Laien interessieren kann, eignen sich fast alle Gebäude zur Architekturvermittlung.

AUSSER HAUS 2

Im darauffolgenden Jahr wurde die Ausstellung an der Hochschule Mannheim gezeigt. Die Fakultät für Sozialwesen, also der Institution, bei der der Themenkomplex Gefängniswesen zu den Studieninhalten gehört, hat die Ausstellung quasi übernommen, womit praktisch eine höchst zielgenaue lebensweltliche Anbindung erreicht wurde.

Hier fanden die Kuratoren jedoch ganz andere räumliche Bedingungen vor: Statt eines verlassenen Gewahrsams sollte die Ausstellung in einem Neubau präsentiert werden, der gerade vor zwei Jahren bezogen worden und funktional natürlich ganz anders besetzt war.

Die Präsentation in einem Neubau war schwierig, da einerseits die Wände unversehrt bleiben mussten und sich somit die Hängung höchst problematisch gestaltete und andererseits die Frankfurter Ausstellung nur ein Drittel des Umfangs ausmachen sollte und um Aspekte erweitert wurde, die für die Lehre an der Fakultät für Sozialwesen von Bedeutung waren. Durch die Einbindung von Studierenden in die Ausstellungsgestaltung im Rahmen eines Seminarprojektes wandelte sich die Ausstellung zu einem »multiperspektivischen Projekt«

(Weber 2009, 28), das über die Disziplin der Architekturhistorie hinausging. Allerdings wäre die Ausstellung nur mit Texttafeln und ohne ein authentisches bauliches Objekt tatsächlich etwas langweilig geworden. So wurde die Ausstellung zudem noch über die Texttafeln hinaus erweitert um »Anschauungsmaterial« aus der JVA Mannheim wie Ausbruchwerkzeuge, nachgemachte Schlüssel, Dietriche, Destilliervorrichtungen und vieles mehr.

Abbildung 6 und 7: »Vitrinen« und Ausstellungstafeln der Ausstellung »Leben unter Strafe« in der Hochschule Mannheim

Die Objekte unerlaubter Fertigung ergaben den dritten Teil der Ausstellung. Sie erzählen eigene Geschichten und zeugen von der kriminellen Energie und vom Erfindungsgeist derer, die sie hergestellt haben. Sie gaben der Ausstellung damit das, was sie in dieser Designsituation des Neubaus nicht leisten kann: nämlich Authentizität. Um diese Objekte adäquat zu präsentieren, wurde in studentischer Arbeit aus alten Spinden Vitrinen gebaut. Diese Spinde ähneln den schmalen Schränken in den Zellen, die eben meistens als Versteck für diese unerlaubt gefertigten Gegenstände dienen.

Abbildung 8: Fluchthilfen aus der Schausammlung der JVA Mannheim

Eine Auswahl von Fluchthilfen wie Strickleitern, Knotentücher und Kletterseilen konnten in dem drei Stockwerke hohen Luftraum des Treppenhauses präsentiert werden, wodurch der Betrachter auch einen Eindruck von den schwindelnden Höhen bekommt, die durch solche abenteuerlichen Konstruktionen überwunden werden sollten.

Es konnte sogar eine Zelle gezeigt werden: Die JVA Karlsruhe verfügt über eine Schauzelle, die ausgeliehen und in einem Seminarraum aufbaut werden konnte.

Die Ausstellung, die hier den Titel »Leben unter Strafe« trug, richtete sich primär an die Studenten der Fakultät und die Fachwelt (hier sogar bundesweit), darüber hinaus an die Beamten der JVA Mannheim sowie an Ex-Häftlinge, die hier erstmals ihre Lebenswelt abgebildet und diskutiert fanden, und selbstverständlich auch an die interessierte Öffentlichkeit. Auch bei dieser modifizierten Ausstellung über den Gefängniskomplex kann man sagen, dass mit dem Ausstellungsort ein Publikum erreicht wurde, das man im Museum ganz sicher nicht erreicht hätte. Also auch hier wurde mit dem Verlassen des Museums neue Potenziale ausgelotet und genutzt.

SCHLUSSBETRACHTUNG

Diese zwei Beispiele für das »Bespielen« eines nicht-musealen Ortes dürften gezeigt haben, welche kuratorischen, didaktischen und pädagogischen Möglichkeiten außerhalb des »Bildungsraumes« Museum bestehen. Durch die Allgegenwärtigkeit von Architektur bieten sich dem Architekturmuseum theoretisch weit mehr Anknüpfungspunkte für die didaktische Arbeit außerhalb des Museums als anderen Spartenmuseen. Gleichwohl stellt der kuratorische Aufwand außer Haus logistisch, ausstellungs- und verwaltungstechnisch eine wesentliche größere Herausforderung dar. Die praktische Umsetzung ist wesentlich komplizierter. Doch wirken solche Experimente auch wieder befruchtend auf die Institution Museum zurück und korrigieren gegebenenfalls das Selbstverständnis als Bildungseinrichtung und die tägliche Arbeit der Architekturvermittlung.

LITERATUR

Böhme, G. (2006): Architektur und Atmosphäre. München

Cepl, J. (2008): Das Haus im Haus, die Puppe in der Puppe – und die Entwurfsidee in der Entwurfsidee? In: Winkelmann, A. (Hg.): Das Haus im Haus. Zur Wirkungsgeschichte einer Entwurfsidee. Heidelberg, 13-34

Fischer, V. (2008): Bau und Überbau: Architektur als Ausstellungsobjekt. In: Winkelmann, A. (Hg.): Das Haus im Haus. Zur Wirkungsgeschichte einer Entwurfsidee. Heidelberg, 71-88

Flügel, K. (2005): Einführung in die Museologie. Darmstadt

Kaube, J. (2010): Die Verfeinerung der Wahrnehmung. In: Budde, C. & Winkelmann, A. (Hg.): Von Häusern und Menschen, Frankfurt a.M., 5-11

Kraus, K (2007): Das Frankfurter Polizeigewahrsam – ein Relikt aus Wilhelminischer Zeit. In: Winkelmann, A. & Förster, Y. (Hrsg): Gewahrsam. Räume der Überwachung. Heidelberg, 8-13

Rambow, R. (2000): Experten-Laien-Kommunikation in der Architektur, Münster

Sack, M. (1984): Das Zitatenmuseum. In: Die Zeit vom 9.3.1984

Ungers, O. M. (1983), Die Thematisierung der Architektur, Darmstadt

Weber, J. (2009): Aufklären über Strafe. In: Förster, Y., & Winkelmann, A. (Hg.): Leben unter Strafe. Aachen, 11-34

Schule als Lebens- und Lernort

Zur Anthropologie der Farbwahrnehmung

Am Beispiel des Schulbaus

CHRISTIAN RITTELMEYER

1996 rief die amerikanische Industriedesignerin Ruth Lande Shuman in New York das Schulgestaltungs-Programm »Publicolor« ins Leben. »Gefängnisartige« Schulgebäude mit »industriellem, feindseligem Aussehen« wurden (unter Schülerbeteiligung) mit lichteren Farbqualitäten »aufgehellt« und abwechslungsreicher gestaltet: Die Folgen waren, wie das Schulpersonal berichtete, eine niedrigere Dropout-Rate der Schüler, geringere Disziplin-Probleme und eine deutlich gesteigerte Aufmerksamkeit im Unterricht (www.publicolor.org). Das Modell dürfte interessant auch für deutsche Schulen sein, wenngleich hier genauer auf bestimmte Gestaltungskriterien zu achten wäre, die gleich erläutert werden. Hier wie dort geht es jedoch um Veränderungen des Schulklimas und der Nutzer-Zufriedenheit, die im Zuge relativ kostengünstiger *Renovierungen* zu erreichen sind (vgl. z.B. Cramer 1976 und Wüstenrot Stiftung 2004). Zwar geht es bei den berichteten Auswirkungen des Publicolor-Programms nicht um Resultate wissenschaftlicher Untersuchungen, sondern um freie Berichte des Lehrpersonals, die jedoch Bestätigung erfahren durch weitere, nunmehr wissenschaftliche Studien zur Wirkung von Farben und Belichtungsarten in Schulgebäuden (Jago & Tanner 2005, Higgins u.a. 2005). Diese farbpsychologischen Forschungsarbeiten zeigten z.B., dass düstere Farben oder schlechte Lichtverhältnisse bei vielen Schülern wie auch beim Lehrpersonal zu einer – wenn auch schwachen – »depressiven Grundstimmung« führen können, die sich wiederum auf das Lern- und Lehrklima auswirkt. Das Interesse an der Frage, wie Farben in Schul- und allgemeiner überhaupt in bildungsbezogenen Bauten (Kindergärten, Heime, Volkshochschulen, Universitäten usw.) lern- und entwicklungsfördernd Verwendung finden können, hat daher in den letzten Jahren erheblich zugenommen. Indessen: Kann man fundierte Ratschläge geben, wie Farben in Schulbauten verwendet werden sollten?

Es gibt inzwischen insbesondere aus den USA eine sehr umfangreiche Forschungsliteratur zu diesem Thema, häufig sowohl auf Farben als auch auf die Beleuchtung und Belichtung bezogen (z.B. Dunn u.a. 1985, Hathaway 1994).

Anders als in Deutschland, gibt es in den USA an einigen Universitäten Forschungslabore, die sich speziell mit diesen Fragestellungen der Farb- und Belichtungswirkung in Schulen beschäftigen (so z.B. das School Design and Planning Laboratory an der University of Georgia). Sieht man sich Einzelstudien und Sammelreferate genauer an, so zeigen sich hinsichtlich der Farbwirkung *zwei Ergebnisse*. Erstens: Von Schülern positiv erlebte Farbgestaltungen wirken sich förderlich auf das Lernverhalten, auf die Lernleistungen, auf ihr Wohlbefinden, auf die Gesundheit, auf den rücksichtsvollen Umgang mit dem Schulinventar und auf die sozialen Beziehungen aus. Die Fehlzeiten verringern sich, auch die »mentale Abwesenheit« während des Unterrichts wird von Schülern weniger häufig registriert, die Stimmung hellt sich bei als freundlich oder heiter erlebter Farbgebung auf, die Durchblutung wird in einem farblich angenehm und warm wirkenden Ambiente verbessert. Diese Wirkungen sind nicht zuletzt darauf zurückzuführen, dass die jeweilige Farbgebung, Beleuchtung und Belichtung mitunter tiefgreifende physiologische Effekte provoziert – Körpertemperatur, Hormonhaushalt, Herzfrequenzvariabilität und viele andere physiologische Parameter werden mehr oder minder stark beeinflusst (Grote u.a. 2010, Schauss 1979, Wohlfahrt & Wohlfahrt 1982, ausführlich Rittelmeyer, erscheint 2013). Die US-amerikanische Schulbauforscherin Kathi Engelbrecht schreibt in ihrem Überblick über Forschungen zur Farbwirkung in Schulen, dass ein Blick auf diese körperlichen Effekte der Farben, auf Blutdruck, Ermüdung der Augen und auf die Gehirnentwicklung, nicht nur die tiefgreifende Bedeutung einer farblich gut gestalteten Schullandschaft ersichtlich macht, es werde vielmehr auch deutlich, dass hier interkulturelle und interindividuelle Barrieren überschritten werden. Sie betont damit also, dass die *Tatsache* dieser physiologischen Wirkungen für eine schüler- und lehrergerechte Farbgestaltung in unterschiedlichsten Kulturen gleichermaßen bedeutsam ist (Engelbrecht 2003).

Die nicht zuletzt in gesundheitlicher Hinsicht tiefgreifenden Auswirkungen des Schulbau-Milieus werden verständlicher, wenn man bedenkt, dass wir dasselbe *multisensorisch*, d.h. mit jeweils verschiedenen Sinnen wahrnehmen. Mehr oder minder stark ist immer unsere gesamte Leiblichkeit im Wahrnehmungsprozess engagiert. So wurde z.B. festgestellt, dass in Räumen mit sogenannten »warmen« Farbgebungen die Hauttemperatur einiger Versuchspersonen um einige Zehntelgrade ansteigt, beim Anblick »kühl« wirkender Farben senkt sie sich im statistischen Schnitt ab (Rittelmeyer 2002).

Es ist nach bisherigem wissenschaftlichen Erkenntnisstand nicht davon auszugehen, dass die Farben und Bauformen unmittelbar auf die Hauttemperatur Einfluss nehmen. Diese erhöht oder erniedrigt sich vielmehr durch eine angeregte oder abgedämpfte *Gefäßtätigkeit*. Also muss man davon ausgehen, dass zunächst ein visuelles Signal, der Farb- oder Gebäudeeindruck, in das Gehirn gelangt. Von hier muss jedoch ein *Impuls in die Peripherie* der Brustregion erfolgen, der dort die Gefäßtätigkeit anregt oder abdämpft. Die damit entstehende gesteigerte oder erniedrigte Körpertemperatur wird durch Temperaturrezeptoren wieder in das Gehirn zurückgemeldet, verschmilzt hier gewissermaßen mit dem visuellen Außeneindruck, so dass unser Urteil »kalte« oder »warme« Farbe schon eine *intermodale Wahrnehmung*, ein sinnliches Zusammenwirken von optischem und Temperatur-Sinn ist.

Aber wie soll man erklären, dass der Eindruck von warm oder kalt wirkenden Formen bzw. Farben nicht bloß zentralnervös registriert, sondern im eigenen Körper nochmals erzeugt oder verstärkt wird? Wäre die Fassaden-Wahrnehmung ein reiner Gehirnvorgang, so würden wir, wie ich vermute, völlig gleichgültig auf solche Phänomene blicken – ohne Sympathien und Antipathien, ohne bewertende, unsere Wahrnehmung akzentuierende Urteile. Erst dadurch, dass unser Körper sich – wenn auch minimal – erwärmt oder abkühlt, fangen wir an, dieses Objekt zu *bewerten* (»Diese Farbe wirkt auf mich zu kühl«, »Der rotgelbe Raum lässt mich nicht mehr frei atmen, er bedrängt mich mit seinen überhitzten Farben«). Wir beziehen Stellung, *urteilen* und demonstrieren damit für die wissenschaftliche Beobachtung, wie eng die *sinnlichen Aktivitäten unseres Körpers* mit *kognitiven* Leistungen des alltäglichen Lebens zusammenhängen, ja deren Objekte erst als *Urteilsgegenstände konstituieren*. Der Körper fungiert wie der Resonanzboden einer Violine, die eine Seitenschwingung erst zum *Klang* werden lässt – vergleichbar dem geistig-seelischen Engagement und Anteilnehmen an den Phänomenen unserer Welt.

Man *sieht* demnach nicht nur eine Wand- oder Dekorfarbe, sondern empfindet gleichzeitig auch etwas im eigenen Körper – man spricht in diesem Zusammenhang von einer somatisch-synästhetischen Wahrnehmung. An ihr sind immer auch noch weitere Sinne beteiligt: So z.B. der Gleichgewichtssinn (wenn wir Bau bzw. Farbkonturen betrachten oder eine Treppe hinaufgehen), der Eigenbewegungssinn (wenn wir eine bestimmte Bauform oder ein Farbensemble visuell abtasten), der Geruchs- und Tastsinn (im luftigen oder stickigen Klassenzimmer, beim Greifen einer Türklinke), so dass die Schulbau-Wahrnehmung – ohne dass dies in der Regel bewusst wird – immer ein relativ komplexer Prozess ist, an dem der gesamte Leib des Menschen beteiligt ist (dazu auch Rittelmeyer 2009b). Dass bestimmte Klassenräume von befragten Schülern als unlebendig und kalt, andere eher als bewegt, abwechslungsreich und warm bezeichnet werden, hängt *auch* damit zusammen, dass unser Eigenbewegungsempfinden durch abwechslungsreich gestaltete Farb- und Raumformen stärker angeregt und dynamisiert werden als durch Raumansichten, die als kubische »Schachteln« (school boxes) schon sensomotorisch monoton bzw. langweilig wirken.

Aber, und damit komme ich zur zweiten Folgerung aus den schulbaubezogenen Farbforschungen: Man kann keine allgemeingültigen Aussagen darüber treffen, welche Farben sich konkret wie auswirken. Das liegt nicht nur daran, dass Farben von Kindern unterschiedlichen Alters verschiedenartig erlebt bzw.

bewertet werden (Wenk 1990, Oswald 2003) und dass es offensichtlich auch historisch und kulturell variierende Farbvorlieben und Farbassoziationen gibt (vgl. z.B. die von Architekten so genannte »Chromophobie« in vielen »Fabrikschulen« der 1970er Jahre und die entgegengesetzte »Farbmanie« in vielen Schulgebäuden der Gegenwart). Auch die Tatsache, dass wir über die individuelle und situative Wirkungsweise der nachgewiesenen Effekte bisher noch nicht hinreichend aufgeklärt sind, ist nicht der wesentliche Grund für die erwähnte Problematik. Wichtiger scheint mir zu sein, dass eine bestimmte Farbe (d.h. eine bestimmte Valenz aus Farbton, Sättigung und Helligkeit) je nach architektonischen Bedingungen, weiteren Umgebungsfarben, Dekor, Mobiliar, Untergrundmaterial- bzw. Beschaffenheit, Lichteinfall und Beleuchtung sehr unterschiedlich wirken kann bzw. zu sehr verschiedenartigen Assoziationen führt. Indessen: Hat die *Farbpsychologie* nicht doch bestimmte elementare Erlebnis-Attribute der Farben nachweisen können, zumindest für einen jeweils untersuchten historischen Kulturkreis? (z.B. Nüchterlein & Richter 2009, Eschmann 1998). Stimmt es z.B., dass – wie vor einigen Jahren zahlreiche Journale unter Berufung auf eine angesehene Wissenschaftszeitschrift berichteten – *Blau* die Kreativität und *Rot* die Konzentration fördert (Mehta & Zhu 2009)? Gibt es nicht im Hinblick auf grelle Farbgebungen den interindividuell gebräuchlichen Ausdruck »schreiend«, d.h. das Erleben suggestiver oder aggressiver Farbwirkungen? Zeigen die farbpsychologischen Untersuchungen Eva Hellers nicht, dass jeweils mehr als die Hälfte der Befragten mit der Farbe *Grün* »Hoffnung« und »Erholung« assoziieren, mit der Farbe *Rot* »Energie« und »Erotik«, mit der Farbe *Blau* »die Ferne« (Heller 2009)? Führt es in die Irre, wenn andere Farbpsychologen *Grün* als »entspannend«, *Gelb* als »heiter und fröhlich«, *Rot* als »erregend, aktiv und dynamisch« sowie *Blau* als »beruhigend und zurückhaltend« deklarieren (Rodeck u.a. 2002)?

Sicher enthält das letztgenannte Buch – wie manche andere Studie dieser Art – Hinweise, die das eigene Urteilsvermögen im Hinblick auf Farbwirkungen sensibilisieren (das betrifft nicht zuletzt auch technische Aspekte wie die Vermeidung von Blendeffekten durch stark reflektierende Farben oder die Warnung vor Orientierungsfarben in Treppenhäusern, Fluren usw., die im Fall allzu großer Buntheit Verwirrung statt Orientierung stiften können). Aber es gibt keine Antwort auf die Frage, nach welchen Regeln man Farben im Schul- und Kindergartenbau verwenden kann. Diese Regeln kann man, wie mir scheint, auch nicht der Farbpsychologie oder der technischen Expertise von Farbexperten entnehmen, wenngleich hier wichtige Fingerzeige gegeben werden: So scheint es z.B. eine interindividuelle und auch interkulturelle Tendenz zu geben, dunkle Farben als »schwerer«, helle als »leichter« wahrzunehmen. Solche Einsichten zu beachten, ist sicher wichtig z.B. für die Farbgebung von Klassenraumdecken. Aber die farbpsychologischen Einsichten lassen sich dennoch nicht unmittelbar in die Gestaltung von Schulräumen »umsetzen«. Die Gründe dafür können rasch deutlich werden, wenn man die Farbgestaltungen in realen Schulen oder auf Abbildungen genauer betrachtet (vgl. Beispiele in Watschinger & Kühebacher 2007, Kramer 2010). So wird z.B. *Blau* in der Farbpsychologie häufig als *Farbe der Ferne bzw. des weiten Raumeindrucks* bezeichnet – ein monochrom blau gestalteter Schulflur hingegen wirkt auf die Nutzer *bedrängend. Rot* gilt als Farbe, die *Energie und Erotik* symbolisiert; ein mit intensiv grünen Teppichen und roten Kunststoff-Sitzen ausgestatteter »Schülertreffpunkt« wird von diesen indessen als trostloses Ambiente bezeichnet, das alles andere als aufmunternd oder gar erotisch anmutet. *Gelb* soll Heiterkeit ausstrahlen – ein grellgelb gestrichenes Schulgebäude wird hingegen von Schülern als *aufgeschminkt und innerlich tot* bezeichnet. Immer wird in solchen Beispielen deutlich, dass die Farbanmutung in Schulbauten von vielen Faktoren bestimmt wird. Von den jeweiligen architektonischen Formen, von den Farben des Mobiliars, vom Dekor, von der Beleuchtung und Belichtung – kurzum: vom gesamten Ensemble der jeweiligen Gestaltungselemente. Wenn also Kriterien der Farbgestaltung in Schulen nicht allein aus der Farbpsychologie oder der technischen Expertise professioneller Farbgestalter zu entnehmen sind – woher können wir dann unsere Maßstäbe beziehen, um die für das Wohlbefinden der Gebäudenutzer so wichtigen Farben rational und bildungsfördernd einsetzen zu können?

Meine Antwort ist: Die Richtlinien für Farbgestaltungen in Schulen müssen mit Blick auf die *Nutzerbedürfnisse und -wünsche* entwickelt werden. In den Mittelpunkt der auch farblichen Schulraum-Gestaltung müssen die Schülerinnen und Schüler wie auch das Lehrpersonal gestellt werden, nicht die Vorlieben und Einfälle der Planer. Dabei geht es allerdings nicht um die Ermittlung irgendwelcher Spontanurteile, die je nach Situation und persönlichem Geschmack variieren, sondern um elementare Bedürfnisse. Aber nach welchen – ihnen vielleicht gar nicht bewussten – Gesichtspunkten bewerten Schüler ihre Schulgebäude, welchen Qualitätskriterien müssen diese genügen, damit die Nutzer sich in ihnen wohlfühlen?

Das berührt eine andere wichtige Forschungsfrage: Welchen Kriterien muss eine Schulraum-Gestaltung entsprechen, die anregend und sympathisch auf Kinder wirkt? Es gibt inzwischen einige Forschungsarbeiten, die uns Antworten auf diese Frage gestatten (z.B. Walden & Borrelbach 2002, Rittelmeyer 1994, 2008, 2009a). Ein umfangreiches Forschungsprojekt an der Universität Göttingen konnte drei Kriterien herausarbeiten, nach denen Schüler ihre Schulgebäude bewerten: Sie sollen *anregungs- und abwechslungsreich statt monoton und langweilig* wirken (wogegen z.B. die gegenwärtig beliebten monochromen Klassenzimmer-Gestaltungen, aber auch die farblosen Räume der 1970er Jahre verstoßen), sie sollen *freilassend/befreiend statt beengend/bedrängend* anmuten (wogegen grelle und aufdringlich wirkende Farbgebungen verstoßen, vgl. Beispiele in Kramer 2010) und sie sollen *eher warm als kalt wirken* (wobei eine mittlere Farb-Temperierung bevorzugt wird – also z.B. keine intensiv gelbrot gestrichenen Klassenzimmer, aber auch keine grauen, kalt anmutenden Kunststoff- oder Betonwände (zahlreiche Beispiele in Rittelmeyer, erscheint 2013). Auch ist bei diesem dritten Kriterium zu bedenken, dass Grundschulkinder sich eher wärmere Farbgebungen wünschen, ältere Schüler eher kühl (aber nicht kalt) wirkende; in naturwissenschaftlichen Räumen akzeptiert man eher kühle Farben, die in Klassenräumen nicht angemessen erscheinen.

Die drei Kriterien müssen immer im Zusammenhang betrachtet werden – eine abwechslungsreiche Farbgestaltung im Klassenraum (1. Kriterium) kann unter Umständen so hektisch wirken, dass sie nicht mehr freilassend wirkt (2. Kriterium), oder eine zu zart lasierte Wand kann zwar warm (3. Kriterium), aber durch ihre Monotonie nicht mehr anregungsreich wirken (1. Kriterium) usw. Die Wahrnehmung eines jeden Attributes beeinflusst also auch das Erleben der jeweils anderen. Schulbauten müssen daher im Hinblick auf die drei genannten Kriterien und mit Blick auf das Alter der Kinder differenziert durchdacht, geplant und gestaltet werden. So darf beispielsweise die Raumgestaltung nach dem Kriterium einer anregungsreichen Szenerie nicht zu chaotisch wirkenden Raumgestalten führen, die wiederum bedrängend wirken. Die anregend wirkende, neugierig machende facettenreiche Architektur soll gleichwohl Orientierung und eine gewisse Ordnung ermöglichen bzw. signalisieren. Besucht man Grundschulen, so kann man – ganz im Unterschied zu vielen Gymnasien, Haupt- und Realschulen – das Bemühen der Lehrerinnen erkennen, auch »traditionell« geschnittene Räume z.B. in Altbauten durch das Dekor abwechslungsreicher, farbenfroher und freundlicher zu gestalten. Ich habe aber auch Schulräume gesehen, die derartig mit Schülerbildern, bunten Girlanden, Lehrmittelkästen und anderen Gegenständen vollgestopft waren, dass eher Verwirrung als Orientierung und Übersicht gestiftet wurde. Solche Räume wirken dann oft eher bedrängend als freilassend auf Kinder.

Die drei Kriterien sollen also auch dazu anregen, eher unfreundlich, monoton, abweisend oder kalt wirkende Räume entsprechend schülerfreundlicher zu gestalten. Auf Bildbände, die in dieser Hinsicht die eigene Gestaltungsphantasie anregen können, die allerdings im Sinne der genannten Kriterien und Anmerkungen auch Negativbeispiele zeigen, sei hier ausdrücklich hingewiesen (Dreier u.a. 1999, Hübner 2005, Kroner 1994, Watschinger & Kühebacher 2007, Wüstenrot-Stiftung 2004). Praktische Ratschläge für die auch farbliche Schulbaugestaltung habe ich gemeinsam mit Johanna Forster in einer Broschüre des Schulamtes Zürich gegeben, die als pdf-Datei im Internet zugänglich ist (Stadt Zürich 2010). Entscheidend für solche nutzerbezogenen Farbkonzepte ist immer, dass die genannten Kriterien große Spielräume für die Kreativität der Gestalterinnen und Gestalter eröffnen, andererseits jedoch sehr klar darauf hinweisen, welche Bauformen und Farbgebungen man im Interesse einer die Bildung unterstützenden Schulbaugestaltung vermeiden sollte.

Literatur

Cramer, J. R. (1976): Some effects of school building renovation on pupil attitudes and behavior in selected junior high schools. Dissertation, University of Georgia (USA)

Dreier, A. u.a. (1999): Grundschulen planen, bauen, neu gestalten. Empfehlungen für kindgerechte Lernumwelten. Frankfurt a.M.

Dunn, R. u.a. (1985): Light up their lives: A research on the effects of lighting on childrens achievement and behavior. In: The Reading Teacher 38, 863-869

Engelbrecht, K. (2003): The Impact of Color on Learning. Chicago

Eschmann, K. (1998): Farbe als Gestaltungselement. Göttingen

Grote, V. u.a. (2010): Gesundheitliche Auswirkungen einer Massivholzausstattung in der Hauptschule Haus Ennstal. Forschungsbericht des Human Research Institut für Gesundheitstechnologie und Präventionsforschung, Weiz, Österreich

Hathaway, W. E. (1994): Non visual effects of classroom lighting on children. In: Educational Facility Planner 32, 12-16

Heller, E. (2009): Wie Farben wirken. Reinbek

Higgins, S. u.a. (2005): The Impact of School Environments: A Literature Review. University of Newcastle (England). Herausgegeben vom Design Council, London

Hübner, P. (2005): Kinder bauen ihre Schule. Stuttgart

Jago, E. & Tanner, K. (2005): Influence of the School Facility on Student Achievement. Athens: University of Georgia

Kramer, S. (2010): Schools. Educational Places. Salenstein

Kroner, W. (1994): Architektur für Kinder. Stuttgart

Mehta, R. & Zhu, R. (2009): Blue or Red? Exploring the Effect of Color on Cognitive Task Performances. In: Science 323, 1226-1229

Nüchterlein, P. & Richter, P. G. (2009): Raum und Farbe. In: Richter, P. G. (Hg.): Architekturpsychologie. Eine Einführung. Lengerich, 3, 209-231

Oswald, M. (2003): Aspekte der Farbwahrnehmung bei Schülern im Alter zwischen 11 und 16 Jahren, Weimar

Rittelmeyer, C. (1994): Schulbauten positiv gestalten. Wie Schüler Farben und Formen erleben. Wiesbaden

Rittelmeyer, C. (2002): Pädagogische Anthropologie des Leibes. Biologische Voraussetzungen der Bildung und Erziehung. Weinheim

Rittelmeyer, C. (2008): Architektur von Bildungseinrichtungen. In: Coelen, T. & Otto, H.-U. (Hg.): Grundbegriffe Ganztagsbildung. Das Handbuch. Wiesbaden, 714-723

Rittelmeyer, C. (2009a): Schule als gestalteter Raum: Schularchitektur. In: Hellekamps, S., Plöger, W. & Wittenbruch, W. (Hg.): Handbuch der Erziehungswissenschaft, Band II: Schule/Erwachsenenbildung/Weiterbildung. Paderborn, 505-511

Rittelmeyer, C. (2009b): Der menschliche Körper als Erkenntnisorgan. In: Kraus, A. (Hg.): Körperlichkeit in der Schule. Aktuelle Körperdiskurse und ihre Empirie. Oberhausen, 19-38

Rittelmeyer, C. (2013): Die Gestaltung von Schulbauten. Frammersbach

Rodeck, B., Meerwein, G. & Mahnke, F. H. (2002): Mensch – Farbe – Raum. Grundlagen der Farbgestaltung in Architektur, Innenarchitektur, Design und Planung. Leinfelden-Echterdingen

Schauss, A. G. (1979): Tranquilizing effect of colour reduces aggressive behaviour and potential violence. In: Journal of Orthomolecular Psychiatry 8, 218-221

Stadt Zürich/Schulamt (Hg.) (2010): Gestaltung von Schulbauten. Ein Diskussionsbeitrag aus erziehungswissenschaftlicher Sicht. Zürich

Walden, R. & Borrelbach, S. (2010): Schulen der Zukunft. Heidelberg

Watschinger, J. & Kühebacher, J. (Hg.) (2007): Schularchitektur und neue Lernkultur. Bern

Wenk, H. (1990): Untersuchungen zur Farbästhetik im späten Schulkind- und Jugendalter, Frankfurt a.M.

Wohlfahrth, H. & Wohlfahrt, S. C. (1982): The Effect of Color-Psychodynamic Environmental Modification upon Psychophysiological and Behavioral Reactions. In: International Journal of Biosocial Research 3, 10-38

Wüstenrot Stiftung (Hg.) (2004): Schulen in Deutschland. Neubau und Revitalisierung. Stuttgart/Zürich

Vielsagende Räume

Die Sprache der Schulgebäude und ihre pädagogischen Implikationen

Bernd Hackl & Martin Steger

Die bauliche Gestaltung, Möblierung und Ausstattung eines Schulgebäudes macht bestimmte Ortsveränderungen, Aufenthalte und Verrichtungen möglich, legt sie nahe oder schließt sie aus. Seine Formen, Farben und Gesten sprechen uns an und erzeugen Stimmungen, Anmutungen, Atmosphären. Seine Zeichen fordern uns auf und geben uns Hinweise, erzählen Geschichte(n) und kommentieren und kontextualisieren die in ihm stattfindenden Vorgänge. Dadurch werden – neben anderem – auch Bildungsprozesse angeregt, behindert oder in eine bestimmte Richtung gelenkt. Es ist daher kein Zufall, wenn in der pädagogischen Literatur der Raum immer wieder als »dritter Erzieher« apostrophiert wird (vgl. zusammenfassend z.B. Hackl 2009 u. 2010; Hackl & Hummel 2010).

Dieser Erzieher bedient sich allerdings einer hintergründigen Sprache, deren Aussagen wir großteils eher unbewusst auf- als bewusst wahrnehmen. Gelegentlich erregt ein besonders eindringlicher Impuls auch unsere gerichtete Aufmerksamkeit, meistens ist diese jedoch mit den vordergründigen Ereignissen und Gegebenheiten des Unterrichts beschäftigt, wie etwa mit Fragen, Kritik, Diskussionsbeiträgen, Aufgaben, Abbildungen, Werkzeugen, Konflikten, Prüfungsaufgaben oder Beurteilungsritualen. Dennoch haben die Botschaften des Raumes erhebliche Bedeutung: Es ist keineswegs egal, ob wir »in Reih und Glied« sitzen, im Kreis oder durcheinander, ob die Wände bunt oder kahl sind und welche Form der Flur besitzt, über den wir den Klassenraum erreichen. Es wirkt sich aus, ob die Möblierung beengend, die Farben fröhlich oder die Fenster hoch oder tief angebracht sind. Dabei geht es jedoch um keine *mechanischen* Wirkungen, die ihre Effekte einfach *technisch* hervorbringen, wie etwa die Veränderung der Raumtemperatur den Thermostat anspringen lässt. Es handelt sich vielmehr um *Bedeutungen*, welche als Denk- und Handlungs*möglichkeiten* fungieren. Allerdings werden sie als solche häufig gar nicht wahrgenommen, sondern gehen unreflektiert oder vielleicht sogar unbemerkt und wie selbstverständlich in das Denken und Handeln der Menschen ein, wodurch ihnen ein *zwangloser*, doch zugleich äußerst *zwingender* Charakter zukommt.

Die Sprache, in der diese Bedeutungen abgefasst sind, lässt sich nun methodisch kontrolliert entschlüsseln. Dazu muss sie zunächst als komplexes Gefüge unterschiedlicher Arten von Bedeutungen betrachtet werden, mit denen wir in unserer Alltagspraxis in je unterschiedlicher Weise umgehen. Wir werden in der Folge die Redeweise von der *Sprache* der Räume jedoch vorsichtig handhaben, da nicht alle dieser Weisen tatsächlich nach dem Vorbild einer *Sprache* strukturiert sind.

Bedeutungsrelevante Dimensionen von Architektur

Architektonische Bedeutungen sind in den Gegebenheiten des Bauwerks festgeschrieben: In den räumlichen Anordnungen, in den Baumaterialien, in der Gestaltung der Oberflächen, in den Einrichtungen und Ausstattungen, in den symbolischen Farben und Formen, in Beschriftungen, Piktogrammen und Verzierungen. Betrachtet man die Fülle an möglichen bedeutungsrelevanten Dimensionen eines architektonischen Gebildes, so lassen sich drei unterscheidbare (jedoch nur zu analytischen Zwecken trennbare) Grunddimensionen angeben: eine physisch-utilitäre, eine mimetisch-leibliche und eine konventionell-symbolische.

Die *physisch-utilitäre* besteht in den objektiven Eigenschaften einer Räumlichkeit: Was kann man in ihr tun? Was lässt sie offensichtlich erkennen? Wo befindet sich wieviel Licht, wie strömt frische Luft herein? Wohin kann man von wo aus wie sehen? Von wo aus kann man sich wohin und wie bewegen? Physisch-utilitäre Bedeutungen liegen offensichtlich zutage, bzw. werden im Zuge der faktischen *Verwendung* einer architektonischen Anordnung offensichtlich. Zwar müssen sie nicht in jedem Fall unverzüglich wahrgenommen werden (etwa, wenn ein Fenster so angebracht ist, dass man es beim normalen Durchschreiten des Raumes nicht sofort erblickt, sondern erst, wenn man sich umdreht), sie bedürfen jedoch keiner speziellen Entschlüsselung.

Die *mimetisch-leibliche* besteht in den unmittelbar spürbaren atmosphärischen Anmutungen einer Räumlichkeit. Also etwa: Ist das Raumerlebnis erhebend oder beklemmend, sind die Farben warm oder kalt, ist die Formensprache anregend oder einschläfernd, der Raumgestus einladend oder überwältigend, der Gesamteindruck überladen oder kahl? Mimetisch-leibliche Bedeutungen erreichen uns, indem sie uns *berühren*, indem wir sie *spüren*, indem wir ihren Gehalt sinnlich-unmittelbar wahrnehmen. Sie bestehen nicht aus Zeichen oder Zeichenteilen, die wie ein Wort, eine Note oder ein mathematisches Symbol *für* eine von diesem Zeichen losgelöste Bedeutung stehen, sondern sie sind geeignet, ihre Bedeutung beim Betrachter *direkt auszulösen*. Man könnte auch sagen, sie sehen so aus, wie das, was sie bedeuten; daher muss man über ihren Inhalt nicht erst informiert werden. Ihre Formen (z.B. eine spitze Form, eine kalte Farbe, eine große Weite, eine erdrückende Schwere) repräsentieren universelle leibliche Erfahrungen unseres Zur-Welt-Seins. Solche Erfahrungen können phänomenologisch verallgemeinert werden und bilden dann ein kategoriales System, das zur Formulierung von Strukturhypothesen über mimetisch-leibliche Bedeutungen verwendet werden kann.

Die *konventionell-symbolische* besteht in den in einem sprachlichen oder allegorischen Sinne *dekodierbaren* Informationen, Zeichen und Verweise, wie etwa Schriftzeichen, soziale Herkunftsmarkierungen, kulturelle, ethnische und religiöse Zugehörigkeitsmarkierungen, Traditionsembleme und ähnliches, bis hin zur Ausstattung mit dichten Akkumulationen symbolisch vermittelten Wissens, wie etwa Aushängen, Büchern, Tabellen, Landkarten. Konventionell-symbolische Bedeutungen sind im engeren Sinne *sprachliche* Bedeutungen. Sie können *dekodiert* werden, wenn das Regelwerk der *Kodierung* bekannt ist. Im Falle gesprochener oder geschriebener Sprache handelt es sich dabei um die gesetzmäßige Struktur der jeweiligen Sprache, im Falle von bildhaften Zeichen um entsprechendes ikonografisches Wissen (z.B.: Der Hund im Bild repräsentiert »Treue«.).

Das hier skizzierte Drei-Ebenen-Schema wurde von Erwin Panofsky zunächst für Werke der bildenden Kunst entwickelt, dann aber auch ausdrücklich auf architektonische Werke bezogen (vgl. 2006). Er hat mehrere Versionen des Schemas erarbeitet und spricht – sinngemäß unserer Darstellung entsprechend – beispielsweise von »Tatsachensinn«, »Ausdruckssinn« und »Bedeutungssinn«. Als vierte Dimension der Rekonstruktion von ästhetischen Gebilden fungiert bei ihm dann der »Dokumentsinn« (den die *ikonologische* Rekonstruktion erfasst).

Dieser entspricht genau dem Ergebnis einer Analyse, wie wir sie auf der Grundlage der hier angestellten Überlegungen anpeilen. Wir versuchen nachstehend anhand eines Beispiels zu zeigen, wie eine solche Rekonstruktion des insgesamten architektonischen Bedeutungsbestandes eines Schulgebäudes vorgenommen werden kann und welche Einsichten sich durch sie gewinnen lassen.

EINE EXEMPLARISCHE INTERPRETATION

Das Beispiel zeigt die Vorderfront eines Schulgebäudes mit einem zentralen Eingangsbereich. Sie wird dominiert von einer den überwiegenden Teil der Gebäudefront abdeckenden Glasfassade, die sich dem Herantretenden als ein einziges riesiges Fenster darbietet, welches das gesamte Gebäude auf den ersten Blick völlig transparent erscheinen lässt (vgl. Abb. 1). Man kann die innere Gliederung in zwei Stockwerke und einzelne Räume erkennen. Das Mobiliar ist ebenso sichtbar wie die sich in den beiden Etagen aufhaltenden und bewegenden Menschen. Gleichzeitig wirkt die Fassade in ihrer Ausdehnung imposant. Dazu trägt zum einen bei, dass sie durch den beinahe fassadenbreiten Treppenaufgang baulich erhöht und durch seine waagrechten Linien zusätzlich in ihrer Breitenausdehnung unterstrichen wird, zum anderen wird sie auch durch das ausholende Vordach in ihrer Wirkung gesteigert, denn es verdoppelt (bzw. erzeugt in gewisser Weise erst durch seinen Schattenwurf) die mächtige dunkle Gestalt, die sich über dem Besucher aufspannt.

Abbildung 1: Gebäudefront mit zentralem Eingangstor

Abbildung 2: Gebäudefront, Detail: zentrales Eingangstor

Dennoch wirkt das Gebäude weder monumental noch aufdringlich und dies ergibt sich aus der Kombination der wuchtigen Gestaltungselemente mit solchen, die dieser Wucht alles aggressive Potential entziehen. Ungeachtet detaillierterer Analyseschritte wäre hier jedenfalls die optische Offenheit, die zarte Binnengliederung der Glasfläche durch das Rahmenwerk und das Fehlen allen farblichen oder raumgestischen Imponiergehabes anzuführen. Die dekorlosen hellblau gefärbten Stützen und Säulen, das silbrige Blechkleid der Anbauten ebenso wie der zwischen Vordach und Gebäude sichtbare Himmelsstreifen unterlaufen entschieden jede protzige Illusionierung. Dies wird noch deutlicher, wenn man das Gebäude aus größerer Entfernung betrachtet. Trotz ihrer Dominanz wirkt die Fassade daher eher ruhig und zurückhaltend, für manchen Betrachter vielleicht sogar bescheiden.

Einen besonders starken Eindruck zeitigt ein Detail, das sich gar nicht der architektonischen Hardware im engeren Sinne zuordnen lässt: Die Glasfassade zeigt zugleich das Gebäudeinnere *und* den in der Spiegelung wesentlich deutlicher sich abzeichnenden Außenraum, wie er sich zunächst vor dem Gebäude, dann in immer größerer Entfernung schließlich hinter dem Betrachter befindet. Dabei lässt die riesige ebenmäßig ausgerichtete Glasfläche, die durch die schmalen Stahlrahmen nicht unterbrochen, sondern lediglich strukturiert wirkt, die umgebende Landschaft als Panoramabild im Gebäude entstehen. Dennoch bewirkt die Strukturierung und die gleichzeitig hintergründig und ein wenig verschwommen präsente Choreografie des Gebäudeinnenlebens, dass die Landschaft im Spiegel als eine imaginäre Konstruktion, als *Bild* gesehen werden muss.

Eine besondere Rolle in dieser Inszenierung spielt der Eingangsbereich (vgl. Abb. 2). Man erreicht ihn durch die bereits erwähnte Freitreppe, welche der gläsernen Front eine spezifische Note verleiht. Die Front ist zunächst funktionsmäßig unbestimmt – auch ein Kaufhaus oder ein Bahnhof könnten so aussehen. Doch muss man zu diesem Gebäude emporsteigen, denn sein Eingang ist erheblich erhöht. Es vermittelt dadurch eine gewisse Autorität und verlangt Anstrengung, wenn man es betreten möchte. Die Massivität der Treppenanlage vermittelt – gerade auch im Kontrast zu den eher zarten Baudetails – Stabilität, Gewichtigkeit und Zeitlosigkeit und kündigt an, dass hier etwas von Bedeutung besteht. Solche Stufen führen zu Kirchen, Maja-Tempeln, Amtssitzen.

Der Eingang selbst tritt nun räumlich aus dem Gebäude heraus und seine größeren Glasflächen und breiteren Rahmen drücken ihn optisch noch weiter nach vorne, dem Herantretenden entgegen. Solcherart wird der Besucher auch architektonisch ›empfangen‹. An dieser Stelle interessiert uns jedoch zunächst der Umstand, dass trotz dieses Heraustretens des Eingangs aus der Fassade die Spiegelung der Umgebung fortgesetzt und zugleich zugespitzt wird: Da es sich hier um einen Windfang handelt, der sowohl vorne wie hinten verglast ist, ergibt sich eine doppelte Spiegelung. Dem flüchtigen Blick offenbart sich der Effekt einer irgendwie gebrochenen, verschobenen Fortsetzung des den Eingang umgebenden Bildes. Der Effekt erinnert entfernt an ein Vergrößerungsglas, das über eine Buchseite geführt wird und in dem die Buchstaben verzerrt und verschoben sichtbar werden.

Diese Gestaltung formuliert nun insgesamt eine äußerst interessante Botschaft: Blickt man – was dank der offenen Glaseinsicht möglich ist – in die Schule hinein, so sieht man in naturalistischer Perspektive tatsächlich relevante Gegebenheiten im Inneren des Gebäudes. Darüber gelegt offenbart sich ein Konspekt der Welt, die sich außerhalb der Schule befindet, zwar als bloße (hier bildhafte, wie magisch erscheinende) Projektion, aber dennoch in einer gewissen Vollständigkeit, Realistik und Lebendigkeit.

Abbildung 3: Gebäudefront, linke Seite

Abbildung 4: Gebäudefront, rechte Seite

Zu diesem Eindruck trägt der symbolische Gehalt der Anbauten erheblich bei. Betrachten wir zunächst die (vom Besucher aus gesehen) linke Seite (vgl. Abb. 3): Hier ragt eine riesige stählerne Trägerkonstruktion in das Gebäude. Ihr unverkleideter Brutalismus weckt Assoziationen zum Industrieanlagenbau, zu kreischenden Hafenkränen oder zu einem Flugzeughangar (letzteres vor allem über die Spiegelung der Konstruktion zu einem Bogen, der in dieser Form eine riesige Halle stützen könnte). Wie immer man die Konnotationen präzisieren oder differenzieren mag, sie bewegen sich im Bedeutungshof von Arbeit, Technik und krudem Funktionalismus.

Wenden wir uns dagegen der rechten Seite zu (vgl. Abb. 4), so sehen wir einen kreisrunden Gebäudeteil, der nach außen hin völlig fensterlos ist und nach oben hin durch eine mysteriös wirkende Pyramide abgeschlossen wird. Diese Pyramide ragt durch einen Stahlkranz in den Himmel. Diese Konstruktion zeigt zunächst einmal – sowohl durch die kreisförmige Baugestalt, wie durch die Fensterlosigkeit – dass sie ein von der Außenwelt eher abgeschotteter Bereich ist. Zwar könnte dies auch die Assoziation eines Verlieses oder Futtersilos erzeugen, doch verleiht die gen Himmel ragende Pyramide im schwebend erscheinenden Lochkranz dem Bauwerk eine eher mystische, transzendente, zumindest sich in einem geistigen Umfeld bewegende Aura. Damit erhält die bauliche Klausur einen tendenziell klösterlichen Charakter, verweist auf Sammlung, Konzentration, Besinnung, Lektüre o.ä.: Tatsächlich beherbergt der Zylinder die Schulbibliothek.

Damit komplettiert sich der Eindruck von dem, was diese Schule bestimmt: In der Mitte des Gesamtbildes zeigt sich das Leben der Siedlung, in die das Schulgebäude integriert ist. Dieser Ausschnitt spiegelt das Leben in seiner Dynamik, etwa im jahreszeitlich bedingten Klima- und Erscheinungswandel. Es ist eingefasst linkerhand von der Welt der Technik und aktiven Arbeit sowie rechterhand von jener des Geistes und zurückgezogenen Kontemplation, also von jenen Kraftquellen, die die Welt zu einer gestaltbaren und verantwortbaren machen. Sie bewegen sich aus der Sphäre des Realen (vor dem Glas) in jene des Imaginären (in der Spiegelung), tauchen in sie ein, wie die Angelschnur in die glatte Wasseroberfläche, der blaue Arm physisch kraftvoll und interventionistisch, der silbrige Zylinder intellektuell und ätherisch.

Auf diese Weise wird die Fassade zu einem eindrücklichen Sinn-Bild der Didaktik: Das Wesentliche an der Schule ist die Welt, die sie umgibt. Doch kann sie in der Schule nicht material importiert werden, nur symbolisch repräsentiert durch eine didaktische Welt von Objekten und Prozessen, die auf jene verweist, sie transparent macht, die sie aufklären hilft, die sie durchschaubar werden lässt. Auch die Metapher der Transparenz wird im Glas spannend erzählt: Der Blick geht zunächst durch die Fassade ins banale Innenleben des Gebäudes, doch dann wird hinter der Scheibe die reale außerschulische Welt sichtbar, ohne dass sie vorzutäuschen versuchte, das als Projektion Sichtbare wäre in einem platten Sinne schon mit der Realität identisch.

Der Effekt verdankt sich keiner willkürlichen fotografischen Dokumentation: Die Glaswand ist gegen Norden gerichtet, daher zum einen durch das Vordach immer gegen Blendwirkung abgeschirmt und zum anderen zu keinem Zeitpunkt das Interieur durch die Sonne ausgeleuchtet (ohne das Dach wäre etwa die Bibliothek niemals so präzise als Spiegelbild sichtbar) und fast immer und unter allen Winkeln gegeben. Auch haben alle drei anderen Gebäudeseiten keine auch nur kleinflächige Glasfassade. Es handelt sich also keineswegs um ein »Glasgebäude«, sondern um ein solches, das ganz gezielt nur an der Nordseite verglast ist. Und selbstverständlich zählt die Planung von Lichtwirkungen zu den zentralen Werkzeugen des Architekten: »Der Architekt befiehlt dem Licht, was es zu tun hat. Es ist unser folgsamster Partner und macht genau das, was wir wollen« (Bächer 2003, 21).

Abbildung 5: Gebäudefront, Schülereingang

Abbildung 6: Schülereingang, hinteres Ende des Abgangs

EIN ENTLARVENDES DETAIL

Auf den Abb. 1 und 3 ist ganz links bereits ein zweiter Eingang zu erkennen, der zum Haupteingang in einem bemerkenswerten Kontrast steht. Der Eingang führt zu den Garderoben der Schülerinnen und Schüler und ist daher obligatorisch von diesen zu benutzen, während ihnen der Eintritt durch den Haupteingang im Allgemeinen nicht gestattet ist.

Während der Haupteingang als repräsentatives Entree konzipiert ist, das über eine breite Freitreppe nach oben in Richtung auf die so beeindruckende Glasfassade führt und alle Gestaltungsmomente zum herausgehobenen und vorgesetzten Eingangstor hin fokussiert, ist der Schülereingang (Abb. 5 und 6) vom Vorplatz des Schulgebäudes aus kaum als solcher zu erkennen. Zu sehen ist zunächst lediglich ein schräger stollenartiger Abgang, dessen Funktion sich dem erkundenden Blick nicht gleich erschließt, da nur undeutlich auszumachen ist, dass von ihm ganz unten seitlich nach links eine kleine Türe abgeht. Der Abgang wird durch ein langes schmales Wellblechdach überdacht und markiert: Es führt weit in den Vorplatz hinaus und wird von markanten roten Stahlträgern gehalten. Optisch wirkt er eher wie eine in die Kellerregion führende Sackgasse und offenbart sich erst nach genauerer Betrachtung als eine Art Kanalisierungs- oder Schleusenvorrichtung: Man wird durch das Gefälle im Schritt zunächst beschleunigt, kann dann aber nicht einfach geradewegs in das Gebäude eintreten, sondern wird zumindest einmal abgebremst, umgelenkt und durch eine schmale seitliche Öffnung in das Gebäude geleitet.

In Konstruktion und Material nimmt das Wellblechdach die Bauweise des Hauptdaches auf (vgl. Abb. 3). Dadurch, dass dieses genau auf der Höhe endet, wo jenes beginnt, also gerade nicht über es hinausragt, wirkt es wie seine Fortsetzung – nur weit abgesenkt. Es wiederholt das großzügige Firmament des Treppenaufstiegs und ist doch nur seine inferior ausgefallene Sparvariante. Es birgt auch keinen Aufstieg in die lichte Höhe eines gläsernen Bildungstempels, sondern deckt eine schräge Rampe in den Keller ab. Aber die Auftritte von Haupt- und Nebeneingang sind nicht nur unterschiedlich dimensioniert, sie treten auch unmittelbar miteinander konkurrierend in Kontakt: Dort, wo die aufsteigende Treppe und der nach unten führende Abgang aufeinander treffen, verstellt erstere letzterem einen erheblichen Teil seines ohnehin bescheidenen Ausblicks und Lichteinfalls und bedrängt ihn auf diese Weise geradezu. Der Vorrang, den die Treppe bereits durch ihre luxuriöse Gestalt beansprucht, wird auf diese Weise noch einmal ausdrucksstark unterstrichen.

Die Schülerinnen und Schüler müssen das Gebäude auf der linken Seite betreten. Da sie von der rechten kommen, geht die dramatische Inszenierung der Fassade, die doch eigentlich an sie als primäre Adressaten der Institution Schule gerichtet ist, in gewisser Weise an ihnen bzw. sie an ihm vorbei. Es fügt sich in die gesamte fabrikartige Anmutung des linken Teils der Gebäudefassade, dass es genau hier ist, wo die große Masse der Schulbesucher durch einen vergleichsweise tristen Abstieg in den schulischen Alltag eintritt, ernüchtert, zweckrational organisiert und in gebotener Entfernung vorbei an den hochfliegenden Bildungsaspirationen, die die Fassade über der vom täglich plebiszitären Gebrauch verschonten Treppe zur Schau trägt.

Doch ist dieser an das Prinzip des *Lieferanteneingangs* erinnernde Zutritt zum Innenleben des Gebäudes nicht ohne Hintersinn. Denn wenn man den Abgang durchschritten hat, erreicht man wieder eine Glaswand, in der sich allerlei spiegelt (Abb. 6). Es handelt sich dabei lediglich um eine nach außen hin mehr oder weniger verdeckte Fortsetzung der ›großen‹ Fassade. Hier nun wird aber kein atemberaubender Hafenkran mehr in das Schulinnere projiziert und keine grün bepflanzte Siedlung und kein Geistesturm mit schwebendem Pyramidendach, sondern lediglich der Abgang selbst, seine Geländer und Einfassungen, die sich vielfach mit den aus dem Inneren durch das Glas hindurch sichtbaren Stiegen, Geländern, Handläufen und Stützen überschneiden und verflechten und so ein industrieästhetisches Kaleidoskop bilden, in dem das (Auf- und Ab-)Steigen entlang schützender Begrenzungen als Leitthema deutlich wird. Gleichzeitig erzeugen die Gitterstäbe der Fassade, hier aus nächster Nähe gesehen und in dieser geschlossenen Raumsituation, einen durchaus käfigartigen Eindruck. Im Falle der morgendlichen intensiven Nutzung des Abgangs mischen sich in dieses Bild noch die einströmenden Schülermassen und lassen eine gegenüber der Hauptfassade bedeutungsvoll verschobene Symbolik wirksam werden: Die inhaltlichen Bezüge auf eine (im Sinne Humboldts) »proportionierliche« Bildung, wie sie die Glasfront insgesamt darbietet, sind hier verschwunden und an ihre Stelle ist der Prozess einer protoindustriellen schützenden Führung und Steuerung einer großen Menschenmenge (des vielzitierten »Schülermaterials«) geworden, deren Ziel und Ambition nicht mehr thematisiert wird.

Solcherart *verwaltet statt geläutert* verbleibt dem zum unklar bestimmten Lernen verfrachteten Publikum immer noch die Perspektive ausgelebten Unbehagens und zelebrierter Widerständigkeit. Diese findet ihren offensichtlich akzeptierten Platz an den Seitenwänden des Abgangs. Die Kunstform des Graffito verleiht den ästhetischen Äußerungen der Heranwachsenden schon von vornherein eine subversive Note. Neben einigen eher den *klassischen* Formenkanon paraphrasierenden Darstellungen geben jedoch die beiden Ausschnitte in Abb. 7 und 8 durchaus auch inhaltlich durchaus kritische Hinweise: Die entsetzte Physiognomie des stilisierten Menschenkopfes verhindert ebenso jede idyllische Assoziation, wie die Schriftkomposition, die etwa ganz offensichtlich auf Pink Floyd's Kino-Protest-Epos verweist, dessen berühmtestes Textzitat immerhin »We don't need no education« lautete.

Nichts desto weniger kippt die Ästhetik des überfallsartig praktizierten Vandalismus in harmlose Dekoration, sobald sie von der jeweiligen Obrigkeit als ›Verschönerung‹ willkommen geheißen wird. Und so findet sich denn die kleine Subversion bereits wieder in eine tolerante und damit umso wirkungsvollere Beschulungstechnokratie integriert, die den bildungshumanistischen Gestus der Fassade als architektonische Sonntagsrede entlarvt. Allerdings ist dieser zuzugestehen, dass sie so eindrücklich und überzeugend gestaltet wurde, dass ihr weithin sichtbarer Anspruch zu einer andauernden Infragestellung des pädagogischen Gesamtarrangements gerät und das Gebäude in einen unauflösbaren und vielleicht sogar einsichtsträchtigen Widerspruch treibt.

Abbildung 7: Schülereingang, Graffiti

Abbildung 8: Schülereingang, Graffiti

LITERATUR

Bächer, M. (2003): Nichts als Raum. Annäherungen an den Raum. In: Jelich, F.-J. & Kemnitz, H. (Hg.): Die pädagogische Gestaltung des Raums. Geschichte und Modernität. Bad Heilbrunn, 15-29

Hackl, B. (2009): Space Oddity. Schularchitektur zwischen Funktionalismus und Animation. In: Pädagogische Korrespondenz, 35, 98-115

Hackl, B. (2010): True Lies. Über die Dilemmata einer reformpädagogischen Aneignung tayloristisch entworfener Lernräume. In: Egger, R. & Hackl, B. (Hg.): Sinnliche Bildung? Pädagogische Prozesse zwischen vorprädikativer Situierung und reflexivem Anspruch. Wiesbaden, 163-194

Hackl, B. & Hummel, S. (2010): Corporal Expression in Teaching. Impact and Investigation of a Tacit Influence on what is Learned in School. In: Shoniregun, C. & Akmayeva, G. (Hg.): CICE-2010 Proceedings. Toronto, 31-35

Panofsky, E. (2006): Ikonografie und Ikonologie. Köln

Reformschularchitektur?

Laborschule und Oberstufenkolleg in Bielefeld

Ellen Thormann

Im Gedenken an Heiner Moldenschardt
(1929-2011)

Mit dem vorliegenden Beitrag sollen Zusammenhänge und Traditionslinien skizziert werden, die mit der Architektur der Bielefelder Schulprojekte Laborschule und Oberstufen-Kolleg in Verbindung stehen. Das Zusammenwirken von Pädagogen und Architekten wird dabei, ausgehend von dem Entwurf der Dammwegschule in Berlin-Neukölln aus den 1920er Jahren, bis hin zu den Großraumschulen der 1970er Jahre nachgezeichnet. Dabei spielen nicht zuletzt die Vorstellungen des Reformpädagogen Hartmut von Hentig zur Schularchitektur eine tragende Rolle.[1]

Reformschul-Architektur und Grossraumschulen

Eines der wichtigsten Denkmale der Geschichte des Schulbaus der 1920er Jahre ist der Musterpavillon für die geplante Dammweg-Schule in Berlin-Neukölln (Abb. 1), der 1928 von dem Architekten Bruno Taut (1880-1938) zusammen mit dem Reformpädagogen Fritz Karsen (1885-1951) konzipiert wurde. Zu den hervorstechenden Merkmalen dieses Pavillons, der heute unter Denkmalschutz steht, gehören großflächige Glastüren, die einen direkten Zugang vom Klassenraum auf eine Terrasse mit Pergola bieten, sowie die umlaufenden Fensterbänder unterhalb des Flachdaches, die für eine allseitig gute Beleuchtung des Inneren sorgen.

1 | Im Hinblick auf die seit 2010 andauernden Debatten um die verstörenden Skandale um die Odenwaldschule stellt dieser Essay den Versuch dar, die Leistungen und Positionen von Hentigs, einem der wichtigsten Reformpädagogen des ausgehenden 20. Jahrhunderts, trotz seiner erschreckend bagatellisierenden Äußerungen zu würdigen.

Abbildung 1: Dammweg-Schule in Berlin-Neukölln, (Musterpavillon)

Der Schulneubau (Abb. 2) sollte, wie Fritz Karsen es ausdrückte, das »Gewand für eine einheitliche Schule« darstellen und eine nach Altersstufen und Gebieten gegliederte »kooperative, sachliche Arbeit« nicht nur »gestatten«, sondern geradezu »befördern« und ein »Lebensraum der Schüler und aller zur Schule gehörigen Personen sein, und das ohne künstliche Abtrennung von der Umwelt« (Karsen 1928, zit.n. Kemnitz 2003, 257-258).

Abbildung 2: Dammweg-Schule in Berlin-Neukölln

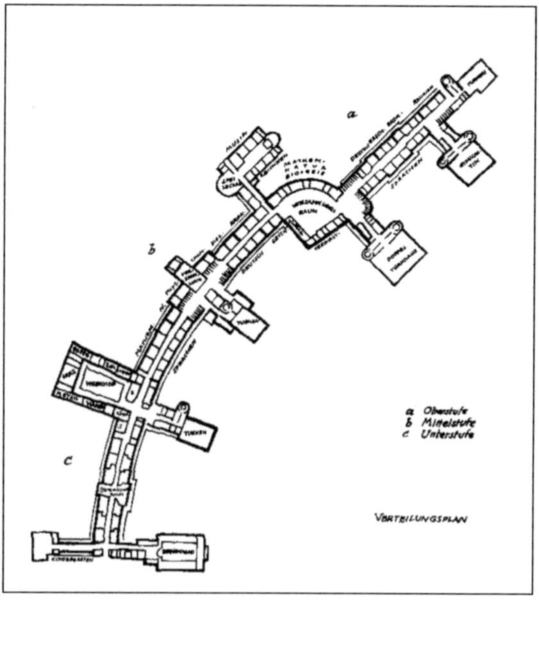

Sowohl die geschwungene Gesamtanlage wie auch die Gestaltung der einzelnen Pavillons wurden in der Zeit nach 1945 von anderen Architekten erneut aufgegriffen. So sind die Ähnlichkeiten zu einem Entwurf für ein Kinderhaus der Architektin Lucy Hillebrand (1906-1997) aus dem Jahr 1947 offensichtlich, auch wenn dieses Gebäude im Gegensatz zu dem Bau von Taut und Karsen einen oktogonalen Grundriss aufweist (Boeminghaus 1983, Abb., 21).

Auch der Architekt Hans Scharoun (1893-1972) scheint sich an diesen Konzepten bei seinen Schulbauten der 1950er und 1960er Jahre orientiert zu haben. Diese greifen nicht nur die geschwungene Anlage des Neuköllner Entwurfes von 1928 auf, sondern auch charakteristische Elemente der einzelnen Pavillons – bei Scharoun Schulwohnungen genannt –, etwa den direkten Terrassenzugang und die umlaufenden Lichtbänder. Taut und Scharoun standen zumindest 1919/20 in Kontakt, als sie als Mitglieder der Künstlergemeinschaft »Gläserne Kette« durch Rundbriefe und Briefwechsel kommunizierten. So steht zu vermuten, dass Scharoun auch das 1928 publizierte Schulbau-Konzept von Fritz Karsen und Bruno Taut bekannt war. Im Zusammenhang mit seinem Entwurf für eine Volksschule in Darmstadt definierte Scharoun 1951 die Aufgabe des Schulbaus dahingehend, dass »die Bildung Alle zu empfindenden – wissenden – wollenden Menschen führen soll« (zit. n. Kirschenmann 1993, 200). Dies macht deutlich, dass Scharoun nach der Zeit des Nationalsozialismus mit seinen Bauten ein Ideal gesellschaftlicher Erneuerung verfolgte und zur Demokratisierung beitragen wollte.

Abbildung 3: Volksschule in Darmstadt (Entwurf, Scharoun)

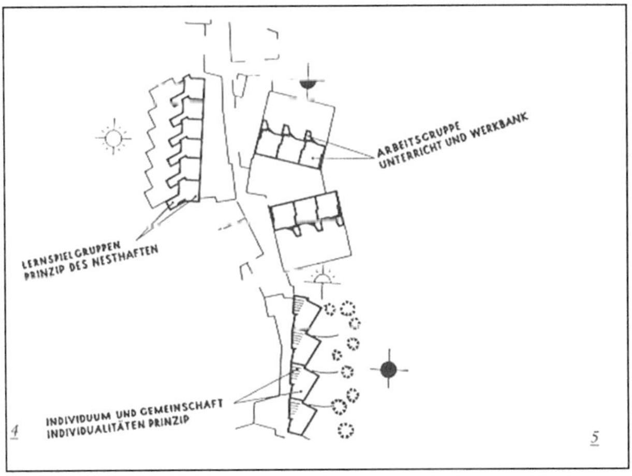

Scharouns nicht ausgeführter Entwurf für die Volksschule in Darmstadt (Abb. 3 und 4) nimmt in seiner Anlage den Bildungs-Gang der Kinder durch das Schulgebäude, je nach Entwicklungsstand in unterschiedlich gestalteten Räumen, wieder auf, wie dies in ähnlicher Form auch Fritz Karsen und Bruno Taut geplant hatten. Scharoun schreibt dazu:

»Das Wesen der Räume entspricht dem geistigen Wachstum des Kindes: durch den Nest- und Höhlen-Charakter in der Gruppe A (den 6 bis 9jährigen), durch das Exakte in der Gruppe B (den 9 bis 12jährigen), durch die spannungsreiche Entfaltung des Raumes zur Zweiheit in der Gruppe C (den 12-14jährigen Kindern).« (Zit. n. Kirschenmann 1993, 201)

Abbildung 4: Volksschule in Darmstadt (Entwurf, Scharoun)

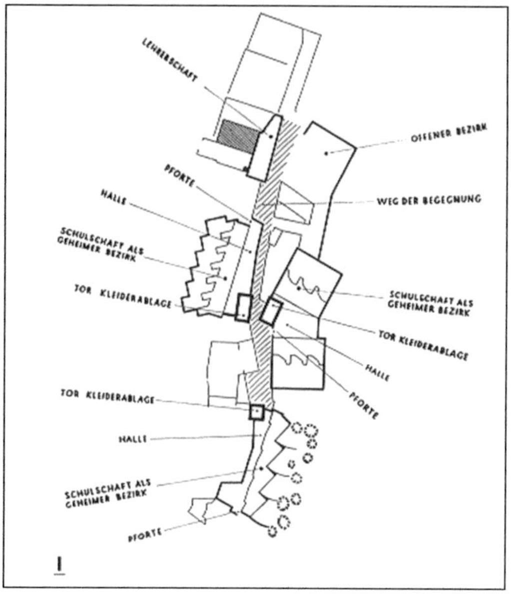

In der ersten Altersgruppe verfügt jede Klasse über einen für sich abgeschlossenen Freiluftunterrichtsplatz. In der Gruppe der 9-12-jährigen hingegen liegen drei der sechs Stammklassen nebeneinander an einem gemeinsamen Hof mit abgeteilten Freiluftunterrichtsplätzen. Die vier Stammklassen der 12-14-jährigen schließlich öffnen sich frei zur Landschaft. Dem gesamten Entwurf der Schulanlage liegt der Gedanke zugrunde, »das Wesen des Schullebens organhaft in der Gestalt der Schule zu spiegeln« (zit. n. Otto 1961, 85).

Auch dem von Scharoun 1956-62 errichteten Geschwister-Scholl-Gymnasium in Lünen liegt die Idee einer »Freiluftschule« zugrunde (Jaeger 1985, 228). Als »hell, freundlich und ein wenig unordentlich« hat Manuel Cuadra (1998, 7) diese Schule beschrieben. Auch hier setzte Scharoun die Idee um, die einzelnen Schulgebäude nach Altersstufen zu gliedern. Die wabenförmig angelegten »Schulwohnungen« bestehen aus einer Garderobe, dem eigentlichen Klassenzimmer, einem Gemeinschaftsraum und einem Hof im Freien (Abb. 5).

Abbildung 5: Geschwister-Scholl-Gymnasium in Lünen (Scharoun)

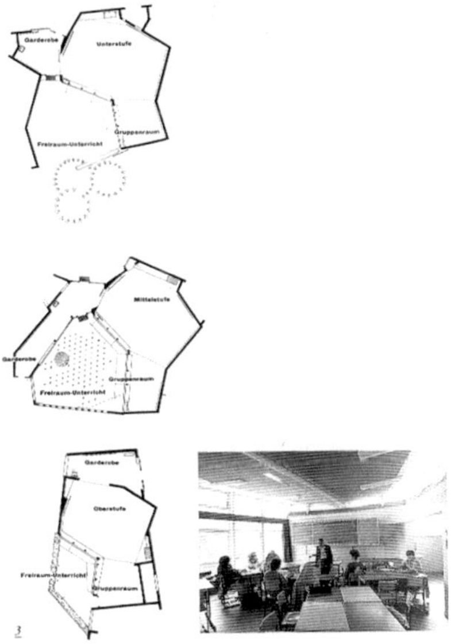

Bis in die 1960er Jahre hinein scheint also die Form des Pavillons mit jeweils eigenem Zugang zu einem Hof oder Garten eine prägende architektonische Lösung für reformpädagogische Ansätze im Schulbau gewesen zu sein. Dabei scheinen die beiden nicht ausgeführten Bauten – die Dammwegschule in Berlin 1928 von Taut und die Volksschule in Darmstadt 1951 von Scharoun – durch viele Veröffentlichungen besonders wirkmächtig gewesen zu sein (vgl. Karsen & Taut 1928 sowie für Scharouns Volksschule Darmstadt: Brödner 1951, 206-210 und Otto 1961, 84-86). Gegen Ende der 1960er Jahre jedoch, als sich bedingt durch die geburtenstarke Jahrgänge und angeregt durch neue reformpädagogische Ansätze kurzfristig ein verstärkter Bedarf an Unterrichtsräumen ergab, entstand die Idee von Unterrichtsgroßräumen, die nicht dem herkömmlichen Muster entsprachen. Zum obersten Gebot wurde nun die Flexibilität. Unter großem Zeitdruck und ohne konkrete pädagogische Konzepte wurden Ende der 1960er Jahre eine Reihe von Modellschulen geplant, die zu Beginn der 1970er Jahre in Betrieb genommen wurden: In Baden-Württemberg die Gesamtschule Weinheim (1970/71), die Ganztagsschule Osterburken (1971) und das Kooperative Bildungszentrum Markdorf (Ende 1972). Auch in Nordrhein-Westfalen wurden vor den Bielefelder Schulprojekten zwei Schulen mit Unterrichtsgroßräumen fertiggestellt: Im Jahr 1971 die Gesamtschule Fröndenberg sowie 1972 die integrierte Gesamtschule Köln-Rodenkirchen. Hier wurden die Großräume allerdings schon 1975/76, also nur drei Jahre nach Inbetriebnahme, durch den Einbau von Wänden wieder in konventionelle Gruppen- bzw. Klassenräume umgewandelt.

Insgesamt kann man festhalten, dass die Ende der 1960er Jahre geplanten Unterrichtsgroßräume der Gesamtschulen, deren Nutzung vom Institut für Schulbau der Universität Stuttgart wissenschaftlich begleitet wurde, bereits Mitte der 1970er Jahre wieder zurück gebaut waren (vgl. Kroner 1977 und Thormann 2002).

Demgegenüber maß man in Bielefeld der Schularchitektur von vornherein besondere Bedeutung bei. Schon ab 1970 wurden einige der zukünftigen Lehrerinnen und Lehrer für die Arbeit in den Aufbaukommissionen von Laborschule und Oberstufenkolleg eingestellt, die zusammen mit den Architekten des Berliner Planungskollektivs Nr. 1 (Jonas Geist, Helmut Maier, Heiner Moldenschardt, Peter Voigt, Hans Wehrhahn u.a.) bis zur Eröffnung im September 1974 die Planungen in pädagogischer, curricularer und architektonischer Hinsicht mitbestimmten.

Das Besondere an der so entstanden Architektur der Bielefelder Schulprojekte sind die jeweils drei gegliederten Unterrichtsgroßräume, die Lernlandschaften aus »Feldern« und »Wichen«, also dem halbgeschossigen Wechsel von Unterrichts- und Verkehrsflächen. Diese kann man als eine Weiterentwicklung der einfachen Hallenarchitektur der ersten Großraumschulen ansehen. Ein weiteres Plus der Bielefelder Lösung sind die Shed-Dächer, die für Tageslicht, zum Teil auch für Belüftung sorgen. Den dritten, noch ungelösten Problembereich bildet die Akustik, vor allem die mangelnde akustische Abschottung gegenüber anderen Gruppen.

Reformpädagogik und Schularchitektur aus der Sicht Hartmut von Hentigs

Zeitgleich zur Errichtung dieser Schulzentren und Gesamtschulen mit Großräumen entwickelte sich eine allgemeine Debatte über die Gestaltung von Schulgebäuden. Dabei ging ein wichtiger Impuls von dem Pädagogen, Handwerker und Philosophen Hugo Kükelhaus (1900-1984) aus, der sich sowohl auf gestalterischen wie auch auf wissenschaftlichen Gebieten gleichermaßen hervortat. Vor allem mit seiner zu Beginn der 1970er Jahre publizierten Abhandlung »Unmenschliche Architektur« (Kükelhaus 1973) übte er erheblichen Einfluss insbesondere auch auf Hartmut von Hentig aus. Im Jahr 1973, also während der Bauphase der Bielefelder Schulprojekte, formulierte von Hentig im Anschluss an Kükelhaus Forderungen an die Architekten:

»Wenn Lernen Erfahrung heißen soll und wenn Erfahren die selbständige Auswahl der Wahrnehmung und die praktische Erprobung des Handelns einschließen soll, dann ist deutlich, dass die Architekten hierfür einen Rahmen schaffen müssen, der anders aussieht als alles, was wir bisher als ›Schule‹ kennen. [...]. Es geht um Mischformen, um Unfertigkeit, um überschaubare Schmuddeligkeit – in ihnen kann sich Menschlichkeit gegen System behaupten.« (Hentig 1973a, 82)

Auch in »Schule als Erfahrungsraum?« (Hentig 1973b), publiziert im selben Jahr, äußerte von Hentig sich kritisch zur Schularchitektur. Dabei erwies er sich als ein Kenner der neuesten Strömungen innerhalb der Schularchitektur. Ausgehend von dem Grundsatz:

»Das Schulgebäude drückt aus, was wir in ihm vorhaben«, stellte Hentig fest: »*Alte Schulen* hat man oft mit Kasernen verglichen und ihre Tätigkeit mit Abrichtung und Drill. [...]. *Neuere Schulen* – in Amerika seit Beginn des Jahrhunderts, bei uns erst nach dem Zweiten Weltkrieg – geben dem Funktionalismus, dem pädagogischen Optimismus, der Licht-, Luft- und Öffentlichkeitsemphase ihrer Epoche Ausdruck. [...] *Neueste Schulen* – man kann sie inzwischen in allen Großstädten der Industrienationen finden – sperren sich erneut gegen die äußere Welt, weil diese verschmutzt und vergiftet, hässlich, gewalttätig, peinlich und vor allem für die optimierten Lernprozesse völlig irrelevant ist. Sie erzeugen im Inneren eine Gegenwelt zum sie umgebenden Chaos: mit geraden, übersichtlichen Gängen, abwaschbaren Kachelwänden, PVC-Fußböden, ohne Tageslicht, ohne Straßenlärm, ohne Ausblick, von gleichbleibender Temperatur, gleichbleibender Helligkeit, gleichbleibendem Schallpegel, mit Körperform-Plastikmöbeln, Großräumen für Massenunterricht, Zellen für totale Lernisolierung – eine überdimensionale, wohltemperierte Lernmaschine für den sich wohlverhaltenden Lernwilligen. Der Nichtlernwillige wird in aller Freundlichkeit dem Schulpsychologen überantwortet.« (Hentig 1973b, 49-50)

Unter den genannten Schulen, auf die diese negative Charakteristik zutraf, war auch die schon erwähnte 1972 in Betrieb genommene Modellschule in Köln-Rodenkirchen. Von Hentig konstatierte insbesondere ein Versagen der ausschließlich an Geräten, Apparaten und Verfahren orientierten Schulpädagogik und propagierte demgegenüber ein Lernumfeld, das soziales Lernen ermöglicht:

»Will eine Schule [...] vor allem der Unterschiedlichkeit der Konstitutionen und Bedürfnisse gerecht werden – dann muß sie mehr als jene ausweichende, nichtssagende ›Flexibilität‹ ihrer Räume aufweisen. Sie braucht dann eher eine *Mischung* sehr verschiedener und sehr entschiedener Raumfiguren, Raumanordnungen und Raumausstattungen [...]. Wenn Lernen Erfahren heißen soll [...], dann lautet das Gebot: Mischformen, Unfertigkeit, überschaubare Vielfalt. [...] Also: viel ›rohes‹ Gelände; ein wenig Schutz vor Wetter und aufgeregten Ordnungshütern; Schuppen, Schuppen, nochmals Schuppen.« (Hentig 1973b, 53)

Zur Architektur der Bielefelder Schulprojekte erhob von Hentig drei konkrete Forderungen:

»Erstens soll jedes Kind von seinem Unterrichtsplatz aus (wo immer der dann in dem Gebäude ist) sehen können, daß es sich in dieser unserer Welt befindet, in der Bäume wachsen, Vögel herumfliegen, andere Häuser (darunter vielleicht sein eigenes) stehen. Zweitens gibt es an jedem Unterrichtsplatz ausreichendes natürliches Tageslicht. Drittens gelangt an jeden Unterrichtsplatz, wenn man will, ›frische‹ Luft von draußen.« (Hentig 1997, 122)

Mit zwei Zeichnungen (Abb. 6 und 7) macht von Hentig den Unterschied zwischen den Forderungen und dem schließlich ausgeführten Gebäude deutlich. Außerdem scheint er mit diesen Forderungen wesentliche Aspekte der geplanten und ausgeführten Schulbauten von Karsen & Taut und Scharoun fortzuführen.

Abbildung 6: Laborschule Bielefeld: Forderung der Lehrer

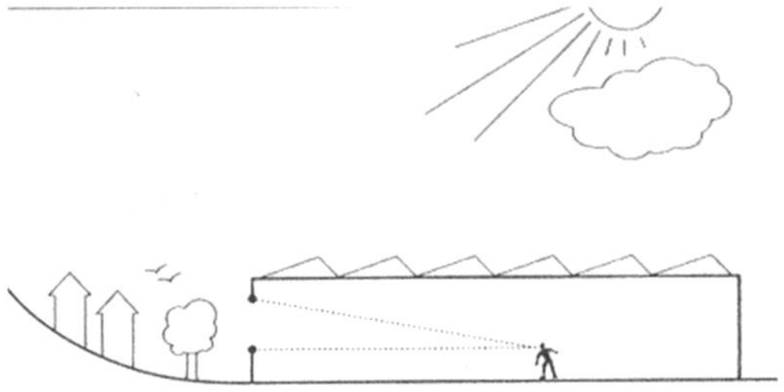

Abbildung 7: Laborschule Bielefeld: Ausführung

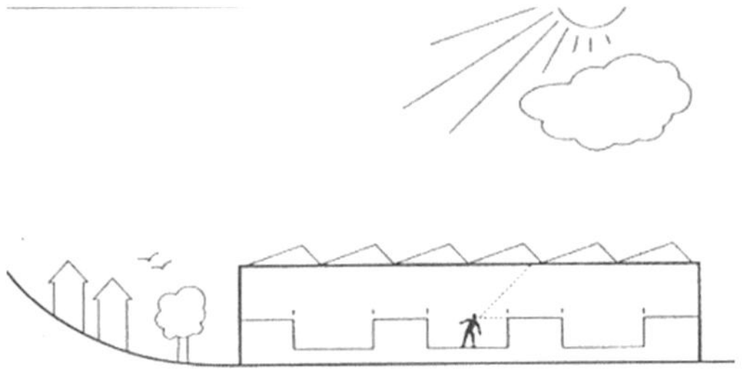

Die Architektur von Laborschule und Oberstufen-Kolleg: Erwartungen und Reaktionen

In seiner Eröffnungsrede am 18. September 1974 formulierte Hartmut von Hentig die Sicht des Bauherren nach vierjähriger Planungs- und Bauzeit folgendermaßen:

»Das pädagogische Prinzip dieser Schulen ist schon an ihrer äußeren Anlage erkennbar. Schule soll Kindern helfen, sich in einer unübersichtlichen Welt selbständig zu orientieren und ihre Entscheidungen am Ende selbst zu verantworten. Das lernt man nicht so leicht in einem Haus mit geraden Gängen, nummerierten und genormten Räumen, festgelegten Zeiten, vorgeschriebenen Gegenständen, im Verband der immer gleichen

Personen - und dies 13 Jahre lang im prägsamsten Alter. [...] Unsere beiden Schulen konfrontieren die Kinder mit einer allmählich oder in Stufen zunehmenden Vielzahl und Vielfalt von Räumen, Tätigkeiten, Beziehungen und Wahlmöglichkeiten. Sie erweitern die Umwelt der Kinder systematisch und differenzieren sie dabei: von den vier Wänden der häuslichen Wohnung über den kleinen Großraum des Blockes I, über die größeren Großräume von Block II, die sich zu einem Großraum-Fachraum-System in Block III und Kolleg ausweiten, bis hin zu dem gewaltigen Bau der Universität, der ein Symbol für die geordnete Komplexität unserer arbeitsteiligen, interdependenten, abstrakten, kommunikationsbedürftigen Gehäuse- und Apparatewelt ist.
Die Großraumschule ist nicht unsere Erfindung. Viele Gesamtschulen bedienen sich ähnlich offener Anlagen. Umso wichtiger ist es, die Unterschiede zu sehen. Der Großraum mag anderswo anders begründet werden - praktisch: weil man so Geld spare; ideologisch: weil mehr Gemeinschaft besser sei als weniger. Wäre der Großraum pädagogisch falsch, er käme für uns nicht in Frage, auch wenn er billiger ist. Dann lieber woanders sparen! Wäre andererseits der Großraum nur ein Mittel der sozialen Integration und nicht auch noch anderes, er würde bald aus dem Schulbau wieder verschwinden: er leistet dazu nichts, was nicht anders auch geleistet werden könnte und bereitet seinerseits viele Schwierigkeiten. Bei uns ist der Großraum durch die vorhin genannte pädagogische Aufgabe begründet: das Kind und der Jugendliche sollen sich in einer unübersichtlichen Welt selbst orientieren lernen.« (Hentig 1974)

Die ersten Reaktionen auf den Neubau mit Unterrichtsgroßräumen waren widersprüchlich. Teilweise reagierte die Presse fast euphorisch: »Ein Schulneubau, der in der Bundesrepublik einmalig ist«, titelte etwa Ende 1973 die örtliche »Neue Westfälische« aus Anlass des Richtfests (18.12.1973), und im August 1974, kurz vor der Eröffnung, hieß es: »Bielefelder Schulneubau setzt neue Maßstäbe in Europa« (Neue Westfälische, 20.8.1974). Unter der Überschrift »Unterricht im Großraum: Niemand prüft« publizierte dieselbe Zeitung am 19. September 1974 Anmerkungen Hartmut von Hentigs zum Unterricht im Großraum:

»In der normalen Schule ist der Lehrer in seinem Klassenzimmer zwar geschützt - aber auch isoliert. Er ist immer König - zuviel König -, und wo er das nicht ist, ist er leicht hilfloses Opfer oder Tyrann. Wäre ich Leiter an einer herkömmlichen Schule, würde ich zunächst alle Türen entfernen: damit jeder sehen kann, wie es beim anderen zugeht - nämlich auch nicht perfekt; und damit man sich nicht mehr scheut, sich gegenseitig um Hilfe zu bitten und zu helfen. Außerdem kann es eines im Großraum kaum geben: den brüllenden Lehrer. Er wäre sicher nur lächerlich. Dieser Raum hilft uns, bewegliche, unbefangene, gesittete Lehrer und Schüler zu sein.« (Neue Westfälische, 19.9.1974)

Allerdings gab es auch skeptische Kommentare. In der konservativen Wochenzeitung »Christ und Welt« wurde Ende September ein erster Eindruck von den Unterrichtsgroßräumen in eher ablehnenden Worten formuliert:

»Der Großraum irritiert. Er steckt voller Paradoxe, provoziert permanenten Widerspruch. Der erste Eindruck ist niederschmetternd. Die nüchternen Betonstreben, die unverkleideten Isolationen betonen das Funktionelle, die Atmosphäre der Fabrikhalle. Der Eindruck wird verstärkt durch die Sheds, die schräggestellten Dachfenster, die das Klinische, das Isolierte mehr betonen als mildern: Natur bleibt Außenwelt.« (Ebmeyer 1974)

Abbildung 8 und 9: Laborschule Bielefeld

Bis heute sind die Meinungen über die Architektur der Bielefelder Schulprojekte geteilt. Die Rede ist von einer »Lernfabrik«, welche »neuartig, ja fremdartig« und »unwirtlich« (Cuadra 1998, 80-82) wirke in dem Umfeld aus idyllischen

Wohnhäusern und dem sie umgebenden Grün. Auch Hartmut von Hentig selbst zog rund 25 Jahre nach der Eröffnung von Laborschule und Oberstufen-Kolleg ein eher resigniertes Resümee:

»Das ist die Geschichte einer persönlichen Niederlage. Ich wusste ja, wie wichtig das Haus für die Pädagogik ist, die darin gemacht werden soll. Ich hätte meine Nase viel tiefer hineinstecken, viel zäher auf Erklärung, Veranschaulichung, Begründung und Auswahlmöglichkeiten drängen, viel entschlossener kämpfen sollen. [...] Dies ist mehr als die Übersetzung unklarer idealistischer Wünsche in die Gussformen und Ökonomie einer funktionalistischen Architektur [...]; es ist vor allem auch eine Folge des Ausscheidens des phantasievollen, empfindsamen und darum für die Gesellschafter unbequemen Architekten Ludwig Leo.« (Hentig 1997, 124-125, vgl. auch: Moldenschardt 1999 und Jung-Paarmann 2010, 35-39)

Im Gegensatz zu dem eher abweisenden äußeren Erscheinungsbild wird jedoch von vielen Besuchern die lebendige und offene Atmosphäre im Inneren des Gebäudes positiv wahrgenommen (Abb. 8 und 9). Laborschule und Oberstufen-Kolleg scheinen dabei die einzigen Schulen zu sein, in denen Unterrichtsgroßräume mit reformpädagogischem Anspruch verbunden wurden. Trotz der architektonischen Gliederung der Unterrichtsgroßräume in unterschiedliche Ebenen mit den umlaufenden halbhohen Zwischengeschossen (»Wichen«), bleiben die sogenannten »Felder« im Kollegium umstritten. In den letzten Jahren zeichnet sich zumindest im Oberstufen-Kolleg eine Tendenz des Kollegiums ab, lieber in geschlossenen Räumen zu unterrichten. Als OS-Lehrende (OS – Oberstufen-Kolleg) im künstlerischen Bereich und deshalb ohne Unterrichtserfahrung auf den Feldern kann ich sagen, dass es trotz signifikanter Probleme mit der Akustik gerade die Unterrichts-Großräume sind, die zu der den Bielefelder Schulprojekten eigenen Atmosphäre von Offenheit und respektierender Wahrnehmung beitragen.

Literatur

Boeminghaus, D. (Hg.) (1983): Zeit-Räume der Architektin Lucy Hillebrand. Stuttgart

Brödner, E. & Kroeker, I.(1951): Schulbauten, München

Cuadra, M. (1998): Planen und Bauen: Meine Schule. Ein Werkstattbuch, hg. von der Wüstenrot Stiftung und der Akademie der Architektenkammer Hessen. Stuttgart

Ebmeyer, K. U. (1974): Die Uni will auch Lehrer sein. In: Christ und Welt, 27.9.1974

Göhlich, M. (2009): Schulraum und Schulentwicklung. Ein historischer Abriss. In: Böhme, J. (Hg.): Schularchitektur im interdisziplinären Diskurs.

Territorialisierungskrise und Gestaltungsperspektiven des schulischen Bildungsraums, Wiesbaden, 89-102

Hentig, H. von (1973a): Schule als Erfahrung. In: Bauwelt, 64. Jg., H. 2, 71, 82

Hentig, H. von (1973b): Schule als Erfahrungsraum? Stuttgart

Hentig, H. von (1974): Rede zur Eröffnung von Laborschule und Oberstufen-Kolleg in Bielfeld am 18.9.1974 (Typoskript, Museums-Archiv Laborschule, Oberstufen-Kolleg)

Hentig, H. von (1997): Lernen in anderen Räumen – die Gebäude der Laborschule, In: Thurn, S. & Tillmann, K.-J. (Hg.): Unsere Schule ist ein Haus des Lernens. Das Beispiel Laborschule Bielefeld. Reinbek, 120-142

Huber, L. & Thormann, E. (2002): Großraumschulen – Erwartungen und Erfahrungen. In: Wigger, L. u.a. (Hg.): Raum und Räumlichkeit. Festschrift für Harm Paschen. Bielefeld, 65-86

Jaeger, F. (1985): Bauen in Deutschland. Ein Führer durch die Architektur des 20. Jahrhunderts in der Bundesrepublik und in West-Berlin. Stuttgart

Jung-Paarmann, H. (2010): Reformpädagogik in der Praxis – Geschichte des Bielefelder Oberstufen-Kollegs. Bielefeld

Karsen, F. & Taut, B. (1928): Die Dammwegschule Neukölln. Berlin

Kemnitz, H. (2003): »Neuzeitlicher Schulbau« für eine »moderne Pädagogik« – Das Beispiel der Berliner Dammwegschule. In: Jelich, F.-J. u.a. (Hg.): Die pädagogische Gestaltung des Raums. Geschichte und Modernität. Bad Heilbrunn/Obb, 249-268

Kirschenmann, J. C. & Syring, E. (1993): Hans Scharoun. Die Forderung des Unvollendeten. Stuttgart

Kroner, W. (1977): Untersuchungen zur Qualität gebauter Schulumwelt, Villingen

Kükelhaus, H. (1973): Unmenschliche Architektur. Von der Tierfabrik zur Lernanstalt. Köln

Moldenschardt, H. (1999): Entwurf und Wirklichkeit – Rückblick des Architekten. In: Huber, L. u.a. (Hg.): Lernen über das Abitur hinaus. Erfahrungen und Anregungen aus dem Oberstufen-Kolleg Bielefeld. Seelze, 39-40

Otto, K. (1961): Schulbau, Beispiele und Entwicklungen. Stuttgart

Thormann, E. (1999): Feldflucht in der Lernfabrik – Erfahrungen mit dem Großraum. In: Huber, L. u.a. (Hg.): Lernen über das Abitur hinaus. Erfahrungen und Anregungen aus dem Oberstufen-Kolleg Bielefeld. Seelze, 35-38

Thormann, E. (2002): Vom »versuchsweisen Wegfall der Wände« – zur kurzen Geschichte von Unterrichtsgroßräumen. In: Wigger, L. u.a. (Hg.): Raum und Räumlichkeit. Festschrift für Harm Paschen. Bielefeld, 72-86

Schulräumliche Ordnungsparameter der Disziplinierung

Perspektiven einer Pädagogischen Morphologie

Jeanette Böhme

Der interdisziplinäre ›Spatial Turn‹ bezeichnet nicht nur eine neue Aufmerksamkeit gegenüber dem Raum, vielmehr auch seine neue Thematisierung als material-physische Ordnung (vgl. Döring & Thielmann 2008). In diesem Diskurs ist die Erziehungswissenschaft an der Wirkmächtigkeit von Raumordnungen auf die pädagogische Praxis und Bildungsprozesse interessiert. Die Rekonstruktion von Bildungspotenzialen materialer Raumordnungen kann als Kerngeschäft einer Pädagogischen Morphologie ausgewiesen werden, die sich als Teilbereich der raumwissenschaftlichen Schul- und Bildungsforschung noch zu etablieren hat. Eine Pädagogische Morphologie sollte weniger programmatisch-konzeptionell ausgerichtet sein, vielmehr ein empirisch fundiertes Reflexionswissen für die pädagogische Gestaltung des Raums bereitstellen. Denn nur auf dieser Grundlage kann eine Profilierung des pädagogischen Raums durch Architekten, Bildungspolitiker und Schulpraktiker erfolgen und können Schulbauordnungen sowie Schularchitekturen danach befragt werden, inwiefern sie pädagogisch zu verantworten sind.

Dieser Beitrag rekonstruiert Bildungspotenziale von Schularchitekturen, die den Gestaltungsprinzipien von Raster und Mitte folgen. Damit wird hier auf eine Architektur fokussiert, die in der Schullandschaft sehr präsent ist. Es wird empirisch fundiert deutlich gemacht, dass diese Schularchitekturen Lern- und Bildungsprozesse präferieren, die zumindest im Interesse einer Disziplinar- und Formationspädagogik stehen. Dass Architekturen die pädagogische Praxis zwar konstitutiv beeinflussen, aber nicht determinieren, soll die kontrastierende Betrachtung von zwei Schulen verdeutlichen, in denen die pädagogischen Präferenzen des Schulbaus unterschiedlich aufgegriffen werden.

PÄDAGOGISCHE MORPHOLOGIE

Im Spektrum der raumwissenschaftlichen Schul- und Bildungsforschung (vgl. Böhme 2009) ist die Pädagogische Morphologie ein spezifisches Forschungsfeld. Dieses Forschungsfeld zielt auf die Rekonstruktion der Bedeutung des Raums für die pädagogische Praxis sowohl in Hinsicht auf ihre Professionalisierung als auch in Hinsicht auf die Ermöglichung von Bildungsprozessen. Für das Selbstverständnis der Pädagogischen Morphologie ist der Morphologiebegriff zentral, der in den Arbeiten von Marcel Mauss (1906/2010) und Maurice Halbwachs (1938/2002) konturiert wurde. Der eine war Neffe, der andere Assistent von Emil Durkheim, der wiederum den Gegenstand der Soziologie in dem Arbeitsbereich einer sozialen Physiologie und sozialen Morphologie bestimmt hat (vgl. Schroer 2009, 21). Hat sich Durkheim vordergründig mit der funktionalen Ausdifferenzierung von Sozialstrukturen beschäftigt, so insbesondere Halbwachs mit einer Systematisierung der Sozialen Morphologie, in der zwischen einer Religiösen Morphologie, einer Politischen Morphologie und einer Morphologie der Großstadt unterschieden wird. An der Weiterentwicklung dieser grundlagentheoretischen Perspektive und ergänzenden Konkretion einer Pädagogischen Morphologie orientieren die hier auszugsweise vorgestellten Forschungen.

Wenn die Morphologie als die Wissenschaft der Formen und Gestalten des material-physischen Raums ausgewiesen wird, so wird dazu der Sozial- oder Interaktionsraum in Differenz gesetzt. Im Verständnis einer Pädagogischen Morphologie ist der Raum eine material-physische Manifestation. Dabei wird zwischen topographischem Raum (Architektur, Landschaft) und entworfenem Raum (Bilder, Karten) unterschieden (vgl. Hartle 2006). Im topographischen Raum manifestiert sich eher eine bereits stattgefundene, in dem entworfenen Raum stärker eine zukünftige pädagogische Praxis. Die Pädagogische Morphologie hat sich beiden Raummanifestationen zu widmen, ohne dabei den Sozial- und Interaktionsraum auszublenden (vgl. Böhme & Herrmann 2011, 27).

HOMOGENISIERENDES RASTER UND ZENTRALISIERENDE MITTE: ORDNUNGSPARAMETER ZUR DISZIPLINIERUNG DER MASSE

Aktuelle Studien zum Schulraum (vgl. Böhme & Herrmann 2011) machen deutlich, dass die Ordnungsparameter Raster und Mitte sowohl im entworfenen als auch gebauten Schulraum dominieren. Mit Blick in die Literatur finden sich Hinweise auf die pädagogische Bedeutung damit verbundener Raumordnungen, die hier einleitend ausgeführt werden.

Das Raster lässt sich als ein architektonisches Kompositionsprinzip bezeichnen (vgl. Arnheim 1988, 213), das im Grund- und Aufriss den Raum schließend begrenzt (vgl. Simmel 1995, 138; Arnheim 1988, 78). Und diese Grenzen werden im entworfenen Raum durch eine Linie, im topographischen Raum durch eine Mauer oder Wand markiert. Die Rasterform ist durch Geradlinig- und Rechtwinkligkeit gekennzeichnet. Auf der Ebene des Einzelraums konstituiert das Raster eine zellenförmige Gestalt und auf der übergeordneten Raumebene durch die Wiederholung der zellenförmigen Form ein gitterförmiges Muster. Zelle und Gitter sind somit auf der räumlichen Mikro- und Mesoebene regelhafte Ausdrucksgestalten des Rasters.

Die Zelle ist eine etablierte pädagogische Architektur. Sie ermöglicht die effiziente Schließung eines Raums, der in Differenz zu dem Außen eine eigene Lebensform etablieren kann. In dieser Perspektive analysiert Foucault (1994) die Zelle als Verräumlichung einer Paradoxie: Zum einen erkennt sie das Individuum in seiner Einzigartigkeit an, denn jeder bekommt einen eigenen Platz zugewiesen. Zum anderen ermöglicht jedoch gerade diese räumliche Parzellierung eine effizientere Registratur von Anwesenheit und Überwachung von Verhalten. Die zellenförmige »Mikrophysik der Macht« (ebd., 191) erkennt also das Individuum an, um es besser unterwerfen zu können. Die zellenförmige Klausur wird so als Raumtechnik der Disziplinierung sichtbar (vgl. ebd., 181). Als Schließungsarchitekturen gelten Klöster, militärische Anlagen, Gefängnisse oder Psychiatrien und somit Institutionen, die ihre Insassen umfassend vereinnahmen (vgl. Goffman 1973) und auf eine methodische Lebensführung verpflichten, die durch Askese, Konzentration und Arbeitsamkeit gekennzeichnet ist (vgl. Treiber & Steiner 1980). In dieser Perspektive lassen sich auch Schulen als gebaute Klausuren diskutieren.

Auf der Ebene der Gesamtarchitektur bringt die zellenförmige Rasterung ein Gitter aus vertikalen und horizontalen Parallelen hervor. Das Gitter ist nicht dynamisch. Da es »keiner räumlichen Orientierung die Vorherrschaft zugesteht, kann es alle weltlichen Handlungen in einem Zustand der Zeitlosigkeit verharren lassen« (Arnheim 1988, 113). Die Bedeutung eines Zentrums tritt im Gitter stark zurück, die einzelnen Zellen sind gleichförmig nebeneinander angeordnet, es entsteht eine »Ebene struktureller Homogenität«, in der sich eine »vereinheitlichte Daseinsform« ausdrückt (ebd., 123). Das Raster als ein homogenisierendes Gestaltungsprinzip von Architekturen ermöglicht damit eine räumliche Vermassung der Disziplinierung und ist somit als architektonischer Parameter anschlussfähig für pädagogische Ideen, die auf eine technizistische Standardisierung von Lern- und Bildungsprozessen zielen. Das Raster präferiert die Homogenisierung der Masse.

Die Mitte ist ein geometrisches oder dynamisches Zentrum (vgl. ebd., 25). Die Unterscheidung verweist darauf, dass die metrisch bestimmbare Mitte nicht immer auch der wahrgenommene »Energieschwerpunkt« (ebd., 26) ist. Von einer Mitte als Raumgestalt des Anfangs und Ursprungs gehen strahlenförmig Vektoren aus. Die zentrische Komposition legt nach Flusser (2000, 27-28) einen Amphitheaterdiskurs nahe. Das heißt, es gibt einen konkreten Sender, aber viele anonyme Empfänger. Wir sind an Massenmedien erinnert, die in der Kritischen Theorie als Distributionsapparate ausgewiesen und als brauchbar für die Ideologisierung der Massen kritisiert wurden (vgl. Brecht 1932/2000; Adorno 1963/2000). Das manipulative Potenzial dieser Raumordnung wird auch in den Studien zum Fahnenkreis deutlich (vgl. Miller-Kipp 2003). Die Mitte verräumlicht ein sinnstiftendes Zentrum, von dem alles ausgeht und auf das alles gerichtet ist.

Mitte und Raster präferieren den sozialen Raum different: »Das Bild der konzentrischen Kreise liefert eine Vorlage für die Anordnung von Gegenständen um ein gemeinsames Zentrum. Das Netz von Parallelen, die sich im rechten Winkel schneiden, dient dazu, Gegenstände in einem homogenen Raum zu orten, in dem keine Stelle besonders hervortritt.« (Arnheim 1988, 20) In der Verschränkung beider Kompositionsprinzipien begründen sich pädagogische Räume, die entweder auf eine zentralistische Steuerung von Massen zielen oder Arenen für diskursiven Widerstand gegen eine rasterförmige Homogenisierung sind. Diese Varianten werden im folgenden Abschnitt über eine komparative Analyse von zwei Schulräumen herausgearbeitet.

DIE SCHULE ALS TOPOGRAPHISCHER RAUM

Beide Schulbauten sind in den 1960er Jahren in Nordrhein-Westfalen entstanden. Die Satellitenaufnahmen machen die rasterförmige Anordnung von schulischen Teilräumen um eine Mitte deutlich (Abb. 1-4). Dass die Anordnung der zellenförmigen Bauteile an das Symbol des Hakenkreuzes erinnert (vgl. Weeber 2007), ist übrigens den Akteuren beider Schulen bekannt. Jedoch wurde in der Studie der schulbauliche Grundriss nicht ikonologisch als Symbol gedeutet, vielmehr wurde im Paradigma der Ikonik (vgl. Imdahl 1980) die Sinnstruktur der schulbaulichen Formengrammatik rekonstruiert (vgl. Sedlmayr 1998). Hier kann nur stark abkürzend die Ergebnisgenerierung, dafür aber ausführlicher die Theoretisierung der topographischen Bedeutungsstruktur dieser Bauten dargestellt werden.

Abbildung 1 und 2: Schule A: Satellitenaufnahme (vgl. Google Earth 2009: v6.0.3.2197, Stand: 10.10.2011); Fluchtplan (nicht maßstabgerecht)

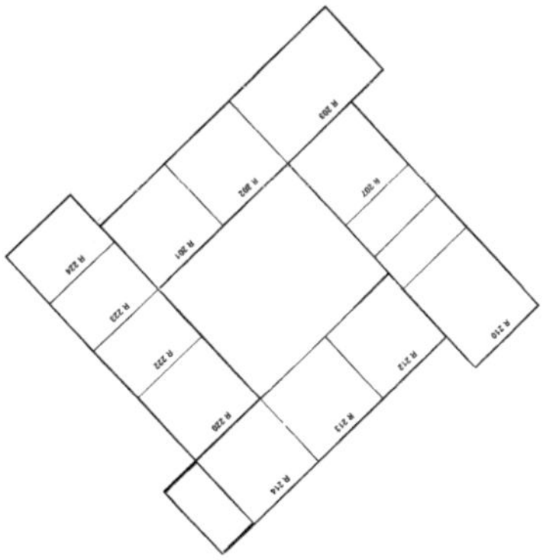

Abbildung 3 und 4: Schule B: Satellitenaufnahme (vgl. Google Earth 2009: v6.0.3.2197, Stand: 10.10.2011); Grundriss (maßstabgerecht)

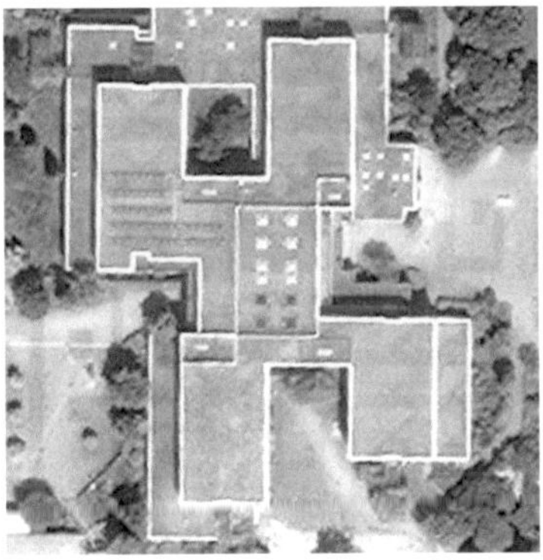

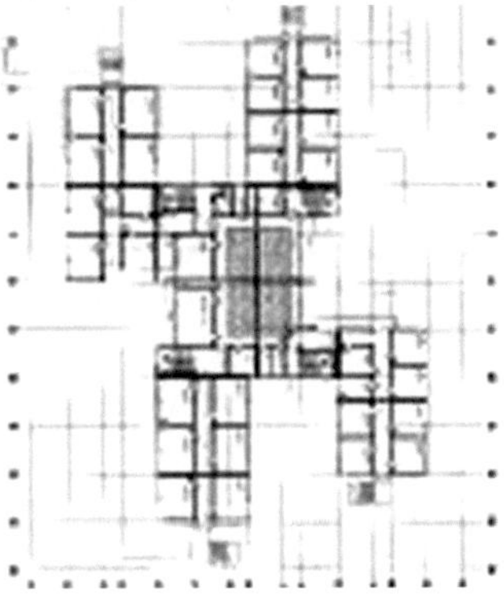

Beide Architekturen, hier noch einmal ergänzend durch Grundrisse veranschaulicht, präferieren durch ihre rasterförmige Gestalt eine Homogenisierung der Masse durch Raumtechniken der Klausur und Parzellierung. Die Anordnung der Zellen erfolgt um eine geometrische Mitte, die als Zentrum die visuelle Aufmerksamkeit fokussiert. Das Zentrum ist jedoch kein Punkt, vielmehr eine Intensitätszone in Gestalt einer Arena. Wie verhält sich nun die mittige Sinnstruktur zum homogenen Rasterraum? Schauen wir uns die unterschiedlichen Ausformungen der Arenen beider Schulen an:

Bei Schule A ist die Mitte eine Aula (vgl. Abb.5). Diese kann zwar immer betreten werden, aber nur der Hausmeister kann das Licht einschalten. Da die Aula keine Fenster hat, ist also eine Nutzung ohne Absprache und Anlass nicht möglich. Die Aula wird damit zum räumlichen Ausdruck eines Ereignisses, dessen Realisation ein Genehmigungsverfahren voraussetzt und damit die Akzeptanz einer hierarchischen Ordnung. Diese wird auch über die Innenausstattung der Aula manifest. So haben wir hier zeilenförmige Stuhlreihen, die sitzende Menschenketten präferieren, deren Blick auf eine Bühne ausgerichtet wird. Architektonisch wird ein Theaterdiskurs vorstrukturiert (Flusser 2000, 21). Diese Diskursform ist prädestiniert zur Verteilung von Informationen in einer asymmetrischen Sender-Empfänger-Beziehung mit Ziel der späteren Weitergabe.

Abbildung 5: Schule A: Aula; Neue Ruhr-Zeitung Nr. 115/14.05.1973; NRZ-Foto: Paetzold

In der Schule B ist die Mitte eine Pausenhalle (vgl. Abb. 6). Hier treffen sich die Schüler in der außerunterrichtlichen Zeit. Diese Pausenhalle durchbricht nach oben zwei Stockwerke, von denen man jeweils über eine Empore einen Rundgang um die Halle unternehmen kann. Wie auch das Foto zeigt, können von dort aus die Abläufe in der baulichen Mitte so beobachtet werden, dass es z.B. offen bleibt, ob die abgebildeten Personen in dieser Situation bemerkt haben, dass ein Foto von ihnen gemacht wurde. In diesem Fall ist in der Mitte nicht die sendende Kontrollzentrale, vielmehr sind die Anwesenden in der zentralen Arena selbst einem panoptischen Blick (Foucault 1994, 258-259) und damit einer einseitigen Beobachtung ausgesetzt. Und was lässt sich dort beobachten? Die Mitte der Schule B ist ein Ort für Netzwerkdialoge (vgl. Flusser 2000, 32), ein Raum, der wie ein Marktplatz diffuse Kommunikationsformen präferiert. Das sinngenerierende Zentrum dieser Schule ist somit ein öffentlicher Raum, in dem Informationen meinungsbildend synthetisiert werden.

Abbildung 6: Schule B: Pausenhalle;
Homepage-Foto: Renate Bonow

In seinen Studien zur Organisation des Raums im Nationalsozialismus weist Münk (1993) in aller Deutlichkeit darauf hin, dass Architekturen nicht den Sinn sozialer Verhaltensweisen determinieren. Jedoch zeigen die Studien zu diesen Schulen, dass architektonische Ordnungsparameter Schulkulturen vorstrukturieren und so die Umsetzung von konkreten pädagogischen Konzepten befördern, erschweren oder verhindern können. So kommt also eine pädagogische Bewertung von Architekturen nicht ohne den Einbezug der pädagogischen Konzeptionen aus, die in ihnen verwirklicht werden sollen. Und so gilt es abschließend einen Blick darauf zu richten, wie die beiden Schulen den pädagogischen Raum idealtypisch entwerfen.

DIE SCHULE ALS ENTWORFENER RAUM

In einer Studie haben wir die pädagogischen Raumentwürfe von 600 Schulen untersucht und in einer Typologie systematisiert (vgl. Böhme & Herrmann 2011). Datengrundlage waren dafür Schullogos, die zwar auch Label für schulische Zugehörigkeit, institutionelles Markenzeichen und Markierer zur Territorialisierung des schulischen Raums, jedoch auch Ausdruck eines schulischen Raumentwurfs sind.

Abbildung 7, 8 und 9: Schule A: Schullogo; Satellitenaufnahme; Pausenhalle

Das Logo der Schule A greift in seinem Raumentwurf homolog die Kompositionsprinzipien der Schularchitektur auf. Damit lässt sich in Hinsicht auf die

Schüler ein Homogenisierungsbestreben behaupten, das auf die Formation in ein immer schon standardisiertes und damit an Angleichung orientiertes Raster zielt. Dieses Prinzip zeigt sich umso mehr, da sich bei einer Reproduktion der Figur auf einer übergeordneten Ebene die Figur mit einer größeren Ausdehnung wieder ergibt. Diese Totalität der Form hat Mandelbrot (1991) in seiner fraktalen Geometrie beschrieben. Das gesteigerte homogene Formprinzip wird nun jedoch durch die Farbgebung gebrochen. In den Farben gelb, grün, blau und rot wird der Farbkanon der Labels zitiert, die etwa von den Schriftzügen Google oder eBay bekannt sind. Die Oberfläche zitiert damit ein Farbspiel moderner Netzwerkforen und setzt so die zellenförmigen Einheiten als different in Szene.

In der Verknüpfung der Form- und Farbanalysen lässt sich behaupten, dass in dem Logo gerade die Paradoxie der zellenförmigen Mikrophysik der Macht zum Ausdruck gebracht wird: In dieser Schule wird die Heterogenität der Schülerschaft anerkannt, werden Schwächen und Stärken jedes Einzelnen genau analysiert, jedoch immer mit dem Ziel einer effizienteren Homogenisierung der Masse. Individuelle Förderung zielt in dieser Perspektive auf die fallspezifische Formation an den gesetzten Standard. Und für dieses pädagogische Konzept erweist sich die Architektur als anschlussfähig.

Abbildung 10, 11, 12: Schule B: Schullogo; Satellitenaufnahme; Pausenhalle

Das Logo der Schule B (vgl. die ausführliche Rekonstruktion in Böhme & Herrmann 2009) hat als Grundform ein zellenförmiges Quadrat, das jedoch diagonal durchbrochen ist. Der Durchbruch öffnet den begrenzenden Rahmen, in dem sich die Klausur als disziplinierende Raumtechnik manifestiert und destruiert so die Möglichkeit einer Parzellierung. Damit haben wir es hier mit dem emanzipativen Entwurf eines Widerstandes gegen Disziplinierung durch die zellenförmige Mikrophysik der Macht zu tun. Auf diese Weise erwartet die Schule in ihrem Bildungsentwurf eine schülerseitige Distanzierung gegenüber Ordnungen zur Disziplinierung und Homogenisierung der Massen. Die Widersprüchlichkeit dieser Konzeption bricht jedoch an dieser Stelle auf, wo die Schule alle Schüler zur Einlösung dieses Entwurfs von Bildung durch Widerstand verpflichtet. Diese Widersprüchlichkeit zeigt sich räumlich etwa in der Architektur des schulischen Marktplatzes, der zwar das Zentrum einer diskursiven Meinungsbildung darstellt, gleichzeitig aber auch eine panoptische Kontrolle und Überwachung ermöglicht.

Bei der Kontrastierung beider Schulen zeigt sich nun, dass gleiche architektonische Ordnungsparameter den Spielraum für unterschiedliche pädagogische Konzepte eröffnen. So haben wir bei der Schule A das Konzept einer individuellen Förderung, die auf die Angleichung an vordefinierte Standards zielt. Und mit diesen Standards könnten etwa die schulischen Vorgaben für die Bewertung und Selektion von Schülerleistungen gemeint sein. Dagegen haben wir es bei Schule B mit dem Konzept von Bildung durch Widerstand zu tun. Die Verwirklichung dieses Entwurfs setzt nun gerade die rasterförmige Homogenisierung und disziplinierende Begrenzung voraus, die sich in der schulischen Architektur zeigt. Jedoch wird die Bewährung im Widerstand für alle Schüler gleichermaßen als Maßstab ausgegeben. Insofern haben wir es also mit einer Brechung der architektonisch präferierten Formations- und Disziplinarpädagogik zu tun, ohne ihrer Logik jedoch zu entkommen.

Pädagogik als Disziplinierung und Formation

Die pädagogische Praxis ist generell durch eine grundlegende Paradoxie gekennzeichnet: So zielt Erziehung auf eine gerichtete Einflussnahme von Bildungsprozessen: »Erziehung hat Steuerungs- und Gestaltungsansprüche, sie unterstellt die Vorhersehbarkeit ihrer Handlungsresultate und ist mit dem Anspruch auf Überprüfung, auf Kontrolle der Erfolge ihres Handelns verbunden.« (Kade & Seitter 2003, 50) Gerade so, wie die Erziehung ist auch das Unterrichten eine Vermittlungspraxis mit »Wirkungsansprüchen« (ebd.). Diese Wirkungsansprüche beziehen sich auf Bildungsprozesse. Bildung ist jedoch eine selbsttätige Praxis, in der Wissen angeeignet wird und eine Verhältnissetzung des Selbst zur Welt erfolgt: »Bildung steht dann zum einen für die Bezeichnung des Ziels von Erziehung, zum anderen für das Ziel der Selbsttätigkeit des Adressaten; wodurch dann zugleich ein (Bildungs-)Horizont eröffnet wird, der über Erziehung hinausgeht und diese, von Bildung her betrachtet, relativiert« (ebd., 51). Gerade in der grundlegenden Differenz von Erziehung und Bildung, von Vermittlung und Aneignung (vgl. Gruschka 2002, 89) begründet sich die prinzipielle Ungewissheit eines möglichen Gelingens oder gar die prinzipielle Gewissheit des unmöglichen Gelingens pädagogischer Praxis.

Aus der Sicht der Erziehungswissenschaft ist nun jene pädagogische Praxis professionalisierungsbedürftig, welche die Differenz von Vermittlung und Aneignung nicht anerkennt. Gerade diese Variante zeigt sich in den Orientierungen einer Disziplinar- und Formationspädagogik. Dort wird die Vermittlungspraxis als eine Technologie entworfen, die »verspricht, Regelungsmechanismen etwa als Zweck-Mittel-Zusammenhänge zu entfalten, um beliebige konkrete Ziele durch die geeigneten Mittel zu erreichen« (ebd., 19). In diesem technizistischen Verständnis liegt es nahe, den pädagogischen Raum so zu organisieren, dass er die ungewisse und unkalkulierbare Dynamik sowohl interaktiver als auch individueller Momente stillstellt, indem Handlungsabläufe vorstrukturiert und so auch die Entscheidungsspielräume der Akteure minimiert werden. Im Disziplinar- und Formationsraum erfolgt damit eine Subsumtion der Eigendynamik individueller Wissensaneignung unter universalistisch geltende Regeln und Standards (vgl. Helsper 1996, 534). Damit wird jedoch die fallspezifische Ausformung eines jeden Bildungsprozesses nicht nur verkannt, vielmehr auch seine Verwirklichung verhindert. Zwar wird die Aneignung von Wissen in einer Formations- und Disziplinarpädagogik nicht stillgestellt, mündet jedoch in eine Form der Halbbildung (vgl. Adorno 1959/2000), die sich in starren, lediglich memorierten Wissensfragmenten zeigt.

Und so lässt sich für eine raumbezogene Professionalisierung pädagogischer Praxis formulieren: Konzepte einer Disziplinar- und Formationspädagogik manifestieren sich in einer räumlichen Ordnung, in der Gestaltungsprinzipien des Rasters und der Mitte dominieren. So präferieren diese Gestaltungsprinzipien eine disziplinierende Kontrolle und Steuerung pädagogischer Handlungsabläufe, die zwar ihre Standardisierung ermöglichen, jedoch auch zur Deprofessionalisierung dieser Praxis beitragen. Denn schließlich wird in dieser Konzeption das pädagogische Technologiedefizit ausgeblendet, das sich in einer prinzipiellen Differenz von Vermittlung und Aneignung begründet. Versuche, diese Differenz durch eine Disziplinierung und Formation der Massen aufzuheben, befördern zwar Prozesse im Sinne einer anpassenden Übernahme von Wissen, verhindern jedoch Bildungsprozesse.

Die Schularchitekturen strukturieren wirkmächtig einen Spielraum für die widersprüchliche Ausformung pädagogischer Praxis, determinieren diese aber nicht kausal. Dies zeigen zumindest die beiden vorgestellten Fälle als differente Varianten einer schulräumlichen Ausformung pädagogischer Widersprüche in gebauten Klausuren: In der Schule A wird die Heterogenität der Schülerschaft zwar anerkannt, aber nur um den Einzelnen fallspezifisch dem vorgegebenen Standard zu unterwerfen, ganz nach dem Motto: ›Wir passen jeden Schüler individuell an!‹. Hier erfolgt also die Anerkennung von Heterogenität zur besseren Homogenisierung der Masse (vgl. Böhme & Herrmann 2011, 125). In der Schule B wird dagegen eher zu einer Emanzipation gegenüber einer disziplinierenden Homogenisierung der Masse aufgerufen. Aber auch dieses Konzept entkommt der Logik einer Formations- und Disziplinarpädagogik nicht. Denn schließlich erfolgt die Verpflichtung der gesamten Schülerschaft zu einer Bildung durch Widerstand. Damit wird hier eine erzieherische Absicht im Zeichen der Emanzipation formuliert, die eine Abweichung von diesem Maßstab negiert. Damit versucht die Schule ihre Schülerschaft zu einem Widerstand zu formieren, der paradoxerweise gegen eine disziplinierende Formation gerichtet sein soll. Die pädagogische Aufforderung: ›Ihr müsst mündig sein!‹ Bringt letztlich die Beziehungsfalle einer »verordneten Autonomie« (Helsper 1996) hervor.

Damit lässt sich bilanzieren: Formations- und Disziplinararchitekturen begünstigen eine professionalisierungsbedürftige Praxis in der Pädagogik. Denn diese Architektur präferiert die einseitige Auflösung von Heterogenität zugunsten einer Homogenisierung der Schülermassen sowie die Negation von Autonomie zugunsten einer Anpassung an schulische Vorgaben. Die Architektur verräumlicht eine pädagogische Orientierung, die Irritationen, Nichtwissen und Ungewissheit ausblendet und pädagogische Machbarkeit unterstellt. Entsprechend dominieren auch die architektonischen Gestaltungsprinzipien von Raster und Mitte immer dort, wo die pädagogischen Verheißungen bis in omnipotente Gestaltungsvorstellungen kulminieren (vgl. Münk 1993; Helmbrecht 2003).

Der Beitrag soll nun kein Plädoyer sein, Raster und Mitte als Gestaltungsprinzipien pädagogischer Architekturen umfassend zu verdrängen. Problematisiert werden diese Ordnungsparameter jedoch ausdrücklich als durchgängige grammatikalische Muster von Schulbauten. Stattdessen sind pädagogische Architekturen als Netzwerk- und Verknüpfungsräume zu konzipieren, die Raumsegmente mit differenten Formprinzipien in ein Verhältnis setzen. In solchen Raumgefügen hätten gleichzeitig Ordnungen ihren Platz, die individuelle Selbstsuche und/oder soziale Selbstdisziplinierung präferieren. In diesen transversalen Raumordnungen würde ein Lernen von Wissen zwar nicht aufgehoben, aber strukturell verkoppelt mit einem Lernen des Entscheidens zwischen möglichen Formen der Weltaneignung (vgl. Luhmann 2002, 198). Die Bildungspotenziale von Raumordnungen aufzuzeigen hat eine erziehungswissenschaftliche Raumforschung zu leisten. Sie hat der Architektur ein Reflexionswissen bereit zu stellen, das eine transversale Öffnung des pädagogischen Raums begründet. Und so trägt die hier vorgestellte Forschung auch zur empirischen Fundierung des Konzeptes eines hypermediales Plateaunetzwerkes bei, in dem eine Neuorganisation von Lern- und Bildungsprozessen entworfen wird (vgl. Böhme 2006). In dieser Konzeption wird eine pädagogische Raumordnung im prinzipiellen Nichtwissen um die Zukunft begründet: aus meiner Sicht die größte Herausforderung erziehungswissenschaftlicher Theoriebildung seit Bestehen der Disziplin.

LITERATUR

Adorno, T. W. (1959/2006): Theorie der Halbbildung. Frankfurt a.M.

Adorno, T. W. (1963/2000): Resümee über Kulturindustrie. In: Pias, D. u.a. (Hg.): Kursbuch Medienkultur. Stuttgart, 202-208

Arnheim, R. (1988): Die Macht der Mitte. Ostfildern

Böhme, J. (2006): Schule am Ende der Buchkultur. Medientheoretische Begründungen schulischer Bildungsarchitekturen. Bad Heilbrunn

Böhme, J. (2009): Raumwissenschaftliche Schul- und Bildungsforschung. In: Böhme, J. (Hg.): Schularchitektur im interdisziplinären Diskurs. Wiesbaden, 13-24

Böhme, J. & Herrmann, I. (2009): Schulraum und Schulkultur. In: Böhme, J. (Hg.): Schularchitektur im interdisziplinären Diskurs. Wiesbaden, 204-222

Böhme, J. & Herrmann, I. (2011): Schule als pädagogischer Machtraum. Typologie schulischer Raumentwürfe. Wiesbaden

Brecht, B. (1932/2000): Der Rundfunk als Kommunikationsapparat. In: Pias, D. u.a. (Hg.): Kursbuch Medienkultur. Stuttgart, 259-263

Döring, J. & Thielmann, T. (Hg.) (2008): Spatial Turn. Das Raumparadigma in den Kultur- und Sozialwissenschaften. Bielefeld

Flusser, V. (2000): Kommunikologie. Frankfurt a.M.

Foucault, M. (1994): Überwachen und Strafen. Die Geburt des Gefängnisses. Frankfurt a.M.

Goffman, E. (1973): Asyle. Über die soziale Situation psychiatrischer Patienten und anderer Insassen. Frankfurt a.M.

Gruschka, A. (2002): Didaktik. Das Kreuz mit der Vermittlung. Wetzlar

Halbwachs, M. (1938/2002): Soziale Morphologie. Ausgewählte Schriften. Konstanz

Hartle, J.F. (2006): Der geöffnete Raum. Zur Politik der ästhetischen Form. München

Helmbrecht, I. (2003): Der Wille zur »totalen Gestaltung«: Zur Kulturgeographie der Dinge. In: Gebhardt, H., Reuber, P. & Wolkersdorfer, G. (Hg.): Kulturgeographie. Berlin, 149-170

Helsper, W. (1996): Die verordnete Autonomie. In: Krüger, H.-H. & Marotzki, W. (Hg.): Erziehungswissenschaftliche Biographieforschung. Opladen, 175-201

Imdahl, M. (1980): Giotto. Arenafresken. Ikonographie – Ikonologie – Ikonik. München

Kade, J. & Seitter, W. (2003): Jenseits des Goldstandards. In: Helsper, W., Hörster, R. & Kade, J. (Hg.): Ungewissheit. Weilerswist, 50-72

Luhmann, N. (2002): Das Erziehungssystem in der Gesellschaft. Frankfurt a.M.

Mandelbrot, B.B. (1991): Die fraktale Geometrie der Natur. Basel

Mauss, M. (1903/2010): Soziologie und Anthropologie. Theorie der Magie/Soziale Morphologie. Wiesbaden

Miller-Kipp, G. (2003): Der Fahnenkreis – eine Raumfunktion zwischen Pädagogik und Politik. In: Jelich, F.-J. & Kemnitz, H. (Hg.): Die pädagogische Gestalt des Raums. Bad Heilbrunn, 463-478

Münk, D. (1993): Die Organisation des Raumes im Nationalsozialismus. Bonn

Schroer, M. (2009): Materielle Formen des Sozialen. In: Fischer, J. & Delitz, H. (Hg.): Die Architektur der Gesellschaft. Bielefeld

Sedlmayr, H. (1998): Verlust der Mitte. Salzburg

Simmel, G. (1995): Soziologie des Raumes. In: Aufsätzen und Abhandlungen 1901-1908. Frankfurt a.M., 132-183

Treiber, H. & Steinert, H. (1980): Die Fabrikation des zuverlässigen Menschen. München

Weeber, E. (2007): Das Hakenkreuz. Geschichte und Bedeutungswandel eines Symbols. Frankfurt a.M.

Zukunftsfähiger Schulbau

Von der Herausforderung zur Umsetzung

Frauke Burgdorff & Karl-Heinz Imhäuser

Gute Architektur gibt Antworten auf die Herausforderungen, die sich aus ihrer Zeit ergeben und ist gleichermaßen widerständig gegen zeitgeistige Moden. Herausragende Beispiele dafür finden wir im Bürobau, im Wohnungsbau, im Bau von großen Sportarenen und Theatern. Aber finden wir sie auch im Schulbau? Die gute Antwort ist: ja. Die schlechte: leider noch viel zu selten. Der Beitrag beschäftigt sich mit der Frage, welchen Herausforderungen sich die Bauaufgabe Schulbau in Zukunft stellen muss und welche Planungskultur entwickelt werden sollte, damit bedarfsgerechte und zeitgemäße Lernräume entstehen können.

Aktuelle Herausforderungen im Schulbau

Auf alle Schulen kommen an der Schnittstelle von Pädagogik, Hochbau und Stadtentwicklung in den nächsten Jahren große Herausforderungen zu. In einer Welt, in der Wissen nicht mehr im Gleichschritt vermittelt wird, sind die Lern- und Lehrformen anders zu organisieren. Im Dialog mit Nutzerinnen und Nutzern, Lehrkräften, Architekteninnen und Architekten, Schulleiterinnen und Schulleitern, Innenraumgestalterinnen und Innenraumgestaltern, Kommunalpolitikerinnen und Kommunalpolitikern sowie Mitarbeiterinnen und Mitarbeitern von Schul- und Baubehörden muss ein Verständnis von Lernen als individueller Prozess vermittelt werden, der sich in unterschiedlichen Formationen im Austausch mit anderen und auf unterschiedlichen Ebenen vollzieht:

- *Singulär* – durch eigenes, individuelles Nachdenken über eine Sache, durch Recherchieren, Hinterfragen und Formulieren
- *Divergierend* – durch den gemeinsamen Austausch mit anderen und die Kenntnis darüber, welche Sichtweisen und Zugänge es neben den eigenen noch gibt

- *Normativ vergleichend* – durch das Hinterfragen oder Bestätigen der eigenen Herangehensweise im Vergleich und durch das Herstellen und Verstehen von verbindlichen Lösungen und Regeln.

Erfolgreiches Lernen ist dabei an unterschiedliche Sichtweisen und Perspektiven, an ein gemeinsames Aushandeln von Ergebnissen sowie eine inspirierende und vielfältige Lernumgebung gebunden (vgl. Gallin & Ruf 1998).

Erfolgreiches und nachhaltiges Lernen braucht also variable und individuell wählbare Zugänge. Es benötigt die Kombination und den Wechsel von konstruktiven und instruktiven Phasen des Lernens und Lehrens, des selbstverantworteten Aneignens von Wissen und der Vermittlung.

Neben dem Wechsel der Lernaktivitäten benötigt erfolgreiches Lernen ebenso unterschiedliche Lernformationen – einzeln für sich in Frei- und Stillarbeitszeiten, in Zweier- oder Kleingruppenkonstellationen oder im gesamten Klassen- bzw. Schulverband. Für diesen konstruktiven Umgang mit Heterogenität gibt es eine notwendige äußere Bedingung. Das Schulgebäude muss Lernumgebungen für alle denkbaren Lernformen ermöglichen: vom Selbstlernen bis zum Lernen in variierenden Gruppengrößen; jahrgangsbasiert und jahrgangsübergreifend. Das strenge Prinzip Flur-Klasse hat ausgedient, Schulen brauchen vielfältigere Lerngelegenheiten. Die soziale Organisation der Arbeitsformen muss systematisch variiert werden können, um einerseits individualisierendes Lernen zu ermöglichen und andererseits zugleich die sozialen Kompetenzen zu fördern.

Lernende und Lehrende verbringen künftig mehr Zeit in Bildungseinrichtungen. Ein Kind, das im Ganztag die Hochschulreife erwirbt, verbringt bis zu 20.000 Stunden seines Lebens in Schulgebäuden. Das sind deutlich mehr, als dies im herkömmlichen Halbtagsbetrieb der Fall ist. Dort fehlen nicht nur Gelegenheiten für eine gesunde Ernährung, sondern auch Räume, die über den Tag multifunktional und individuell zum Entspannen oder Lernen genutzt werden können.

Gleiches gilt natürlich für die Pädagoginnen und Pädagogen. Auch sie benötigen hochwertige Arbeitsplätze und Entspannungsmöglichkeiten, um sich optimal auf ihr Kerngeschäft – die Initiierung erkenntnis- und erlebnisreicher Lernprozesse – vorbereiten zu können. Dazu gehören auch Gelegenheiten für Beratungen mit allen am Bildungs- und Erziehungsprozess Beteiligten.

Die Schule bekommt darüber hinaus eine wiederkehrend große Bedeutung als Mittelpunkt eines Stadtteils, als öffentlicher Treffpunkt und Ort des Gemeinwesens. Die Schule kann gleichermaßen als ein Lernort von vielen in ein Netz von Bildungseinrichtungen eingebunden sein oder viele Lernorte und Bildungsanlässe unter einem Dach vereinen.

Und schließlich finden zumindest in deutschen Städten im Moment gleichzeitige Entwicklungsprozesse von Wachsen und Schrumpfen statt: Die Beteiligten müssen gleichzeitig auf die Abnahme der Schülerzahlen, die Zunahme der

Flächen für den Ganztag und den Sanierungsstau in den Schulen reagieren. Nur wenige Kommunen bemühen sich zurzeit, sozialräumliche, immobilienwirtschaftliche, gesundheitspolitische und pädagogische Fragestellungen in eine integrierte Gesamtplanung von Schulstandorten zusammen zu führen. Hier besteht immenser Entwicklungsbedarf, damit Schulerweiterungen und Standortschließungen für die Stadtgesellschaft und für die Schule selber transparent und produktiv gemacht werden.

Unterschiedliche Vorstellungen, Rollen und Verantwortungen

Die Herausforderungen sind so vielfältig, dass es notwendig ist, jede umfassende Erweiterung, jeden Um- oder Neubau gründlich vorzubereiten und in den Dialog mit den unterschiedlichen Ansprüchen der Nutzer zu bringen. Beim Schulbau treffen Beteiligte aufeinander, die nach einem jeweilig anderen Regime handeln und in diesem sozialisiert sind: Sie haben jeweils andere Anerkennungsmechanismen, Erwartungen und Kompetenzen.

Umfassende Baumaßnahmen in einer Schule lösen zunächst Irritationen und Ängste aus. Pädagogen sind keine Baufachleute und Architekten keine Pädagogen. Wer weiß schon, was ein »vorzeitiger Maßnahmenbeginn«, ein »Blendbogen« oder »offener Unterricht«, ein »jahrgangsgemischtes Cluster« ist? In dialogischen Prozessen ist es notwendig, dass alle Beteiligten in Schrift, Wort und Bild so weit wie möglich auf Verständlichkeit achten, ihre Absichten offen legen und sich bemühen, den anderen zu verstehen.

Dem entsprechend müssen sich die Beteiligten in einem Prozess des Neu- oder Umbaus einer Schule so früh wie möglich an einen Tisch setzen und dort ihre Interessen und Absichten, aber auch ihre Befürchtungen transparent machen. Sonst entwickeln sich schlimmstenfalls Ansprüche nach Kosten- und Zeiteffizienz, Nutzbarkeit und Gestaltung diametral.

Die nun folgenden Zeichnungen und Ausführungen sind ein Angebot, die Partner, die diesen Prozess begleiten, besser zu verstehen. Es sind nur die wichtigsten Partner genannt, weitere zentrale, wie ›die Politik‹, ›die Hausmeister‹, ›die Nachbarn‹ können und sollen ergänzt werden (Vgl. Montag Stiftungen 2011).

- **Standards**

Für den deutschsprachigen Raum lässt sich zusammenfassen, dass der Schulbau in hohem Maße normiert ist. In diesen Normen oder Richtlinien werden in der Regel Mengen, Nutzungen und Mindeststandards festgelegt. Seltener wird Hinweisen zu Ausführungs- und Ausstattungsqualitäten Raum gegeben. Die Art der Prozesse und Entscheidungsfindung wird so gut wie nie beschrieben oder empfohlen.

Abbildung 1: Schulbau normiert. Es werden Standardflächen pro Person angesetzt, ohne dass Qualitäten beschrieben werden.

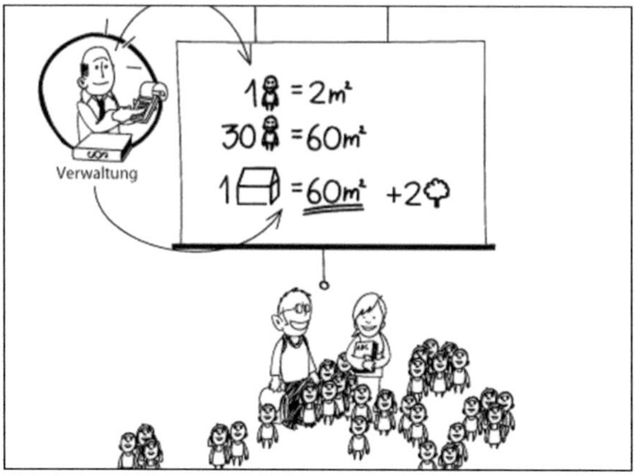

- **Bauherr/Verwaltung**

Der (öffentliche) Bauherr ist darauf angewiesen, kosteneffizient, transparent und in Abstimmung mit der lokalen Politik zu arbeiten. Spezifische Sonderlösungen werden schnell als kostenintensiv verworfen und eine intensive Beteiligung des Nutzers als zeitverzögernd empfunden. Hinzu kommt, dass die Verwaltung häufig mit zu wenigen Personalressourcen ausgestattet ist, um mehrere Projekte anspruchsvoll begleiten zu können.

Abbildung 2: Die Verwaltung macht transparent, unter welchen Bedingungen sie handeln muss: Kosteneffizienz, Zeiteffizienz, nachhaltige Nutzbarkeit und der Wunsch, ein repräsentatives Gebäude zu erhalten.

- **Nutzer**

Die Nutzer stehen in der Regel nur ein bis zwei Mal in ihrem Ausbildungs- oder Berufsleben vor der Herausforderung, einen Neu- oder Umbau mit zu planen. Entsprechend wenig Routine haben sie in der Regel bei der Analyse von Grundrissen oder Kostenaufstellungen. Darum ist es wichtig, dass sie aus ihrer Kompetenz heraus die Anforderungen an einen Schulbau beschreiben und nicht ›kleine Architekten‹ werden. Hinzu kommt, dass gerade Pädagogen häufig die ihnen bekannte Schule der Vergangenheit als Folie für die Schule der Zukunft nutzen.

Abbildung 3: Die Pädagoginnen und Pädagogen beschreiben (am besten gemeinsam mit den Lernenden) die Aktivitäten, die sie in ihrem Haus umsetzen wollen: vom konzentrierten Lernen bis zum Entspannen. Und nicht die Anzahl und Größe der Räume.

- **Architekt/Entwerfer**

Der (private) Architekt/Entwerfer will einen ästhetisch und funktional optimalen Bau erstellen. Er ist kein Pädagoge und denkt Schulbau darum häufig aus seiner eigenen schulischen Erfahrung. Er ist darum auf klare, gut verständliche Vorgaben seitens der Nutzer angewiesen. Häufig wird vom ihm erwartet, dass er den Abgleich zwischen Bauherren- und Nutzerperspektive vornimmt. Hierfür sind neutrale Moderatoren in der Regel besser geeignet.

Abbildung 4: Der Architekt zeigt auf, welche Aspekte ihm wichtig sind: Funktionalität, ästhetische Aussage, eindeutige Vorgaben seitens des Bauherren und ein anständiges Honorar.

Viele Um- und Bauprozesse beginnen in einer Stimmung, in der die Sorge vor Übervorteilung deutlich spürbar ist. Wenn diese Stimmung auch noch durch die Abgrenzung über Fachsprachen, durch vorgeschützte Unausweichlichkeiten (etwa den Brandschutz) und durch verdeckte Interessen genährt wird, ist es schon beinah zu spät für einen vernünftigen Partizipationsprozess. Partizipation, als echte Teilhabe begriffen, braucht Dialog, in dem die Position des Anderen Wertschätzung und ernstgemeinte Auseinandersetzung erfährt. Dies kann etwa durch eine externe unabhängige Moderation hergestellt werden und durch klare Verantwortlichkeiten, die zum Beispiel über quer zu den Fächern besetzte Steuerungsgruppen in der Schule und über einen zentralen Ansprechpartner in der Verwaltung geregelt werden.

Phase 0: Die Bedarfe der Nutzer sind Grundlage für die Planung

Am Beginn einer umfassenden Baumaßnahme – in der »Phase 0« – muss die Ermittlung des Bedarfs durch die Schule erfolgen; auch die Rahmenbedingungen, die die vorhandene Architektur setzt (Grundstück, Bestand) und die Möglichkeiten des Bauherren (Zeit, Geld) müssen zusammengetragen und transparent gemacht werden.

Denn am Anfang eines Projektes werden Bedarfe und Wünsche ihre erste Form bekommen. Dort werden auch die wichtigsten Weichen für den weiteren Verlauf gestellt: Es wird zum Beispiel festgelegt, ob es möglich sein wird, dass die Schule in Jahrgangsclustern arbeiten kann, dass sie individualisiertes Lernen in gut konzipierten Selbstlernzentren ermöglicht, dass sie den Lehrern angemessenen Platz an der richtigen Stelle zum Vorbereiten der Instruktionsphasen gibt etc. Zu beantworten sind mindestens die wichtigsten räumlich relevanten Fragen:

- Welche Lernkultur soll der schulischen Arbeit in Zukunft zugrunde liegen?
- In welchem Verhältnis sollen Selbstlernen, Gruppenlernen und gemeinsame Instruktion zueinander stehen?
- Sollen Klassen in Clustern organisiert werden, damit teamorientiertes und/oder altersübergreifendes Lernen ermöglicht wird?
- Wie verhält sich die Schule zur Stadtgesellschaft und -gemeinschaft, welche Öffnungen und Abgrenzungen sind sinnvoll? Sind etwa weitere Institutionen formellen/informellen Lernens mit dem Gebäude vernetzt oder Mehrfachnutzungen für außerschulische Bedarfe zu berücksichtigen?
- Und nicht zuletzt: Welche Rollen übernehmen die Lehrkräfte im Tagesverlauf, wo arbeiten, planen, beraten und konferieren sie?

Diese Fragen sollten in der Regel in einem moderierten Prozess erörtert und beantwortet werden, der die ganze Schulgemeinschaft berücksichtigt. Dazu gehören vor allem die Kinder und Jugendlichen, aber auch deren Eltern und natürlich das technische Personal, das sich häufig am besten im Gebäude auskennt. Hier lohnt es sich, einen kleinen Bauausschuss oder eine Baufamilie zu gründen, die den gesamten Prozess von der Ideenentwicklung über den Entwurf bis hin zur Ausstattung begleitet.

Die Ergebnisse dieses Prozesses liegen nur in den seltensten Fällen bereits am Anfang eines Bauvorhabens vor. Schulen und Bauverwaltungen sind darauf angewiesen, sie in den laufenden Prozess einzuspeisen und dauernd mit den Möglichkeiten des Gebäudes und des Standortes abzugleichen. Dieses Hin und Her von Absichten, Erwartungen, Grenzen und Möglichkeiten darf sich nicht unmittelbar an Quadratmetern fest machen, weil darin territoriale Konflikte angelegt sind. Besser ist es, über Aktivitäten und Funktionalitäten die künftigen räumlichen Bedarfe zu beschreiben (Montag Stiftung Jugend und Gesellschaft & Montag Stiftung Urbane Räume 2012).

Wenn diese Grundlagen gelegt sind, ist die Schule natürlich lange noch nicht gebaut. Aber es kann davon ausgegangen werden, dass Schritt für Schritt alle Bedarfe zusammengetragen wurden, die Nutzungscluster abgebildet und die wichtigsten Qualitäten beschrieben sind (vgl. www.Bildungslandschaft-Altstadt-Nord.de). Im besten Fall entsteht aus diesem Prozess ein abstraktes, aber bereits räumlich einzuordnendes Programm, das in unterschiedlichen Alternativen an die Gegebenheiten angepasst werden kann. Dies wäre dann die Grundlage für die Entwicklung eines Vorentwurfes, der wiederum jeweils im Dialog mit Nutzern und Bauherren weiter entwickelt werden sollte.

Literatur

Gallin, P. & Ruf, U. (1998): Dialogisches Lernen in Sprache und Mathematik. 1. Band: Austausch unter Ungleichen. Grundzüge einer interaktiven und fächerübergreifenden Didaktik. 2. Band: Spuren legen – Spuren lesen. Unterricht mit Kernideen und Reisetagebüchern. Seelze

Montag Stiftung »Jugend und Gesellschaft«/Montag Stiftung »Urbane Räume« (Hg.) (2012): Handbuch Schulen Planen und Bauen. Grundlagen und Prozesse. Berlin

Lernhäuser in Höchstadt an der Aisch

Ein Werkbericht

SIBYLLE KÄPPEL-KLIEBER

Das Architektenbüro Käppel + Klieber BDA wurde in einem europaweit offenen Wettbewerb mit vorgeschaltetem Bewerbungsverfahren im Jahr 2002, in dem sich 1200 Büros bewarben, neben weiteren 24 Büros zur Teilnahme eingeladen und erhielt den 1. Preis zur Errichtung einer Schule für ca. 800 Schülerinnen und Schüler in Höchstadt an der Aisch. Im September 2005 wurde das Gebäude fertiggestellt.

Abbildung 1: Schule in Höchstadt a.d. Aisch, Gesamtansicht (Foto: Roland Halbe)

LANDSCHAFTLICHE UND STÄDTEBAULICHE SITUATION

Ein Gebäude jedweder Art hat zunächst städtebauliche und landschaftliche Bezüge zu berücksichtigen. Demnach lautete die erste Frage: Wo planen wir? Es gibt inspirierende Orte, die wunderbar sind, ebenso können Un-Orte eine inspirierende Herausforderung darstellen. In diesem Fall fanden wir eine reizvolle Auenlandschaft vor.

Ziel war es, überschaubare Einheiten zu schaffen: Dies war nicht zuletzt der landschaftlichen und städtebaulichen Situation geschuldet. Das abfallende, am Ortsausgang im Übergang zur Auenlandschaft gelegene Baugelände sollte durch die Anordnung der Schule nicht den Bewohnern des oberhalb der Schule gelegenen Wohngebietes mit kleinen Einfamilienhäusern den Ausblick verbauen. Schaffung überschaubarer Einheiten und Erhalt des Landschaftsbezuges bilden so zwei Begründungen für die Anordnung der Lernhäuser als Einzelhäuser.

Abbildung 2: Schule in Höchstadt an der Aisch, Lageplan

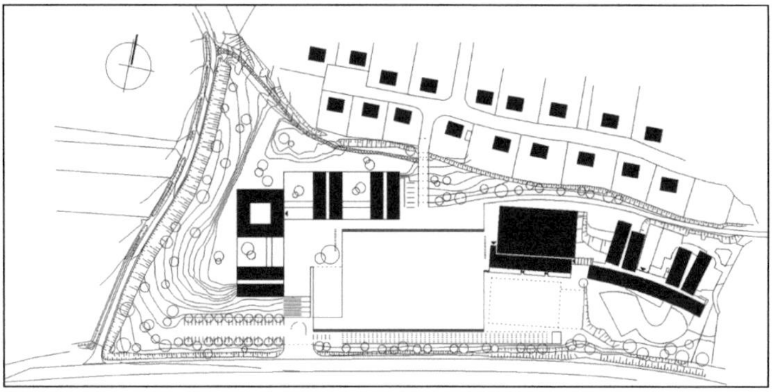

Architektonische Zielsetzung, Schulprogramm und Nutzungsanforderungen

Die geforderten Flächen für eine 6-zügige Realschule mit 28 Klassenzimmern zuzüglich Fachklassen für das relativ große Schulgebäude für 800 Schülerinnen und Schüler – beim Einzug waren es schon fast 1.050 – mussten nachgewiesen werden. Der Entwurf sah vor, das Fachklassengeschoss mit Vorbereitungsräumen weitestgehend in einem in das Gelände eingelassenem Sockel unterzubringen, Höfe zu schaffen und den Baukörper in überschaubare Einheiten zu unterteilen. Die Lernhäuser sitzen auf diesem Sockel auf und lassen somit die angesprochenen Durchblicke offen.

Das Haus stellt sich als weiß verputzter Baukörper dar (Abb. 1) mit hölzernem eingeschobenem Fassadenrahmen, der im Innenraum eine behagliche Atmosphäre schafft. Es entstanden Höfe mit unterschiedlichen Themen: der Mensa- und Lesehof, der Experimentierhof und der Schulgarten.

Um die gestiegene Schülerzahl zu bewältigen, aber auch, um damals neuartige Konzepte auszuprobieren, für die es kaum Referenzen gab, wurden nahezu alle Klassenräume als ›flexible Klassenzimmer‹ ausgestattet. Rundum bespielbare Wände, frei stellbare Möblierung und weg von den klassischen Klassenzimmern, die oft leer stehen (z.B. während der Fachunterrichtszeiten).

Die Zimmer wurden den einzelnen Unterrichtsfächern zugeordnet. Die Schüler wandern durch ihre Schule. Die Räume können thematisch bespielt werden und können bespielt bleiben. Am Erarbeiteten kann somit weitergearbeitet werden (Abb. 3).

Abbildung 3: Schule in Höchstadt an der Aisch, Grundriss 1. Obergeschoss/Schnitt

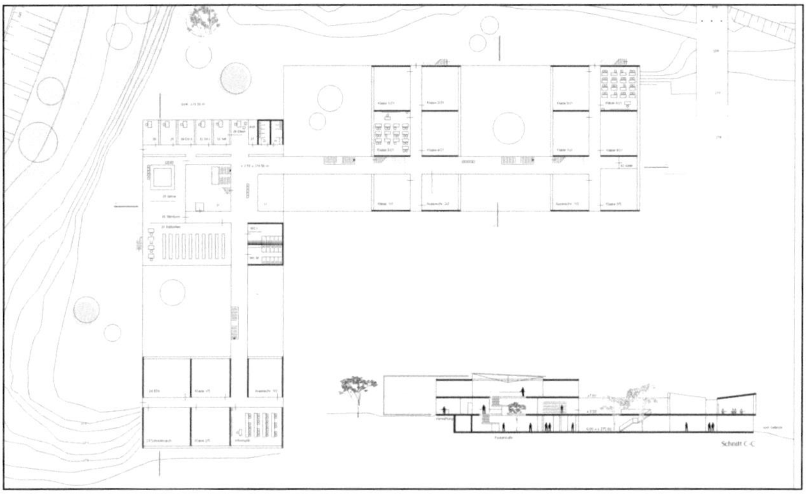

Im Kontext zur Formulierung des Entwurfsgedankens ist auch das Werk von Otto Seydel zu nennen. Seydel war 25 Jahre Lehrer an der Internatsschule Schloss Salem. Er spricht von der Schule als dem Ort, von dem Schüler lernen. Mit Bezug auf eine schwedische Redensart formuliert Seydel folgendes: »Ein Kind hat drei Lehrer: Der erste Lehrer sind die anderen Kinder. Der zweite Lehrer ist der Lehrer. Der dritte Lehrer ist der Raum.« (Seydel 2004, 122-139) Ca. 10.000 Stunden verbringen die Schülerinnen und Schüler bis zum Abschluss der Sekundarstufe I in Deutschland in der Schule, und zwar in einer Zeit, in der noch keine wirklichen und unumstößlichen Festlegungen hinsichtlich Ästhetik und Gestaltung getroffen sind und der Mensch noch entwicklungsfähig ist (Seydel 2004, 136). Architektur bzw. Schularchitektur bildet den Menschen auch hinsichtlich der Raumwahrnehmung.

Auch Lehrerinnen und Lehrer, die einen Großteil ihres Berufslebens (ca. 50.000 Stunden) in der Schule verleben, sollten in ihrem nicht immer heiteren, manchmal eher düstereren und frustrierendem Alltag eine positive Stimmung durch das Raumgefüge und die Raumqualitäten erhalten. Zuordnung und Ausstattung der Räume müssen einen achtsamen Umgang mit Materialien befördern.

Das behutsame Spiel mit Licht und Farben, die sinnlichen Qualitäten der Baumaterialien, die Proportionen der räumlichen Gliederung und Formen können in ihrer Summe Architektur zu einem Wohlfühlbeitrag werden lassen; sogar zu einem künstlerischen Beitrag, denn die ästhetischen Qualitäten eines Raumes, eines Gebäudes und eines Details könnten in den genannten 10.000 Stunden für Schülerinnen und Schüler eine bildende Kraft entfalten.

Es stellt sich die Frage, ob die Annahme, dass der dritte Lehrer der Raum ist nur im Blick auf seine ästhetischen Qualitäten gilt? Sicherlich nicht. In der Schule in Höchstadt sollte somit den Schülerinnen und Schüler Raum gegeben werden, der vielseitig genutzt werden kann, Raum zum Lernen alleine oder in der Gruppe, zum Konzentrieren, zum Präsentieren von Ergebnissen, zum Rückzug; Raum der Orientierung geben und nicht verwirren sollte.

Überschaubare Einheiten helfen. So gibt es viele Häuser entlang einer inneren Straße, mit Gärten sowie der Aula als Marktplatz. Die innere Straße ist Ort der Begegnung; er ermöglicht eine gute Orientierung. Grafisch gestaltete Türbilder weisen auf die entsprechenden Nutzungen hin.

Ein Zitat aus der Broschüre der Realschule Höchstadt anlässlich Ihres 10-jährigen Bestehens 2009 zeigt deren Akzeptanz: »Das Klima war zu Zeiten der alten Räumlichkeiten sehr unpersönlich und zerrissen. Mit der neuen Schule wuchsen wir alle zusammen...« (Stefan Amtmann, Schüler bis 2007). »Allseits geschätzt« so lautete die Überschrift eines Beitrages über den Neubau der Realschule in Höchstadt a.d. Aisch in der Deutschen Bauzeitung:

»Städtebauliche Integration, Transparenz und Schulraum im Dienst der Pädagogik sind die Konzeptideen des Projektes« [...]« so ist festzuhalten, dass gerade gute und gebrauchsfähige Architektur einen weitaus größeren Beitrag zur Nachhaltigkeit im Bauen leistet als ausgetüftelte haustechnische Finessen, die eventuell zu guter Letzt nur mit Mühe den Nachweis ihrer Effizienz erbringen.« (Habermann 10/2008, 30-36)

Aus einer ursprünglich raumbedingten Notlage wurde ein Lehrkonzept, dass zur Einzigartigkeit der Schule beiträgt. Immer noch steigen die Anmeldezahlen.

Literatur

Seydel, O. (2004): Die gute Schule der Zukunft. In: Wüstenrot Stiftung (Hg.): Schulen in Deutschland. Neubau und Revitalisierung. Stuttgart, 122-139

Habermann, K.-J. (2008): Allseits geschätzt. Staatliche Realschule in Höchstadt an der Aisch. In: db Deutsche Bauzeitung 10/2008, 30-36

Der Schulhof als Lebens- und Erfahrungsraum

Ort der Widersprüche, der Freude, des Schmerzes

DORLE KLIKA

Schulhöfe sind markante Orte der Jugendsozialisation, viele Stunden werden während der Schülerjahre dort verbracht. In Zeiten von Cyberspace und globalisierten virtuellen Orten sind Schule und Schulhof neben der eigenen Wohnung für Kinder und Jugendliche der zentrale, real-sinnlich erfahrbare Sozialraum, an dem sich Raum-Bildung als Leib-Bildung vollzieht. Raum und Zeit sind basale anthropologische Kategorien: Jeder Mensch nimmt räumlich einen bestimmtem Platz ein, von dem aus er, sich selbst als Mittelpunkt erlebend, den Raum durch Bewegung in der Zeit erschließt (vgl. Waldenfels 2000, Bollnow 1963). Erlebter Raum konstituiert sich als »*Zeit-Raum-Konfiguration*« (Kellermann & Wulf 2009). In diesem Sinne bezeichnet Forster den Lebensraum Schule wegen seiner hohen Bedeutung neben der eigenen Wohnung als »*Teilzeithabitat*« und verweist auf notwendige Qualitätsmerkmale des Raumes (passende physikalische Eigenschaften, Gewähr von Sicherheit, Möglichkeit zu Kommunikation und Rückzug). Mangelt es an wichtigen Komponenten, führt das zu »Störungen des Wohlbefindens und sozialen Lebens« (Forster 2009, 102). Dabei wird »das, was wir als Schule bezeichnen, durch ein Ensemble von Materialität, Sozialität und Imagination konstituiert« (Kellermann & Wulf 2009, 173; vgl. Löw 2001).

Um 1900 ging es in pädagogischen Vorstellungen über den Schulhof vorrangig um die Arbeitspause, die der Erhaltung der Leistungskraft dienen sollte: Den Schülern soll »die Möglichkeit zu einiger Bewegung in freier Luft« gewährt werden, heißt es im Encyklopädischen Handbuch der Pädagogik (1908). Allem voran aber mussten die Kinder die Schulräume verlassen und den Hof aufsuchen, damit die Räume (aus hygienischen Gründen und für die Sauerstofferhöhung) gründlich gelüftet werden konnten. Reformpädagogischen Zeitgeist enthalten die Überlegungen im Handbuch für Pädagogik (1928): Die Freiflächen des Schulgrundstücks seien »vielgestaltiger geworden als früher, wo der Schulhof vielfach ein willkürlich sich ergebenes Stück unbebautes Bauland war«. Er sei Tummelplatz für die Pausen, Spielhof mit Turngeräten und Rasenfläche für Leibesübungen, enthalte »Plätze für Unterricht im Freien, Schulgarten und Lehrergärten« (1928, 68). Hervorgehoben werden die »in neuester Zeit aufkommenden begehbaren Dächer, die für Liegehallen, Luftbäder pp. Verwendung finden« (1928, 69). In späteren Lexika verschwinden gesonderte Artikel über den Schulhof; die Funktionalität gewinnt Oberhand. Die Kinder sollen sich erholen für die nächste Lektion, frische Luft schnappen, sich als Ausgleich zum langen Stillsitzen bewegen, essen und die Toilette aufsuchen. Weitere Regelungen (schulinterne Ordnungen) betrafen und betreffen die Sicherheit, die durch Kontrolle der Pausenaufsicht garantiert werden soll, die Sauberkeit auf dem Hof und Regelungen, die das Betreten, Verhalten und Ähnliches betreffen.

Seit etwa zehn Jahren wird die Frage der Schularchitektur international vermehrt diskutiert (Böhme 2009) und »steht gegenwärtig ganz oben auf der reformpädagogischen Agenda« (Rittelmeyer 2009b, 6). Inzwischen existieren auch zahlreiche Projekte und Initiativen zur Veränderung der Schulhöfe in verschiedenen Bundesländern, in denen Schulhöfe als ökologischer Lernraum, als lebendige Umwelt, als Ort zum Kraft schöpfen gestaltet werden, deren ästhetische Ausstrahlung positive Auswirkungen auf Lernen hat: »Den Bauformen und Farben der Schulanlagen, dem Dekor und der Schulhofgestaltung muss daher die gleiche Aufmerksamkeit geschenkt werden wie der Qualität der Lehre und Lehrpläne.« (Rittelmeyer 2009b, 8)

Forschungsansatz

In diesem begrifflichen und historischen Kontext verfolgt mein Forschungsansatz das Ziel, eine phänomenologisch orientierte Theorie der Schulhöfe auf der Basis empirischer Forschungen und Bestandsaufnahmen zu entwickeln. Denn, was auf dem Schulhof geschieht und wie die objektiven Eigenschaften des Raumes die subjektiven Erfahrungen der Kinder und Jugendlichen und deren Gruppenaktionen beeinflussen, ist wenig bekannt: Die Verschränkung von Prozessen der Raumaneignung und der Entwicklung von Handlungsressourcen ist weitgehend unerforscht (zum Raumkonzept vgl. Löw 2001, Schrammel 2008). Neben den empirischen Studien von Kraft 1977 und Rittelmeyer 1994 gibt es Forschungen – eher im angelsächsischen Raum – etwa zu dem Zusammenhang von Schulbau-Umgebung und Vandalismus, Wirkungen von Farben, Licht, Luft und Schall auf die Kinder und Jugendlichen, auf ausgeprägte körperliche Wirkungen (Überblick bei Rittelmeyer 2009b, 7; Böhme 2009).

Der Schulhof als materialer und sozialer Raum soll hier von zwei getrennten Seiten aus betrachtet werden: Zum einen wird die materiale Objekt-Seite von Schulhöfen fokussiert, deren räumlich-architektonische Gestaltung und Struktur. Datenbasis dieses ersten Teils ist die Erhebung der Schulhöfe von 30 Schulen in der Stadt Siegen (Begehung, Beschreibung, Befragung von Lehrern und Schülerinnen und Schülern, fotografische Dokumentation). Zudem wird die

Subjektseite untersucht, d.h. die Erfahrungen, die auf Schulhöfen gemacht werden. Datenbasis für den zweiten Part liefern ca. 550 freie Texte, in denen junge Erwachsene sich an ihre Erfahrungen auf dem Schulhof zusammenfassend erinnern. Die Befragung fand 2010 im Rahmen einer Vorlesung statt, in der sich Studierende des ersten bis dritten Semesters von Lehramtsstudiengängen befanden.

Zwar beziehen sich die erinnerten Erfahrungen nicht konkret auf die im ersten Teil vorgestellten Schulhöfe, d.h. sie beantworten nicht die Frage, welche Erfahrungen auf einem bestimmten Schulhof gemacht werden und gemacht werden können. Da aber die Analyse auf eine phänomenologische Beschreibung zielt, in der Kategorien und Kriterien für ein Forschungsprojekt entwikkelt werden, ist es zunächst unerheblich, dass ein direkter Zusammenhang zwischen untersuchtem Raum und Befragungsraum besteht.

ARCHITEKTONISCHE GESTALTUNG – RÄUMLICHE ANALYSE DER SCHULHÖFE

Betrachtet man die Siegener Schulhöfe, ergibt sich ein Bild, wie es allerorten zu finden ist. Bis auf wenige Ausnahmen, vornehmlich an Grundschulen, sind Schulhöfe eher triste betonierte Flächen, die eher an Parkplätze als an Aufenthaltsorte für Kinder und Jugendliche erinnern. Doch auch ein solcher Schulhof ist ein für pädagogische Zwecke gestalteter Raum. Für Schulgebäude und deren architektonische Gestaltung gibt es DIN-Normen und Richtlinien für die bauliche Gestaltung: Sie regeln die sicherheitstechnische Gestaltung von Brandwänden, Rettungswegen, Treppen, Beleuchtung etc.

Abbildung 1: Schulhof in Siegen-Birlenbach

Dahingegen gibt es für die Gestaltung von Schulhöfen in Deutschland keine einheitlichen, detaillierten Vorschriften. Die DIN-Norm 18031 (1963) regelt die Gestaltung der Oberfläche, die schnell trocknend und staubfrei sein soll; empfohlen werden 5m² pro Schüler. Doch auch diese Empfehlung wird nicht immer in der Praxis eingehalten: obwohl überfüllte Pausenhöfe nachweisbar zu Stress führen (Forster 2009).

Aus dem Erhebungsmaterial wurden Kategorien gebildet, die die architektonische Gestaltung differenzieren: Zunächst ist das Verhältnis von *Raum* und *Umraum* als umgebenden Kontext von Bedeutung. Hier werden die Rahmenbedingungen eines Schulhofs festgelegt. Zu beachten sind dabei der Stadtteil, in dem die Schule liegt, die Nachbarschaftsbebauung und die nähere Umgebung: Liegt der Schulhof an einer befahrenen Hauptstraße oder am ruhigen Stadtrand? Der Umraum bestimmt die mögliche Ausdehnung des Schulhofes, seine Erweiterungsmöglichkeiten ebenso wie seine Begrenzungen und beeinflusst dessen ästhetische Qualität. Gibt es Zäune, Mauern, Hecken, andere oder gar keine Art der Einfriedung? Steht die Begrenzung fest, können die Größe des Schulhofes festgestellt und der zur Verfügung stehende Platz für jeden Schüler, jede Schülerin ermittelt werden.

Neben diesen Rahmenbedingungen ist die architektonische *Struktur* des Schulhofs von zentraler Bedeutung: Welche Raumgliederungen lassen sich ausmachen, wie lassen sich die mathematischen Raumachsen beschreiben? Gibt es Raumteilungen, Gliederungen, Zonen? Falls ja, wie sehen die Abgrenzungen aus, wie die Zugänge und Verbindungswege? Sind die Bereiche bzw. Zonen untergliedert – etwa nach dem Alter der Kinder/nach Schüler-Jahrgängen oder nach unterschiedlichen Funktionen (Erholung, Bewegung, Ruhe, Spielen, Rückzug, Lernen) oder nach anderen Kriterien? Das Verhältnis *Raum-Umraum* und die *Struktur* bilden die Rahmung für die jeweilige *Gestaltung* des Schulhofs. Dazu zählen etwa:

- Proportionen
- Beläge, Materialien, Bepflanzungen
- Farben, Licht, Schatten
- Geräte/Einrichtung (Spielgeräte etc.)
- Teich, Schulgarten, Grünflächen
- Sitzgruppen, Überdachungen
- Kunstobjekte (Skulpturen u.ä.)

Alle diese Faktoren zusammen erscheinen wichtig für die Atmosphäre, die ästhetische Qualität, die ein Schulhof verbreitet. Dennoch scheinen sie nicht ausschlaggebend zu sein: Lehramtsstudierende wurden nach ihrer Bewertung der 30 Siegener Schulhöfe befragt. Die Raumstruktur, die Gestaltung und die Atmosphäre sollten als positiv, negativ oder neutral beurteilt werden. Das Ergebnis:

Bewertung	Raumstruktur	Gestaltung	Atmosphäre
positiv	10	7	3
negativ	10	14	13
neutral	10	9	14

Erstaunlicher Weise wurde die Raumstruktur bei 10 der 30 Schulen als positiv eingeschätzt und 7 Schulen erhielten ein Plus in der Gestaltung. Auf die Atmosphäre hat sich das jedoch nicht positiv ausgewirkt – nur drei Schulen wurde eine positive Atmosphäre bescheinigt!

Für dieses Phänomen habe ich bisher keine Erklärung. Dass sympathische und antipathische Schulbau-Wahrnehmung von der Sensomotorik der Bauwahrnehmung beeinflusst ist und zunächst unbewusst bleibt, hat Rittelmeyer (1994, 2009a) nachgewiesen. Möglicherweise gibt es weitere Wechselwirkungen der architektonischen Kategorien, die den Befragten unbewusst geblieben sind. Auch unbewusste biographische Erinnerungen könnten die Bewertung beeinflusst haben.

Subjektive Wahrnehmungen

Nach der Analyse der baulich-räumlichen Situation soll nun die subjektive Seite betrachtet werden. Welche Erinnerungen haben junge Erwachsene an den Schulhof? Was verbinden sie mit ihm? Welche Aneignungsprozesse (Bildungsprozesse!) lassen sich eruieren? Nachfolgend werden die Auswertungen der Befragung und der Texte der Befragten (siehe Zitate) zusammenfassend dargestellt.

Deutlich wurde in den ausgewerteten Texten, dass die Kinder/Jugendlichen den Schulhof in *Räume gliedern* und *Territorien bilden*, gleichgültig, ob der Schulhof selbst eine deutliche Raumgliederung aufweist und in Zonen unterteilt ist oder nicht. Da gibt es zum einen strikte Altersgrenzen: Die verschiedenen Altersgruppen besetzen jeweils ihren eigenen Schulhofabschnitt: »Auffällig waren die ungeschriebenen Gesetze zur Aufteilung des Schulhofs: Ober-, Mittel und Unterstufe mischten sich kaum, sondern schienen jeweils ihren eigenen Schulhofabschnitt für sich selbst zu haben.« Jüngere Schüler halten sich näher am Schulgebäude auf als die Älteren, die eher die entfernten Zonen aufsuchen. Darüber hinaus gibt es spezielle Gruppenterritorien: »Jede Gruppe hatte ihren eigenen Platz, auf dem sie genau das tat, was sie immer tat.« Der Schulhof wird gegliedert in Aktionsräume und mit ritualisierten Ecken und Plätzen: Raucherecken, Cliquenplätze oder »Looser-Ecken«.

Solche territorialen Besetzungen dienen der Entwicklung von Vertrautheit, der entsprechende Ort wird zum Identifikationsraum, der sich auf das Selbstkonzept der Heranwachsenden auswirkt (vgl. Coelen 2009, 132-139). Forster (2009) zufolge reichen bereits kleinste Markierungen für die Kennzeichnung von Territorium und Besitztum. An deren Grenzen und Übergängen können Konflikte entstehen, wenn es zu Grenzübertretungen kommt. Territoriales Verhalten ist notwendig für die Entwicklung der sozialen Kompetenz des Kindes; es lässt sich nicht abschaffen, allenfalls aufwändig unterdrücken. Das benötigt jedoch Individualräume, um »die Frequenzen sozialer Interaktion zu steuern« (Forster 2009, 104). Der Mangel an solchen Räumen im schulischen Kontext führt zu nahezu ständigem sozialen Kommunikations- und Handlungsdruck. Die Suche nach Nischen und Verstecken ist da anthropologisch zwingend (Klika 1992).

Allem voran ist der Schulhof ein wichtiger Raum der *Peer-Sozialisation:* Hier lernt man andere Kinder kennen; der Schulhof bietet trotz Aufsicht Raum für Neckereien und Streiche. Männliche Befragte beschreiben Wettkampfreize und -situationen, weibliche nennen Lästern als beliebte Tätigkeiten. Gleichzeitig ist der Schulhof ein Ort, wo die Heranwachsenden Fremdheit begegnen (etwa älteren Schülerinnen und Schüler, die Respekt einflößen). Dabei scheint es eine Pflicht zur Gruppenbildung zu geben: Cliquenbildungen der Anderen, deren Zerfall und Neustrukturierung werden beobachtet. Für alle Befragten war der Schulhof ein Ort, um Verabredungen zu treffen, Konflikte zu lösen, aber auch der Ort, um Abgrenzungen und Hierarchien herzustellen. Bezogen auf die Cliquenbildung, geht es um ›In-Sein‹ versus ›Out-Sein‹, weiter um Statusdifferenzen und ›Hackordnungen‹. Als Kriterien für solche Statusdifferenzen gelten körperliche Merkmale und Kleidung, denn die Wirkungen sozialer Herkunft sind auf dem Schulhof nicht außer Kraft gesetzt.

Der Schulhof wird zum *Machtraum.* Aggressionen werden ausgelebt: Kinder/Jugendliche erleben sozialen Stress, wenn sie zum Außenseiter werden. Ist dies der Fall, wird der Schulhof ein gefährliches Terrain. Es kommt zur Flucht vor dem Schulhof, Betroffene suchen in Binnenräume, Fluren und Nischen nach Versteckmöglichkeiten. Die Angst vor der Pause wird zur Angst vor dem Schulhof, der Gang auf den Hof wird zum ›Spießrutenlauf‹. »Ohne Autorität der Lehrer«, so beschreibt ein Text, »wird der Schulhof zum rechtsfreien Raum, es würde Anarchie herrschen«.

Neben der Peer-Sozialisation ist der Schulhof ein bedeutsamer Ort der *biographischenn Sozialisation.* Äußerlich markiert wird sie durch Schulordnungen; Für Oberstufenschülerinnen und Oberstufenschüler gelten gesonderte Regelungen: Sie dürfen während der Pausenzeiten im Gebäude bleiben oder das Gelände verlassen und verfügen z.T. über eigene Aufenthaltsräume. Aus biographischer Perspektive wandelt sich die Funktion des Schulhofs vom Spielplatz zum ›Showplatz‹. Für jüngere Kinder ist der Schulhof Spielort (Raum zum Spielen, Bewegen, Toben). Die Vorfreude auf die Pause beginnt schon im Unterricht, z.B. auch wenn es Streit um besonders beliebte Spielgeräte gibt. Das voranschreitende Alter verbietet jedoch nach und nach gewisse (kindliche)

Verhaltensweisen auf dem Schulhof; sie gelten als ›kindisch verpönt‹. Jetzt geht es um Darstellung und Inszenierung der eigenen Persönlichkeit. Der Schulhof wird vom ersehnten Spielraum zum notwendigen Übel. Die biographischen Marker zeigen sich in der Kennzeichnung vom ›Herausgehen-Wollen‹ über ›Herausgehen-Müssen‹ zum ›Herausgehen-Können‹. Damit einher geht der Wandel von der Geschlechter- zur Alterstrennung auf dem Schulhof und das Einspielen in Geschlechterdifferenzen. Bezüglich der architektonischen Gestaltung der Schulhöfe scheint immer noch zu gelten: »Je älter das Kind, desto weniger ansprechend der Schulhof«.

Weitere Raumfunktionen, die in den Texten zu finden sind, sollen hier nur kurz genannt werden: Der Schulhof

- ist ein *Familienraum*, wo man Geschwistern anders begegnet als sonst, etwa von älteren Geschwistern ignoriert wird;
- fungiert als *Partnerbörse*, wo man Aufmerksamkeit suchen, flirten und erste Pärchenbildung anbahnen kann;
- ist *Infothek* über Kleidung, Frisuren, Aussehen, Organisation/Absprachen, Musik und andere Hobbys;
- dient als *Lernraum*, wo man Hausaufgaben abschreiben und für Tests lernen kann oder in bestimmten Fächern als Unterrichtsraum (Mathematik, Biologie, Sport);
- markiert einen *Zeit-Raum*, in dem man herumsteht und sich langweilt, ›rein‹ will, aber draußen bleiben muss; in dem es aber auch hektisch zugehen kann, weil für die geplanten Aktivitäten (Toilette, Kiosk, Einkaufen, Rauchen) die erlaubte Zeit zu knapp ist;
- bietet einen besonderen *Erziehungsraum*, wo Kinder anders als im ritualisierten Unterricht Lehrkräfte beobachten und mit ihnen in Kontakt treten können, wo sie bestimmte Dienste ausführen, Gebote einhalten oder Regeln brechen (unerlaubt den Schulhof verlassen, Pausen überziehen, Nischen suchen, heimlich rauchen, Wache stehen etc.).

Mit Rekurs auf den ersten Teil ist der Schulhof ein *Körperraum* und *ein ästhetischer Raum:* Hier ist man (wo sonst noch?) der Witterung ausgesetzt: Die Heranwachsenden frieren, werden nass, genießen frische Luft, Sonne oder Schnee. Positiv erinnern sich die Befragten an Schulhöfe mit Spiel- und Sportgeräten, Funktionsplätzen, Grünbereichen, Sitzplätzen, Schulbiotopen und Schulhöfe mit mehreren Ebenen. Negativ in Erinnerung sind bedrängende Enge, Dreck, ein Schulhof als Betonwüste, als kahler, leerer Platz mit einer kalten abweisende Atmosphäre, ähnlich dem »Ausgangshof einer JVA«. Diese leiblichen Erfahrungen bleiben den Kindern und Jugendlichen zunächst meist unbewusst, wie die Bilanz einer sehr negativen Beschreibung verdeutlicht: »Allerdings habe ich auch nichts vermisst. Es war einfach so.«

Bilanz

Der Schulhof ist architektonisch, sozial und biographisch gesehen ein *Grenzraum*, ein Durchgangs- und Zwischenraum, in mehrfacher Hinsicht ein Raum der Übergänge: Trotz des ›Eingesperrtseins‹ auf dem Schulhof erscheint dieser Ort im Kontrast zur reglementierten Form des Unterrichts als örtlich und zeitlich begrenzter *Freiraum*, als ›Ort der Freiheit‹, wo die Schülerinnen und Schüler jenseits unterrichtlich ritualisierter Handlungsmuster Abstand von Stress-Situationen gewinnen, abschalten und Ärger über Lehrkräfte entladen können. Hier können sie deutlich mehr als im Unterricht über ihr Tun und Lassen selbst entscheiden.

Der Schulhof bildet den Raum für den Übergang zwischen Innen (Gebäude, Flure, Räume) und Außen (Straße, Bushaltestelle, eigener PKW). Die äußere Grenze des Schulhofs markiert die Grenze für die ›Schülerrolle‹, an ihrer Schwelle wird das ›Kind‹ in den ›Schüler‹ bzw. ›die Schülerin‹ transformiert; dieser Grenzraum fungiert quasi als ›unsichtbarer Limes‹. Zwar ist der Schulhof weniger präformiert als der Klassenraum, dennoch ist er durch Schulordnungen, Aufsicht und die Peers selbst institutionell strukturiert und deutlich ritualisiert – begrenzt und begrenzend zugleich. Für die Subjekte sind die Grenzen physischer, mentaler und sozialer Art. »Auf dem Schulhof hat man Pause von dem Unterricht, aber die anderen Schüler und Regeln umfassen einen dennoch ständig. Rückblickend lässt sich feststellen, dass man auf den Schulhöfen nach ungeschriebenen Regeln handelte, die vermutlich schon seit Generationen bestanden und die einem von älteren Schülern vermittelt wurden. Je älter man wurde, desto sicherer wurde man im Umgang mit diesen Regeln und gab sie selbst an die nächste Generation weiter.«

Literatur

Böhme, J. (2009): Schularchitektur im interdisziplinären Diskurs. Territorialisierungskrise und Gestaltungsperspektiven des schulischen Bildungsraums. Wiesbaden

Bollnow, O. F. (1963): Mensch und Raum. Stuttgart

Coelen, T. (2009): Raumpädagogik. Skizzen zu einem pädagogischen Raumbegriff. In: Montag Stiftungen (Hg.): Reader Pädagogische Architektur. Bonn, 125-139

DIN 18031 (1983): Hygiene im Schulbau, Umgebungsbedingungen in Schulräumen, Grundlagen für die Bewertung. Berlin

Encyklopädisches Handbuch der Pädagogik (1908): Schulhof, Hg. von W. Rein. Langensalza, 182-187

Forster, J. (2009): Kind und Schulraum. Eine interdisziplinäre Annäherung an pädagogische Fragestellungen. In: Montag Stiftungen (Hg.): Reader Pädagogische Architektur. Bonn, 95-115
Handbuch der Pädagogik (1928): Das Schulgehäuse Langensalza, 64-72
Kellermann, I. & Wulf, C. (2009): Schularchitektur und rituelle Raumpraktiken. In: Böhme, J. (Hg.): Schularchitektur im interdisziplinären Diskurs. Territorialisierungskrise und Gestaltungsperspektiven des schulischen Bildungsraums. Wiesbaden, 171-185
Klika, D. (1992): Auf der Suche nach einer neuen Identität – Aspekte weiblicher Entwicklung und Bildung im 19. Jahrhundert. In: Neue Sammlung 32, 589-604
Kraft, P. (1977): Der Schulhof als Ort sozialen Verhaltens. Braunschweig
Löw, M. (2001): Raumsoziologie. Frankfurt a.M.
Rittelmeyer, C. (1994): Schulbauten positiv gestalten. Wie Schüler Farben und Formen erleben. Wiesbaden
Rittelmeyer, C. (2009a): Architektur von Bildungseinrichtungen. In: Montag Stiftungen (Hg.): Reader Pädagogische Architektur. Bonn, 116-124
Rittelmeyer, C. (2009b): Schulbaudiskussion und Schulbauforschung: Eine Zwischenbilanz. In: Ministerium für Bildung, Frauen, Familie und Kultur in Zusammenarbeit mit der Architektenkammer des Saarlandes (Hg.): Schul-Räume. Architekturwettbewerb für Schularchitektur im Saarland. Saarbrücken, 6-11
Schrammel, S. (2008): Überlegungen zur räumlichen Analyse von Bildungs- und Erziehungsprozessen. In: Egger, R. u.a. (Hg.): Orte des Lernens. Lernwelten und ihre biographische Aneignung. Wiesbaden, 91-100
Waldenfels, B. (2000): Das leibliche Selbst. Vorlesungen zur Phänomenologie des Leibes Frankfurt a.M.

Klassenzimmer und ihre »materielle Dimension«

Praxistheoretische Überlegungen und methodologische Reflexionen

Kathrin Berdelmann & Markus Rieger-Ladich

Die zahllosen Dinge, welche Klassenzimmer bevölkern, führen innerhalb des pädagogischen Diskurses noch immer ein Schattendasein. In systematischer Hinsicht werden sie nur selten zum Thema. Zwar wird in manchen ethnographischen Studien konzediert, dass es die Positionen der Tische und Stühle in den Blick zu nehmen gelte, um den sich überlagernden räumlichen Ordnungen auf die Spur zu kommen (vgl. Breidenstein 2006), aber die materielle Dimension des Raumes, seine Anmutungsqualität und Ausstattung, bleiben meist unterbelichtet. Als handelnde Akteure, als kommunizierende Größen gelten zumeist nur Subjekte – in diesem Falle: Schülerinnen, Schüler, Lehrerinnen und Lehrer.

Dinge und Artefakte im Klassenzimmer

Trotz einiger erhellender Studien zur Bedeutung des schulischen Mobiliars (vgl. Kost 1985; Rutschky 1997; Hnilica 2003; Reh 2011; Reh & Rabenstein & Fritzsche 2011) wird die materielle Rahmung dessen, was sich innerhalb eines Klassenzimmers vollzieht, selten angemessen gewürdigt und somit die Beobachtung des Geschehens auf zwischenmenschliche Interaktionen enggeführt; bevorzugt werden Unterrichtsgespräche aufgenommen, transkribiert und im Rückgriff auf erprobte Verfahren entschlüsselt. So nachvollziehbar dieses Vorgehen ist – insbesondere deshalb, weil sich solcherart empirisches Material leicht erheben und verlässlich interpretieren lässt –, so problematisch ist es, weil es die materielle Dimension des Geschehens im Klassenzimmer nicht angemessen berücksichtigt (vgl. Fetzer 2010). Geschuldet ist dies nicht zuletzt einem konventionellen Handlungsbegriff, der mit stabilen Subjekten, Intentionen und Motivationen rechnet – der aber zu schlicht angelegt ist, um die überbordende

Komplexität dessen einzufangen, was sich hinter der Tür zum Klassenzimmer zuweilen ereignet (vgl. Willems & Eichholz 2008).

In den vergangenen Jahren sind nun eine Reihe wichtiger grundlagentheoretischer Reflexionen zum Verhältnis von Mensch und Ding vorgelegt worden (vgl. Pazzini 1983; Meyer-Drawe 1999; Stieve 2008; Nohl 2011). Ohne diese hier angemessen würdigen zu können, sei doch herausgestellt, dass sie in dem Versuch übereinstimmen, pädagogische Praktiken neu zu denken. Die Verfasserinnen und Verfasser dieser Studien betrachten Dinge nicht länger als unbelebte Materie, als Objekte, die das Interesse souveräner Subjekte wecken; vielmehr fassen sie den Menschen als ein Resonanzwesen, das über seinen Leib mit der Welt der Dinge und Objekte auf vielfältige Weise verstrickt und sensibel ist für die unterschiedlichen Appelle, die von diesen ausgehen (vgl. Waldenfels 1994).

Und doch reicht es nicht aus, allein nach neuen Formen der theoretischen Konzeptualisierung zu fahnden, denn die Arbeit am Begriff ersetzt nicht die empirische Erforschung – *vice versa*. Im Anschluss an praxistheoretische Studien plädieren wir daher dafür, die beiden Zugänge als sich wechselseitige inspirierende Momente des Forschungsprozesses zu begreifen (vgl. Kalthoff, Hirschauer & Lindemann 2008). Weder die Arbeit am Begriff, noch die empirische Forschung kommen ohne ihr Gegenüber aus.

Ein Perspektivenwechsel: Bruno Latour

Genau dieses Anforderungsprofil ist es, welches das besondere Interesse an dem französischen Sozialtheoretiker Bruno Latour zu erklären vermag. Statt sich nur der Theoriebildung zu verschreiben oder aber strikt der Empirie den Vorzug geben, unterläuft er diese wenig produktive Lagerbildung. Trotz der mehr als unglücklichen deutschen Übersetzung seiner Studie »Reassembling the Social. An Introduction to Actor-Network-Theory« (Latour 2005) – sie verspricht »Eine neue Soziologie für eine neue Gesellschaft« (Latour 2007) –, ist ihr Verfasser eben kein Vertreter der Soziologie. Seine eigentümliche Position innerhalb des wissenschaftlichen Feldes markiert er in einem Interview mit dem Titel »Ein neuer Empirismus, ein neuer Realismus« (Latour 1997). Aufgefordert, die eigene Arbeit zu charakterisieren, hält er nüchtern fest:

> »Ich habe nur eine bestimmte Form empirischer Philosophie wieder zu Ehren gebracht [...], die aus der Philosophie verschwunden gewesen ist [...]. Jetzt kann man wieder Metaphysik im Feld machen, empirische Ontologie [...]« (Latour 1997, 52).

Die konzeptuelle, begriffliche Arbeit wird mithin zuweilen erst von jenen Fragen provoziert, die sich durch empirische Untersuchungen ergeben. Weshalb erscheinen uns nun die Arbeiten Bruno Latours, der gegenwärtig zu den international intensiv diskutierten Sozialtheoretikern zählt, als hilfreich bei dem Unternehmen, die materielle Dimension des Klassenzimmers zu erforschen? Eines der zentralen Anliegen, die Latour verfolgt, ist die Sensibilisierung für die Bedeutung der Dinge und – damit verknüpft – die Überwindung intentionalistischer Handlungstheorien: Erst wenn es uns gelinge, einen hinreichend komplexen Begriff des Handelns zu entwickeln, seien wir in der Lage, die Dinge und Artefakte, welche den menschlichen Alltag nachhaltig prägen, angemessen zu berücksichtigen. Es gelte, die Objekte, welche die Welt des Sozialen stabilisieren (vgl. Latour 2007) – Haushaltswaren und Kleidung, Möbel und technische Geräte, Apparaturen und Medien –, als Entitäten zu betrachten, die an den Handlungen beteiligt sind: »Objects too have agency« (Latour 2005, 63). Es ist damit zu rechnen, dass die Gruppe der Kandidaten, welche die Subjektposition bekleiden können, ungleich heterogener ist, als wir dies gemeinhin unterstellen. Zunächst freilich muss der Begriff des Handelns auf den Prüfstand: »Handeln ist nicht transparent, es steht nicht unter der vollen Kontrolle des Bewusstseins. (...) Handeln ist ein Knoten, eine Schlinge, ein Konglomerat aus vielen überraschenden Handlungsquellen, die man eine nach der anderen zu entwirren lernen muss« (Latour 2007, 77).

Auch wenn sich leicht erschließt, dass dieses Unternehmen allein deshalb mit Widerständen zu rechnen hat, weil es gegen das »modernistische Ethos« (Latour 2000, 346) verstößt, das Handeln als Herrschen entwirft und den Menschen als Eroberer einer ihm gegenüberstehenden Welt der Objekte, ist es doch für die Erforschung von Klassenzimmern überaus anregungsreich. Indem Latour auch Dingen Handlungsqualitäten attestiert und neben den menschlichen Akteuren mit nicht-menschlichen »Aktanten« rechnet (vgl. Rieger-Ladich 2009), eröffnet er ethnographischen Studien neue Perspektiven. Nicht allein das Mobiliar eines Klassenzimmers gerät nun in den Blick, auch Lehrmaterialien wird neue Aufmerksamkeit geschenkt; schließlich erhalten auch vernachlässigte Objekte wie Schulranzen und die unzähligen persönlichen Gegenstände (Kuscheltiere, Handys etc.) den Rang potentieller Untersuchungsobjekte (vgl. Nohl 2011). Freilich kommen sie eben nie isoliert in den Blick: Interessant sind sie nicht als Utensilien, welche das Klassenzimmer ausstaffieren. In den Fokus geraten sie, weil damit zu rechnen ist, dass sie in die Aktivitäten, welchen das Klassenzimmer eine Bühne bietet, involviert sind. Statt den Blick auf die Schülerinnen und Schüler und die Dinge, mit denen sie sich umgeben, zu richten, gilt es, die zahllosen Verknüpfungen zu untersuchen, die sich zwischen ihnen ergeben, die Resonanzen, die sich zwischen »Subjekten« und »Objekten«, zwischen »Akteuren« und »Aktanten« einstellen.

In der Folge wird das schulische Lernen in neuer Weise zum Gegenstand der Forschung (vgl. Sørensen 2009). Auf besonderes Interesse stößt dieser spezifische Zugang gegenwärtig innerhalb der Mathematikdidaktik. Fetzer hat den Ertrag des skizzierten Perspektivenwechsels pointiert formuliert: Begreife man

Dinge »as participants in classroom interaction«, führe dies unweigerlich zu einem »radical change in studying mathematical learning processes« (Fetzer 2009, 975). Folge man den unterschiedlichen Agenten – also menschlichen Akteuren und nicht-menschlichen Aktanten –, verändere sich der Blick auf das Geschehen innerhalb des Klassenzimmers. Schulische Lernprozesse lassen sich demnach nur sehr unzureichend beschreiben, wenn von den Dingen und Artefakten abstrahiert wird, welche einer Interaktion ihr bestimmtes Gepräge verleihen. Die materielle Rahmung der Kommunikation zwischen einer Lehrerin und einem Schüler bleibt dieser nie äußerlich. Die involvierten Objekte (Tische, Tafeln etc.) müssen daher künftig als Partizipanden systematisch berücksichtigt werden (vgl. Latour 2001; Hirschauer 2004).

Allerdings lassen sich aus Latours Arbeiten kaum methodologische Reflexionen übernehmen. Er wirbt zwar in seinen Studien eindringlich für einen Perspektivenwechsel – genauer: für die Überwindung eines konventionellen Handlungsbegriffs sowie für die Rehabilitierung der Dinge –, wie dies jedoch forschungspraktisch umgesetzt werden kann, wird kaum einmal ausgeführt (vgl. Schäffer 2007). Auch wenn hier nicht mit einem festen Regelwerk zu rechnen ist, bleibt doch die Frage offen, die Fetzer in aller Deutlichkeit formuliert: »Mit der Analyse menschlichen und ›absichtsvollen‹ Handelns sind Mathematikdidaktiker und Mathematikdidaktikerinnen der interpretativen mikroethnografischen Unterrichtsforschung vertraut. Objekte bringen sich jedoch auf andere Art in das Unterrichtsgeschehen ein. Auf welche Weise lässt sich dieses Einwirken, Teilnehmen und/oder Teilsein von Objekten empirisch beobachten? Wie analysiert man nicht-menschliches Handeln?« (Fetzer 2013, 4).

METHODOLOGISCHE ÜBERLEGUNGEN: DIE DOKUMENTARISCHE BILDINTERPRETATION

Es gilt daher zu fragen, welche Art von Empirie geeignet erscheint, genau dies zu erforschen, und welche Verfahren es ermöglichen, das Verhältnis von Objekten und Individuen in sozialer Interaktion empirisch zugänglich machen. Wenn wir im Folgenden unsere Überlegungen zu einer Erforschung der spezifischen Resonanzen zwischen Personen und Objekten hinsichtlich des im Klassenzimmer arrangierten Sitz-Mobiliars vorstellen, so handelt es sich dabei auch um einen ersten Versuch, die Leistungsfähigkeit und das Potenzial qualitativer Verfahren, die zumeist das Visuelle fokussieren, für die Erforschung eben dieser Dimensionen auszuloten.

Im Rahmen von ethnographischer Beobachtung und Fotographie sowie angelehnt an die Praxis der »Visual Ethnography« (Pink 2007) haben wir Bildmaterial aus Unterrichtssituationen gesammelt. Unsere Auswertung orientiert sich an den Verfahrensschritten der dokumentarischen Bildinterpretation (vgl.

Bohnsack 2009). Da es sich bei dem von uns fokussierten Verhältnis von materiellen Artefakten und Personen um ein körperliches, teils unbewusstes Tun handelt, kann es auch als vorreflexiv verstanden werden. Ethnographisch gewonnenes Bild- und Videomaterial kann hier einen Zugang zur Handlungspraxis von Akteuren und Aktanten eröffnen, welcher sich nicht über Befragungen erschließen lässt. Gerade die habituelle Dimension des Körpers als Produkt inkorporierter und automatisierter Praktiken ist über das Bild zugänglich (vgl. Bohnsack 2009, 16). Auch Pilarczyk & Mietzner (2003, 25) weisen darauf hin, dass insbesondere Fotografien eine Quelle von Bedeutung sein können, »wenn es darum geht, entweder körperliche oder habituelle Phänomene zu untersuchen«. Zudem biete die in Fotografien angehaltene Zeit meist einen Moment, in dem das, was abgebildet werden soll, in konzentrierter Form vorliege. Es enthalte eine kondensierte, »zusammengefasste Idee« dessen, was für diese Zeit wesentlich war (vgl. Pilarczyk & Mietzner 2003, 34). Gleichwohl, darauf weist Pink (2007, 32) hin, haben Bilder keine singulären, feststehenden Bedeutungen und können daher auch nicht als Abbilder einer objektiven Realität verstanden werden. Vielmehr erzeugen sie über die ethnografische Betrachtung eine spezifische Realität: »Photography and video do nevertheless bear some relationship to ›reality‹. The connection between visual images and experienced reality is constructed through individual subjectivity and interpretation of images« (Pink 2007, 33).

Die Methode der dokumentarischen Bildinterpretation erlaubt nun einerseits einen Zugang zur empirischen Analyse von Körperlichkeit (vgl. Bohnsack 2009, 19), andererseits reflektiert sie die Subjektivität des Forschers mit der Unterscheidung des abbildenden und abgebildeten Bildproduzenten. Zudem können die für das Zusammenspiel von schulischen Akteuren und materiellen Artefakten interessierenden und als Teil einer performativen alltäglichen Praxis verstandenen a-theoretischen, handlungsorientierenden Wissensbestände als Gegenstand fokussiert werden. Die auf verschiedenen Ebenen liegenden Verfahrensschritte der dokumentarischen Bildinterpretation werden im Folgenden nur kurz erwähnt (für eine detaillierte Darstellung siehe Bohnsack 2009).

In der formulierenden Interpretation wird nach dem »Was« des Abgebildeten gefragt, bestehend aus den Schritten der vor-ikonografischen Analyse und der ikonografischen Analyse. Auf der Ebene der reflektierenden Interpretation wird ein Wechsel zur Frage nach dem »Wie«, dem *modus operandi* des Abgebildeten vorgenommen. Erst auf dieser Ebene erschließt sich der Dokumentsinn des Bildes (vgl. Bohnsack 2003, 30). Diese Ebene der Analyse, in der es zunächst um die Rekonstruktion der formalen Komposition des Bildes geht, gliedert sich in die Einzelschritte der Planimetrie, der Perspektivität und schließlich der szenischen Choreographie, welche die Konstellation der auf dem Bild Handelnden zueinander fokussiert. In der ikonologisch-ikonischen Interpretation wird das Bild abschließend auf Basis der Ergebnisse interpretiert.

Unstrittig scheint uns, dass sich mit der dokumentarischen Bildinterpretation sowohl die Interaktion zwischen Objekten und Subjekten als auch deren Effekte beschreiben lassen und damit ein Beitrag zur empirischen Erforschung der materialen Dimensionen im Unterricht geleistet werden kann. An eine gewisse Grenze scheint der Zugang für dieses spezifische Forschungsinteresse allerdings dort zu kommen, wo in der reflektierenden Interpretation (beispielsweise der Planimetrie) vor allem die abbildenden Bildproduzenten – die Fotografen – in den Fokus der Auswertung geraten.

DIE INTERAKTION VON AKTEUR UND AKTANT IM KLASSENRAUM

Um das Zusammenspiel von schulischen Akteuren und materiellen Objekten im Klassenraum untersuchen zu können, konzentrieren wir uns einerseits auf Dinge, von denen ein Nutzungsangebot ausgeht, andererseits auf Schüler, die hier eine charakteristische Responsivität erkennen lassen. Unter dem Begriff der Interaktion verstehen wir die Aufforderungsweise zu einer bestimmten Nutzung, die beim Individuum Resonanz erzeugt bzw. auf diese trifft. Dabei ist jedoch das Ineinander beider ›Seiten‹ entscheidend, denn ohne Responsivität seitens des Individuums kann das Artefakt kaum »auffordernd« handeln (vgl. Langeveld 1968). Die jeweilige Interaktion ist zudem auch abhängig von weiteren, rahmenden situativen Komponenten. Das betrifft beispielsweise die Anordnung von Personen und anderen Dingen im Raum, die sich zeitlich in ein Verhältnis zueinander setzen (vgl. Berdelmann 2010). Außerdem hat die jeweilige Interaktion von Artefakten und Schülern Auswirkungen auf diese Komponenten. Anders ausgedrückt: Die Interaktion ist einerseits präfiguriert durch situative Komponenten, andererseits wirkt sie auf diese präfigurierend.

Im Folgenden möchten wir nun exemplarisch anhand zweier Fotografien aus unterschiedlichen Klassenzimmern und Jahrgangsstufen zeigen, wie man diese erwähnten Dimensionen empirisch in den Blick nehmen kann (dabei werden nicht alle Analyseschritte der Methode dargelegt).

Der ca. 15-jährige Junge auf Abb. 1 – aufgenommen in einem Klassenzimmer während des Unterrichts – hat sich in eine halb liegende Position gebracht, in dem er seinen Stuhl auf dem dahinter stehenden Sessel schräg abstützt. Die Stühle und Tische sind aus Holz und Stahl gefertigt und auf kleinem Raum eher unflexibel arrangiert. Ein Bruch in dieser Mobiliarkomposition entsteht durch das Artefakt des Sessels, der eine außerschulische Umgebung nahelegt: Der Kategorie der Wohnzimmermöbel zugehörig, symbolisiert er eher freizeitliche, auch gesellig-kommunikative Kontexte. Allerdings ist der Sessel in seiner Ausrichtung auf das Kopfende des Raumes hin angepasst – also dahin, wo sich Tafel und Lehrperson befinden. Damit wirkt er seines Kontextes, eines Freizeitmöbels, entfremdet.

Abbildung 1: Schüler mit Stuhl und Sessel

In der planimetrischen und perspektivischen Analyse wurde ein Raster von am schultypischen Mobiliar ausgerichteten Linien erzeugt, welches eine bestimmte Struktur innerhalb der Gesamtkomposition dieses Bildes markiert. Der Sessel zeigt sich hier als kontrastierendes Element mit seinen eher weichen und runden Formen. Im Verhältnis zu diesem Raster erscheint die Körperhaltung des Jungen zunächst entgegengesetzt, erkennbar durch die graue, parallele Rasterlinie, welche an seinem Stuhlbein entlangläuft. Bei genauer Betrachtung zeigt sich aber eine Parallele zwischen Körper und Stuhl: der Schüler nutzt ihn, um ihn schließlich doch mithilfe des Sessels umzufunktionieren. Während die anderen Schüler durch die Sitzmöbel ausgerichtet zu bleiben scheinen, nutzt jener Schüler den Sessel in spezifischer Weise, um den Stuhl zu kippen und sich an der vom Sessel vorgeschlagenen Sitzposition auszurichten.

Was zeigt sich nun in diesem Bild und in der auf ihm in Erscheinung tretenden Figuration des Verhältnisses von Schüler und Artefakt des Klassenzimmermobiliars? Durch die umfunktionierende Nutzung des Stuhls und Sessels ist seine Pose nicht eindeutig, gewissermaßen eine Hybridform: Der Sessel erlaubt eine Ausrichtung seines Körpers nicht nach vorne, sondern nach oben. Der Schüler kann so einerseits Beteiligung am schulischen Geschehen signalisieren, denn er setzt sich nicht ganz auf den Sessel; andererseits verweist sein konkretes körperliches Zusammenspiel mit Stuhl und Sessel auf Nicht-Verfügbarkeit. Er nutzt diese spezifische Kombination aus Stuhl und Sessel, um an der Grenze des ›Noch-Akzeptablen‹ und gerade ›Nicht-mehr-Akzeptablen‹ zu balancieren; er markiert die impliziten Normen des Unterrichts. Im Hinblick auf das Potenzial dieses Sessels als Artefakt im Sinne Latours besitzt dieser eine ermächtigende Funktion für den Schüler: Säße er ausschließlich auf dem Sessel, könnte dieses Verhalten vom Lehrenden schnell sanktioniert und korrigiert werden. Doch durch die Kombination von Stuhl und Sessel und eine spezifische körperliche Responsivität auf das Mobiliar wird die bestimmte soziale Verortung den Peers gegenüber bei gleichzeitiger Positionierung der Lehrperson gegenüber hergestellt.

Abbildung 2: Sitzkreis in einer Grundschulklasse

Das zweite Bild, welches nun beispielhaft analysiert wird, wurde aufgenommen in der Eingangsstufe einer Primarschule. Im Vordergrund des Bildes sitzen Schüler im Alter von ca. sechs Jahren im Halbkreis auf einem Teppich; auf der rechten Seite am Ende ist eine der beiden Lehrerinnen zu sehen, die ebenfalls auf dem Teppich sitzend den Halbkreis nach oben abgrenzt. Der im Vordergrund liegende Teppich als Möbelstück erinnert zwar an häusliches und kinderzimmerähnliches Mobiliar, welches gleichwohl für diese Schulstufe nicht untypisch ist.

In der szenischen Choreographie werden die Personen in ihrer Anordnung zueinander betrachtet. Die Linien sind hier an den Körpern der Beteiligten im Raum orientiert sowie an einigen räumlichen Übergängen und Kanten. Es zeigt sich wiederum eine Rasterung, die auch das Verhältnis einer Teilgruppe zu einer Person kennzeichnet. In der Mitte des Fotos entsteht ein Dreieck, auf dessen Spitze der Junge auf dem Stuhl erscheint. Am unteren Dreiecksrand sticht ein weiteres Element heraus: das runde Sitzkissen, welches dennoch nicht ganz Teil des Halbkreises der Schüler ist. Es markiert eine leere Stelle, einen Ort, der womöglich zuvor dem Jungen auf dem Stuhl als Sitzplatz diente. Es markiert gleichzeitig einen bestimmten Platz in der Gemeinschaft auf dem Teppich, der die symmetrischen Beziehungen aller Beteiligten zueinander kennzeichnet, inklusive jener zur Lehrerin. Der Junge auf dem Stuhl fällt durch seine Position im Raum auf sowie durch die Nutzung des Stuhls im Kontrast zu den Sitzenden auf dem Teppich, schließlich auch durch den Abstand zu ihnen und durch seine Körperhaltung. Sie versetzen diesen Jungen in die Rolle eines in dem Augenblick Darstellenden; die übrigen Beteiligten, inklusive der Lehrperson, sind das Publikum. Hier wird über die Nutzung des Teppichs und des Stuhls eine Asymmetrie hergestellt. Dieser Stuhl ist das Artefakt, welches die familiär anmutende Teppich-Situation in eine formale Bildungssituation umwandelt. Der in diesem speziellen Arrangement vom Stuhl ausgehende Appell trifft zudem auf eine Responsivität beim Jungen, was sich an seiner eigentümlichen Körperhaltung ablesen lässt. Mit den übereinander geschlagenen Beinen und dem leicht angespannten Fuß nimmt er eine Haltung an, die an einen Lehrer oder Erwachsenen erinnert, der einerseits entspannt und souverän, andererseits in einer bestimmten übergeordneten Formalität agiert. Erst der Stuhl zusammen mit seinem räumlichen Arrangement in dieser Situation ermöglicht ihm, diese Haltung anzunehmen; säße er auf dem Kissen, würde er das mit dieser Haltung verbundene temporäre Selbstverständnis nicht herstellen können.

Letztlich ist damit auch aufgezeigt, dass die Effekte der Responsivität auf bestimmtes Schul-Mobiliar nicht nur beschränkend sein können, sondern ermöglichende Wirkungen haben – jene produktive Seite, die Schüler in gewisser Weise handlungsfähig machen und somit auch an ihrer Hervorbringung als ›Bestimmte‹ beteiligt sind (vgl. dazu auch Rieger-Ladich & Ricken 2009).

Literatur

Berdelmann, K. (2010): Operieren mit Zeit. Empirie und Theorie von Zeitstrukturen in Lehr-Lernprozessen. Paderborn

Bohnsack, R. (2003): Qualitative Methoden der Bildinterpretation. In: Zeitschrift für Erziehungswissenschaft 6, 2, 239-256

Bohnsack, R. (2009): Qualitative Bild- und Videointerpretation. Opladen

Breidenstein, G. (2006): Teilnahme am Unterricht. Ethnographische Studien zum Schülerjob. Wiesbaden

Fetzer, M. (2009): Objetcs as Participants in Classroom Interaction. In: Durand-Guerrier, V., Soury-Lavergne, S. & Arzarello, F. (Hg.): Proceedings of the Sixth Congress of the European Society for Research in Mathematics Education 974-983

Fetzer, M. (2010): Reassembling the Social Classroom. Mathematikunterricht in einer Welt der Dinge. In: Brandt, B., Fetzer, M. & Schütte, M. (Hg.): Auf den Spuren Interpretativer Unterrichtsforschung in der Mathematikdidaktik. Münster, 267-290

Fetzer, M. (2013): Mit Objekten rechnen. Mit Latour auf den Spuren von Materialien im Mathematikunterricht. Erscheint in: Alkemeyer, T., Kalthoff, H. & Rieger-Ladich, M. (Hg.): Bildungspraktiken. Körper – Räume – Artefakte. Weilerswist

Hirschauer, St. (2004): Praktiken und ihre Körper. In: Hörning, K.H. & Reuter J. (Hg.): Doing Culture. Neue Positionen zum Verhältnis von Kultur und sozialer Praxis. Bielefeld, 73-91

Hnilica, S. (2003): Disziplinierte Körper. Die Schulbank als Erziehungsapparat. Wien

Kalthoff, H., Hirschauer, St. & Lindemann, G. (Hg.)(2008): Theoretische Empirie. Zur Relevanz qualitativer Forschung. Frankfurt a.M.

Kost, F. (1985): Volksschule und Disziplin. Aus der Zürcher Schulgeschichte zwischen 1830 und 1930. Zürich, 95-193

Langeveld, M. J. (1968): Studien zur Anthropologie des Kindes. Tübingen

Latour, B. (1997): Ein neuer Empirismus, ein neuer Realismus. Bruno Latour im Gespräch mit Gustav Roßler. In: Mittelweg 36, 1, 40-52

Latour, B. (2000): Die Hoffnung der Pandora. Untersuchungen zur Wirklichkeit der Wissenschaft. Frankfurt a.M.

Latour, B. (2001): Eine Soziologie ohne Objekt? Anmerkungen zur Interobjektivität. In: Berliner Journal für Soziologie 2, 2, 237-252

Latour, B. (2005): Reassembling the Social. An Introduction to Actor-Network-Theory. Oxford

Latour, B. (2007): Eine neue Soziologie für eine neue Gesellschaft. Frankfurt a.M.

Meyer-Drawe, K. (1999): Herausforderung durch die Dinge. Das andere im Bildungsprozess. In: Zeitschrift für Pädagogik 45, 329-342

Nohl, A.-M. (2011): Pädagogik der Dinge. Bad Heilbrunn

Pazzini, K.-J. (1983): Die gegenständliche Umwelt als Erziehungsmoment. Zur Funktion alltäglicher Gebrauchsgegenstände in Erziehung und Sozialisation. Weinheim-Basel

Pilarczyk, U. & Mietzner, U. (2003): Methoden der Fotografieanalyse. In: Ehrenspeck, Y., Schäffer, B. (Hg.): Film- und Fotoanalyse in der Erziehungswissenschaft. Ein Handbuch. Opladen, 19-36

Pink, S. (2007): Doing Visual Ethnography. London

Reh, S. (2011): Individualisierung und Öffentlichkeit. Lern-Räume und Subjektivationsprozesse im geöffneten Grundschulunterricht. In: Amos, K., Meseth, W. & Proske, M. (Hg.): Öffentliche Erziehung revisited. Erziehung, Politik und Gesellschaft im Diskurs. Wiesbaden, 33-52

Reh, S., Rabenstein, K. & Fritzsche, B.: (2011): Learning spaces without boundaries? Territories, power and how schools regulate learning. In: Social & Cultural Geography 12, 1, 83-98

Rieger-Ladich, M. (2009): Menschen und Dinge, Akteure und Aktanten. In: Grubenmann, B. & Oelkers, J. (Hg.): Das Soziale in der Pädagogik. Zürcher Festgabe für Reinhard Fatke. Bad Heilbrunn, 114-130

Rieger-Ladich, M. & Ricken, N. (2009). Macht und Raum. Eine programmatische Skizze zur Erforschung von Schularchitekturen. In: Böhme, J. (Hg.): Schularchitektur im interdisziplinären Diskurs. Territorialisierungskrisen und Gestaltungsperspektiven des schulischen Bildungsraums. Wiesbaden, 186-202

Rutschky, K. (Hg.)(1997): Schwarze Pädagogik. Quellen zur Naturgeschichte der bürgerlichen Erziehung. Mit 41 Abbildungen. Berlin

Schäffer, B. (2007): »Kontagion« mit dem Technischen. Zur dokumentarischen Interpretation der generationenspezifischen Einbindung in die Welt medientechnischer Dinge. In: Bohnsack, R., Nentwig-Gesemann, I. & Nohl, A.: Die dokumentarische Methode und ihre Forschungspraxis. Grundlagen qualitativer Sozialforschung. Opladen, 45-67

Sørensen, E. (2009): The Materiality of Learning: Technology and Knowledge in Educational Practice. Cambridge

Stieve, C. (2008): Von den Dingen lernen. Die Gegenstände unserer Kindheit. München

Waldenfels, B. (1994): Antwortregister. Frankfurt a.M.

Willems, H. & Eichholz, D. (2008): Die Räumlichkeit des Sozialen und die Sozialität des Raumes: Schule zum Beispiel. In: Willems, H. (Hg.): Lehr(er)buch Soziologie. Für die pädagogischen und soziologischen Studiengänge. Wiesbaden, 856-907

Raumbezogenes Lernen im Sachunterricht der Grundschule

Jochen Lange & Friederike Wille

Mit dem vorliegenden Artikel soll für die Sichtweise einer wechselseitigen Sozialkonstruktion sensibilisiert werden: Zum einen soll – an die Lehrplanarbeit appellierend – auf solcherart aktuelle Konzeptionen von Raum verwiesen werden, die diesen in einem konstruktivistischen Sinne als sozial ›gemacht‹ begreifen (vgl. Werlen 2000, Hacking 1999); zum anderen soll auf die soziale Konstituiertheit und situative Hervorbringung von (Sach-)Unterricht verwiesen werden (vgl. Wiesemann & Amann 2002): Weder Unterricht noch Raum sind von den darin involviert handelnden Menschen zu trennen oder können unter deren Ausblendung hinreichend charakterisiert werden.

Vor diesem Hintergrund möchten wir dafür plädieren, die doppelte bzw. wechselseitige Konstruktion von Unterricht und seinem Gegenstand als entscheidenden Fokus zu verstehen, der es letztlich nötig macht, in die je konkreten sozialen Situationen zu blicken. Dieses Plädoyer für eine empirische Beobachtung konkreter unterrichtlicher Praxis leiten wir her, in dem wir zunächst die bewusst naive Frage stellen, was Sachunterricht ist. Angeschlossen wird eine skizzierte Entwicklung des Raumbegriffs, auf deren Basis exemplarische Betrachtungen sachunterrichtlicher Bildungskonzeptionen im Wissenschaftsdiskurs und in der staatlichen Lehrplanarbeit angestellt werden können. Hier ist die Frage virulent, wie sich raumbezogenes Lernen im Sachunterricht gestalten sollte – eine Frage, deren Komplexität aufgrund der verschiedenen Konstruktionsprozesse nicht unterschätzt werden darf. Mit dem Artikel wird abschließend für eine normativ-enthaltsame Empirie plädiert, die zunächst auf das bessere Verstehen eben dieser Konstruktionsprozesse zielt.

Was ist Sachunterricht?

Der Sachunterricht stellt ein Kernfach der Grundschule dar, dessen inhaltliches Spektrum die Gesellschaft für Didaktik des Sachunterrichts (GDSU 2002) in fünf Perspektiven gliedert:

- die sozial- und kulturwissenschaftliche,
- die raumbezogene,
- die naturwissenschaftliche,
- die technische und
- die historische Perspektive.

Mit diesen Perspektiven ergeben sich fraglos Bezüge zu verschiedenen Wissenschaften und späteren Fächern an weiterführenden Schulen. Als eigenständiges Fach ist der Sachunterricht jedoch mehr als ein Sammelbecken für (kindgerechten) Einzelfachunterricht sekundarstufenspezifischer Fächer. Mit einem integrativen Anspruch soll der Sachunterricht auch – aber nicht dem natur- oder gesellschaftswissenschaftlichem Selbstzweck halber – die Grundlage für spätere Fächer der weiterführenden Schulen schaffen. Zentrales Anliegen ist es, die Kinder bei der bildungswirksamen Erschließung ihrer Umwelt zu unterstützen (vgl. ebd., 2-4). In Anlehnung an dieses Postulat hält das Ministerium für Schule und Weiterbildung des Landes Nordrhein-Westfalen (MSW NRW) im sachunterrichtlichen Lehrplan des Landes fest: »Aufgabe des Sachunterrichts in der Grundschule ist es, die Schülerinnen und Schüler bei der Entwicklung von Kompetenzen zu unterstützen, die sie benötigen, um sich in ihrer Lebenswelt zurechtzufinden, sie zu erschließen, sie zu verstehen und sie verantwortungsbewusst mit zu gestalten.« (MSW NRW 2008, 39)

Während die jüngeren staatlichen Lehrpläne (in einem tradiert-curricularen Sinne) den Bildungsbegriff – wie hier zitiert – zugunsten einer Kompetenzorientierung meiden oder umdeuten, ist innerhalb der sachunterrichtsdidaktischen Diskurse der Anspruch einer allgemeinen Bildung äußerst gegenwärtig. Vor diesem Hintergrund hielt der Bildungsbegriff von Klafki (2005) bedeutenden Einzug in die sachunterrichtsdidaktische Diskussion. Die hieran angeschlossene Orientierung an epochaltypischen (über die Epochen hinweg bedeutsamen) Schlüsselproblemen legte Klafki auf der Gründungstagung der GDSU dar. Es sind Fragen nach dem Frieden, der Umwelt, der gesellschaftlich produzierten Ungleichheit, nach Gefahren und Möglichkeiten neuer Medien (Technikfolgen) und der Ich-Du Beziehung, die als Lösungsannäherung an die – sich oben bereits andeutende – Auswahlproblematik der sachunterrichtlichen Inhalte dienlich werden können (vgl. Klafki 2005, 4-6). Sie stehen somit im Dienste der Frage nach den »Sachen des Sachunterrichts« (ebd., 6).

Der vorangegange Absatz soll eine Annäherung an die Frage bieten, was unter dem Sachunterricht an Grundschulen verstanden werden kann. Die folgenden Darlegungen sollen relativierend darauf verweisen, dass diese Näherung nicht nur eine knappe ist, sondern sie auch ein trügerisches Element birgt und die Frage, was Sachunterricht ist, schwerlich absolut beantwortet werden kann.

In den bisher zur Charakterisierung skizzierten Ausführungen lassen sich zwei Ebenen ausmachen: die der Curricula bzw. Lehrpläne und die der Sachunterrichtsdidaktik als universitäre Disziplin. Um sich der Frage zu nähern, was Sachunterricht ist, können demnach zwei Wege gewählt werden: Mit einer Analyse der Lehrpläne alle Bundesländer würde sich ein – keinesfalls homogenes – Bild formen, was der Sachunterricht in der Grundschule sein und leisten solle. Mit intensiven Studien sachunterrichtsdidaktischer Literatur und dem Besuchen von fachgesellschaftlichen Tagungen, ließe sich der wissenschaftliche Widerstreit rund um die Thematiken des Sachunterrichts erarbeiten. Beide sich so entwickelnden Bilder zielen auf etwas, das letztlich jedoch im schulischen Alltag realisiert wird – hervorgebracht als unterrichtliche Praxis von Schülerinnen und Schülern sowie von Lehrerinnen und Lehrern, die in konkreten Situationen handeln. Mit dem Aufsuchen und Beobachten dieser Praxis ist demnach ein weiterer Weg des Verstehens benannt. Eine jeweilige Teilstrecke dieser drei Wege kann mit dem fokussierten Aspekt des raumgezogenen Lernens innerhalb des Sachunterrichts gegangen werden.

Raumbezogenes Lernen

Nach einer Betrachtung der Entwicklung des Raumbegriffs werden im Folgenden Diskurse innerhalb der Sachunterrichtsdidaktik skizziert, die um raumbezogene Bildung geführt werden. Als weitere Perspektive auf die Frage, was raumbezogenes Lernen im Sachunterricht ausmacht, wird der Blick auf Lehrpläne und curriculare Veröffentlichungen gerichtet.

Als eine der Bezugswissenschaften des Sachunterrichts verfügt die Geographie über einen tradierten Diskurs zum Verständnis von Raum. Ihre weiterentwickelnde Wende des Raumbegriffs findet sich – mit unterrichtlichen Bezügen – trefflich bei Wardenga (2002) nachgezeichnet. Die Autorin resümiert die geographische Fachentwicklung und macht dabei vier Raumbegriffe aus (vgl. DGfG 2002, 8-9). Diese werden in ihrer chronologischen Entwicklung und Etablierung innerhalb der Geographie dargelegt, beginnend mit (1) »Räumen als Container«, die Sachverhalte der physisch-materillen Welt beinhalten und in denen Mensch wie Natur mit Prozessen wirken. Diese »gefüllten« Container werden als gegebene Teile einer Gesamtrealität betrachtet (vgl. Wardenga 2002, 8-9). Die Raumstrukturforschung konzipiert Räume (2) als ein »System von Lagebeziehungen materieller Objekte« mit dem – in zu fokussierender Weise, über Standorte, Lagerelationen, Entfernungen u.a. – gesellschaftliche Wirklichkeit geschaffen werden soll (vgl. ebd., 9-10). Mit der Wahrnehmungsgeographie entstand ein weiterer Fokus, der Räume (3) als Kategorie der Sinneswahrnehmung zur Einordnung von Wahrgenommenem und zur Differenzierung von Welt versteht. Einher geht eine Unterhöhlung des realistischen Raumbegriffs und des realistischen Gesellschaftsbegriffs, »denn nun können weder *der* Raum noch *die* Gesellschaft noch *die* Wirklichkeit als wahrnehmungsunabhängige Konstanten betrachtet werden« (ebd., 10, Herv. i. Orig.). Es zeichnet sich hier die konstruktivistische Perspektive ab, deren Deutlichkeit mit dem Verständnis von Raum (4) als »Element von Kommunikation und Handlung« noch evidenter wird. Räume werden hier in der Perspektive ihrer sozialen, technischen und gesellschaftlichen Konstruiertheit aufgefasst. In diesem Sinne wird die Frage zentral, »wer unter welchen Bedingungen und aus welchen Interessen wie über bestimmte Räume kommuniziert und wie die durch die raumbezogene Sprache erst konstituierten Entitäten durch alltägliches Handeln und Kommunizieren fortlaufend produziert und reproduziert werden« (ebd., 10). Einem solch zeitgemäßen Verständnis folgend, geht es um die Bedeutungen von Räumen im Verwobensein mit den Menschen.

Sachunterrichtsdidaktischer Diskurs

Im Sinne eines solchen Raumverständnisses als Element von Kommunikation und Handlung seien, so hält Engelhardt fest, sinnvolle Ansätze für unterrichtliches Handeln mit Kindern auszumachen. Es könne in einem solchen Verständnis um Aspekte gehen wie z.B. »Mensch und Raum, Menschen in Räumen, Menschen in Verortungen, regionalen Beziehungen, Standorten, räumliche Organisation menschlichen Handelns« (Engelhardt 2008, 4). Damit die – im Folgenden nur angedeutete – komplexe Ausgestaltung der möglichen Themen bildungswirksam gelingt, bedarf es u.E. eines Raumbegriffs, der auf die Wechselwirkung zwischen Menschen und Räumen zielt. Als Orientierung stiftendes Element der Bildungsarbeit im Sachunterricht wird vielfach auf Klafkis Bildungsbegriff rekurriert (vgl. z.B. Pech & Kaiser 2004). Die hiermit einhergehenden epochaltypischen Schlüsselprobleme (vgl. Klafki 2005, 4-6) sind in vielfältiger (und vor allem mensch- und sozialbezogener) Weise räumlich: Die Frage nach Krieg und Frieden ist seit jeher mit territorialen Aspekten verbunden (Kriege um Bodenschätze und strategisch günstige Räume, natürliche und historische Grenzen, z.B. Nah-Ost-Konflikt), die Umweltfrage impliziert die Thematik einer nachhaltigen Nutzung und Gestaltung von Räumen (Zivilisation und Natur, z.B. Atomkraft, nachhaltiges Bauen), gesellschaftliche Ungleichheiten spiegeln sich in gestalteten Räumen wieder (Stadtteile und Gebäude, z.B. ausufernde Slums und ummauerte Villenviertel) und die Chancen und Gefahren von Technikfolgen sind virulenter denn je (virtuelle Räume, z.B. von sozialen Netzwerke im Arabischen Frühling bis zu Online-Rollenspielen in Open-World-Settings).

Lehrpläne und curriculare Veröffentlichungen

An der Schnittstellt zwischen Lehrplan und wissenschaftlichem Widerstreit lassen sich Publikationen wie der »Perspektivrahmen Sachunterricht« (GDSU 2002) verorten. Dieser wurde von der Fachgesellschaft u.a. mit dem Ziel herausgegeben, Einfluss auf die staatliche Lehrplanentwicklung zu nehmen –, ob die sich im Perspektivrahmen niederschlagende Kompetenzorientierung nicht ihrerseits als Einflussnahme der Bildungspolitik auf den Perspektivrahmen zu lesen ist, sei dahingestellt. Wie einleitend skizziert, stellt die raumbezogene Perspektive eine der fünf Perspektiven dar, in die sich der Sachunterricht hier gliedert. Engelhardt kritisiert die Betitelung der Perspektive: Die Wahl des vom Menschen separierten Raumbegriffs sei unzureichend.

»So verabsolutierte man genau den Terminus, den die dabei angesprochene Fachdisziplin so isoliert *nicht* als kennzeichnend ansieht. Es geht der Geographie des Menschen vielmehr um eine *Relation*, eine Zweipoligkeit aus der Blickrichtung ›Mensch‹, des handelnden Menschen in seiner Rationalität wie in subjektiven und emotionalen Wahrnehmungen« (Engelhardt 2002, 4, Herv. i. Orig.).

Vor diesem Hintergrund wird kritisiert, dass der Perspektivrahmen – wie auch das niedersächsische Kerncurriculum – Bezüge zu aktuell führenden Geographiewissenschaftlern und deren Diskursen vermissen lässt (vgl. ebd.). Den Perspektivrahmen betreffend mag diese Kritik zu hart erscheinen, deutet doch die Terminologie der *Raumbezogenheit* (und nicht etwa die der Raumperspektive) ein Wechselverhältnis zwischen Raum und Mensch an:

»Die raumbezogen Perspektive trägt dazu bei, Räume als geschaffen, veränderbar, gestaltbar und nutzbar zu Verstehen und Verantwortung für die Erhaltung, Pflege und Veränderung von Räumen anzubahnen.« (GDSU 2002, 7)

Räume werden demnach zumindest als explizit gestaltbar verstanden. Auch in weiteren Ausführungen lassen sich aktuelle Bezüge ausmachen, die Raum etwa als »Grunddimension der Erfahrung« (ebd.) charakterisieren und betonen, dass Menschen Räume unterschiedlich wahrnehmen (vgl. ebd.). Diese Anerkennungen von Subjektivität und Gestaltbarkeit machen die Ausführungen anschlussfähig an zeitgemäße Konzeptionen, die Raum als »Element von Kommunikation und Handlung« (s.o.) verstehen und die die soziale, technische und gesellschaftliche Konstruiertheit von Raum fokussieren (vgl. Wardenga 2002, 8). Mit diesen Konstruktionsdimensionen könnte eine bildungswirksame Vernetzung mit der sozial- und kulturwissenschaftlichen, der technischen und der historischen Perspektive gelingen, die der Perspektivrahmen im Weiteren anführt.

Für einen Blick in die staatliche Lehrplanarbeit soll der recht aktuell aus dem Jahr 2008 stammende »Lehrplan Sachunterricht« vom Ministerium für Schule und Weiterbildung des Landes Nordrhein-Westfalen (MSW NRW) herangezogen werden (für eine raumbezogene Analyse und sachunterrichtsdidaktischen Einschätzung der Lehrplanentwicklungen in Hessen vgl. Rauterberg 2007). Wie soll sich das raumbezogene Lernen des Sachunterrichts im bevölkerungsreichsten Bundesland gestalten? In dem Lehrplan finden sich verschiedene »Bereiche und Schwerpunkte«, unter denen sich wiederum – separiert von dem Bereich »Mensch und Gemeinschaft« – der Bereich »Raum, Umwelt und Mobilität« findet. Charakterisiert wird dieser wie folgt:

»Der Bereich Raum und Umwelt umfasst drei Schwerpunkte. Es geht um die Orientierung und Mobilität im eigenen Nahraum, um elementare geografische Orientierungsmuster in Nah- und Fernräumen und um den Schutz von Räumen und Umwelt« (MSW NRW 2008, 41).

Für die zu erwerbenden Kompetenzen gilt:

»Die Schülerinnen und Schüler kennen geografische Merkmale in Nah- und Fernräumen und nutzen diese zur Orientierung. Sie entwickeln ein Bewusstsein für den Schutz von Lebensräumen. Sie verhalten sich als Verkehrsteilnehmer verantwortungsbewusst und regelgerecht« (MSW NRW 2008, 46).

Ein fundierter Bildungsbezug tritt hier deutlich hinter prüfbaren Kompetenzen zurück. Die Anpassung an den gegebenen Raum mit seinen Regeln scheint zudem ein zentrales Anliegen zu sein (vgl. ebd., 41). Über weite Teile scheint gar eine Orientierung an konzentrischen Kreisen leitend gewesen zu sein. Anders ist es schwerlich erklärlich, dass Schülerinnen und Schüler der Schuleingangsphase den Schulweg und die Schulumgebung sowie die räumlichen Strukturen und wichtigen Einrichtungen im Wohnort erkunden sollen (offen bleibt hier selbstredend, was die wichtigen Einrichtungen sind bzw. aus wessen Sicht die Relevanzen gesetzt werden, vgl. ebd., 46), während mit den Kompetenzerwartungen an Schülerinnen und Schüler der 4. Klasse Untersuchungen, Beschreibungen und Vergleiche von NRW, Deutschland, Europa und der Welt eingefordert werden (vgl. ebd.).

Zusammenfassung

Resümieren lässt sich, dass Raum (und Mensch) einen wichtigen Aspekt in verschiedenen Publikationen zum Sachunterricht ausmacht – wenngleich die Konzepte und Verständnisse differieren. Während der Perspektivrahmen der GDSU (2002) dem Wandel des Raumbegriffs (vgl. Miggelbrink 2002; Werlen 1997, 1995) zumindest in Teilen gerecht wird, hält der ministeriale Lehrplan Sachunterricht des Landes Nordrhein-Westfalen (MSW NRW 2008) an weniger aktuellen Vorstellungen von Raum und raumbezogenen Kompetenzen fest. Einher geht die Formulierung simplifizierender Könnenziele, die den Bildungsmöglichkeiten eines modernen Raumbegriffs nicht gerecht werden. Dies ist bedauerlich, da ein moderner Raumbegriff neben einem großen Bildungspotential vor allem vielfältige Vernetzungsmöglichkeiten für den Sachunterricht und seine Perspektiven birgt. In diesem Sinne skizzierten wir die Anschlussfähigkeit eines aktuellen raumbezogenen Lernens an epochaltypische Schlüsselprobleme in gebotener Kürze.

Mit Analysen von Lehrplänen und theoretischen Diskursen wurde der Frage nachgegangen, was raumbezogenes Lernen im Sachunterricht sein kann oder sein soll. Diesen Betrachtungen angeschlossen und ausgehend von einem zeitgemäßen Raumbegriff, erscheint die Erforschung der Konstruktion von Sachunterricht im je konkreten Alltag der Schulen als spannende Aufgabe. Dieser empirische Fokus weist eine ethnographische Prädestinierung auf und zielt auf die genaue Beobachtung, wie handelnde und interagierende Schülerinnen und Schüler sowie Lehrerinnen und Lehrer Sachunterricht hervorbringen und ihre jeweiligen Räume und Raumerfahrungen einbringen. Eine solche Forschung kann in besonderer Weise der Einsicht Rechnung tragen, dass Räume sozialkonstruktivistisch gemacht werden und sie kann zugleich fokussieren, wie raumbezogenes Lernen gemacht wird – dies nicht im Sinne von Evaluation der Lehrqualität oder einer Kontrolle der Lehrplanumsetzung, vielmehr als Suche nach einem besseren Verstehen von Lernen, unter Berücksichtigung der doppelten Konstruktion von Unterricht und seinen Gegenständen.

Literatur

Deutsche Gesellschaft für Geographie (DGfG) (Hg.) (2002): Grundsätze und Empfehlungen für die Lehrplanarbeit im Schulfach Geographie. O.O.

Engelhardt, W. (2008): SOS Sachunterricht! www.widerstreit-sachunterricht.de/Ausgabe 10/März 2008

Gesellschaft für Didaktik des Sachunterrichts (2002): Perspektivrahmen Sachunterricht. Bad Heilbrunn

Hacking, I. (1999): Was heißt ›soziale Konstruktion‹? Zur Konjunktur einer Kampfvokabel in den Wissenschaften. Frankfurt a.M.

Klafki, W. (2005): Allgemeinbildung in der Grundschule und der Bildungsauftrag des Sachunterrichts. www.widerstreit-sachunterricht.de/Ausgabe Nr. 4/ März 2005

Miggelbrink, J. (2002): Der gezähmte Blick. Zum Wandel des Diskurses über »Raum« und »Region« in humangeographischen Forschungsansätzen des ausgehenden 20. Jahrhunderts. Leipzig

Ministerium für Schule und Weiterbildung des Landes Nordrhein-Westfalen (MSW NRW) (2008) (Hg.): Richtlinien und Lehrpläne für die Grundschule in Nordrhein-Westfalen. Düsseldorf

Pech, D. & Kaiser, A. (2004): Problem und Welt. Ein Bildungsverständnis und seine Bedeutung für den Sachunterricht. In: Kaiser, A. & Pech, D. (Hg.) (2004): Die Welt als Ausgangspunkt des Sachunterrichts. Baltmannsweiler, 3-25

Rauterberg, M. (2007): Raum im Sachunterricht der Grundschule: Rückblick und fachdidaktischer Ausblick. In: Westphal, K. (Hg.): Orte des Lernens. Beiträge zu einer Pädagogik des Raumes. Weinheim, 135-150

Wardenga, U. (2002): Alte und neue Raumkonzepte für den Geographieunterricht. In: geographie heute 200, 8-11

Werlen, B. (1995): Sozialgeographie alltäglicher Regionalisierungen. Band 1: Zur Ontologie von Gesellschaft und Raum. Stuttgart

Werlen, B. (1997): Sozialgeographie alltäglicher Regionalisierungen. Band 2: Globalisierung, Region und Regionalisierung. Stuttgart

Werlen, B. (2000): Sozialgeographie. Eine Einführung. Bern

Wiesemann, J. & Amann, K. (2002): Situationistische Unterrichtsforschung. In: Breidenstein, G. u.a. (Hg.): Forum qualitative Schulforschung 2. Interpretative Unterrichts- und Schulbegleitforschung. Opladen, 133-158

Lernwerkstätten an Hochschulen

Räumliche Botschaften im Rahmen der Lehrerbildung

Barbara Müller-Naendrup

Allein der Begriff ›Lernwerkstatt‹ mag eine simple räumliche Botschaft über diese Einrichtungen andeuten. Man könnte vermuten, es ginge schlicht um Werkstätten, in denen gelernt werden soll bzw. wird, so wie das vielerorts im alltäglichen Leben geschieht. Die Geschichte, Idee und Konzeption dieser Einrichtungen weist allerdings auf komplexere Zusammenhänge und mögliche andere Botschaften hin (Müller-Naendrup 1997). Das Potential der Wechselwirkung zwischen Lernprozessen und räumlichen Kontexten sowie deren ästhetischen Wahrnehmungen gehört mit zu einem der zentralen Bestimmungsmerkmale von Lernwerkstätten.

An vielen Hochschulen, die Studiengänge im Bereich der Lehrerbildung anbieten, sind in den letzten Jahren Lernwerkstätten eingerichtet worden, oder es bestehen Gründungspläne einer solchen Einrichtung. Als alternatives und zukunftsweisendes Reformkonzept der Lehrerbildung treten diese Initiativen vor allem den qualitativen Defiziten der gegenwärtigen Lehrerbildungssituation entgegen. Mittlerweile weist die pädagogische Landkarte mehr als hundert solcher Initiativen mit vielfältigen Profilen auf, die nicht nur an Hochschulen, sondern auch an Fortbildungsinstituten, staatlichen Seminaren und an Schulen zu finden sind, so dass man von der »Lernwerkstättenbewegung« spricht (Müller-Naendrup 1997, 21).

Für die Initiatoren dieser Bewegung sind Lernwerkstätten an Hochschulen »Hoffnungsträger« (Kasper 1994, 42) für eine dringend notwendige Reform der Aus- und Fortbildung von Lehrern; an den Universitäten selbst führen sie manchmal noch ein Nischendasein oder werden sogar als Kinderkram belächelt (Müller-Naendrup 2001, 201). Auf der anderen Seite werden die Werkstattangebote in jüngster Zeit besonders im Rahmen der neueren Reformen der Lehrerbildung zunehmend wahrgenommen und sie sind zum Teil ein fester Bestandteil von Studienordnungen bzw. Modulbeschreibungen geworden.

Um die räumlichen Botschaften dieser Einrichtungen im Rahmen der Lehrerbildung zu verdeutlichen, erfolgt zunächst eine knappe Erläuterung zentraler konzeptioneller Leitlinien der Lernwerkstatt-Idee.

Zentrale konzeptionelle Leitlinien

Die Geschichte der Lernwerkstätten in Deutschland reicht mehr als 30 Jahre zurück (Wedekind 2011, 6). Die ersten Lernwerkstätten werden in den 1980er Jahren in Baden-Württemberg, in Berlin und in Kassel gegründet. Dabei orientierte man sich vornehmlich an ähnlichen Konzepten, wie z.B. der englischen und amerikanischen Teachers-Centers-Bewegung (Müller-Naendrup 2009, 159). Nach manchen eher existenzbedrohenden Jahren einiger Einrichtungen, gibt es in der letzten Zeit zunehmend Nachfrage nach den Angeboten. »Lernwerkstätten sind aus dem Schatten getreten« (Hagstedt 1998, 49), und sie weiten ihre Angebote seit einigen Jahren zunehmend auch im Bereich der Elementarpädagogik und mit Blick auf die Entwicklung der Ganztagsschulen aus. Im Jahr 2008 gründete sich der Verbund europäischer Lernwerkstätten (VeLW), dem neben deutschen Einrichtungen auch Lernwerkstätten in Österreich und der Schweiz angehören (VeLW 2011).

In der folgenden »Typologie von Lernwerkstätten« wird die unterschiedliche Anbindung von Lernwerkstätten im Schul- und Hochschulbereich deutlich.

Abbildung 1: Typologie von Lernwerkstätten

Lehrerbildung	(Vor)Schulbildung
• Lernwerkstätten an Hochschulen (1. Phase) • Lernwerkstätten an Studienseminaren (2. Phase) • Lernwerkstätten an Fortbildungseinrichtungen (3. Phase)	• Lernwerkstätten im Elementarbereich (KiTas, KiGa) • Lernwerkstätten an Schulen (nicht nur Grundschulen) • Lernwerkstätten in Ganztags-angeboten

Lernwerkstätten verstehen sich selbst als reformunterstützende Initiativen der inneren Schulreform, die innovative Impulse innerhalb von Methodik und Didaktik der Aus- und Fortbildungskonzepte geben. Das Grundmotiv der Lernwerkstätten basiert auf den Konzeptionen offener Lernsituationen, die sowohl in der Schule als auch in der Lehrerbildung praktisch umgesetzt werden sollen.

Bei Sichtung der vielfältigen unterschiedlichen Definitionsversuche und konzeptionellen Beschreibungen zum Thema Lernwerkstatt weisen, neben der gemeinsamen Intention der Reformunterstützung, die in der Bezeichnung enthaltenen Begriffe Lernen und Werkstatt auf zwei weitere grundlegende konzeptionelle Leitlinien der Lernwerkstattidee, die als kleinster gemeinsamer Nenner der vielfältigen Bewegung bezeichnet werden können:

- LernWERKSTÄTTEN im Sinne des pädagogischen Werkstattkonzepts
- LERNwerkstätten als Orte vielfältiger Lernsituationen

Nicht alle Einrichtungen, die der Lernwerkstättenbewegung zuzuordnen sind, nennen sich selbst auch so: Daneben gibt es Grundschulwerkstätten, Didaktische Werkstätten oder Pädagogische Werkstätten. Der Werkstattbegriff taucht meistens – wenn nicht im Namen – dann in den Konzeptdarstellungen auf.

Dabei zeigt das pädagogische Werkstattkonzept der Lernwerkstätten Nähe zu anderen innovativen Werkstattansätzen und verweist damit auf den didaktischen Anspruch dieser Reforminitiativen. Hier lassen sich historische Beispiele sowie ähnliche Konzepte aus den Bereichen der Erwachsenenbildung und Hochschuldidaktik, der Lehrerbildung und der Schule miteinander vergleichen (Müller-Naendrup 1997). Neben den anderen verbindenden Elementen der unterschiedlichen Werkstattkonzepte verdeutlicht das folgende ausführliche Zitat gut nachvollziehbar sowohl den augenscheinlichen Werkstattcharakter der Lernumgebung als auch die besondere Rolle der Moderation in diesen Einrichtungen:

»In einer Werkstatt gibt es viele Angebote zum Probieren und Studieren, verschiedenes und unterschiedliches Material zum Bauen und Basteln und natürlich sehr viel Werkzeug. Das Werkzeug kann man benutzen, um etwas Konkretes herzustellen, um es als Mittel zum Zweck zu nutzen (strategieorientiertes Vorgehen), oder man macht sich mit dem Werkzeug vertraut, probiert es aus und lernt es kennen (erfahrungsorientiertes Vorgehen). Zwar gibt es einen Meister in der Werkstatt (Moderator oder Fachexperte für eine bestimmte Thematik), der alles übersieht und koordiniert, der notfalls hilft, berät oder Vorschläge macht, aber wenn die Lehrlinge oder Gesellen ihr bisher Gelerntes (Fertigkeiten, Fähigkeiten, Qualifikationen, Kompetenzen) richtig anwenden, bzw. sachadäquat nutzen, braucht er kaum einzugreifen. Jede Werkstatt lebt von einer ihr eigenen Atmosphäre, die von der Gesamtausstattung und von der Art des Miteinanderumgehens der in ihr Beschäftigten abhängig ist. Jeder kann etwas anderes tun, und trotzdem arbeiten alle gemeinsam an einem Werk« (Pallasch/Reimers 1990, 131).

Abbildung 2 zeigt, wie sich unterschiedliche Werkstattansätze durch gemeinsame Elemente und Kennzeichnen unter dem Stichwort »pädagogisches Werkstattkonzept« miteinander verbinden lassen.

Abbildung 2: Elemente und Kennzeichen von Werkstatt-Ansätzen

Die Übertragung der klassischen Konstellation aus Meister, Geselle und Lehrling auf das Lerngeschehen in Lernwerkstätten geschieht hier im Sinne der von Collins u.a. (1989, 453-494) angeführten »Cognitive Apprenticeship«. Experten und Novizen lernen von- und miteinander. Die Lernenden sollen durch authentische Aktivitäten und soziale Interaktionen in eine Expertenkultur eingeführt werden: »analog dem Lerngeschehen in einer Handwerkslehre« (Mandl u.a. 1994, 1278). Allerdings entspricht das Beziehungsgefüge hier nicht dem klassischen Meister-Lehrling-Verhältnis (*traditional apprenticeship*) einer Lehrwerkstatt, das vor allem durch eine Entscheidungshierarchie geprägt war. Vielmehr gilt, es die vier Prinzipien der LernWERKSTATTarbeit zu berücksichtigen:

- Modellieren statt Dozieren
- Ernst- statt Laborsituation
- Hilfe statt Vereinfachung
- miteinander und voneinander lernen, statt belehrt zu werden

Diese Prinzipien weisen auf den besonderen Anspruch von LERNwerkstätten als Orte vielfältiger Lernsituationen. Dabei geht es Lernwerkstätten weniger um die Unterstützung oder Umsetzung einer besonderen Form oder Methode des Lernens, sondern um die Schaffung eines Lernortes für Erwachsene (in manchen Fällen auch für Kinder), der Raum und Zeit für unterschiedliche soziale Lernformen und Lernaktivitäten bietet, die sich durch folgende Prinzipien kennzeichnen lassen:

- Entdeckung und Handlungsorientierung
- Reflexion
- Autonomie und Kooperation
- Innovation

Im Rahmen der Lehrerbildung sollen mit Lernwerkstätten hochschuldidaktische Alternativen zur traditionellen Lehr-Lernkultur an Hochschulen geboten werden. Vielerorts halten die Hochschulen noch fest »[...] an eingespielten akademischen Belehrungskulturen, am Gedanken einer ›Vorlesbarkeit der Welt‹. Sogar die alten Seminarräume, in denen man früher noch Gruppentische finden konnte, sind inzwischen klammheimlich umfunktioniert worden zur Mini-Hör- und Schauräumen mit fest installierten Beamern und neuen Projektionsflächen. Der Trend zu dieser Art von Audiminimum ist unaufhaltsam.« (Hagstedt 2011, 13)

Zudem geht es diesen Lernwerkstätten an Hochschulen darum, zu schulischen Lernarrangements analoge Lernsituationen zu schaffen. Damit wird gleichermaßen der Perspektivenwechsel von Lehrendem und Lernenden unterstützt. Lerngegenstand bietet in diesem Fall das Spektrum der Reformanliegen innerhalb der inneren Schul- bzw. Hochschulreform.

Als didaktische bzw. lerntheoretische Basis lässt sich in diesem Zusammenhang der »moderate Konstruktivismus« (Reich 2008) heranziehen, dessen drei prägende Annahmen auch für Lernsituationen in Lernwerkstätten Gültigkeit besitzen:

- »Konstruktion« – »Wir sind Erfinder unserer Wirklichkeit«
- »Rekonstruktion« – »Wir sind Entdecker unserer Wirklichkeit«
- »Dekonstruktion« – »Es könnte auch anders sein!«

Auch die »Konstruktivistische Didaktik der Lernumgebungen« (Mandel u.a. 1974) kann als Hintergrundtheorie herangezogen werden. Entsprechend messen Lernwerkstätten der Gestaltung des Lernortes, der Lerndauer sowie den Lernmitteln besondere Bedeutung bei. Im Vergleich zu anderen pädagogischen Werkstattkonzepten handelt es sich bei diesem Bedingungsgefüge um ein Spezifikum der Lernwerkstättenbewegung.

Räumliche Botschaften von Lernwerkstätten

Lernumgebungen an Hochschulen sind häufig durch auf Dauer angelegte räumliche Strukturen gekennzeichnet und eigenen sich daher nur für wenig variierende Lehr- bzw. Lernmethoden. Dahinter steckt die Annahme, dass es »für Studierende nicht nötig ist, sich untereinander zum Zweck der Planung oder Koordination von Arbeit zu treffen, da diese Funktionen auf der Managementebene, d.h. vom [hier: Hochschul-]Lehrer erledigt wird. Diese Unterrichtsdimension scheint Flexibilität nicht zu benötigen, ganz zu schweigen von der Nutzung der Ressourcen außerhalb des Klassenzimmers [hier: z.B. Seminarräume]« (Shachar & Sharan 1993, 59). Lernwerkstätten an Hochschulen schaffen entsprechend einer »Organisation offener Systeme« räumlich flexible Strukturen und Rahmenbedingungen mit einer vorläufigen, wandelbaren »Vor-Ordnung« (Kasper 1976, 170). So werden sie zu einem wichtigen Reflexions- und Erprobungsfeld für angehende Lehrer.

Die Bedeutung des Raumes und seiner Gestaltung für Lernsituationen ist keine neue Erfindung der Lernwerkstättenbewegung, vielmehr lässt sich hier eine konsequente Umsetzung schulreform-bezogener Forderungen in einem Lehrerbildungskonzept erkennen (Kasper 1976, Göhlich 2009). Lernumgebungen von Lernwerkstätten weisen Analogien zu den dezentralen Strukturen, der Weltoffenheit, der »pädagogischen Atmosphäre« und den Möglichkeiten der Selbstorganisation einer »offenen Klassenzimmers« im Sinne des sogenannten »open space« auf (Göhlich 2009, 101). Zudem ist in vielen Entwürfen eine Orientierung an Raumkonzepten der Reformpädagogik zu erkennen (z.B. Freinet-Pädagogik). In Anlehnung an die Konzeption der Reggio-Pädagogik wird dem Raum die Bedeutung des »dritten Pädagogen« (Kahl 2009) bzw. »dritten Erzieher« zugesprochen (Schäfer & Schäfer 2009, 235), was sich bei konkreter Betrachtung in vielen konkreten Gestaltungsbeispielen wiederspiegelt. Neben Seminarbereichen, Rückzugsmöglichkeiten, Kleingruppenarbeitsplätzen, gibt es Foren, Ateliers und andere Arbeitsbereiche, die sich häufig multifunktional nutzen lassen (Müller-Naendrup 1993, 36). Die folgende Abbildung 3 zeigt am Beispiel des ehemaligen Grundschulpädagogischen Arbeitsbereichs (GPA) der PH Heidelberg eine für viele Lernwerkstätten typische räumliche Aufteilung und Gestaltungsvariante.

Dabei verstehen sich Lernwerkstätten nicht als verwaltete Magazine, die im Sinne einer Mediathek oder Bibliothek reine Servicefunktionen übernehmen. Nach dem Motto ›Studieren statt Kopieren!‹, geht es darum, das Angebot der Lernlandschaft vor Ort für sich zu nutzen und sie selbst mit zu gestalten. Auch die Funktion eines Lernlabors, in welchem versucht wird, unter künstlichen und stark kontrollierten Bedingungen Einsichten über bestimmte Prozesse zu erhalten, trifft die Intention von Lernwerkstätten kaum. Allerdings wird die Forschungsperspektive nicht vernachlässigt, denn besonders in den Einrichtungen,

Abbildung 3: Lernwerkstatt an der Pädagogischen Hochschule Heidelberg

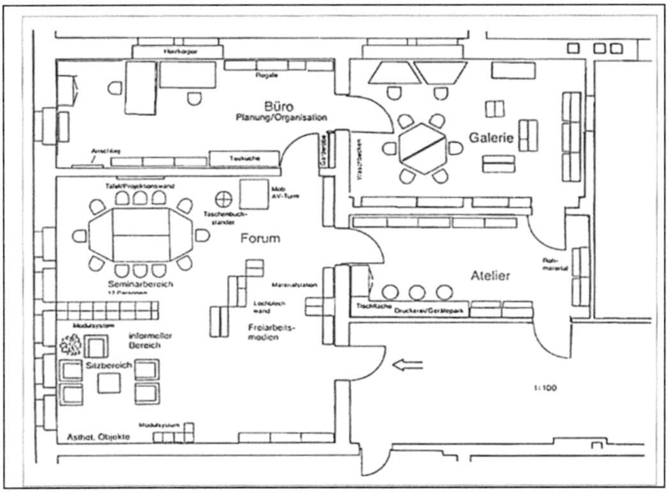

die auch Aktivitäten für Kinder- und Schülergruppen anbieten, werden Lernprozesse initiiert, beobachtet, analysiert und dokumentiert. Jedoch handelt es sich hier um offene Lernsituationen, die weniger durch fremdgesteuerte Zielvorgaben und Kontrollvorgänge, als durch ein hohes Maß an Eigenaktivität und Selbststeuerung des lernenden Individuums gekennzeichnet sind. Lernwerkstätten sind Szenarien für Erfahrungen, in denen die Akteure sowohl ausreichend Spielraum als auch stützende Rahmenbedingungen und Strukturen für ihre eigene Initiativen vorfinden. Besonders in den für viele Lehramtsstudierende eher zersiedelten Hochschullandschaften können Lernwerkstätten »zentrierende Reviere für auseinanderstrebende Segmente der Lehre und des Studiums sein. Durch räumliche Konzentration kann [...] der kommunikative und atmosphärische Mangel ausgeglichen und erfahrbar gemacht werden, dass das Lehrerstudium – genauso wie das Lernen in der Schule – nicht durch inhaltliche und administrative Ordnungen, sondern auch durch Räume mit konkreten Begegnungs-, Interaktions-, Handlungs-, Anschauungs- und Erfahrungsmöglichkeiten bestimmt wird.« (Kasper 1994, 44)

In dem Positionspapier des Verbunds europäischer Lernwerkstätten werden zehn charakteristische Gestaltungsprinzipien genannt (VeLW 2011, 9), die die räumlichen Botschaften von Lernwerkstätten kennzeichnen. An dieser Stelle sollen vier Prinzipien als spezifische räumliche Botschaften hervorgehoben werden:

- Lernwerkstätten halten Gegenstände bereit, die die Lernenden irritieren, inspirieren, alle Sinne ansprechen und kreative Prozesse in Gang setzen.

- Eine Lernwerkstatt ermöglicht den Lernenden individuelle Zugänge zu den Lerninhalten.
- Beim Aufbau der Lernumgebung wird die Instruktion auf ein Minimum reduziert.
- Der Lernwerkstatt-Raum bietet ausreichend Platz für die Realisierung unterschiedlicher individueller und gemeinsamer Aktionen

Ein Blick in die »OASE-WERKSTATT« der Uni Siegen kann Aspekte dieser räumlichen Botschaften veranschaulichen. (Abb. 4)

Abbildung 4: Lernwerkstatt an der Uni Siegen

Damit bieten Lernwerkstätten, nicht nur die an Hochschulen möglichen Anknüpfungspunkte an die Ansprüche einer »Pädagogischen Architektur« (Imhäuser & Burgdorff 2010, 2):

- eine Architektur, die ihre Organisation und gestalterische Kraft aus einer pädagogischen Konzeption heraus entwickelt
- eine Pädagogik, die sich die Räume, in und mit denen sie arbeitet, zu eigen macht und einbezieht
- einen Prozess, der die am Lernen und Lehren Beteiligten befähigt, die Formen des Lernens und Lehrens mitzugestalten.

AUSBLICK

Das konstruktive Zusammenspiel von pädagogischer Konzeption und Architektur, von Räumen und Bildung, gilt es mit Blick auf die Lernwerkstätten an Hochschulen zukünftig sicherlich noch mehr zu professionalisieren und aus unterschiedlichsten Perspektiven zu überprüfen und weiterzuentwickeln. So könnten sich Lernwerkstätten über ihren gegenwärtigen Status als »Refugien für selbstbestimmtes und nachhaltiges Lernen« (Wedekind & Hagstedt 2011, 12) hin zu »enabling spaces« entwickeln (Peschl & Fundneider 2010, siehe auch den entsprechenden Beitrag im vorliegenden Band). Zudem muss man sich den Fragen stellen, inwiefern die räumlichen Botschaften von Lernwerkstätten an Hochschulen von den Studierenden und anderen Nutzern überhaupt bewusst wahrgenommen werden, ob es spezifische Nutzertypen gibt und vor allem, wie sich die räumlichen Botschaften nachhaltig vermitteln lassen.

LITERATUR

Collins, A. u.a. (1989): Cognitive apprenticeship. In: Resnick, L. B. (Hg.): Knowing, Learning and Instruktion. Hillsdale, 453-494

Göhlich, M. (2009): Schulraum und Schulentwicklung. Ein historischer Abriss. In Boehme, J.: Schularchitektur im interdisziplinären Diskurs. Wiesbaden, 89-102

Hagstedt, H. (1998): Pädagogische Werkstätten – Zauberbühnen oder Inseln des Zweifelns. In: Kemnade, I. (Hg.): Schulbegleitungsforschung und Lernwerkstätten. Oldenburg, 49-53

Imhäuser, K. H. & Burgdorff, F. (Hg.) (2010): Pädagogische Architektur. Begleitheft zur Ausstellung. Bonn

Kahl, R. (2009): Der Dritte Pädagoge. DVD. Archiv der Zukunft. Hamburg

Kasper, H. (1976): Erfahrung und Lernen im Raum. In: Halbfas, H & Mauer, F. & Popp, W. (Hg.): Lernwelten und Medien. Stuttgart, 164-197

Kasper, H. (1994): Lernwerkstätten an Hochschulen. Neue Hoffnungsträger für die Lehrerbildung? In: Grundschule 4-1994, 42-45

Mandl, H. u.a. (1994): Perspektiven der Hochschullehre. In: Seibert, N. & Serve, H. J. (Hg.): Bildung und Erziehung an der Schwelle zum dritten Jahrtausend. München, 1271-1283

Müller-Naendrup, B. (1993): Lernwerkstätten in Baden-Württemberg. In: Ernst, K. & Wedekind, H.: Lernwerkstätten in der Bundesrepublik Deutschland und Österreich. Frankfurt a.M., 34-44

Müller-Naendrup, B. (1997): Lernwerkstätten an Hochschulen. Ein Beitrag zur Reform der Primarstufenlehrerbildung. Frankfurt a.M.

Müller-Naendrup, B. (2001): Lernwerkstätten an Hochschulen. Hoffnungsträger oder Kinderkram? In: Brenk, M. & Kurth, U. (Hg.): SCHULe erLEBEN. Frankfurt a.M., 201-216

Müller-Naendrup, B. (2009): Lernwerkstätten. In: Heckt, D. & Sandfuchs, U. (Hg.): Grundschule von A-Z. Braunschweig, 159

Pallasch, W. & Reimers, H. (1990): Pädagogische Werkstattarbeit. Eine pädagogisch- didaktische Konzeption zur Belebung der traditionellen Lernkultur. Weinheim

Peschl, M. F. & Fundneider, T. (2010): Emergente Innovation. Wie es möglich wird, in Enabling Spaces das radikal Neue hervorzubringen. In: Pircher, R. (Hg.): Wissensmanagement. Wissenstransfer. Wissensnetzwerke. Erlangen, 264-279

Reich, K. (2006): Konstruktivistische Didaktik. Weinheim

Schäfer, G. E. & Schäfer, L. (2009): Der Raum als dritter Erzieher. In: Boehme, J.: Schularchitektur im interdisziplinären Diskurs. Wiesbaden, 235-248

Verbund europäischer Lernwerkstätten (velw) (Hg.) (2011): Positionspapier zu Qualitätsmerkmalen von Lernwerkstätten und Lernwerkstattarbeit. Berlin

Shachar, H. & Sharan, S. (1993): Schulorganisation und kooperatives Lernen. In: Huber, L. (Hg.): Neue Perspektiven der Kooperation. Hohengehren, 54-70

Wedekind, H. (2011): Eine Geschichte mit Zukunft. 30 Jahre Lernwerkstatt. In: Grundschule 6-2011, 6-10

Wedekind, H. & Hagstedt, H. (2011): Refugien? Über die Bedeutung von Lernwerkstätten in Schule und Hochschule. In: Grundschule 6-2011, 12-13

Raumkonzepte und Bildungsutopien

Zum Verhältnis von Architektur, Kultur und Bildung

Petra Lohmann

Die Erörterung der Bedeutung der Kategorie des Raumes für das Dasein ist ein zentrales Anliegen dieser Tagung, und als Raumkunst kommt der Architektur dabei besondere Bedeutung zu. Da Architektur nicht nur Privatsphären, sondern auch jene Räume bildet, durch die Umwelt zur »Mitwelt« wird, ist sie eine »Raum-Macht«, oder man könnte mit Hartmut Böhme auch sagen eine »Territorialisierungsstrategie« bzw. »Kulturtechnik«, die das soziale Leben auf vielfältige Weise räumlich strukturiert. Denn neben anderen »raumzentrierten Praktiken« – etwa der Landwirtschaft, dem Reisen, dem Verkehr sowie auf die Künste bezogen dem Tanz, der Skulptur oder, wie Lessing äußerte, »den Raumkünsten überhaupt in Abhebung zu den Zeitkünsten –, daneben also war es seit jeher die Architektur« (Böhme 2004), die Karl Friedrich Wilhelm Solger (1780-1819) zufolge »das Zentrum aller räumlichen Praxen und Künste darstellt« (Solger 1815, 272). Um diese Bedeutung der Architektur hinreichend zu verstehen, bedarf es einer interdisziplinären Vorgehensweise (vgl. Böhme 2004), so wie sie sich im Untertitel des Tagungsthemas in Rücksicht auf Architektur/Städtebau, Kunst/Musik sowie Pädagogik/Psychologie abbildet.

Zweierlei lässt sich zunächst festhalten: erstens, dass eine Tagung zum Thema Raum Grundvoraussetzungen des Daseins und der Interpersonalität angeht; zweitens, dass das Bedenken solcher Sachverhalte in einem transdisziplinären Netzwerk aufgeht, das im Hinblick auf die Architektur sowohl in die Geschichte der Architektur wie auch in die Ästhetik und in die Bildungswissenschaften führt.

Diese Aspekte bilden denn auch – unter besonderer Berücksichtigung der Bedeutung von Kultur und Bildung für die Raumkunst Architektur – den Bezugsrahmen des vorliegenden Beitrags. Die Dimensionen dieser beiden Aspekte sind umfangreich. Darunter fallen Leistungen der Architektur einerseits für den Rezipienten, d.h. sowohl für die geistige Gestalt eines Menschen, die er durch Teilhabe an den Werten seines architektonischen Kulturkreises erworben hat, als auch für den Prozeß der Erziehung und Selbsterziehung durch

Architektur, und andererseits für den Architekten, wobei zu unterscheiden ist zwischen einem formalen Bildungsbegriff der Ästhetik und den ästhetischen Bildungsinhalten von humanistischer Menschenbildung und fachspezifischer Professionsbildung. Beide Bildungsweisen sind kulturabhängig, wobei Kultur als Veredelung der leiblich-geistigen Anlagen und Fähigkeiten des Menschen (im Sinne der cultura animi, Cicero & Pufendorf), als Ausdruck von Lebensbekundungen und als Inbegriff für neuartige Schöpfungen sowie als Identifikationsinstrument (Herder & Kant) zu fassen ist (vgl. Henckmann & Lotter 2004, 29-31).

Die Eingrenzung dieses Spektrums auf folgende Leitgedanken gibt das Programm des Beitrags vor: Erstens, was das Verhältnis von Architektur und Kultur angeht, das Verständnis von Architektur als Raumkunst und die Kritik an der »traditionelle[n] Dominanz der Zeit über den Raum« (Böhme 2004) sowie die Auffassung von Architektur als unmittelbarer und unbedingter Bestandteil des Daseins; zweitens hinsichtlich des Verhältnisses von Architektur und Bildung die Stellung der Architektur im System der Künste und die Anforderungen an definitio und destinatio der Architekturtheorie, die diese Verhältnisse bedenkt. In der Schlussbetrachtung werden die Ergebnisse in Rücksicht auf ideelle und materielle Anforderungen an die Architektur als Kultivierungsinstrument reflektiert. Diese Punkte werden hier im Sinne eines Impulsbeitrags methodisch eher historisierend und beschreibend denn analysierend und deduzierend auf der Grundlage literarischer, philosophischer und architekturtheoretischer Texte vorgestellt. Die Ausführungen sind durch assoziationsreiche Gedankensplitter bestimmt, die weniger beweisen, sondern vielmehr zu einer Diskussion anregen sollen.

ARCHITEKTUR ALS RAUMKUNST

In der Tradition steht die Beschäftigung mit dem Raum seit jeher im Schatten der »Modelle der Zeit und der Verzeitlichung von Prozessen der Gesellschaft und des Wissens«. Dies änderte sich erst in jüngerer Zeit im Zuge des sogenannten ›spatial turn‹ (vgl. Lehnert 2011). Die zunehmende Wertschätzung des Raumes hängt mit der »kulturwissenschaftlichen Wende der Geisteswissenschaften« zusammen. Denn für die »Kulturgeschichte« spielen »Zeitregimes«, innerhalb derer sich Kultur diskursiv entwickelt, eben eine solche Rolle, wie die »Raumordnungen«, durch die sich allererst ein Ort der Kultur etabliert.

Die Unterordnung des Raumes unter die Zeit basiert auf einem Vorurteil, das »kulturhistorisch« besehen »falsch« ist. Denn es verkennt jene »Fundamentaltatsache [...], wonach jeder kulturelle Akt«, durch den sich allererst vernünftiges Leben artikuliert, »vor allem« eine Form der räumlichen Einrichtung des Menschen »auf der Erde« ist. Ethymologisch vom lateinischen »colere« abgeleitet, bedeutet Kultur »Anbauen«, »gleichgültig, ob es sich um Pflanzen oder um Pflanzstädte handelt«. Architektur bietet so gesehen im »Vergehende[n] der Zeit« und im »Ungegliederten des Raumes [...] Stabilität«, »an der das kulturelle Leben einen An-Halt gewinn[t]«, auf dessen Grundlage sich über »das Wirken natürlicher Kräfte« hinausgehende Zwecksetzungen in der Zeit realisieren lassen. »Kulturen« sind daher, mit Hartmut Böhme gesprochen, nur als »stabilisierte Raumordnungen«, d.h. »als Architekturen [,...] denkbar«. Dadurch »haben Kulturen [allererst] eine Chance, Gedächtnis und Tradition auszubilden und Sorge für die Zukunft zu tragen, also Zeitregimes zu entwickeln, welche den Terminus der Zeit, den Tod nämlich, hinhalten« (Böhme 2004).

Architektur als Existential

Ein Beispiel dafür, dass Architektur den Menschen unmittelbar betrifft, ist Antoine de Saint-Exupérys (1900-1944) Parabel »Die Stadt in der Wüste« (1936), in der es laut Otto Bollnow (1903-1991) um nichts anderes geht, als um die Wesensbestimmung des Menschen im Ganzen; denn das Problem, das sich in diesem Titel ausdrückt, ist nichts weniger als das Bedürfnis des Menschen, inmitten einer chaotischen Welt, inmitten der »Wüste«, sich in einem bestimmten »Heim« (demeure) anzusiedeln und dieses »Heim« als eine befestigte »Zitadelle« gegen den drohenden Angriff der Wüste immer wieder zu verteidigen (Bollnow 1952, 1 u. 4).

Architektur in ihren vielfältigen ästhetischen Ausprägungen ist daher kein kultureller Luxus, sondern körperliche und geistige Notwendigkeit. Als solche »ermöglicht und codiert« sie Hartmut Böhme zufolge »die sozialen [und intentionalen] Choreographien des Handelns. Sie ist Expression und Repräsentation zugleich der elementaren Objektivierungsgesten, durch die [...] Kulturen erst auf den Weg kommen«. Und schließlich ist sie die »vielleicht stärkste Formel, in der sich der Gestaltungswille der Gegenwart sedimentiert und zugleich einer der mächtigsten Faktoren, durch welche die Vergangenheit die Gegenwart festlegt« (Böhme 2004).

Architektur manifestiert sich dabei im Kontext von Aspekten, die sich aus dem physischen Charakter der Bauten und ihrer unmittelbar praktischen Funktion ergeben und über ihre konventionelle gesellschaftliche Bedeutung im common sense bis hin zu unter Umständen äußerst schwierig vermittelbaren ästhetischen und intellektuellen Werten verläuft.

Damit geht eine Reaktion des Subjekts auf Architektur einher, die mit vagen Vorstellungen und erlebnisreichen Erinnerungen ohne tiefere Reflexion ansetzt, die es vorbewusst und entsprechend der jeweiligen Sozialisation geformt hat, bis hin zu bestenfalls architekturkritischem Niveau, auf dem es eine Haltung gegenüber dem, was ihm architektonisch widerfährt, einnehmen kann.

Architektur und Bildung

Zur Funktion der Architektur als Instrument der Kultivierung und ihre Stellung im System der Künste:

Dem traditionellen Verständnis nach brachte schöne Kunst Unbedingtes und Ideelles zum Scheinen. Dafür musste sie freie Kunst sein. Jedoch wurde die Architektur – von wenigen Ausnahmen abgesehen – allenfalls als mechanische Kunst gewertet, weil sie als Gebrauchskunst immer auch konstruktiv bedingten Kausalnotwendigkeiten genügen musste. Deswegen wurde sie häufig aus dem System der Künste ausgeschlossen, und ihr wurde der Status als Instrument der Kultivierung abgesprochen (vgl. Adamy 1889, 546). Dagegen ist Karl Heinrich Heydenreich (1764-1801) mit seiner Dialektik von Zweck und Idee sowie dem Unterschied zwischen »Naturzweck« und »höherem Zweck« eine überzeugende Ehrenrettung der Architektur mittels ihrer Bestimmung als synthetischer Kunst gelungen.

In dem Beitrag »Neuer Begriff der Baukunst als schöner Kunst« (1798) heißt es: Der Architekt ist zwar durch den physischen und verhältnismäßigen Zweck des Gebäudes »gebunden«, doch nicht in dem Grade, »daß nicht seinem Genie eine freye Sphäre für die Erfindung offen bliebe, innerhalb welcher er nach seinem Gefühle die Formen wählen darf.« Wenn es ihm »gelingt, seinem Gebäude solche Formen zu geben, daß der Gedanke des physischen Zweckes ganz verschwindet und der Betrachter sogleich durch den Anblick zu dem höhern Zweck erhoben, und zu einem freyern Spiele unter Bildern, die mit ihm zusammenhängen, begeistert, dann ist sein Werk ein Werk der schönen [wahren] Architektur« und »der erfindende Architekt befindet sich mit dem erfindenden Dichter [...] in ziemlich gleicher Stimmung« (Heydenreich 1798, 162-163).

In seinem »Ästhetischem Wörterbuch über die bildenden Künste« (1795) sowie in den »Originalideen über die interessantesten Gegenstände der Philosophie« (1793) gibt er mit Bezug auf die Raumfiguren Symmetria und Symphonia abstrakt an, wie durch Architektur »Anmuth, Schönheit und Leben« ästhetisch werden. Symmetrie bezeichnet pythagoreische Verhältnisse des Schönen, mit denen im Abendland die Wissenschaft überhaupt begann. Platon bezieht sie auf die Kommensurabilität, die das Ordnungsprinzip des Universums darstellt. Daneben steht die symphonia, der harmonische Zusammenklang, bzw. die »vollkommene Beziehung, welche unter entsprechenden Theilen stattfindet, wie es die Flügel eines Gebäudes sind« oder, die wie in der Sphärenharmonie des 18. Jahrhunderts, die die Sphären des Alls zu einem künstlerischen, nämlich musikalischen Geschehen zusammenfasst. Symmetrische und symphonische »Compositionen« (Heydenreich 1795, 238) manifestieren Weisen der Homologie, die das räumliche Zusammenstimmen und das Gleichmaß des Universums stiften. In der Kunst stellt die Architektur mittels ihrer Raumfiguren jene Technik dar, die den Logos des Bauwerks herausstellt, dessen Konstruktion damit immer ebenso mechanisch wie ästhetisch ist. Dies verleitet Fritz Neumeyer dazu, Architektur und Welt in eine kosmologische Analogie zu bringen (Neumeyer 2002, 9).

Anforderungen an die Architekturtheorie, die Architektur als Kultivierungsinstrument bedenkt

Das Handlungsfeld der Architekturtheorie ist so alt wie unbestimmt. Als kanonische Gesamtheit der schriftlich fixierten Traktate und Manifeste von Architekten existiert sie zwar mindestens seit Vitruv, (um 70-10 v. Chr.), aber ihre Definition als eigenständige Disziplin in Rücksicht auf Gegenstand, Form und Methodik steht noch aus. Das hat nicht zuletzt mit disparaten Auffassungen davon zu tun, was sie eigentlich ist. Stellungnahmen dazu reichen von Boris Podreccas (geb. 1940) Auffassung, sie sei überflüssig, weil sie eine bloße subjektive »Nachzeichnung« des Werks sei, dessen »beste Deutung [...] sich in der Architektur selbst« bzw. in ihrer unvermittelten »Erfahrung« (Podrecca 2009, 42) findet, bis hin zum Verständnis von Architekturtheorie als Allianz von Architekturgeschichte und Architekturkritik, als theoriegesteuerte Entwurfspraxis, als epistemologische Lehre von den Begriffen (Raum, Tektonik, Material etc.), die für Architektur konstitutiv sind oder als theorieimmanente Auseinandersetzung mit ihren Klassikern. Mit diesen disparaten Auffassungen verbinden sich wiederum nicht nur vielfältige Zielvorstellungen und Methoden architekturtheoretischen Denkens, sondern es wird auch deutlich, dass sie ein Kompositum verwandter Wissenschaften ist. Dieser, in akademischer Hinsicht problematische Status der Architekturtheorie steht in diametralem Gegensatz zu ihrer Bedeutung für die Architekturpraxis, die sie einerseits begründen und andererseits reflektieren soll, denn – wie bereits am Raumbegriff deutlich wurde, – Architektur bestimmt so unmittelbar wie keine andere *techné* die Lebenswelt des Menschen, und daher ist die Aufklärung über lebensfördernde wie lebensabträgliche Aspekte der Architektur ein wesentlicher Aspekt der Ästhetik.

Architekturtheorie als Lehrfach hat diesen angedeuteten Anforderungen Rechnung zu tragen. Dies gilt insbesondere angesichts der zunehmenden Verwissenschaftlichung des Architekturstudiums in den Bachelor- und Masterstudiengängen an den Universitäten, an denen Architekturtheorie als Pflichtfach gelehrt wird und nicht als bloßes schmückendes Beiwerk bzw. als Hinweis auf die Gelehrsamkeit von Praxis begriffen wird. Vor diesem Hintergrund bildet sich einerseits seitens des Wissenschaftlers das Bedürfnis nach einer spekulativ-genetischen Selbstvergewisserung des eigenen wissenschaftlichen Tuns im Sinne einer Definition seines Faches, und es stellt sich andererseits hinsichtlich des Rezipienten die lebenspraktisch-propädeutische Frage nach den didaktischen Anforderungen von Architekturtheorie.

Schlussbetrachtung

Einige Überlegungen zur Beziehung zwischen Architektur, Kultur und Bildung sowie zur Architekturtheorie als eigenständiger wissenschaftlicher Disziplin sollen abschließend anhand von Thesen Wolfgang Welschs (geb. 1946), Jörg Gleiters (geb. 1960) und Hans Jonas' (1903-1993) reale und metaphorische Deutungen des Raums zur Diskussion stellen.

Das »leitende Prinzip der Moderne schlechthin« (Welsch 2001, 28) ist für Welsch der Anthropozentrismus. Er ist ein Erbe der Aufklärung. Zum Weltbild, in dem der Mensch im Mittelpunkt steht, heißt es bei Diderot: »Der Mensch ist der einzigartige Begriff, von dem man ausgehen und auf den man alles zurückführen muss« (zit.n. Welsch 2001, 32). Diese Weltsicht findet Welsch auch bei modernen Architekten des 20. Jahrhunderts wieder. So fordert etwa Le Corbusier (1887-1996) in der Charta von Athen 1933: »Die Dimensionierung aller Gegenstände in den räumlichen Anordnungen der Stadt kann nur vom menschlichen Maß bestimmt werden.« (Le Corbusier 1933, zit.n. Welsch 2001, 6) Welsch kritisiert daran die räumliche »Verengung auf die städtische Sicht des Menschen« (Welsch 2001, 28) und fordert, dass der Mensch sich demgegenüber als »grundlegend weltzugehörige[s] Wesen« (Welsch 2001, 32) annimmt. Dieses Ansinnen fasst er unter dem Primat einer »transhumanen Perspektive«, aus der »der Mensch weiter als nur vom Menschen aus« verstanden wird. Die damit verbundenen »Bedürfnisse« einer Architektur sind: Abkehr von einer »zweckrationale[n] und [...] konsumistischen [...] Lebenswirklichkeit« (Welsch 2001, 34) zu Gunsten einer Vielzahl wechselnder ideeller Eindrücke und Perspektiven. Ferner die organische Architektur, die dem »biologischen, motorischen und sensorischen In-der-Welt-sein besser Rechnung trägt« und die das »Atmenkönnen, [die] Atmosphäre [und die] Weite [...] des spezifischen Ortes« bedenkt, »so wie ein jedes Stück Natur vom weiten Umfeld her seine Form und Eigenart gewinnt« (Welsch 2001, 35) wozu auch »wohltuende Nicht-Gestaltung« gehört.

Die von Welsch im Hinblick auf den Raumbegriff skizzenhaft thematisierten Bestimmungsstücke Funktion/Idee, Anthropologie und Subjekt/Natur sind in einer Architekturtheorie substantiell zu reflektieren, für die Jörg Gleiter formaliter eine »Erweiterung der Architekturtheorie hin zur Philosophie der Architektur [konstatiert]. Zielt die eine auf das praktische Gemachtwerden und Gemachtsein der Architektur, so die andere auf die allgemeine kulturelle Funktion der Architektur im Kontext des größeren kulturellen Ganzen« (Gleiter 2009, 41). Idealer Weise ergänzen sich beide. Denn wenn Beweggründe und Fragehaltungen der Architekturtheorie nicht unmittelbar aus dem Interesse an der Lebenswelt kommen, ist sie einerseits bloße Regelkonformität, von der bereits Goethe sagte, dass sie bestenfalls den »Brotkünstler« (Goethe 1939, 11) hervorbringt, den Künstler jedoch, der aus unbedingtem Enthusiasmus und eigener

Urteilskraft heraus wirkt, nahezu unmöglich macht. Andererseits schlagen sich konkreter disziplinimmanenter Theoriemangel sowie das Fehlen metatheoretischen Wissens im unreflektierten Reden über Architektur ohne normativen Anspruch nieder. Einer Architekturtheorie, der in Anlehnung an Hans Jonas' Wissenschaftsverständnis an der Bildung einer souveränen Haltung gegenüber kurzlebigen Avantgarden und bezugslosen Selbstreferenzen etwas liegt, gewinnt ihre prinzipiellen Fragestellungen aus außerwissenschaftlichen und interdisziplinären Anregungen und befasst sich in der reinen Theorie mit den unveränderlichen und ewigen Dingen, die man nur anschaut und nicht einem Tun unterwirft, die aber gleichwohl am Ende wieder am Leben zu bewähren sind (vgl. Jonas 1987, 14-31).

Literatur

Adamy, R. (1889): Das Kunsthandwerk und die Architektur im System der Künste. In: Deutsche Bauzeitung 23, 545-551

Böhme, H. (2004): Gebaute Räume. Zur kulturellen Formung von Architektur und Stadt. In: Wolkenkuckucksheim 9,1, 2004, o.S.

Bollnow, O. F. (1952): Der Mensch als Städtebauer. Zur Philosophie Saint-Exuperys. In: Antares 1, 3-12

Gleiter, J.: Denkmal einer Krisis. Architekturtheorie und Philosophie I. In: Der Architekt 1/2009, 36-41

Goethe, J. v. (1829): Briefwechsel Goethes mit Quand vom 11. Juli 1829. In: Jahrbuch des Wiener Goethe-Vereins. (1939), 11-13

Henckmann, W. & Lotter, K. (2004): Artikel »Kultur«. In: Lexikon der Ästhetik. Hamburg, 29-31

Heydenreich, K. H. (1793): Originalideen über die interessantesten Gegenstände der Philosophie. Leipzig

Heydenreich, K. H. (1795): Ästhetisches Wörterbuch über die bildenden Künste, nach Watelet und Levesque. Mit nöthigen Abkürzungen und Zusätzen fehlender Artikel kritisch bearbeitet von K. H. Heydenreich, öffentlichem Professor der Philosophie zu Leipzig. Leipzig

Heydenreich, K. H.: Neuer Begriff der Baukunst als schöner Kunst. In: Deutsche Monatsschrift 1798, 160-164

Jonas, H. (1987): Wissenschaft als persönliches Erlebnis. Göttingen

Lehnert, G. (2011): Raum und Gefühl. Der Spatial Turn und die neue Emotionsforschung. Bielefeld

Neumeyer, F. (2002): Quellentexte zur Architekturtheorie. München

Podrecca, B.: Theorie lateral. Architekturtheorie du Philosophie II. In: Der Architekt 1/2009, 42-45

Saint-Exupéry, A. de (1936): Die Stadt in der Wüste. Citadelle. Paris

Solger, K. F. W. (1815): Erwin. Vier Gespräche über das Schöne und die Kunst. Berlin. Mit einem Nachwort und Anmerkungen hg. v. W. Henckmann. München 1971

Welsch, W. (2001): Orte des Menschen? In: Baukultur in Deutschland. Kongress vom 3.-5.12.2001 in Köln. Dokumentation. Hg. vom Bundesministerium für Verkehr, Bau- und Wohnungswesen

Der Traum vom neuen Menschen

Architektur am Bauhaus und im russischen Konstruktivismus

Anna Riese

Die Erschaffung einer neuen Gesellschaft und die Erziehung eines »neuen Menschen« waren für die Architekten am Bauhaus ebenso wie für die Generation der Architekten-Konstruktivisten in Russland die Aufgaben, welche sie in den 1920er Jahren durch soziale Effekte der Architektur zu lösen suchten. Dabei gingen beide Bewegungen von einem idealisierten Menschen- und Gesellschaftsbild aus, dessen Verwirklichung in der Realität durch Kunst und Architektur Gestalt gewinnen sollte. Von den Trümmern des Kaiserreiches respektive des imperialen Russland aus richtete sich der Blick der Architekten nach vorn, und neue Materialien, Konstruktionsprinzipien und Techniken wurden für sie Mittel zum Zweck, dessen Ausgangs- und Zielpunkt ein neuer Menschentypus und sein gewandeltes Verhältnis zur Welt darstellte.

Beide Bewegungen waren somit auf eine vermeintlich prognostizierbare Zukunft gerichtet, die sie von der Gegenwart her zu formen suchten. Dabei suchten sie die Impulse für die Architektur aus der breiten Masse und ihren zeitgemäßen Erfordernissen herzuleiten (Gropius 1926, 120; Ginzburg 1926, 301) und stellten den Menschen mit seinen physischen, psychischen und geistigen Bedürfnissen als Konsumenten der Architektur in den Vordergrund (Gropius 1982, 85; Burov 1947, 475). In diesem Zusammenhang wurde für die deutschen wie auch für die russischen Architekten insbesondere der private und intime Bereich des Wohnens zum Experimentierfeld des zu bewirkenden sozialen Wandels. Denn im Privaten sah man nun gleichsam Laborsituationen einer Erneuerung der Gesellschaft, Keimzelle der geforderten geistigen und kulturellen Revolution und Modellfälle für die Entstehung neuer sozialer Beziehungen.

Bei der Einlösung dieser Zielsetzung waren für die Konstruktivisten wie auch die Vertreter des Bauhauses die Positionen des Funktionalismus als kulturelles und ästhetisches Programm zur Bewältigung der Herausforderungen der Gegenwart von maßgeblicher Bedeutung. Die sozialen und politischen Kontexte waren in beiden Ländern jedoch grundverschieden. Wie dies die Vorstellungen der Architekten beeinflusste, soll im Folgenden am Beispiel einiger konkreter Projektentwürfe betrachtet werden.

Bauen am Bauhaus

Beginnen wir mit Deutschland, wo sich die gesellschaftliche Situation nach dem Ersten Weltkrieg grundlegend verändert hatte. Politische Unruhen und die wirtschaftliche Notlage gingen hier einher mit einer Empfindung der Auflösung traditioneller sozialer Bande und der Nivellierung des Einzelnen in der Masse. Diese Entwicklungstendenzen führten im Deutschland der Zwischenkriegszeit zur Entstehung der Konzepte von neuen Gemeinschaften und neuen Menschen, die ein optimistisches Vertrauen in das Werden einer besseren Welt förderten (Moebius 2009, 40-41).

Im Deutschland der Weimarer Republik, deren revolutionäre Bedeutung nicht in einem radikalen Bruch mit der Vergangenheit, sondern im Ersetzen der autoritären durch eine republikanische Regierungsform lag (Miller Lane 1994, 226), wurde der »neue Mensch« dann zu einem vielfach gebrauchten Schlagwort, in dem sich die Herausforderungen des technischen, urbanen und individualisierten modernen Lebens gleichsam ikonisch verdichteten. Der kommende Menschentypus, so meinte man, sei sozial und gesund, aufgeschlossen und kreativ, geistreich und scharfsinnig, mobil und technisch orientiert. Er sollte sich nicht nur den Bedingungen der industriell modernisierten Gesellschaft äußerlich anpassen, sondern diese für seine persönliche Weiterentwicklung gleichsam verinnerlichen (Blume 2009, 253-254). Solche Leitideen flossen nicht zuletzt in das Konzept des von Walter Gropius 1919 gegründeten Bauhauses ein, und zwar weniger als konkret formuliertes Programm, als vielmehr in Form eines unscharfen ideologischen Fundaments, mit dem gleichsam das Feld abgesteckt wurde, auf dem sich das Leben des modernen Menschen abspielen sollte.

In diesem Zusammenhang kann der Satz des Malers Georg Muche, »Die Wohnung ist eine Einrichtung zur Pflege der körperlichen und geistigen Gesundheit des Menschen« (Muche 1925, 15), als Axiom gelten. Wohl alle Bauhausarchitekten hätten ihm zugestimmt, wenn auch unter Betonung durchaus unterschiedlicher Aspekte der menschlichen Bedürfnisse (Wünsche 1989, 24). Wie die praktische Umsetzung dieses Grundsatzes aussehen konnte, demonstrierte Muche selbst bereits mit dem nach seinem Projekt zur ersten großen Bauhausausstellung im Jahr 1923 in Weimar erbauten Haus am Horn (Abb. 1). Mit seinen ornamentfreien Fassadenflächen, den scharf konturierten Fenstereinschnitten und den stabilisierend wirkenden Eckverstärkungen kommuniziert hier der Doppelkubus des Hauses bereits von außen die introvertierte Lebensweise seiner Bewohner. Die Gestaltung des Grundrisses verstärkt diese Wirkung und verweist zugleich in ihrer planerischen Organisation auf die frühen Ideale des Bauhauses, welches die geistig-kulturelle Revolution gewissermaßen aus dem inneren Kreis heraus, durch eine aufrichtige Gemeinschaft nicht nur im künstlerischen, sondern auch im menschlichen Sinne voranzutreiben suchte (Wünsche 1989, 14)

Abbildung 1: Musterhaus »Am Horn« in Weimar, 1923, nach Entwurf von Georg Muche, Ausführung Baubüro Gropius unter Leitung von Adolf Meyer

So entwickelt sich hier der Grundriss um zwei funktionale Zentren: das zentral positionierte Wohnzimmer sowie das Zimmer der Dame im hinteren Bereich des Hauses. Die atriumsartige Hervorhebung des nach außen verschlossenen Wohnzimmers als ein von den übrigen Alltagsfunktionen befreiter Ort und die beinahe sakrale Verborgenheit des Zimmers der Dame signalisieren hier scheinbar die Bedeutung des geistigen Austauschs in dem um die eigentliche Trägerin gruppierten, logenhaften Familienleben, das durch eine funktionelle Zimmerbestimmung von der Architektur weiterhin strukturiert wird. Die gesamte Grundrissgestaltung zielt hier scheinbar auf die Erfüllung einer neuen Harmonie im tradierten Familienleben und visualisiert zugleich Gropius' Gedanken über das Vorrecht der Gemeinschaft gegenüber dem Einzelnen, ohne diesen jedoch zu anonymisieren (Claussen 1986, 37).

Ein anderes Konzept des Gemeinschaftslebens offenbart das Wettbewerbsprojekt der Bundesschule des Allgemeinen Deutschen Gewerkschaftsbundes in Bernau bei Berlin von Hannes Meyer aus dem Jahr 1928. Die Wettbewerbausschreibung definierte die Aufgaben der Schule als eine Bildungs- und Erziehungsstätte für den ganzen Menschen, als eine kulturelle, auf Stärkung des

Persönlichkeits- und Gemeinschaftsgefühls abzielende Institution, die einen anhaltenden Eindruck von erstrebenswerter Wohnkultur vermitteln sowie auf die Lebensgestaltung der Besucher erzieherisch Einfluss nehmen sollte (Winkler 1989, 93). Im Einklang mit diesem Programm erarbeitete Meyer ein bauliches Konzept, das die inhaltlichen Vorgaben in einer ausgewogenen Weise in Form einer mehrgliedrigen Z-förmigen Anlage mit Schul-, Wohn- und Gemeinschaftstrakten vermittelt. Die Positionierung der dreigeschossigen Einzelbauten des Wohntraktes wie eine Brücke zwischen den gegeneinander versetzten Punkten des Schulbaus mit Seminarklassen, Bibliothek und Sporthalle sowie dem Gemeinschaftsbau, mit Aula, Auditorium Maximum und Speisesaal visualisiert hier dabei das Private als ein Teil des gemeinschaftlichen Lebens, wo nicht mehr die Möglichkeit des Rückzuges, sondern die Förderung von Kameradschaft als Keim der Entstehung des Gemeinschaftsgefühls in den Vordergrund tritt (Winkler 1989, 42).

Obwohl Meyer von der Entstehung der Einzelform als rein durch das Leben bedingtem Baukörper sowie von der Architektur als wissenschaftlich basierter Organisation von Lebensvorgängen ausging, ist das architektonisch-erzieherische Programm des Gebäudes nicht frei von narrativen Elementen: Die tiefen Fenster und Fensterfronten vermitteln den Eindruck des Lebens in der Natur (Meyer 1928, 15). Die Positionierung der Turnhalle unterhalb der Seminarräume erfährt hier ihre inhaltliche Gewichtung im Zusammenhang mit der gewerkschaftlichen Auffassung vom Sport als »hohe[r] Schule des Kollektivgefühls«, und die Lage der Unterrichtsräume vermittelt den Eindruck der Erhebung durch das Lernen. Mit dieser Formensprache vermittelt die Architektur der Schule ein genossenschaftliches Konzept der Erziehung eines neuen Menschen, dessen Individualität in der Gemeinschaft aufgeht (Winkler 1989, 80-102). In ihrer Klarheit und ihrem Raumprogramm kommuniziert sie einen disziplinierten, offenen, kameradschaftlichen, naturverbundenen und lernbereiten Menschen, dem das Private und Individuelle jedoch nicht entzogen, sondern als zentraler Aspekt in das architektonisch-erzieherische Konzept eingewoben wird.

Zusammenfassend deuten diese wenigen Beispiele exemplarisch an, dass die Bauhausarchitektur zwar auf die Ermittlung der allgemeinen, überindividuellen Lebensbedürfnisse und sozialen Notwendigkeiten abzielte, diese jedoch aus der persönlichen Perspektive der künftigen Bewohner wahrnahm. Sie betonte das Gemeinschaftliche, ohne dabei die Notwendigkeit des Rückzugs zu negieren, und sie zielte auf die Befreiung und Harmonisierung des menschlichen Daseins, ohne grundsätzliche gesellschaftliche Maximen, etwa die Familie oder die Trennung zwischen privaten und gemeinschaftlichen Leben, prinzipiell in Frage zu stellen.

Die Situation in Russland

Wie sah es zur gleichen Zeit in Russland aus, das seit der Oktoberrevolution des Jahres 1917 in einem radikalen Umgestaltungsprozess begriffen war? Diese Zeit war geprägt durch die Suche nach grundlegend neuen politischen Strukturen wie auch nach neuen sozialen Beziehungsformen, die das elementare Geschehen mit den utopischen Vorstellungen der Revolutionsromantik in Einklang bringen sollten. Im nachrevolutionären Russland war man davon überzeugt, dass die neue gesellschaftliche Wirklichkeit gleichsam einen neuen Menschentypus gebären würde, der die edelsten menschlichen Eigenschaften in sich vereinigen und die grenzenlose Hingabe für das gemeinschaftliche Ziel aufbringen würde (Sinjawskij 1989, 163-165).

Solche von einer revolutionären Romantik beeinflussten Vorstellungen erhoben die Notwendigkeit des Aufbaus von neuen, der veränderten sozialen Realität gemäßen Existenzbedingungen; und bei ihrer Verwirklichung fiel den Architekten-Konstruktivisten eine der führenden Rollen zu. Die Entwicklung entsprechender Zukunftsmodelle erfolgte in der russischen Architektur entlang der Ideen von Charles Fourier, der am Anfang des 18. Jahrhunderts das Bild einer ideellen, genossenschaftlich organisierten, harmonischen und auf freiwilliger Arbeit basierten Gesellschaft entworfen hatte, in der die Funktionen einer sozialen Erziehung des Menschen dem Gemeinschaftsleben anvertraut waren (Stekl 1980, 955-956).

Im Zusammenhang mit den skizzierten Vorstellungen stellten die Konstruktivisten die Architektur ganz in den Dienst des Kollektivs und gingen in ihrer lebensgestaltenden Funktion von seinen sozialen und produktiven Prozessen aus (Ginzburg 1927, 310). Vorstellungen etwa von der Notwendigkeit einer Trennung der Kinder von ihren Eltern oder der Separation schwangerer Frauen und älterer Menschen in einzelne Trakte hatten hier ebenso einen Platz wie die Aufstellung eines den ganzen Tag umfassenden Zeitplanes, der das Leben der Menschen im Detail zu regeln suchte: vom Aufstehen mit dem Weckruf der Zentrale (6:00 Uhr), Frühgymnastik, duschen und anziehen (bis 6:25 Uhr), frühstücken (6:30 Uhr) bis hin zur Schlafenszeit (22:00) (Afanasjew 1974, 132).

Solche Vorstellungen war offensichtlich auch das nicht realisierte Projekt der idealen Hauskommune von den Architekten Barstch und Vladimirov aus dem Jahr 1930 verpflichtet (Abb. 2). Die Anlage sollte aus drei zueinander kreuzförmig positionierten und jeweils für Erwachsene, Vorschul- und Schulkinder bestimmten Trakten bestehen. Jeder dieser Trakte gliederte sich wiederum in streng funktionale Raumgruppen, sodass sich im Erwachsenentrakt die Stockwerke mit individuellen Schlafkabinen mit den für das Gemeinschaftsleben bestimmten Etagen abwechselten. Mit seinen weitläufigen Seminarzimmern und Bibliotheken, Kantinen und Klubräumen sollte hier der gemeinschaftliche Dienstleistungssektor alle Bereiche des menschlichen Alltags aufnehmen, während das individuelle Leben der Menschen auf die jeweils sechs Quadratmeter der Schlafkabinen begrenzt war (Afanasjew 1974, 131-132). Diese Polarisierung in der räumlichen Auffassung von Privatem und Kollektivem verdeutlicht hier die Vorstellung der Architekten von einem von den Sorgen des Alltags und des Familienlebens befreiten, rationell strukturierten, freundschaftlichen Zusammenleben der sportlichen, arbeitsamen, wissbegierigen und disziplinierten Bewohner der Hauskommune. (Abb. 3)

Abbildung 2: Bartsch/Vladimirov, Entwurf für ein ideales Kommunenhaus, 1929

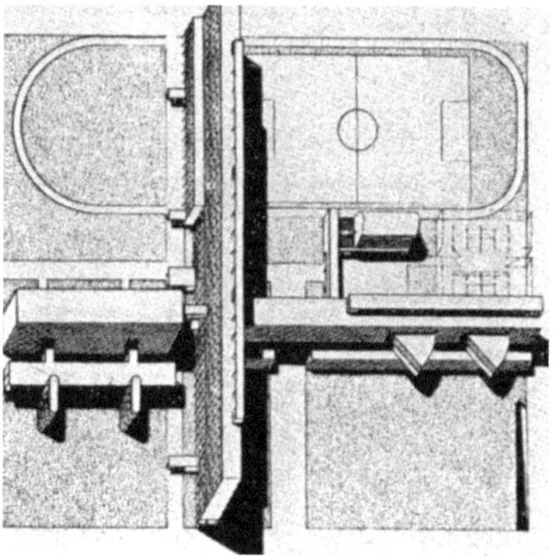

Abbildung 3: Bartsch/Vladimirov, Entwurf für ein ideales Kommunenhaus, Grundrisse Erdgeschoss und viertes Obergeschoss, 1929

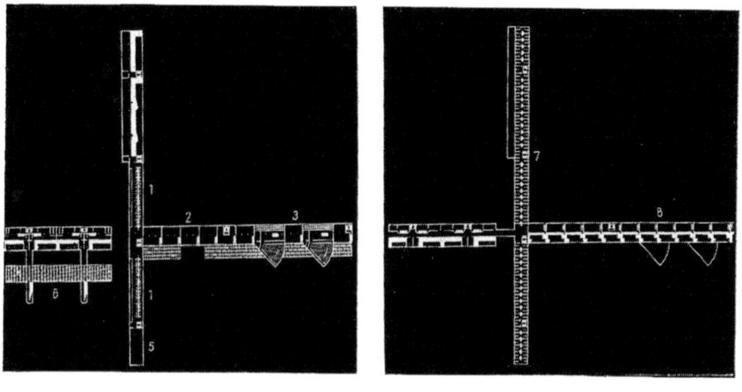

1 Gaststätte
2 Klassenräume
3 Auditorium
4 Seminarräume
5 Bibliothek
6 Veranda
7 Schlafkabinen
8 Schulinternat

Ein Beispiel der praktischen Umsetzung der erzieherischen Organisation des Lebens der Menschen in einem Kollektiv demonstriert das Wettbewerbsprojekt des studentischen Wohnheimes des Moskauer Textilinstituts von Ivan Nikolaev aus dem Jahr 1930 (Abb. 4). Um den Vorgaben des Programms gerecht zu werden, erarbeitete der Architekt einen Komplex, der den Bewohnern neben der Unterkunft ein breites Netzwerk von Einrichtungen, wie Sportsäle, Klubs und Bibliotheken bieten sollte. Es bestand aus beinahe parallel ausgerichteten und anhand eines zentral positionierten Quertrakts verbundenen achtgeschossigen Wohn- und zweigeschossigen Gemeinschaftsbaus. Das beinahe bis zur Hälfte von Stützen getragene Erdgeschoss und die Gliederung der Fassadenflächen des Wohntraktes mittels Fensterbändern verweist hier auf die Prinzipien von Le Corbusier; die Fassadengliederung des Quertraktes verrät eine funktionale Zugehörigkeit zum Wohnbau, und das Sägedach mit den verglasten Schrägflächen bildet das dominante kompositorische Element des etwas breiter angelegten Gemeinschaftstraktes (Nikolaev 1934, 87-90).

Abbildung 4: Nikolaev, Wohnheim des Moskauer Textilinstituts, 1930

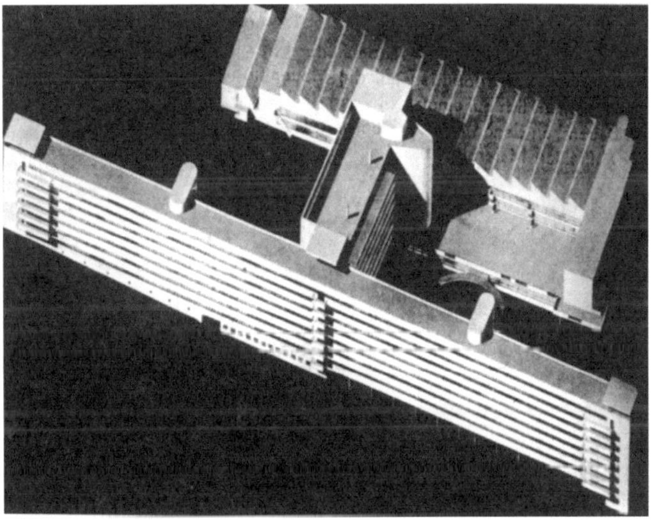

Um den Anforderungen des auf 50 Kubikmeter festgelegten äußeren Bauvolumens für jeden der 2.000 Hausbewohner nachzukommen, reduzierte Nikolaev die Wohnraumvolumen zugunsten der Gemeinschaftsflächen auf sechs Quadratmeter pro Wohnzelle, die ausschließlich als ein mit Doppelstockbetten und Hocker ausgestatteter Platz zum Schlafen definiert war. Die Bewohner sollten diese Räume bereits »gewaschen, geduscht und in den Schlafanzug umgezogen« (Nikolaev 1930, 93) betreten. Der Verbindungstrakt übernahm die Funktion einer Art Schleuse und förderte regulierend die »gesunden Gewohnheiten« der Studierenden. Der Querbau des Sanitärtrakts beherbergte in seinem Erdgeschoss einen Sportsaal sowie ein Solarium auf dem Dach. Die räumliche

Gestaltung der weiteren Geschosse sah hier die Platzierung von Schränken zur Aufbewahrung persönlicher Gegenstände als eine Art Trennlinie zwischen den zur einen Seite platzierten Wasch- und Sanitärräumen und dem Korridor und Balkon für die gemeinschaftlichen Gymnastikübungen zur anderen. Dem Gemeinschaftstrakt war die Erfüllung aller gesellschaftlichen Funktionen zugewiesen, und seine freie, fließende Raumgestaltung unterschied sich von der engen Gliederung des Wohntraktes. Das Erdgeschoss war hier als eine weitläufige Eingangshalle konzipiert, zu deren nördlicher Seite sich die Kantine anschloss, deren Aufnahmekapazität bei rund 500 Menschen, also ein Viertel der Bewohner lag. Die 2.000 Quadratmeter Fläche des oberen Stockwerkes waren Studiumszwecken und der Bibliothek vorbehalten und als offener und weitläufiger Raum konzipiert (Nikolaev 1930, 91-93). (Abb. 5)

Abbildung 5: Nikolaev: Wohnheim des Moskauer Textilinstituts, Grundriss 1930

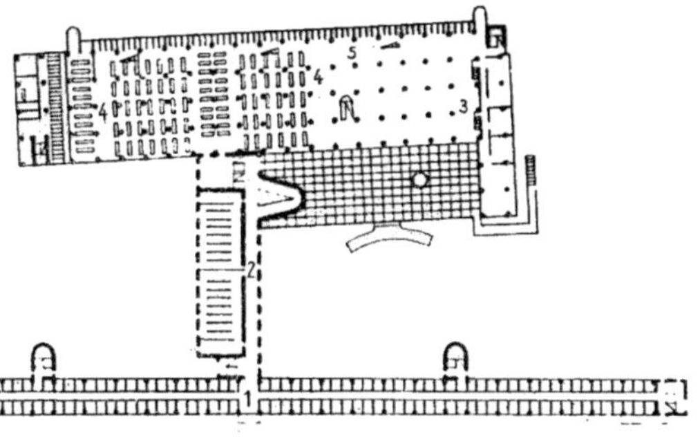

1 Schlaftrakt
2 sanitärer Trakt
3 Bibliothek
4 Saal für Unterrichtsvorbereitungen
5 individuelle Kabinen für Selbststudium

Das Raumvokabular und die architektonische Sprache des Wohnheimkomplexes verdeutlichen hier scheinbar die gleichen Prinzipien, die auch für den Entwurf des idealen kommunalen Hauses maßgeblich waren. Die gemeinsamen Merkmale, etwa die Monumentalität der Bauten, die strikt funktionale Trennung des Privaten von gemeinschaftlichen Funktionen, die Implementierung der Tagesabläufe in die Architektur, die Minimierung der Wohnzellen und die Weitläufigkeit der Gemeinschaftstrakte, deuten auch an, dass sich die Bauten der Architekten-Konstruktivisten weniger auf den einzelnen Benutzer, als vielmehr auf seine Integration in ein Kollektiv orientierten. Die Nutzungsgeschichte des Wohnheimes wie auch vieler anderen konstruktivistischer kommunaler Wohnbauten zeigen jedoch, dass sie die in sie gesetzte Hoffnung, Keimzellen neuer Formen der Lebensgestaltung und eines neuen Menschen zu sein, nicht erfüllten. Nicht selten wurde im Laufe der Zeit komplett auf die Gemeinschaftseinrichtungen verzichtet, oder die Bauten entwickelten sich zu den Gebäuden vom Hoteltypus. Die vom revolutionären Mythos getragene Vorstellung von einem vollkommen vergesellschafteten Alltag scheiterte hier scheinbar genau an der Maxime, die für die Ausgangsintentionen der Architekten bedeutend war: an der Notwendigkeit des Zurücktretens der Persönlichkeit zugunsten der gemeinsamen Ideale und der proletarischen Brüderlichkeit.

Literatur

Afanasjew, K. (1974): Ideen-Projekte-Bauten. Sowjetische Architektur 1917 bis 1932. Dresden

Blume, T. (2009): Schule der Moderne: Das Bauhausgebäude in Dessau. In: Böhme, J. (Hg.): Schularchitektur im interdisziplinären Diskurs. Territorialisierungskrise und Gestaltungsperspektiven des schulischen Bildungsraums. Wiesbaden, 249-265

Claussen, H. (1986): Walter Gropius: Grundzüge seines Denkens. Hildesheim

Droste, M. (1993): Bauhaus. 1919-1933. Köln

Gropius, W. (1926): Bauhaus Dessau – Grundsätze der Bauhausproduktion. In: Wingler, H. M. (Hg.) (1962): Das Bauhaus. 1919-1933 Weimar Dessau Berlin. Schauberg, 120

Walter Gropius (1982): Architektur. Wege zu einer optischen Kultur. Frankfurt a.M.

Meyer, H. (1928): Erläuterungen zum Schulprojekt. In: Bauhaus. Zeitschrift für Gestaltung. 2/3, 15

Miller Lane, B. (1994): Die Moderne und die Politik in Deutschland. In: Lampugnani, V. M. & Schneider, R. (Hg.): Moderne Architektur in Deutschland 1900-1950. Expressionismus und Neue Sachlichkeit. Stuttgart, 225-250

Moebius, S. (2009): Kultur. Soziologische Theorien. Bielefeld

Muche, G. (1925): Das Versuchshaus des Bauhauses. In Meyer, A. (Hg.): Ein Versuchshaus des Bauhauses in Weimar. (= Bauhausbücher 3) Langen, 15-23

Sinjawskij, A. (1989): Der Traum vom neuen Menschen oder die Sowjetzivilisation. Frankfurt a.M.

Stekl, P. H-H. (1980): Architektur in der industriellen Gesellschaft. In: Stekl, P. H-H. (Hg.): Architektur und Gesellschaft von der Antike bis zur Gegenwart. Salzburg, 251-342

Winkler, K.-J. (1989): Der Architekt Hannes Meyer. Anschauungen und Werk. Berlin

Wünsche, K. (1989): Bauhaus. Versuche, das Leben zu ordnen. Berlin

Burov, A. (1947): Ob architekture. In: Barchina, M.G. & Ikonnikova, A.V. (Hg.): Mastera sovetskoy architektury ob architekture. Moskau 1975, 463-474

Ginzburg, M. (1926): Novye metody arhichtekturnongo myshleniya. In: Barchina, M.G. & Ikonnikova, A.V. (Hg.): Mastera sovetskoy architektury ob architekture. Moskau 1975, 300-304

Ginzburg, M. (1927): Konstruktivism kak Metod laboratornoy i pedagogitcheskoy raboty. In: Barchina, M.G. & Ikonnikova, A.V. (Hg.): Mastera sovetskoy architektury ob architekture. Moskau 1975, 308-311

Nikolaev, I. (1934): Molodaya zhisn' v starom MVTU. In:. Artanovitch, G. M. (Hg.) (2002): Ivan Nikolaev 1901-1979. Architektor, utchonyi, pedagog. Moskau, 87-90

Nikolaev, I. (1930): Opytnaya postroyka studentcheskogo »Doma-Kommuny«. In: Artanovitch, G. M. (Hg.) (2002): Ivan Nikolaev 1901-1979. Architektor, utchonyi, pedagog. Moskau, 91-93

Otto Bartning

Spiritualität und Modernes Bauen

Joseph Imorde

Es wäre zu Beginn die These zu vertreten, dass kein Begriff für den Kirchenbaumeister Otto Bartning jemals wichtiger war, als der der »Gemeinschaft«. Erst die Gemeinschaft bildet für Bartning die Moderne, erst die Gemeinschaft schafft »Architektur«, erst die Gemeinschaft begründet »Kirche«. Der Begriff wurde in der Schrift »Vom neuen Kirchbau« aus dem Jahr 1919 mit Rückgriff auf Martin Luther definiert und dadurch historisch hergeleitet und gleichzeitig theologisch abgesichert: Erst die Reformation – so hieß es da – habe den Menschen aus katholischer Enge erlöst, erst sie habe die Erweckung des Gläubigen zum Selbstbewusstsein bewirkt, erst sie auch zur wahren Glaubensgemeinschaft den idealistischen Grund gelegt – zu einer Gemeinschaft selbstbewusst gläubiger Individuen.

Was die »protestantische« Gemeinde nicht mehr brauchte, war die ortsverbundene und raumschaffende Sakralität der alten, das heißt der katholischen Kirche. »Die Mittlerschaft der Heiligen, mithin die örtliche Gebundenheit der Religionsübung an den Altar, den Sarkophag der Märtyrergebeine, oder an die stellvertretenden Heiligenbilder war aufgehoben, aber auch der Ort des geheimnisvollen Vorganges der Abendmahlsverwandlung war vom Altar weg auf die Lippen oder in das Herz des Gläubigen verlegt.« (Bartning 1919, 52) Jeder Gläubige war nun – so verstand Bartning Luther – sein eigener Priester und an die Stelle der durch einen privilegierten Klerus zelebrierten Messe trat die Gemeinschaftsfeier, an die Stelle des Altars der Gläubige selbst (ebd., 53; Belegstellen aus Luthers Schriften ebd., 50-52). Aus diesem Grunde kannte der Gottesdienst im Protestantismus idealerweise keine Hierarchie, sondern nurmehr Gleiche unter Gleichen.

Eine so verstandene Gemeinschaft gläubiger Seelen konnte sich von allen sakralen Bestandteilen des althergebrachten Kirchenbaus lösen und sich besonders von einer durch Tradition und Autorität vorgeschriebenen Gebundenheit der rituellen Handlungen an einen als heilig bestimmten Ort befreien. Predigt, gemeinsamer Gesang und gemeinsames Gebet waren nun überall da möglich, wo sich eine kleinere oder größere Gemeinschaft zusammenfand. Kirche entstand in diesem Sinne nicht da, wo eine materielle Architektur einen sakralen Ort umgrenzte, sondern eben an dem Ort, wo sich eine Gemeinde versammelte. Kirche entstand – nach Bartnings Vorstellung – als etwas Geistiges oder besser gesagt Spirituelles.

Durch die Lösung von Hierarchisierung und Ortsgebundenheit konnte der protestantische Kirchenbau ein reiner Profanbau sein (ebd., 53), ein Zweckbau. Ein Zweckbau allerdings, der stets das Angebot machte, dem performativen Ereignis der egalitären Gemeindefeier einen geeigneten Ort anzuweisen. Da die Architektur – nach Bartnings Vorstellung – aber den menschlichen Wunsch nach Sakralität zu entsprechen habe, durfte der protestantische Kirchenbau nicht bei einem reinen Zweckbau stehen bleiben, sondern musste sich zu etwas anderem, nämlich zu einem Wertbau entwickeln, das heißt zu einer Architektur, in der sich die Gemeinschaft als solche beheimaten, in der sich der je einzelne Wille in der übergreifenden Einheit des göttlichen Wollens aufheben konnte (ebd., 119).

Die hohe spirituelle Aufladung des Begriffs »Gemeinschaft« forderte für Bartning notwendig eine neue Raumform, eine Raumform, die nicht durch Fetisch oder Reliquien, durch Materie oder Dogma bestimmt wurde, sondern eine Raumform, die aus einem »religiösen Erlösungstriebe« (ebd., 120) heraus der Gemeinschaft der Gläubigen die Kirche errichtete, eine Architektur, die auf dem Weg war zu einer neuen Sakralität des Geistes.

Bartnings Gemeinschaftsbegriff zeichnete in diesem Sinne etwas sehr Zeitgemäßes und Modernes aus, weil mit ihm nicht nur der religiöse Wunsch der Epoche nach spiritueller Erlösung, sondern weil mit ihm auch ein gesellschaftlicher Wille zur Veränderung angesprochen wurde, der – auf der Grundlage eines evangelischen Glaubensbekenntnisses – die – in Anführungsstrichen – »sozialistische Gleichheit« aller Menschen postulierte. Als Gemeinschaft verstand Bartning in dieser politischen Sphäre zuerst einmal jenen Bereich, der nicht durch die »Organisation« geprägt wurde. Organisation entstand für ihn überall da, wo mechanisierte Arbeitsteilung das menschliche Leben bestimmte, wo Wettbewerb, Propaganda und Konkurrenz die zwischenmenschlichen Beziehungen beherrschten. »Organisation ist bis heute die Methode, wie ich nicht als ganzer Mensch der Gemeinschaft gehöre und nicht in ihr bin, was ich bin [...], sondern wie ich ein wohlabgemessenes, speziell geschultes und herangezüchtetes Teil meines Selbst zwar einem Berufe und durch den Beruf der Gemeinschaft widme, dabei aber den ganzen Rest meines Individuums möglichst unbeteiligt, möglichst unhingegeben für mich behalte, in Reserve für mein nur auf mich und in mich gerichtetes Individualleben.« (ebd., 103) Die »Organisation« beförderte – Bartning zufolge – die mechanisierte Entfremdung des Menschen von seinen Lebensumständen und war deshalb nicht auf eine wahre menschliche Gemeinschaft aus. Für ihn favorisierte die Organisation das trennende Prinzip der Arbeitsteilung gegenüber dem verbindenden Prinzip einer aus gemeinsamen Wollen erwachsenden Qualitätsarbeit (ebd., 104-105). Die Organisation – das heißt die »Arbeitsspezialisierung zum Zweck der konkurrenzfähigen Produktion als siegreiche Selbstbehauptung über andere« – hatte nach Bartnings Meinung zum Ausbruch des Ersten Weltkrieges geführt.

Es war die Auseinandersetzung mit dieser »Menschheitskatastrophe«, die Bartning zu seinen Überlegungen zum neuen Kirchbau motivierte und ihm auch das Ideal einer neuen Gemeinschaft eingab. Erst vor dem Hintergrund des Weltkriegs wurden seine gesellschaftskritischen Anmerkungen zum modernen Kapitalismus verständlich, erst aus dieser Perspektive die utopischen Gehalte der Schrift »Vom neuen Kirchbau« nachvollziehbar. Denn natürlich machte Bartning bei der Kritik an der kapitalistischen »Organisation« nicht halt, sondern nahm zum Schluss des Buches die Menschheitsgemeinschaft als Ganzes in den Blick und entwarf den Gedanken einer die »Nationen, Rassen und Konfessionen« übergreifenden Gemeinschaft der Hilfsbereiten und Liebenden, die Idee einer notwenigen Gemeinschaft der schuldig Unschuldigen (ebd., 113) und damit die Vorstellung einer über die trennenden Grenzen hinausgreifenden menschlichen Gemeinschaft der Erlösung (ebd., 108). Erst in einer solch universalen Gemeinschaft – gleichsam einem Himmel auf Erden – konnte es für Bartning wahren »Frieden« geben.

Nicht ohne Grund fand der Architekt das historische Modell für eine solch heilige Gemeinschaft im durch und durch religiösen Mittelalter und dort speziell im Bau der gotischen Kathedrale. Die Kathedrale war für ihn als Werk selbst ganz Bild und Beispiel inbrünstigsten Ausdrucks und letzter Hingabe des Menschen um seiner Erlösung willen. Den mittelalterlichen Großbau sah Bartning als Ausgangspunkt aller Lebensrichtungen: Treffpunkt, Aufenthalt und Ruheort der Bürger, selbstverständliche Werk-Vereinigung aller Handwerker und Künstler mit Einschluss der Gelehrten. Die Kathedrale stellte in diesem Sinne das Ideal der Gemeinschaftsarbeit dar und wurde in der Schrift »Vom neuen Kirchbau« als der Modellraum für die ersehnte Religions-, Gesellschafts- und Friedensgemeinschaft hingestellt (ebd., 45).

Die Idee des mittelalterlichen Sakralbaus wurde von Bartning allerdings nicht nur zur Grundlage seiner Bemühungen um den protestantischen Kirchenbau im engeren Sinne, sondern im weiteren Sinne sollte sie auch sein bildungspolitisches Engagement in der Weimarer Republik nachhaltig bestimmen.

Denn auch die Pläne des schon kurz nach Kriegsende im November 1918 gegründeten »Arbeitsrates für Kunst« waren getragen von dem idealistisch-utopischen Schwung, der Bartnings Schrift »Vom neuen Kirchbau« auszeichnet. Im Gründungsmanifest des Arbeitsrates, das von Bruno Taut verfasst wurde, hieß es pathetisch: »Kunst und Volk müssen eine Einheit bilden. [...] Zusammenschluss der Künste unter den Flügeln einer großen Baukunst ist das Ziel. Fortan ist der Künstler allein als Gestalter des Volksempfindens verantwortlich für das sichtbare Gewand des Staates.« (zit.n. Nicolaisen 1997, 17)

Bartning war nicht nur Unterzeichner dieses Manifestes, sondern er saß zu der Zeit der Veröffentlichung, das heißt im Dezember 1918, bereits an einem »Unterrichtsplan für Architektur und bildende Künste auf der Grundlage des Handwerks« (ebd., 17). In den Vorschlägen, die er dem Gremium dann unterbreitete, bezeichnete er das Handwerk als »Kernstück des tätigen Volkes« und als »Elementarschule der Technik, der bildenden Künste und der [...] Architektur«. Schon Kinder sollten – nach Bartnings Vorstellung – in »Handwerksschulen« ausgebildet werden, von denen der Weg dann in »Bau- und Kunstschulen« führen müsste, um schließlich in der so genannten »Hohen Schule« zu gipfeln, eben auf der höchsten Ausbildungsstufe, auf der den Künstlern und Baumeistern dann die Möglichkeit gegeben sei, sich in gemeinschaftlicher Arbeit auszutauschen, um so »zum gemeinsamen Werk im Bauwerk« zu gelangen (eda., 18. Nicolaisen zitiert aus einem Typoskript Bartnings mit dem handschriftlichen Vermerk »Als Manuskript vertraulich«, Januar 1919, 14 Seiten. Der Nachlass befindet sich an der Technischen Hochschule Darmstadt).

Es kann kein Zweifel daran bestehen, dass diese in der spirituellen Idee der Gemeinschaft wurzelnden Vorstellungen Otto Bartnings von Walter Gropius – der dem Arbeitsrat für Kunst auf Einladung beitrat – aufgegriffen wurden. Nachweislich unterzog Gropius die Vorschläge Bartnings noch im Dezember 1918 einer äußerst eingehenden Redaktion. Die sich daran anschließenden Diskussionen im »Arbeitsrat für Kunst« mündeten dann in zwei sehr ähnlichen Texten, einmal in einem von Bartning weiter ausgearbeiteten Unterrichtsplan – datiert im Januar 1919, veröffentlicht aber erst im September 1919 –, und dann in dem Programm des Staatlichen Bauhauses in Weimar, das zum Anlass der Gründung der Schule im April desselben Jahres erschien.

Zum Vergleich seien hier zwei kurze Passagen aus diesen beiden Texten zitiert – zuerst ein Absatz aus Otto Bartnings Unterrichtsplan:

»Alle bildnerische Tätigkeit ist Handwerk, ihre Gesamterscheinung ist das ›Bauwerk‹. [...] Zwischen bildenden Künstlern und Handwerkern aller Grade besteht kein grundsätzlicher Unterschied, auch sie sind Handwerker im Ursinn des Wortes. Vom Handwerk zum Bauwerk führt der natürliche Lehrgang.«

Und nun eine kurze Passage aus dem von Gropius formulierten Programm des Bauhauses:

»Das Endziel aller bildnerischen Künste ist der Bau! [...] Architekten, Bildhauer, Maler, wir alle müssen zum Handwerk zurück! [...] Es gibt keinen Wesensunterschied zwischen dem Künstler und dem Handwerker. Der Künstler ist eine Steigerung des Handwerkers. [...] Bilden wir also eine neue Zunft der Handwerker ohne die klassentrennende Anmaßung, die eine hochmütige Mauer zwischen Handwerkern und Künstlern errichten wollte!« (Gropius 1919, 18)

Abbildung 1: Gropius, Bauhausmanifest, 1919, mit Titelholzschnitt von Feininger

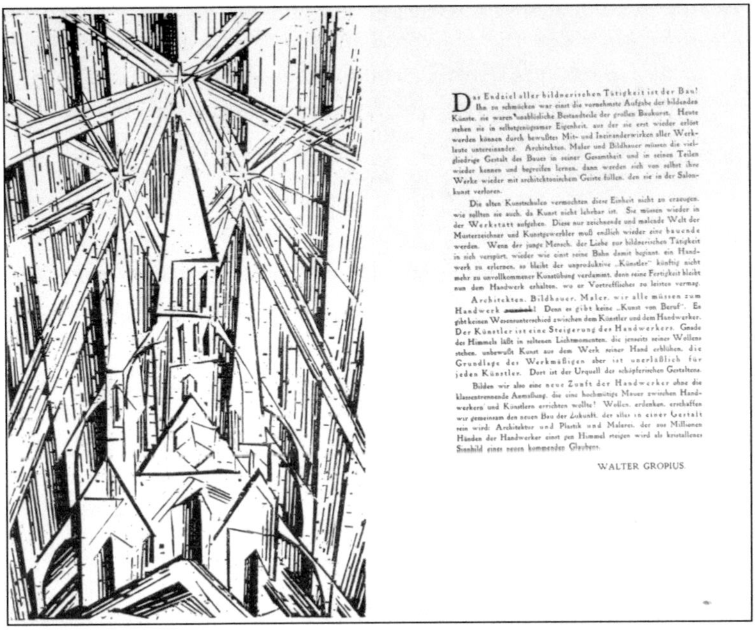
Das Endziel aller bildnerischen Tätigkeit ist der Bau! Ihn zu schmücken war einst die vornehmste Aufgabe der bildenden Künste, sie waren unablösliche Bestandteile der großen Baukunst. Heute stehen sie in selbstgenügsamer Eigenheit, aus der sie erst wieder erlöst werden können durch bewußtes Mit- und Ineinanderwirken aller Werkleute untereinander. Architekten, Maler und Bildhauer müssen die vielgliedrige Gestalt des Baues in seiner Gesamtheit und in seinen Teilen wieder kennen und begreifen lernen, dann werden sich von selbst ihre Werke wieder mit architektonischem Geiste füllen, den sie in der Salonkunst verloren.

Die alten Kunstschulen vermochten diese Einheit nicht zu erzeugen, wie sollten sie auch, da Kunst nicht lehrbar ist. Sie müssen wieder in der Werkstatt aufgehen. Diese nur zeichnende und malende Welt der Musterzeichner und Kunstgewerbler muß endlich wieder eine bauende werden. Wenn der junge Mensch, der Liebe zur bildnerischen Tätigkeit in sich verspürt, wieder wie einst seine Bahn damit beginnt, ein Handwerk zu erlernen, so bleibt der unproduktive „Künstler" künftig nicht mehr zu unvollkommener Kunstübung verdammt, denn seine Fertigkeit bleibt nun dem Handwerk erhalten, wo er Vortreffliches zu leisten vermag.

Architekten, Bildhauer, Maler, wir alle müssen zum Handwerk [illegible]! Denn es gibt keine „Kunst von Beruf". Es gibt keinen Wesensunterschied zwischen dem Künstler und dem Handwerker. Der Künstler ist eine Steigerung des Handwerkers. Gnade des Himmels läßt in seltenen Lichtmomenten, die jenseits seines Wollens stehen, unbewußt Kunst aus dem Werk seiner Hand erblühen, die Grundlage des Werkmäßigen aber ist unerläßlich für jeden Künstler. Dort ist der Urquell des schöpferischen Gestaltens.

Bilden wir also eine neue Zunft der Handwerker ohne die klassentrennende Anmaßung, die eine hochmütige Mauer zwischen Handwerkern und Künstlern errichten wollte! Wollen, erdenken, erschaffen wir gemeinsam den neuen Bau der Zukunft, der alles in einer Gestalt sein wird: Architektur und Plastik und Malerei, der aus Millionen Händen der Handwerker einst gen Himmel steigen wird als kristallenes Sinnbild eines neuen kommenden Glaubens.

WALTER GROPIUS

Als Illustration für das von Gropius und auch Bartning formulierte Ziel einer gleichsam »klassenlosen« Werkgemeinschaft diente am frühen Bauhaus bekanntermaßen der Holzschnitt »Kathedrale des Sozialismus« von Lyonel Feininger und damit ein Bild, das das Ideal der mittelalterlichen Bauhütte als Vorbild für die moderne Bauschule ins Anschauliche übersetzte, und das wohl genau in dem Sinne wie es Otto Bartning in seiner Schrift »Vom neuen Kirchbau« intendiert hatte.

Es wurde schon häufiger darüber diskutiert, in wieweit die Ideen Bartnings auf Gropius und durch ihn auf das frühe Bauhaus gewirkt haben könnten. Dabei wurde auch die Frage gestellt, ob Bartning – wie Oskar Schlemmer es einmal formulierte – wirklich als der eigentliche »Vater der Bauhausidee« anzusprechen wäre (Schlemmer 1925). Ich möchte mich hier nicht weiter dazu äußern, sondern nur feststellen, dass das Modell der Kathedrale, besser gesagt das Bild des gemeinschaftlichen Kirchbaus als »Analogie einer gesellschaftlichen Arbeit an der übergreifenden Gemeinschaft« am Bauhaus keine selbständige Tradition ausbildete. Es war allein Otto Bartning, der an diesem Bild in programmatischer Hinsicht festhielt und seinen protestantischen Grundsätzen getreu den gemeinschaftlichen Bau als Ziel der Architekturausbildung dann auch an der Bauhochschule Weimar verteidigte.

Das mag schon an einem Vergleich der Signets des Bauhauses und der späteren Bauhochschule deutlich werden (hier das stilisierte Gesichtsprofil Oskar

Schlemmers von 1921/22, dort die aus den Buchstabenformen B und W – Bauhochschule Weimar – zusammengesetzte Architekturform des Typographen Otto Dorfner von 1926). Die angesprochene Kontinuität in Bartnings Denken kann aber noch deutlicher werden, wenn man Äußerungen aus den zwanziger Jahren heranzieht, wie etwa Passagen aus der Eröffnungsrede für die »Hochschule für Handwerk und Technik Weimar« vom 19. April 1926, wo es unter anderem heißt – und ich zitiere Otto Bartning:

»Wir wollen den Handwerker, den Kunsthandwerker, den Techniker, den Künstler – wie man es nennen mag – hinführen und ausrüsten zu eben dieser Aufgabe des schaffenden und des gestaltenden Menschen. Dem Handwerker wollen wir den Sinn für die typenschaffende Maschine, dem Techniker den Sinn für die tastende, greifende, aus dem Stoffe Eingebungen empfangende Hand aufschließen, dem Handwerker und dem Techniker wollen wir den Sinn wecken für den Zusammenhang seiner Werke im Bauwerk und den Baumeister befähigen zu seiner großen Aufgabe: Handwerk und Maschinenwerk, Einzelstück und Reihenfluß zusammenzufügen zum menschlichsten Werk, zum Bauwerk.« (Zit.n. Staatliche Bauhochschule Weimar 1927; ein Auszug der Rede auch in Bartning 1958a, 42)

An der Bauhochschule Weimar, dem »anderen Bauhaus«, ging es – gemäß der früheren Unterrichtsentwürfe Bartnings – um eine gesellschaftliche Werkgemeinschaft jenseits aller ideologischen Gegensätze. Das Ziel der Ausbildung war, die Studierenden zum wahren Menschentum und damit zur wahren Kunst zu erziehen und das nicht anhand von Programmen oder Doktrinen, sondern anhand eines – wie Bartning es nannte – »inneren Gebotes«, eines »inneren Gewissens«, das für ihn persönlich ganz und gar in protestantischer Gläubigkeit wurzelte. Bartning ging es in der Lehre um eine vermittelnde Stellung zwischen fanatisch konservativen und fanatisch radikalen Ideen, zwischen egozentrischem Individualismus und gleichmacherischem Kollektivismus:

»Die kulturellen und künstlerischen Strömungen der letzten Jahrzehnte mit ihrem schnellen Wechsel und mit ihren starken Gegensätzen geben ein Bild von der Polarität aller Lebensvorgänge. Hier Individualismus aufwärts bis zur monumentalen Steigerung der Einzelpersönlichkeit, abwärts bis zur Vereinsamung, Absonderung und Sonderlichkeit, dort Typisierung, Normalisierung aufwärts zu dem hohen Ziel wirklicher Gemeinschaft, abwärts zur Mechanisierung und Erstarrung, dazwischen die ungeheure, zuweilen schmerzhafte Spannung.« (Ebd., 42)

Erst im Ausgleich der Extreme konnte für ihn die – wie er sie nannte – »bleibende Tat« entstehen (Bartning 1919, 50), erst durch solch einen spirituellen Pragmatismus sich die wahre Gemeinschaft in Architektur ausformen.

Abbildung 2: Bartning, Stahlkirche auf der Kölner PRESSA, 1928

Als Beispiel für solch einen menschlichen »Ausgleich« polarer Spannungen und gleichzeitig als Nachweis technisch-handwerklicher Gemeinschaftsarbeit an der Bauhochschule Weimar entstand 1928 die »Stahlkirche« auf der so genannten »Pressa«, der Internationalen Presseausstellung in Köln. Nicht nur die Formen waren doppelt lesbar, das heißt traditionsverbunden und gleichzeitig modern, auch die Herstellungsweise bemüht sich darum, den harmonischen Ausgleich zwischen traditionellem Handwerk und technisch-industrieller Fertigung auszustellen. Das Bauprogramm mit Höfen, Hallen, und Treppen, wie auch die Wegführung mit architektonischen Einschlüssen und inszenierten Ausblicken, mit baulichen Engungen und räumlichen Weitungen nahmen Bezug auf tradierte Formen sakraler Architektur, wobei das Gebäude als heiliger Ort architektonisch ausgegrenzt wurde und der Architekt es optisch auf einen Sockel stellte:

»Durch Vorhöfe sind wir über Stufen mit einer doppelten Wendung eingetreten. Durchgang, Aufstieg und Wendung sollen vom Alltag der Straße zur Kirche führen, zu einer Kirche, die jederzeit zu stiller Einkehr offen steht.« (Bartning 1928a, 5)

Während die äußere Erscheinung der Stahlkirche unzweideutig an mittelalterliche Doppelturmfassaden anknüpfte, griff der bunt verglaste Innenraum auf Vorbilder diaphaner Kirchenwände der Gotik zurück.

»Die Notwendigkeit, den Bau nach wenigen Monaten wieder abbrechen und an anderer Stelle wieder aufbauen zu müssen, führte von selbst zur Verwendung montierbarer Baustoffe: Stahlgerüst und Wände aus isolierenden Tafeln, innen mit Eschenholzplatten, außen ganz mit Kupfer bekleidet; kein Stein.« (ebd., 6)

Abbildung 3: Bartning, Stahlkirche, Montage, 1928

Modern – und für diese Bauaufgabe bis dahin ohne Beispiel – war die industrielle Vorfertigung der strukturalen Elemente. Die Montage der Kirche dauerte drei Monate, vom 1. März bis zur Eröffnung der Kirche am 31. Mai 1928. Handwerklich und damit traditionell blieb die Herstellung der 660 Glastafeln der Glasmalerin Elisabeth Coester oder auch die Fertigung der plastischen Metallarbeiten des Kölner Metallbildhauers Hans Wissel. Bartning und seine Mitarbeiter hatten mit der Stahlkirche nicht nur der Aufgabe entsprochen, der evangelischen Presse Deutschlands für eine bestimmte Zeit einen adäquaten Ausstellungsraum zu errichten, sondern darüber hinaus selbst ein Bauprogramm ausgestellt, das sowohl die Ausbildungsinhalte der Bauhochschule Weimar verkörperte, wie darüber hinaus die Vorstellung eines idealen protestantischen Gemeindebaus zur Anschauung brachte – und das in bewusster Nachfolge und auch in bewusster Konkurrenz zur »mittelalterlichen« Kathedrale – und das hieß natürlich auch ganz konkret in Konkurrenz zum Kölner Dom auf der gegenüberliegenden Rheinseite.

Als Bartning das Gebäude am 31. Mai eröffnete, sprach er bezeichnenderweise nicht von sich allein, sondern betonte in seiner Ansprache programmatisch das gemeinschaftliche Wir:

»Wir glauben, dass von der Verwendung moderner Technik keine Verweltlichung des Kirchenbaus zu fürchten ist: nein umgekehrt; der Kirchenbau soll sich auf seine uralte Aufgabe besinnen, die in jedem Material und jeder Technik, so auch der modernen Materialtechnik schlummernde Geistigkeit in den Dienst der Religion zu stellen, die Materie zur Form zu erlösen.« (ebd., 5)

Die höchste Stufe dieser geistigen Formerlösung konnte, Bartning zufolge, nur aus der Gemeinschaft von Handwerkern, Technikern, Künstler und Architekten entstehen, aus einer Gemeinschaft, die er als eine oft wortlose Bruderschaft des Verstehens und Schaffens verstand, als eine Glaubensgemeinschaft, die mit ihrem gemeinschaftlichen Bau nichts anderes im Sinn hatte, als wieder Gemeinschaft zu stiften:

»Aber es ist die Stunde, meine lieben Mitschaffenden, dass wir uns im Geiste die Hand reichen, zum Altar treten, danken und demütig bekennen: ›Es ist nicht unser Werk!‹ – sondern uns ist Gnade widerfahren und Segen zuteil geworden. In wunderbarer, oft wortloser Bruderschaft und Gemeinschaft des Verstehens und Schaffens ist uns dies Werk geschenkt worden. Möge es weiter Gemeinschaft wirken! Möge der Segen, der uns mit diesem Bau zuteil geworden, von diesem Bau ausstrahlen auf alle, die stillen Sinnes eintreten und verweilen.« (Bartning 1928b, 98)

Bauen war in diesem Sinne praktischer Gottesdienst. Bauen erschöpfte sich nicht in der Herstellung des Gebäudes, sondern war darüber hinaus selbst Erbauung. Die Kirche entstand nicht aus der Summe individueller Leistungen, sondern war – im Sinne Bartnings – Kollektivgeist und deshalb religiöses Einheitsereignis und gewirkte Gnadentat.

Abbildung 4: Bartning, Notkirche, Köln-Mühlheim, 1948, Entwurfszeichnung

Eben dieser spirituelle Anspruch an die Architektur sollte dann auch noch für die so genannten Notkirchen gelten, die Bartning nach dem Zweiten Weltkrieg als Montage- und Systembauten entwarf – und das in dezidierter Nachfolge zur Stahlkirche von 1928. Allerdings stellte sich nach 1945 die Arbeit an der spirituellen »Gemeinschaft« der Schaffenden wie der Gläubigen in radikal anderer Weise dar. Der Unterschied zu den zwanziger Jahren bestand schlicht darin, dass es keine funktionierenden urbanen Kontexte mehr gab, in die man hätte neue Kirchen einpassen können. Nicht ohne Grund benutzte Bartning 1946 die Metapher der Wüste, um die Situation innerhalb der deutschen Städte zu beschreiben, die Metapher des Zeltes, um sein Konzept des gemeinschaftlichen Bauens noch einmal deutlich werden zu lassen:

»[...] wir sind Kenner der Wüste geworden, der äußeren wie der inneren. [...] Wo aber zwei oder drei in der Wüste sich treffen und am besonderen Blick der Augen sich erkennen, da bleiben sie beisammen. Und wenn ihrer dreißig oder vierzig oder vierhundert werden, so werden sie eine Gemeinschaft bilden des Schweigens, des zögernden Redens und des plötzlichen Betens und Singens. Solche Gemeinschaft in der Wüste aber wird einen Ring von Steinen legen und wird ein Zelt bauen, nicht um den Ort des Zusammenlebens zu sichern, sondern um diese ihre Gemeinschaft des Geistes sichtbar und also auch in den Sinnen wirksam zu machen.« (Bartning 1946, 64; siehe auch Bartning 1948a, 100)

Abbildung 5: Bartning, Notkirche, Köln-Mühlheim, 1948

Es war diese »Notgemeinschaft«, der Bartning nach dem Krieg die »Zelte« errichtete. Industriell vorgefertigte Dachträger, Dachtafeln, Türen, Fenster und Kirchenbänke wurden an den jeweiligen Bauort transportiert und konnten dort zusammengebaut werden. Das statische Gerüst wurde im Anschluss mit nicht tragendem Mauerwerk mit vorhandenen Trümmersteinen ausgefüllt. Damit gelang es den Architekten, die Vorteile der kostengünstigen Serienfabrikation mit der Verwendung örtlicher Materialen zu verbinden. Gleichzeitig wurden durch dieses Vorgehen die jeweiligen Präferenzen eines regional geprägten Bauens respektiert (Bredow/Lerch 1983, 74). Von den Notkirchen – deren Errichtung etwa drei Wochen in Anspruch nahm – entstanden von 1948 bis 1951 insgesamt 47 und das überall in Deutschland. Bartning und seine Mitarbeiter hatten zwei Typen entwickelt, Typ A und Typ B, wobei der Typ B für diverse Variationen ausgelegt war und zum Beispiel verschiedene Altarraumgestaltungen zuließ.

So wie Bartning das bei der Stahlkirche beabsichtigt hatte, verbanden sich auch hier moderne Fertigungsweisen mit althergebrachten Handwerkstechniken, das aber unter den Bedingungen der Notwendigkeit, das heißt auf der untersten Stufe des Kosten- und Materialeinsatzes. Was trotz dieser schweren Bedingungen unverändert blieb, war das grundlegende religiöse und erzieherische Konzept hinter der Architektur. Denn auch mit den Notkirchen errichtete eine Gemeinschaft der Werktätigen, der Handwerker, Techniker und Architekten, einer Glaubensgemeinschaft der »schuldig Unschuldigen« den Versammlungsort.

Was diese religiösen »Zweckbauten« belegten, war die Kontinuität in Bartnings Architekturvorstellungen und damit die Kontinuität einer – so möchte ich sie einmal nennen – spirituellen Moderne. Es kann kein Zweifel daran bestehen, dass Bartning 1945 eben an der Stelle weiter machte, wo er in Deutschland spätestens 1935 hatte aufhören müssen. Auch nach dem Zweiten Weltkrieg bildete der Bau der Kirche für ihn das Symbol einer idealen Gesellschaftsordnung und darüber hinaus einer utopischen Weltordnung. Zudem blieb die Kirche als das spirituelle Produkt wahrer Werkgemeinschaft weiterhin das beste Bild für die von Bartning vorgeschlagene Architekturausbildung, was an einem abschließenden Zitat deutlich werden kann, an einer Passage, die ich dem Text »Die Einheit des Menschen« von 1948 entnehme:

»Der Architekt (und also die Ausbildung des Architekten) liegt im Schnittpunkt unserer vielstrebigen Zeit. Ihm ist es auferlegt, alle Kräfte zur Gemeinschaft zusammenzufassen und sie zu sichtbaren Gebilden zu gestalten, also die Nöte und Kräfte der Zeit auf seinen Händen und auf seinem Herzen zu tragen zu dem fernen Ziel der Meisterschaft, einer neuen Bau-Meisterschaft. [...] Dieses Ziel ist ein Bekenntnis letzter Bescheidenheit, letzten Verzichst auf Persönlichkeitskult und allseitig offener Bereitschaft zur gemeinsamen Arbeit. Denn Urstand und Wunschbild der Menschheit sind Einheit und Einklang aller Kräfte des Leibes und Geistes, das heißt die Gemeinschaft mit der schauenden, schaffenden göttlichen Seele.« (Bartning 1948b, 128)

Dieses religiöse Pathos – das heute selbst ein wenig fundamentalistisch anmutet – hatte Bartning Zeit seines Lebens an die Architektur und die Architekturausbildung herangetragen. Seine religiöse Grundeinstellung zum Bauen und zur Lehre blieb trotz der Kriege und auch während der Zeit der inneren Emigration unverändert. Und erst durch diese Standhaftigkeit wurde er vielleicht zu einem der besten Beispiele der Kontinuität des modernen Bauens in Deutschland.

LITERATUR

Bartning, O. (1919): Vom neuen Kirchbau. Berlin

Bartning, O. (1928a): Vorwort, in: Die Stahlkirche. Evangelischer Kultbau auf der Pressa Köln 1928. Von P. Girkon mit einem Vorwort von O. Bartning. Berlin, 5-7

Bartning, O. (1928b): Stahlkirche [1928], in ders.: Vom Raum der Kirche. Aus Schriften und Reden ausgewählt und eingeleitet von A. Siemon (= Baukunst des 20. Jahrhunderts. Quellen und Monographien, Forschungen und Berichte 2). Bramsche, 97-98

Bartning,O (1946): Das Zelt in der Wüste [1946], in ders.: Spannweite. Aus Schriften und Reden ausgewählt und eingeleitet von A. Siemon (= Baukunst des 20. Jahrhunderts. Quellen und Monographien, Forschungen und Berichte 1). Bramsche, 64

Bartning, O. (1948a): Notkirche [1948], in ders.: Vom Raum der Kirche. Aus Schriften und Reden ausgewählt und eingeleitet von A. Siemon (= Baukunst des 20. Jahrhunderts. Quellen und Monographien, Forschungen und Berichte 2). Bramsche, 99-102

Bartning, O. (1948b): Die Einheit des Menschen [1948], ders.: Vom Raum der Kirche. Aus Schriften und Reden ausgewählt und eingeleitet von A. Siemon (= Baukunst des 20. Jahrhunderts. Quellen und Monographien, Forschungen und Berichte 2). Bramsche, 122-128

Bartning, O. (1958a): Spannweite. Aus Schriften und Reden ausgewählt und eingeleitet von A. Siemon (= Baukunst des 20. Jahrhunderts. Quellen und Monographien, Forschungen und Berichte 1). Bramsche

Bartning, O. (1958b): Vom Raum der Kirche. Aus Schriften und Reden ausgewählt und eingeleitet von A. Siemon (= Baukunst des 20. Jahrhunderts. Quellen und Monographien, Forschungen und Berichte 2). Bramsche

Bredow, J. & Lerch, H. (1983): Materialien zum Werk des Architekten Otto Bartning. Darmstadt

Gropius, W. (1919): Programm des Staatlichen Bauhauses in Weimar (April 1919). In: Droste, M. (Hg.): Bauhaus 1919-1933. Köln 1990, 18-19

Nicolaisen, D. (1997): Otto Bartning und die Staatliche Bauhochschule in Weimar 1926-1930. In: Nicolaisen, D. (Hg.): Das andere Bauhaus. Otto Bartning und die Staatliche Bauhochschule Weimar 1926-1930. Berlin, 11-44

Schlemmer, O. (1925): Brief an Otto Meyer, 27. Februar 1925. In: Schlemmer, O.: Briefe und Tagebücher, hg. von T. Schlemmer. München 1958, 169

Staatliche Bauhochschule Weimar (1927): Staatliche Bauhochschule Weimar. Aufbau und Ziel. Weimar

Vom Ordo zur Aktivierung der Sinne

Schwippert – Kükelhaus – Beuys

Andreas Zeising

Am 21. Oktober 1944 nahmen alliierte Soldaten als erste deutsche Stadt, die nach fast zwölf Jahren von der nationalsozialistischen Diktatur befreit wurde, die Eifelgemeinde Aachen ein. Wenige Tage später suchte der Architekt Hans Schwippert, bis dahin Dozent an der dortigen Technischen Hochschule, den Kontakt zu der im Aufbau befindlichen Administration der Besatzer und empfahl sich als Fachmann für dringend anstehende Aufgaben der Notversorgung. Wenig später sollte er die Leitung des Aachener Baudezernats übernehmen und den Wiederaufbau der weitgehend zerstörten Stadt koordinieren. Noch während der Terror des »Dritten Reichs« fortdauerte, richtete Schwippert den Blick nach vorn. Bereits im Oktober 1944 verfasste er ein später vielzitiertes Statement, in dem er über die jüngsten Geschehnisse reflektierte:

»Was an Zerstörung und Verwüstung, Unordnung und Verwirrung, Jammer, Elend und Sorge jetzt unser Schicksal ist, das alles ist nur eine greifbare, anschauliche und folgerichtige Verwirklichung jener Ruinen, jenes Zerfalls, jener Irrtümer, welche längst vorher schon den Raum der Seele beherrscht und das Reich des Geistes verwüstet hatten. [...] Nichts wird erreicht sein, wenn wir mit jeder Ruine, die wir aufräumen, mit jeder Straße [...] nicht gleichzeitig den inneren Schutt beseitigen, die seelischen und geistigen Wege bahnen und die Wohnungen der Tugenden und des Verstandes wiedererrichten. [...] Wir brauchen ein, nein *das* Menschenbild. Und dieses Menschenbild ist die erste Forderung dieser Stunde [...].« (Schwippert 1944/1947, 17-18)

Die Person Hans Schwipperts besitzt für das Thema »Architektur und Menschenbild« geradezu exemplarische Bedeutung. Als Generationsgenosse von Otto Bartning und Rudolf Schwarz verklammert sein Wirken die Moderne der 1920er Jahre mit der Zeit des Dritten Reichs und dem Wiederaufbau nach 1945 – mithin drei Phasen der Moderne, die auf je unterschiedliche Weise baukünstlerisches Gestalten an die Formulierung spezifischer »Menschenbilder« knüpften (zu Schwippert vgl. Buslei-Wuppermann 2007; Breuer 2010). Größten Einfluss erreichte Schwippert in der Zeit nach 1945, in der Phase der Konsolidierung der Nachkriegsmoderne, während der er gleich mehrere »Schlüsselpositionen« des kulturellen Lebens besetzte: Nach einer kurzen Phase als Beamter im Wiederaufbau erfolgte 1946 die Ernennung zum Professor für Werklehre und Wohnbau an der Technischen Hochschule Aachen; nur wenig später wurde ihm überdies die Leitung der Baukunstklasse an der Düsseldorfer Kunstakademie angetragen, wo er seit 1956 auch das Amt des Rektors bekleidete. Neben der Doppelprofessur in Aachen und Düsseldorf blieb Zeit für prestigeträchtige Bauaufträge, mit denen Schwippert internationales Renommee erlangte. Das gilt vor allem für die unter seiner Ägide vollzogene Herrichtung des Bonner Bundeshauses, dem wohl repräsentativsten Bauwerk der jungen Bundesrepublik (Buslei-Wuppermann & Zeising 2009). Seit 1947 war Schwippert darüber hinaus Vorsitzender des wiederbegründeten Deutschen Werkbundes, an dessen Aktivitäten er nicht nur als umtriebiger Funktionär, sondern auch als praktischer Entwerfer maßgeblichen Anteil hatte.

Abbildung 1: Hans Schwippert, Aufnahme aus dem Jahr 1956 (Foto: Liselotte Strelow)

Schwippert verstand seine Arbeit als Architekt, Lehrer und Funktionär stets als ethisch-gesellschaftliche Verpflichtung, ja Erziehungsauftrag, wie er insbesondere in den Jahren nach 1945 wiederholt in Aufsatzpublikationen und Essays darlegte (vgl. Schwippert 2008). Dabei beschränkte er sich selten auf die Erörterung konkreter Fragen des Bauen und Wohnens; viel öfter formulierte er gestalterische, ja lebensweltliche Grundsatzprogramme, wie dies auch der bereits zitierte Text zeigt. Die oft beschriebene konservative Mentalität der Nachkriegszeit mit ihrer eigenwilligen Mischung aus Fatalismus, Verdrängung und Pragmatismus ist hier mit Händen greifbar, ebenso die Generationsgenossenschaft mit Bartning und Schwarz. Denn das »Menschenbild«, dessen Wiederherstellung Schwippert 1944 einforderte, war selbstredend ein abendländisch-christliches, wie es in dem kurzen Text ausdrücklich hieß (Schwippert 1944/1947, 17). Das entschiedene Bekenntnis, nunmehr den Blick nach vorn zu richten, verband sich daher mit einem zeittypischem, im Predigtton vorgetragenen Appell zu Sühne und Umkehr, bei dem nicht nur das erfahrene »Unglück« zur schicksalhaften Folge einer langen Reihe moralischer Verfehlungen stilisiert wurde, sondern – nach den Irrwegen des Dritten Reiches – auch Besinnung auf christliche Werte, vor allem aber innere Diszplin gefordert wurde. »Vor uns liegt die Aufgabe einer neuen Ordnung«, schrieb Schwippert weiter: »Ordnung in einem letzten und äußersten Sinn: Wiederherstellung des ORDO.« (ebd., 18)

Schon in diesem Text artikuliert sich ein Bemühen um Integration, der Wiederherstellung einer verlorenen Ganzheit, das für Schwipperts gesamtes theoretisches Werk bestimmend ist. 1944 formulierte der Architekt dies noch ganz im Duktus konservativ-christlicher Auffassungen, wenn er die »Zerreißung des inneren Zusammenhangs der allgemeinen Schöpfung« beklagte und die Spaltung der menschlichen Existenz in »die zwei Stücke Leib und Geist« (ebd.) als Menetekel eines abendländischen Untergangs apostrophierte. Im Hinblick auf die nachfolgenden Jahre lässt sich beobachten, dass Schwippert diese Krisendiagnose mehr und mehr ins Philosophisch-Anthropologische übersetzte. Zwar blieb dabei ein zeittypisches Empfinden des »Verlustes« und ein tiefgreifendes Unbehagen an der Moderne bestimmend, doch ging es nun weniger um *religio* und Transzendenz, als vielmehr um die Begründung einer ganzheitlich anthropologisch-lebenweltlichen Ethik, welche Kultur als Gesamtheit menschlicher Hervorbringungen auf geistig-kulturellem wie technologischem Gebiet umfassen sollte. Mit Friedrich Schiller, auf den er häufig rekurrierte, vermeinte Schwippert das defizitäre Moment der Konstitution des modernen Menschen vor allem in der Trennung von »Emotion« und »Ratio«, also der Sphären des Sinnlich-Ästhetischen vom gesellschaftlichen, technologischen und wissenschaftlichen Fortschritt zu erkennen. In dem Bemühen um Wiedereinrenkung des Menschenbildes durch die Versöhnung beider Sphären zielte sein Denken aufs Grundsätzliche: Denn »[w]ir haben Lehren von allem möglichen«, wie er 1952 konstatierte, »aber Lehren vom menschlichen Tun haben wir nicht« (Schwippert 1952, 139-140).

Solchen weitreichenden Fragen war auch das dritte »Darmstädter Gespräch« vom Herbst 1952 gewidmet, an dem Schwippert als Organisator und Moderator maßgeblichen Anteil hatte (vgl. Mensch und Technik 1952). Nachdem bereits die beiden vorangegangenen Tagungen das Thema »Menschenbild« in breiter Form zur Diskussion gestellt hatten, griff die dritte Veranstaltung unter dem Motto »Mensch und Technik« das Stichwort mit erweitertem Fokus erneut auf. Nennenswerte Kontroversen blieben dabei aus, da zwischen den Beteiligten ein mehr oder weniger akzentuierter Konsens über den Befund herrschte, dass der Technisierung der Lebenswelt der Moderne eine sinnliche Verkümmerung korrespondiere. So habe das ungeheure Anwachsen des zivilisatorisch Machbaren ein emotionales Vakuum hinterlassen, dessen fatale Folgen gewissermaßen von Auschwitz bis Hiroshima reichten. Hugo Kükelhaus, einer der Teilnehmer der Darmstädter Tagung, brachte in seinen Schriften die vorherrschende Zeitstimmung auf den Punkt:

»Wir sind im Atom-Zeitalter gezwungen, nach der letzten, schreckensvollen das Atom selbst betreffenden Teilung das Unteilbare aufzusuchen. Wenn wir uns ihm nicht zuwenden – vernichtet uns das letzte Teilbare, das Atom« (Kükelhaus 1956, 22).

Schwippert und Kükelhaus verband eine Freundschaft, die bis ins »Dritte Reich« zurückreichte. Beide hatten allen Anlass, inneren Wandel zu fordern, hatten sie sich doch auf je eigene Weise in den Fallstricken des Nationalsozialismus verfangen. Im Auftrag des Berliner Kunst-Dienstes, einer der evangelischen Kirche nahestehenden, später vom Goebbels-Ministeriums vereinnahmten Organisation, waren beide an Propagandaaktivitäten – etwa der »Deutschen Warenkunde«, an der damals auch Hermann Gretsch und Mia Seeger mitarbeiteten – beteiligt gewesen. Kükelhaus, der später seine vermeintliche Nähe zum deutschen Widerstand hervorstrich, war spätestens 1930 der NSDAP beigetreten; sein Handwerkerethos und das konservativ-berufsständische Weltbild erwiesen sich als hinreichend kompatibel mit der nationalsozialistischen Ideologie, so dass er sich unter anderem aktiv in Alfred Rosenbergs »Kampfbund für deutsche Kultur« (ab 1934: NS-Kulturgemeinde) engagierte (vgl. Becker 2005, 28). Schwippert wiederum, der zur Zeit des Dritten Reiches in Aachen eine Dozentur für »Handwerkskunde« wahrnahm, geriet 1942 in die verfängliche Lage, im Auftrag Heinrich Himmlers als »Reichskommissar zur Festigung deutschen Volkstums« Behelfsmöbel für deutschstämmige Umsiedler in den besetzten Territorien Polens und Russlands zu entwerfen; dass es auch zu dieser Zeit um Menschenbilder und die Frage »Mensch und Technik« ging, mag ein Statement bezeugen, das er zur selben Zeit über »Bäuerliche Gerätekunde« machte:

»[...] Werkzeug wie Wohnzeug [ist] dem Menschen besonders nah, denn es empfängt ja Maß und Gestalt unmittelbar von ihm, ist erweitertes Glied, ja fast Organ, geformt nicht nur nach Zweckmäßigkeiten und äußeren Bedürfnissen, sondern ebenso gleichzeitig entwickelt aus den inneren Notwendigkeiten menschlichen Wesens, oft geradezu gemacht nach dem Bilde des Menschen.« (Schwippert 1942; hier zit.n. Breuer 2010, 535)

Abbildung 2: Schwippert, Aus der Entwurfsserie »Behelfsmöbel zur Selbstherstellung«, 1942/43

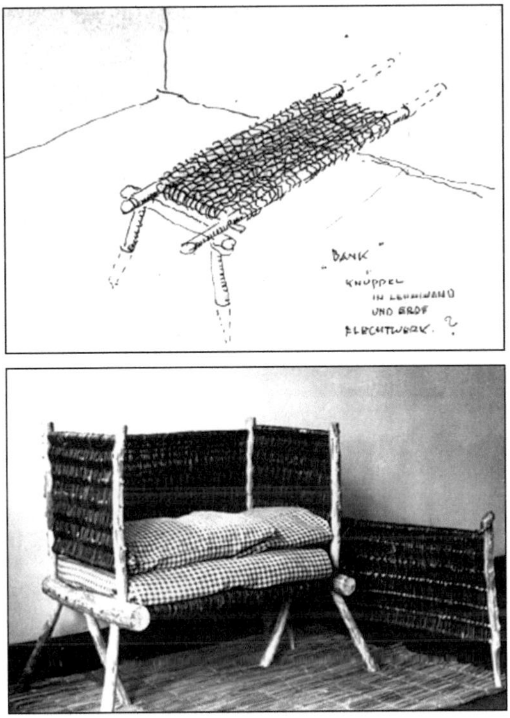

Gerade unter den Bedingungen der existentiellen Notlage, so schien es, rückten Menschmaß und Dinggebrauch wieder enger aneinander, war die verhängnisvolle Trennung von Sinnlichkeit und Technik nicht nur überwindbar, sondern schien wahres Menschentum in der Gestaltung des Notwendigsten überhaupt erst auf. Kein Wunder, dass Schwippert ebenso wie Kükelhaus nach 1945 ähnliche Broschüren für Selbstbaumöbel als Handreichungen den ausgebombten Deutschen an die Hand gaben (vgl. Kükelhaus 1947). Bekanntlich war es der Deutsche Werkbund, der daraus eine Ethik des Dinggebrauchs ableitete, welche die Design- und Architekturdiskussionen der ersten Nachkriegsjahre maßgeblich bestimmte: »Im Haus der Armen wird ja eigentlich erst deutlich, was mit dem Menschen schlechthin gemeint ist«, notierte Rudolf Schwarz 1949 ganz in diesem Sinne (zit.n. Breuer 2010, 235).

Unter den Darmstädter Diskutanten des Jahres 1952 war Kükelhaus zweifellos die schillerndste Figur. Als Tischlermeister, Seelekundler, Pädagoge und Entwerfer schien er als letzter Universalist gleichsam Heilung vorzuleben für das Grundübel der Zeit, jene Verarmung leiblicher und seelischer Kräfte, durch die das personale Gleichgewicht des Menschen in der technischen Zivilisation aus dem Lot geraten war. Seit 1950 nahm Kükelhaus eine Lehrtätigkeit an der Werkkunstschule in westfälischen Münster wahr, doch entfaltete er seine eigentliche Wirkung eher als eine Art Guru. So trat er denn auch im Rahmen der Darmstädter Tagung als Apostel des Einfachen auf, der mit einer Auflistung von »therapeutischen Hinweisen« (Kükelhaus 1952a, 140) und meditativen »Erweckungsübungen« (ebd., 142) zur Rückgewinnung leib-seelischer Ganzheit aufrief, als deren Königswegs er einen sinnlichen Dinggebrauch inthronisierte. In der bizarren Broschüre »Erzeugung als Dienst«, die Kükelhaus der Darmstädter Tagung folgen ließ, mündete die kulturkritische Verfallsdiagnose in ein Lob des Handgemachten, durch das allein der »Totalitarismus« (Kükelhaus 1952b, 13) der Technik, wie es hieß, überwunden werden könne. Kükelhaus' Tagungsbeitrag selbst gipfelte in pointierten Feststellungen wie jener, schon die Benutzung eines Werkzeugs wie dem Kugelschreiber komme geistigem Selbstmord gleich (Kükelhaus 1952a, 143).

Eine derart weitreichende konservative Technikfeindlichkeit steht durchaus konträr zu den Prinzipien, die Hans Schwippert als praktizierender Architekt in den 1950er Jahren vertrat. So hatte dieser beispielsweise beim Darmstädter Gespräch des Vorjahres (1951), das unter der Leitung von Otto Bartning stattfand, ein entschiedenes Plädoyer für die »technischen Mittel unseres heutigen Bauens«, für Glas und Stahl gehalten, welche der »Sehnsucht nach dem leichten Gehäuse, nach der Helle, nach der Offenheit« einer durch »Unruhe und Angst« diktierten Zeit »besonders adaequat sind.« (Schwippert 1951, 86-87). Diese Auffassung spiegelte die Bemühungen des Deutschen Werkbunds, nach den Entgleisungen und der »dunklen« Zeit des »Dritten Reichs« einen sachlichen Modernismus zu etablieren, der erzieherisch wirken, mit der Technik versöhnen und sittliche Erneuerung auch symbolisch nach außen tragen sollte.

Abbildung 3: Ruf/Eiermann, Deutscher Pavillon der Weltausstellung Brüssel, 1958

Allerdings klangen auch in Schwipperts Beschreibung immer wieder anthropologische Bestimmungen mit, die ihn mit Kükelhaus verbanden: Denn im »leichten Gehäuse« verkörperte sich, wie Schwippert im Sprachkolorit Heideggers formulierte, nicht nur das Grundpinzip, dass »Bauen Ort sich bildet, und aus dem Ort Raum wird« (ebd.); Bauen in Stahl und Glas entsprach überdies, wie Schwippert meinte, der Sehnsucht eines »Wohnenwollens in Zelten« (ebda.), durch die der ins Leben geworfene Kulturmensch sich gleichsam seiner ursprünglich nomadischen Bestimmung annäherte. Buchstäblich blumiger, aber doch im verwandten Sinne beschwor Kükelhaus 1956 einen

»[...] pflanzenhafte[n] Wohnzustand, der nicht trennt und abkapselt, sondern allseitige Verbindung mit dem Universum bewahrt. Unter ausgespannten Tierhäuten, Himmelszelt und Baumkrone lebt der Mensch. [...] Hier ist der Mensch geborgen« (Kükelhaus 1956, 33).

Abbildung 4: Textillustration aus Kükelhaus, »Dennoch heute«, 1956
Abbildung 5: Schwippert, Eigenes Wohn- und Atelierhaus in Düsseldorf, 1953/54

Kükelhaus erweiterte seinen anthropologischen Ansatz in den folgenden Jahren zu einer bis heute rezipierten Reformpädagogik mit gerade mystizistischen Zügen, die er mit allerlei populärphilosophischen, anthropologischen und biologischen Versatzstücken unterfütterte; im Kern kreiste sie freilich um die elementare Vorstellung einer Reaktivierung der »Sinne«, deren ursprüngliches Primat, wie Kükelhaus meinte, durch den systematischen »Lebensentzug« der modernen Zivilisation verkümmert seien. Dass eine zentrale Forderung dabei die Begründung »organ-logischer« (Kükelhaus 1966, 38; siehe auch Kükelhaus 1973), sprich menschenfreundlicher Architektur war, scheint Schwippert als Praktiker kaum beeindruckt zu haben, der zu dieser Zeit unverdrossen rationalistisch baute; nichtsdestotrotz teilte er Kükelhaus' Unbehagen an der Kultur und wies in eigenen Schriften, die sprechende Titel wie »Der Fortschritt und die Dinge« (1955) oder »Über die sinnliche Bildung« (1969) trugen, wiederholt auf dessen Kritik an jener alle Lebensbereiche durchdringenden »Hektik« und dem damit einhergehenden Mangel an Erlebnisfähigkeit hin. Ende der 1960er Jahre verdichtete sich der Befund in dem bei der Medizinerin Barbara Leuner (Leuner 1967) entlehnten Begriffspaar »Ratio und Emotion«, von dem ausgehend Schwippert eine weitreichende Zivilisationskritik der Verkümmerung sinnlicher Entwicklungs- und Erfahrungsmöglichkeiten entwarf, der nur zu begegnen sei, wenn die sträflicherweise auf das kleine Gebiet der bildenden Kunst zurückgedrängte »emotionale Intelligenz« wieder zum Maßstab für alle Bereiche menschlichen »Werks« gemacht würde – und zwar vom Kuchen backen bis zum Raketenbau (Schwippert 1967). Nicht zuletzt den Berufsstand des Architekten sah er hierbei in der Pflicht, verkörpere doch seine Tätigkeit der »Behausung« und »Besiedlung« der Erde ein Paradigma »bewußter humaner Existenz«. In dieser Hinsicht sei der Architekt geradezu ein »Anwalt der Sinne« (Schwippert 1969; zit.n. Schwippert 2008, 143).

Abbildung 6: »Entwicklungsstufen«, Textillustration aus Kükelhaus, »Die Phantasie des Leibes«, 1966
Abbildung 7: Schwippert und Mitarbeiter, Studentenwohnheime in Aachen, 1965-69

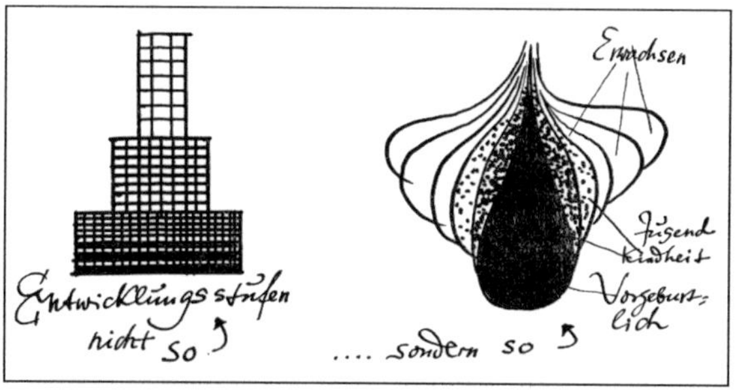

Von der eigenen Baupraxis hatten sich Schwipperts kulturphilosophische Setzungen zu dieser Zeit weit, wenn nicht gänzlich entfernt. Eher wird man in ihnen einen Reflex sehen müssen auf seine Tätigkeit an der Düsseldorfer Kunstakademie, wo er seit 1956 nicht nur als Leiter der Baukunstklasse, sondern auch als Rektor wirkte. Wo, wenn nicht hier, an der Basis künstlerischer Ausbildung, mochte es sinnvoll erscheinen, auf die ethische Dimension des Ästhetischen zu dringen und Förderung der Sinnlichkeit als gesellschaftlichen Erziehungsauftrag zu praktizieren?

In der Tat hat Schwippert als Direktor der Düsseldorfer Kunstakademie jede Gelegenheit genutzt, dieses Credo zu unterstreichen. Nicht weniger als ein »Grundmodell menschlichen Werkens überhaupt« sei das künstlerische Schaffen, erläuterte er beispielsweise 1963 vor dem Kulturausschuss der Kultusministerkonferenz:

> »[W]ir stehen ein für [die] über allem Lehren und Abrichten völlig übersehene Erweckung [der Tugend] im sinnlichen Bereich; wir stehen ein für eine, den höchsten Qualitäten sowohl des Menschen wie seine Werke unentbehrliche, bislang unbekannte und nicht begriffene sinnlich-sittliche Erziehung von morgen.« (Schwippert 1963a; zit.n. Schwippert 2008, 107)

Nicht Lehranstalt wolle man sein, sondern Heimstatt unabhängiger, ja revolutionärer Gesinnung:

> »Akademia, das heißt nicht Abrichtungsanstalt für konformistische Bestätiger, Akademia ist nicht Harmonisierungsinstrument, eher ist sie Heimat der Konflikte! […] [W]ir sind der ausgesparte Raum einer Erziehung, einer Ermunterung von Revolutionären.« (Schwippert 1961; zit.n. Schwippert 2008, 103)

Fataler Weise indes scheiterte Schwippert mit seinen pädagogischen Bemühungen genau hier, im Refugium der Akademie, wo sich der in der Tat schwelende revolutionäre Geist bald auf ganz andere Weise manifestierte, nämlich in der Gestalt von Joseph Beuys und seinem »erweitertem Kunstbegriff«. Nichts könnte die äußerlichen Diskrepanzen zwischen dem Rektor Schwippert und dem Bildhauer deutlicher markieren, als die skandalösen Geschehnisse, welche die Immatrikulationsfeierlichkeiten des Jahres 1967 begleiteten.

Schwippert hatte während seines langjährigen Rektorats keine Gelegenheit ausgelassen, die traditionsreichen Immatrikulationsfeiern zu salbungsvollen Ansprachen zu nutzen. Dabei adressierte er die Studierenden väterlich als seine »jungen Freunde«, schwor sie per Handschlag auf eine »Werkgemeinschaft« zwischen Meistern und Schülern ein und unterstrich seine Vorstellung der Akademie als moralischer Anstalt, deren Zweck es sei,

»[i]n einer vom Auseinanderfallen, von unmenschlicher Spaltung, von der Wahrlosigkeit, von der Verwahrlosung bedrohten Welt das ganz andere zu wollen, zu leben, zu bezeugen« (Schwippert 1963b; zit.n. Schwippert 2008, 94).

Abbildung 8: Beuys, »La rivoluzione siamo noi«, 1972

Im Wintersemester 1967/68 allerdings, ein Jahr nachdem Schwippert seinen Posten als Direktor mehr oder weniger widerwillig geräumt hatte, ergriff bei gleicher Gelegenheit Joseph Beuys das Wort (dazu Lange 1999, 84). Im Anschluss an eine kurze Ansprache des neuen Akademiedirektors Eduard Trier führte Beuys, begleitet vom Aktionskünstler Henning Christiansen, eine Performance auf, bei der er für die Dauer von mehreren Minuten röhrende Laute von sich gab; unterdessen intonierte ein Tonbandgerät unter anderem die monoton wiederholte Phrase »Rastplatz bitte sauberhalten«; im Anschluss übergab Beuys an Christiansen mit theatralischer Geste eine Art Bruderschaft stiftender Streitaxt, bevor beide wieder ihre Plätze einnahmen.

Schon äußerlich schienen Schwippert und der gut zwanzig Jahre jüngere Beuys Vertreter zweier gänzlich unterschiedlicher Generationen zu sein: Hier der rundliche, sich stets bürgerlich gebende Verwalter des Wiederaufbaus, dessen Biederkeit und zuweilen autoritäres Gebaren den Geist der Ära Adenauer zu verkörpern schienen; dort der unangepasste Asket mit dem messianischen Auftreten, den das Insistieren auf Infragestellung des Gewohnten zu einer Symbolfigur des Aufbegehrens der Jungen machte. Zweifellos zielte das »ÖÖ-Programm«, das Beuys und Christiansen im Rahmen der Akademiefeierlichkeiten intonierten, darauf ab, die bis dahin üblichen, von Schwippert vorgetragenen Immatrikulationsreden und mit ihnen das Gepräge akademischer Weihen zu konterkarieren; dahinter stand jedoch nicht nur ironische Absicht, sondern auch, wie Barbara Lange klug heraus gestellt hat, eine ernst zu nehmende Kritik an der »Aussagelosigkeit moralischer Appelle, die nur sprachlich artikuliert ohne praktische Konsequenzen bleiben mussten« (ebd., 108).

Zu fragen wäre allerdings, ob es nicht jenseits solcher Diskrepanzen zwischen den Ambitionen von Beuys und Schwippert eine ganze Reihe verbindender Parallelen gab (vgl. ebd., 97 und 129). Denn nicht nur spielten für Beuys' Kunstbegriff, wie Verena Kuni zeigen konnte (Kuni 2004) ausgerechnet die Schriften von Hugo Kükelhaus mit ihrem Mystizismus und der »Kehrtwende« vom Materiellen zum Geistigen eine zentrale Rolle (mit ihnen wurde Beuys als Akademiestudent in der Klasse von Ewald Mataré vertraut); mit beiden, Kükelhaus und Schwippert, verband Beuys sicherlich auch das Bemühen um Entschleunigung und Aktivierung der Sinne; in seinem Falle manifestiert in einer Materialikonologie von Erde, Fett und Filz, die auf elementar sinnliche Qualitäten, Einfühlung und Nachempfindung plastischer und energetischer Umformungsprozesse setzte. Dieser Ansatz einer Aktivierung der Sinne verband Schwippert, Kükelhaus und Beuys ebenso wie ein grundsätzlich anthropologisches Verständnis des kreativen Handelns und die Auffassung, das Feld des Ästhetischen als bewusstseinsverändernde, damit letztlich pädagogisch wirksame, auf gesellschaftliche Prozesse sich auswirkende Kraft zu begreifen. Es komme darauf an, so Beuys, Ästhetik als eine Lehre vom Menschen und »Begleiterscheinung jeder menschlichen Tätigkeit« (zit.n. Kat. Beuys 2008, 15) zu begreifen; mit seinem »Antikunstbegriff« versuche er, wie Beuys 1970 in einer denkwürdigen Diskussion mit Max Bense und Arnold Gehlen erläuterte,

> »[...] den gesamten Menschen unterzubringen, alle Fragen unterzubringen, die vor uns stehen nach dem Menschen. Ich habe also versucht, den Kunstbegriff so zu erweitern, daß er jede menschliche Tätigkeit zu umgreifen in die Lage gesetzt wird« (Beuys 2003, 20).

Pointiert gesagt, schrieb sich hier das therapeutische Credo der Heilung eines beschädigten Menschenbildes, das bei Schwippert und Kükelhaus als Trauma einer Generation des »Dritten Reichs« erschien, in einem »erweiterten Kunstbegriff« gleichsam fort. »Wie bei allen erregenden Dingen redet man im Grunde vom Rätsel des Menschseins«, ließ Beuys denn auch den »lieben Herrn Schwippert« 1963 wissen, nachdem dieser ihn aufgefordert hatte, die skandalösen Ereignisse des »Festum Fluxorum Fluxus« an der Kunstakademie in einem Bericht zu kommentieren. Schwippert zeigte sich durchaus beschwichtigt und verteidigte die »schöpferische herausfordernde Unruhe« des jungen Kollegen ausdrücklich gegenüber dem insistierenden Kultusministerium (Beuys 1963). Wenig später sollte sich freilich abzeichnen, dass Beuys die Akademie durchaus nicht wie Schwippert als sittliche Enklave verstand, sondern vielmehr darauf abzielte, seine Vorstellungen von gesellschaftlicher Erneuerung gerade hier, im deren konservativem Umfeld umzusetzen. Es war ein Konfrontationskurs, der geeignet war, die Grundlagen der altehrwürdigen Institution in Frage zu stellen, wie dann die Ereignisse vom Oktober 1968 zeigten, als eine Reihe von Mitgliedern des Lehrkörpers unter Federführung von Karl-Otto Götz offen gegen Beuys intervenierten (vgl. Kat. Beuys 2008, 110). In den Augen der Jungen rückte die alte Garde der Akademie damit endgültig in ein reaktionäres Licht, welches nachhaltig auf die Ära Schwippert fiel – ganz ungeachtet der Tatsache, dass diese Konfrontation in die Zeit nach dem Ende seines Rektorats fiel.

LITERATUR

Becker, W. (2005): Hugo Kükelhaus im Dritten Reich. Ein Leben zwischen Anpassung und Widerstand. Soest

Beuys, J. (1963): Für Hans Schwippert verfasster Bericht über das »Festum Fluxorum Fluxus« in der Düsseldorfer Kunstakademie, 7. Februar 1963 (Nachlass Schwippert, Kunstarchiv im Germanischen Nationalmuseum, Nürnberg)

Beuys, J. (2003): Provokation, Lebensstoff der Gesellschaft. Kunst und Antikunst. Berlin

Breuer, G. (Hg.) (2010): Hans Schwippert 1899-1973. Moderation des Wiederaufbaus. Berlin

Buslei-Wuppermann, A. (2007): Hans Schwippert 1899-1973. Von der Werkkunst zum Design. München

Buslei-Wuppermann, A. & Zeising, A. (2009): Das Bundeshaus von Hans Schwippert in Bonn. Architektonische Moderne und demokratischer Geist. Düsseldorf

Kat. Beuys (2008): Joseph Beuys, Düsseldorf, Ausst.-Kat. Stadtmuseum Düsseldorf, hg. von Susanne Anna. Ostfildern

Kükelhaus, H. (1947): Binse, geflochten. Bildhefte zur Selbsthilfe. In Zusammenarbeit mit Margarete Weckerle gezeichnet und aufgeschrieben von Hugo Kükelhaus, hrsg, von der Hausfleiß und Handwerk GmbH, Berlin-Dahlem. Hamburg

Kükelhaus, H. (1952a): Redebeitrag auf dem dritten Darmstädter Gespräch. In: Schwippert, H. (Hg.): Mensch und Technik. Erzeugnis – Form – Gebrauch. Darmstadt, 140-143

Kükelhaus, H. (1952b): Erzeugung als Dienst oder das menschliche Handwerk. Eine Besinnung. Krefeld

Kükelhaus, H. (1956): Dennoch heute. Heidenheim

Kükelhaus, H. (1966): Die Phantasie des Leibes. Hannover

Kükelhaus, H. (1973): Unmenschliche Architektur. Köln

Kuni, V. (2004): Der Künstler als »Magier« und »Alchemist« im Spannungsfeld von Produktion und Rezeption. Aspekte der Auseinandersetzung mit okkulten Traditionen in der europäischen Kunstgeschichte nach 1945. Eine vergleichende Fokusstudie – ausgehend von Joseph Beuys, Diss. phil. Philipps-Universität Marburg

Lange, B. (1999): Joseph Beuys. Richtkräfte einer neuen Gesellschaft. Der Mythos vom Künstler als Gesellschaftsreformer. Berlin

Leuner, B. (1967): Emotion und Abstraktion im Bereich der Künste. Eine Sammlung psychodynamischer Studien. Köln

Schwippert, H. (1942): Von Wohnzeug und Werkzeug. Aufbau einer bäuerlichen Gerätekunde. In: Der Landbaumeister. Beilage zu: Neues Bauerntum. Fachwissenschaftliche Zeitschrift für das ländliche Siedlungswesen (1942). In: Breuer, G. (2010) (Hg.): Hans Schwippert 1899-1973. Moderation des Wiederaufbaus. Berlin, 535

Schwippert, H. (1944/1947): Theorie und Praxis [verfasst 1944]. In: Baukunst und Werkform, H. 1, 1947, 17-19

Schwippert, H. (1951): Redebeitrag auf dem zweiten Darmstädter Gespräch, In: Bartning O. (Hg.): Darmstädter Gespräch »Mensch und Raum«. Darmstadt

Schwippert, H. (1952): Redebeitrag auf dem dritten Darmstädter Gespräch. In: Schwippert, H. (Hg.): Mensch und Technik. Erzeugnis – Form – Gebrauch. Darmstadt, 139-140

Schwippert, H. (1961): Vortrag zur Zweihundertjahrfeier der Akademie Stuttgart, 18. November 1961. In ders.: Kunstakademie Pro-vokationen. Privatdruck Düsseldorf 1966

Schwippert, H. (1963a): Ansprache zur Begrüßung des Kulturausschusses der Kultusministerkonferenz in der Kunstakademie Düsseldorf am 2. Mai 1963. In ders.: Kunstakademie Pro-vokationen. Privatdruck Düsseldorf 1966

Schwippert, H. (1963b): Ansprache zur Immatrikulation an der Kunstakademie Düsseldorf, 12. November 1963. In: ders.: Vom Machen und Brauchen.

Schriften zu Architektur und Gestaltung, hg. von A. Buslei-Wuppermann und A. Zeising, Düsseldorf

Schwippert, H. (1967): Ratio und Emotion oder »Neue Kapitel« der bauenden und sonstigen Künste. Privatdruck Düsseldorf

Schwippert, H. (1969): Über die sinnliche Bildung. Zu »Ratio und Emotion« als zweiter Teil. Privatdruck Düsseldorf

Schwippert, H. (2008): Vom Machen und Brauchen. Schriften zu Architektur und Gestaltung, hg. von A. Buslei-Wuppermann und A. Zeising. Düsseldorf

Geronnene Musik, fließende Architektur

Das »Dynapolis«-Konzept von Konstantinos A. Doxiadis in der kompositorischen Umsetzung von Anestis Logothetis[1]

Matthias Henke

Für Walter Sons

Der griechische Architekt und Städteplaner Konstantinos A. Doxiadis (1913-1975) wartet ebenso wie der Komponist Anestis Logothetis (1921-1994) mit Lebens- und Denkmustern auf, welche für die progressiven Intellektuellen bzw. Künstler seiner Heimat als typisch gelten können. Zu diesen Eigenarten gehört ein schrankenloses Räsonnieren, das die Grenzen von Nationen und Kontinenten überwindet, sich aber auch herkömmlichen Kategorisierungen verweigert, etwa der Dichotomie von Kunst und Wissenschaft. Zu ihnen zählt ferner die ebenso permanente wie breit angelegte Auseinandersetzung mit der Antike, mit ihrer Mythologie, ihrer Philosophie oder ihren Künsten – mit Sparten, die sich im klassischen Griechenland ja ebenfalls nicht separierten, sondern eng miteinander verwoben waren, gemäß der bekannten, auf Heraklit zurückgehenden Kurzformel πάντα ῥεῖ (»Alles fließt«).

Prämissen

Biographisch tritt die geistige Offenheit der beiden hellenischen Vor-Denker in der Tatsache zutage, dass sie nach einer Grundausbildung in Griechenland ihr Studium im Ausland fortsetzten bzw. aufnahmen. Doxiadis schrieb sich zunächst an der Technischen Hochschule von Athen ein, um schon 1935

1 | Für die Überlassung der in diesem Artikel verwendeten, am Ort nachgewiesenen Archivalien möchte ich mich bei den Constantinos A. Doxiadis Archives (Athen) ebenso herzlich bedanken wie bei Julia Logothetis, der Tochter und Nachlassverwalterin von Anestis Logothetis (Wien).

sein Architekten-Diplom zu erwerben. Noch im selben Jahr übersiedelte er mit dem Ziel der Promotion nach Berlin – ein in kürzester Zeit realisierter Plan, denn schon 1936 verlieh ihm die Technische Universität Charlottenburg die angestrebte Urkunde. Der acht Jahre jüngere Logothetis besuchte zunächst das Deutsch-Humanistische Gymnasium von Thessaloniki, an dem er 1941 maturierte. Im folgenden Jahr verlegte er seinen Wohnort nach Wien, um dort, an der Technischen Hochschule, das Studium des Bauwesens aufzunehmen. Allerdings gewann er schon bald die Gewissheit, er habe ein ihm nicht angemessenes Fach gewählt. Mit dem alternativ angepeilten Musikstudium konnte er jedoch nicht gleich beginnen, da man ihm während der Kriegsjahre einen Studienwechsel verwehrte. So gelang es Logothetis erst nach 1945, in die Wiener Akademie für Musik aufgenommen zu werden – eine Verzögerung, die ihm jedoch den Unterricht bei hochrangigen, erst in der Nachkriegszeit dort angestellten Lehrern ermöglichte: bei Arnold Schönberg-Schülern wie Erwin Ratz, an dessen Formenlehrenkurseer teilnahm, oder Hans Swarowsky, bei dem er Orchesterleitung studierte.

Die Auseinandersetzung mit der Antike, um nun auch die zweite der anfangs erwähnten Eigenarten von Doxiadis und Logothetis anzusprechen, durchwirkt das gesamte Schaffen der beiden. Schon in seiner Dissertation, die 1937 unter dem Titel *Raumordnung im griechischen Städtebau* erschien (Doxiadis 1937), hatte der Architekt die Frage untersucht, welche Konzepte die griechische Antike für die Gestaltungen urbaner Räume entwickelt habe. In enger Zusammenarbeit mit führenden Archäologen gründete er seine Studie auf rekonstruierte Bau- wie Stadtpläne und nicht zuletzt auf Fotografien, die es ihm erleichterten, multiperspektivische Darstellungen wiederzugeben. Allerdings ist Doxiadis' Dissertationsschrift mitnichten als archäologisches oder gar historisierendes Werk einzustufen. Vielmehr wollte ihr Autor Perspektiven für die Stadt des 20. Jahrhunderts entwickeln – ein Vorhaben, zu dem ihn möglicherweise der vierte CIAM (Congrès International d'Architecture Moderne) angeregt hatte, der 1933 in Athen stattfand und das Thema »The Functional City« abhandelte. Jedenfalls avancierte die Kernthese der Dissertationsschrift zu einem Credo, dem sich der Architekt zeitlebens verbunden fühlte: dass nämlich die alten Griechen ihre Bauten nicht als einzelne Objekte entworfen hätten, wie es aktuell (also um 1933) üblich sei, sondern als Bestandteile eines »dynamischen« (!) urbanen Milieus (Tournikotis 1973).

Rund dreißig Jahre später, in seinem 1965 gleichfalls auf Deutsch erschienen Grundsatzwerk »Architektur im Wandel« (Doxiadis 1965), rekurrierte Doxiadis abermals auf die griechische Antike, indem er den Begriff »Oikistik« für die Wissenschaft vom den menschlichen Siedlungen einführte. Er leitete den Terminus nicht nur von »Oikos, dem alten griechischen Wort für Haus oder Wohnung« (ebd., 115) ab, sondern betonte auch dessen Interdependenz von den Erkenntnissen der Antike, in der man die Zeit als vierte Dimension der Architektur bereits entdeckt hätte: die Akropolis von Athen sei das Musterbeispiel »eines vollkommenen, architektonischen Zusammenhangs, der nicht auf Prinzipien beruht, die am Reißbrett erarbeitet wurden, sondern auf der Bewegung eines Menschen, der auf einem Berge einhergeht« (ebd., 155).

Will man das kompositorische Werk von Logothetis wie gewöhnlich, doch simplifiziert, in zwei Phasen einteilen, gilt es festzuhalten, dass in deren erster, als sich der Komponist noch der konventionellen Fünf-Linien-Notation bediente, direkte Hinweise auf eine Antiken-Rezeption fehlen, sieht man einmal von vereinzelt auftauchenden Titeln wie »Altgriechische Hymnen« (1943-1948) ab.

Erst in der ab 1960 einsetzenden zweiten Phase, in der Logothetis die von ihm erschauten Klänge in einer selbst entwickelten Klangschrift notierte, die meist mit dem unzulänglichen, aber praktikablen Terminus »Graphische Notation« belegt wird, beginnen jene Werktitel vermehrt aufzutreten, deren Titel sich auf die antike Mythologie und Geschichte beziehen: sei es das Ballett »Odyssee« (1963), seine Ensemblekompositionen »Labyrinthos« (1965) und »Styx« (1968) oder seine multimedialen Sprachopern »Daidalia oder das Leben einer Theorie« (1976-1978) und »Aus welchem Material ist der Stein von Sisyphos?« (1982-1984). Es griffe allerdings zu kurz, wollte man die Antiken-Rezeption des Komponisten lediglich an den von ihm gewählten Werktiteln festmachen.

So stellt sich etwa die Frage, ob seine um 1950 erfolgte Annäherung an Schönbergs »Methode, mit zwölf nur aufeinander bezogenen Tönen zu komponieren« nicht auch deshalb erfolgte, weil deren integrales Konzept gleichermaßen Stabilität, in Form der basalen Zwölftonreihe, wie Varianz garantiert, welche sich ja aus den differenten Modi der Reihe ergibt – eine Dialektik, die sich auch in der bereits erwähnten Flussmetapher Heraklits konturiert. Ferner sei hier auf Logothetis' theoretische Schriften verwiesen, deren erörternde Passagen immer wieder Paradigmen der griechischen, aber auch der ägyptischen oder chinesischen Antike einbeziehen. Aus ihrer Fülle sei nur ein Beispiel genannt: um eine Invektive gegen Schönberg zurechtzurücken, beruft Logothetis sich in seiner erstmals 1974 publizierten Abhandlung »Zeichen als Aggregatzustand der Musik« auf einen Nekrolog des Perikles, indem er einen Kernsatz der Rede zitiert: dass Neid aus dem Gefühl wettbewerblicher Unterlegenheit entstehe (Logothetis 1974/1998, 39-40). Als weiterer Beleg mag ein Abschnitt aus den Erinnerungen von Julia Spitzer-Logothetis dienen. Ihr (diskussionsfreudiger) Vater, weiß die Tochter des Komponisten zu berichten, habe gelegentlich eine Debatte mit dem Ausruf beendet: »Siehst – gegen diesen armseligen Christengott haben wir unsere herrlichen Götter eingetauscht.« (Spitzer-Logothetis 1998, 8)

Tangenten

Dass es keinesfalls abwegig ist, integrale Ideen der griechischen Moderne als Palimpsest der Antike zu deuten, einer Moderne, deren Subtext sich etwa in den modularen Strukturen der Säulenordnungen manifestiert, lässt sich auch an jenen Theoremen ablesen, die Doxiadis nach dem Zweiten Weltkrieg formulierte. 1953 gründete er in Athen die Firma Doxiadis Associates, die nach nur wenigen Jahren ihres Bestehens in sechzehn Ländern tätig war und Hunderte von Angestellten hatte (Kultermann 1965, 10). Die geschäftliche Explosion, wenn man die internationale Ausweitung des Unternehmens so nennen darf, ging mit gigantischen Aufträgen einher: nicht nur in den USA (für Philadelphia etwa realisierte Doxiadis ein 400-Millionen-Dollar-Projekt), sondern auch in sogenannten Entwicklungsländern wie dem Irak oder Pakistan. Hier konnten die Doxiadis Associates zwei ihrer spektakulärsten Planungen realisieren: den Bau einer Satellitenstadt von Karatschi für 500.000 aus Indien stammende Flüchtlinge und (ab 1959) der neu angelegten Hauptstadt Islamabad (ebd., 11). Ob Doxiadis mit seiner Bau- wie Planungstätigkeit zum Instrument der amerikanischen, im Zeichen des Kalten Krieges stehenden Außenpolitik avancierte, wie ihm die niederländische Architekturhistorikerin Michelle Provoost vorgeworfen hat (Provoost 2007), muss weiteren Untersuchungen vorbehalten bleiben. Fakt ist, dass Doxiodis mit dem »extrem rationalen Charakter« (ebd.) seines Konzepts und dessen Nähe zur Wissenschaft im Rahmen der internationalen Siedlungsprogramme Erfolg um Erfolg verbuchen konnte. Er habe seine Entwürfe, führt Provoost aus, in Form von Rasternetzen, Tabellen und Diagrammen präsentiert, objektiv, jede Ästhetisierung meidend: »Seine Ökistik war ein visionäres und zugleich wissenschaftliches System [...].« (ebd.; als Hauptwerk der Ökistik sei genannt Doxiadis 1968)

Zu den zentralen, von Doxiadis im Lauf der 1950er Jahre eingeführten Termini zählt ferner der Begriff »Dynapolis«, der (wie oben erwähnt) bereits als Wetterleuchten in der Dissertation des Architekten aufscheint (Doxiadis 1965, 118-127). Mit Dynapolis bezeichnete Doxiadis (s)einen Gegenentwurf zur historischen Polis, zu jenem urbanen Gebilde also, das sich in konzentrischen Kreisen aus einem Nukleus entwickelt und im Geschossbau eine dritte Dimension des Wachstums gefunden habe – Tendenzen, die das historische Zentrum letztendlich erdrosselt hätten (ebd., 122). Hingegen basiere das Ausdehnungsmuster der Dynapolis, wie Doxiadis erläutert, vor allem auf der vierten Dimension, der Zeit: »Während der letzten Generationen hat sich das Wachstum der Städte mit solch unvorhergesehener Schnelligkeit vollzogen, dass die vierte, nicht greifbare Dimension der Zeit, wichtiger geworden ist als die drei Körperdimensionen.« (ebd., 119) Die »Erdrosselung« der historischen Stadtkerne durch die konzentrische Peripherie einerseits und das rasante Wachstum andererseits, zögen die notwendige Konsequenz nach sich, kommentiert Doxiadis im weiteren, die

Städte künftig so zu planen, dass sie sich nur noch in eine Richtung ausdehnen könnten, in wie auf einer Zeitachse aufgereihten Modulen, die sich von Modulelement zu Modulelement parabolisch vergrößern müssten – eine integrale, auf Erweiterung setzende Struktur, die beispielsweise der Planung von Islamabad zugrunde liege (ebd., 123-124). Die Grundeinheiten der Module aber hätten sich am Menschen und seinem Bewegungspotential zu orientieren (ebd., 127). »Wir müssen uns [...] mit dem Gedanken abfinden, dass der menschliche Maßstab, was die Entfernung anbetrifft, gewahrt bleiben muss.« (ebd., 129)

Abbildung 1: Doxiadis, Die parabolische Dynapolis, 1965

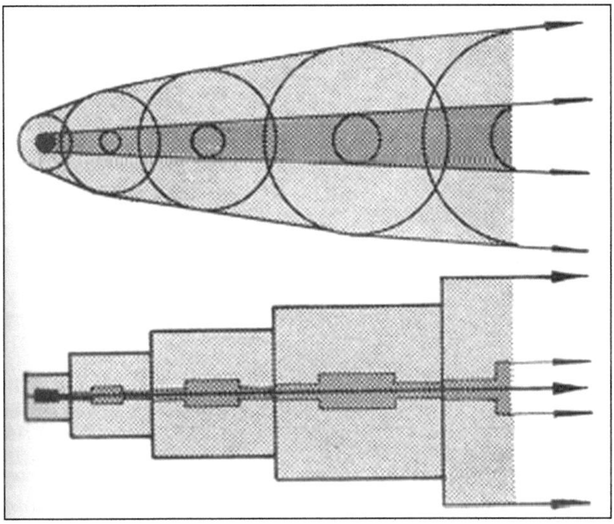

Das hier zu Tage tretende integrale Denken dominiert auch das musikalische Œuvre von Logothetis, seine frühen Kompositionen ebenso (etwa die »Drei Mayröcker-Lieder«) (Logothetis 1997) wie sein größtenteils unveröffentlichtes Spätwerk (vgl. Krones 1998, 224-229). Einmal mehr offenbart sich diese Auseinandersetzung in den von ihm gewählten Titeln: So eröffnete er mit den »Integrationen« für Violine solo (1951) eine vielgliedrige Reihe gleichnamiger Werke. Sie erstreckt sich unter anderem über die »Integration« für Violine, Cello und Klavier (1953), die »Integration« für Flöte, Viola und Cembalo oder Klavier (1954) bis zu der »Integration« für Klavier (1959), seiner letzten konventionell notierten Komposition, und der »Integration« für Orchestergruppen (1966), einer bereits in der eigenen graphischen Schrift fixierten Partitur.

Abbildung 2: Logothetis, »Integration« für Orchestergruppen, 1966

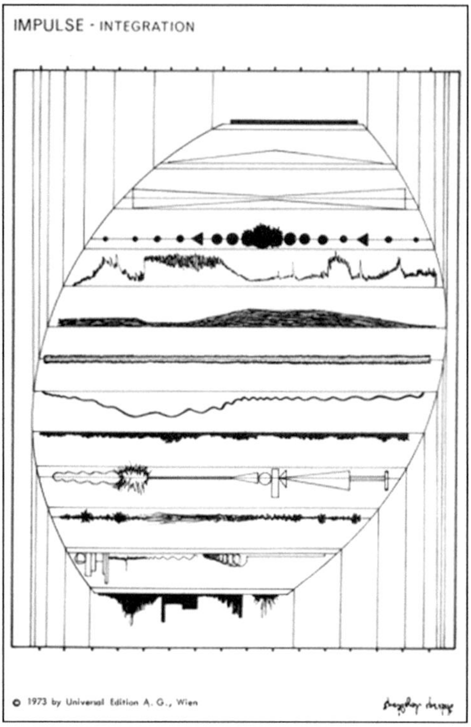

Betrachtet man die durch die »Integrationen« abgesteckte Schaffensphase von Logothetis genauer, die in etwa parallel zu der oben beschriebenen Entwicklung bei Doxiadis verlief, darf man auch im Fall des Komponisten von einer konsequenten Verdichtung der Werkidee sprechen. Ausgehend von der integralen Qualität der Schönberg'schen Zwölftonmethode übernahm der Komponist in seinen »Integrationen« zunehmend serialistische Verfahren, indem nicht mehr nur die Tönhöhen dem Ordnungsprinzip der Reihe unterwarf, sondern auch die Tondauern und dynamische Ereignisse – ein Fortschritt in Sachen Integration, den Logothetis offenkundig seinen Teilnahmen an den Darmstädter Ferienkursen in den Jahren zwischen 1955 und 1965 verdankt (ebd., 221). Im Rahmen dieser rasant arbeitenden »Ideenschmiede« begegnete er nicht nur führenden Protagonisten des seriellen Komponierens wie Karlheinz Stockhausen oder Pierre Boulez, er profitierte auch von den Kollegen der New York School, die schon seit einiger Zeit in unbekannte Klangräume vorgestoßen waren: so John Cage, der bekanntermaßen einen offenen Musikbegriff propagierte, und Earle Brown, dessen Komposition »December 1952« als eine der ersten graphisch notierten gilt (ebd., 221). Ein Aufenthalt im Elektronischen Studio des WDR Köln (ebd., 220) tat ein Übriges, um Logothetis zu einer Standortbesinnung zu veranlassen und sich innerhalb der Pole Stabilität und Varianz neu zu positionieren. Der Umgang mit dem Medium der Elektronik hatte ihn den schier grenzenlosen Reichtum der Mikrotonalität erkennen lassen. Wie aber konnte er diese nutzen, wenn er weiterhin für traditionelle, diatonisch »gedachte« Instrumente schreiben wollte? Auf der anderen Seite begann Logothetis mehr und mehr sein Unbehagen am orthodoxen Serialismus zu spüren. Beschränkte dessen streng systemisches Denken denn nicht die eigenen Auditionen? Die Antwort auf diese beiden Kernfragen fand der Komponist Ende der 1950er Jahre, in der Findung seiner Musikschrift, einer speziellen Art der graphischen Notation, die ihre prägnante Äußerlichkeit dem interaktiven Miteinander der von ihm entworfenen Tonhöhensymbole, Aktionssignale und Assoziationsfaktoren verdankt. Um nicht bei der andernorts schon vielfach geleisteten Zeichenerklärung von Logothetis' Schrift stehen zu bleiben, soll hier nur auf seine diesbezüglich informierende Hauptschrift »Zeichen als Aggregatzustand der Musik« (Logothetis 1974/1998, 40-47) verwiesen werden. Statt also semiotische Anmerkungen zu duplizieren, seien im Folgenden einige Berührungspunkte zwischen den ästhetischen Konzepten der beiden Landsleute näher beleuchtet.

Wie Doxiadis den Menschen zum Maß der Dynapolis erhob, so ließ sich auch Logothetis bei der Entwicklung seiner graphischen Notation von einem humanen Leitbild lenken. Für den Städteplaner war es wichtig, dass die Bewohner der neuen Stadt ihren Block, also die nächstgrößere Einheit ihres Hauses oder ihrer Wohnung, gehend erfassen konnten. Für den Komponisten galt es einzulösen, dass alle Spieler seiner Werke das gesamte musikalische Geschehen überblicken konnten. Sie sollten nicht, wie die Interpreten einer konventionell fixierten Partitur, nur ihre Einzelstimme vor sich haben, also entfremdete Arbeit leisten, sondern den musikalischen Prozess in Gänze überblicken, um ihn selbstverantwortlich mitgestalten zu können. Dieses Anliegen brachte Logothetis auf die Idee, jede seiner graphisch notierten Kompositionen auf nur einem, allen Mitwirkenden zur Verfügung stehendem Blatt unterzubringen und dort alle für eine musikalische Realisation notwendigen Informationen Blatt zu integrieren oder aber, wie im Fall seiner Bühnenstücke, einen Aufbau aus mehreren solcher Blätter zu gestalten – ein Verfahren, das mit dem modularen Strukturen bei Doxiadis durchaus vergleichbar ist. Es entspricht weiterhin dem Menschenbild des Komponisten, dass er den Ausführenden – ungeachtet der durch seine Schrift festgelegten Verbindlichkeiten – erhebliche Freiräume lässt. Sie betreffen etwa die Wahl der Besetzung, die Aufführungsdauer oder die strukturelle Dichte (ebd., 47) und erlauben eine situative Anpassung der Komposition, etwa an die Zahl der zur Verfügung stehenden Musiker und die Art ihres Instrumentatriums, an den Aufführungsanlass oder an die spezielle Dramaturgie eines Konzertprogramms. Auf wechselnde Rahmenbedingungen reagieren zu können, also lebensnah zu sein, forderte aber auch Doxiadis für seine Dynapolis: »Wir brauchen ein Haus, das mit der Familie wächst und schrumpft.« (Doxiadis 1965, 68) Eine Konkordanz zwischen dem Städteplaner und dem Komponisten könnte man schließlich in ihrem – auf das jeweilige Fach bezogen – innovatorischen Umgang mit der Zeit sehen. Doxiadis erweiterte, wie oben skizziert, die allgemeine Theorie der Stadtplanung, indem er ein Wachstum des urbanen Raums verlangte, das einem Zeitvektor folgte. Logothetis hingegen brach mit der Jahrhunderte alten Tradition, Musik wie einen Zeitstrahl zu denken. Bewusst sprengte er deren notationshistorisch bedingte Gleishaftigkeit, indem er der eindirektionalen Leserichtung des Fünfliniensystems die Multidirektionalität seines graphischen Partituren entgegenstellte, »deren in alle Blattrichtungen gerichtete Lesart eine verschiedengradige Polymorphie zulässt und fördert« (Logothetis 1974/1998, 43).

Transformationen

Dass gleich bei der ersten persönlichen Begegnung zwischen Doxiadis und Logothetis die »Funken sprühten«, lässt sich angesichts der oben dargelegten Betrachtungen denken. Sie fand 1962 in Athen statt, im Kontext des ersten vom Athen Technological Institute (einer Art Doxiadis-Schule) ausgeschriebenen Kompositionswettbewerbs. Eine kompetente Jury, die etwa den Musikwissenschaftler und Architekten Jannis Papaioannou, einen Mitarbeiter von Doxiadis, oder den Komponisten Jani Christou in ihren Reihen wusste, hatte Logothetis den ersten Preis zuerkannt – für sein Orchesterwerk »Kulmination« (1961) (vgl. Krones 1998, 225), ex aequo mit dem schon damals international renommierten Jannis Xenakis. [Der in den Constantinos A. Doxiadis Archives, Athen, aufbewahrte Briefwechsel zwischen Doxiadis und Xenakis verdiente eine eigene Würdigung]. Nach dem von Lukas Foss, dem amerikanischen Komponisten und Dirigenten, geleiteten Preisträgerkonzert, das am 16. Dezember 1962 über die Bühne des mittlerweile abgerissenen Kentrikons ging, traf man sich im den Bürohaus der Doxiadis Associates. (Über das Konzert und die Feier informiert ein von Kali Doxiadis, der Tochter des Städteplaners, an Logothetis gerichteter Brief mit dem Datum vom 13. Januar 1963; er befindet sich in Wien, in dem von Julia Logothetis verwahrten Nachlass ihres Vaters.) In der Folge korrespondierte Logothetis mit dem Hausherrn und dessen Mitarbeiter Jannis Papaioannou, um jenem recht bald seine zwischen April und November 1963 (vgl. Krones 1998, 226) ausgearbeitete graphische Partitur von »Dynapolis« vorlegen zu können [Die Constantinos A. Doxiadis Archives, Athen, bewahren folgende Briefe bzw. Durchschriften auf: 1. Logothetis an Doxiadis (21. Dezember 1968, 15. Februar 1969); 2. Doxiadis an Logothetis (15. Januar 1969); 3. Logothetis an Papaioannou (3. Oktober 1962, 22. Oktober 1962, 12. April 1963, 23. April 1963, 25. Mai 1963, 3. August 1963); 4. Papaioannou an Logothetis (25. September 1962, 27. Oktober 1962, 30. November 1962, 5. April 1963, 13.Mai 1963, 30. Juli 1963)].

Abbildung 3: Logothetis, Dynapolis, 1963
Abbildung 4: Logothetis, Apollonion, 1975

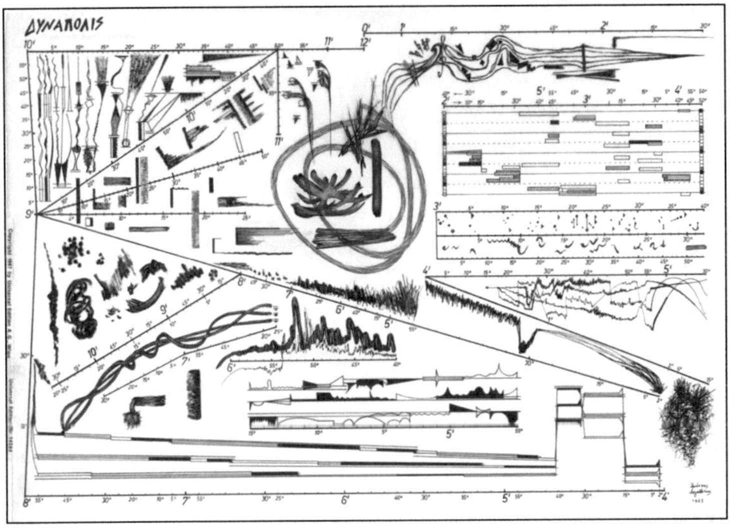

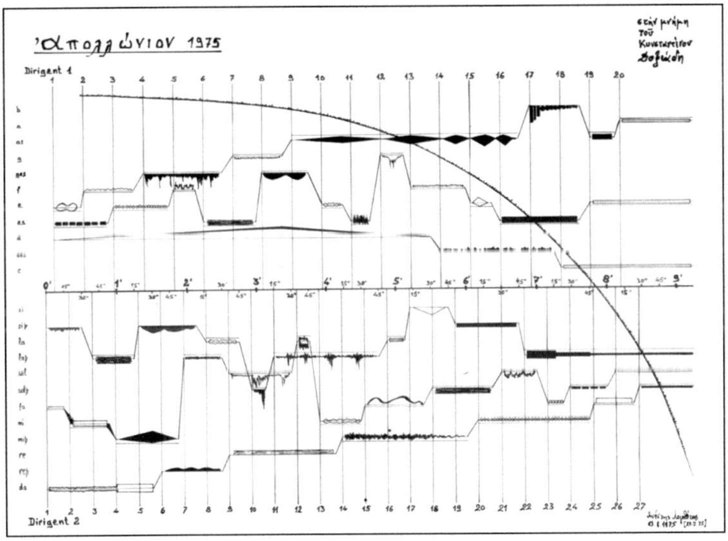

[Im Nachlass von Anestis Logothetis (Julia Logothetis, Wien) befinden sich folgende Korrespondenzen: 1. Doxiadis an Logothetis (15. Januar 1969, 26. Mai 1969); 2. Kali Doxiadis, die Tochter des Architekten an Logothetis (13. Januar 1963, 23. Januar 1963)] Fünf Jahre später, am 20. Januar 1968, kam es in Athen unter der Leitung von Theodore Antoniou zur Uraufführung des Werkes (ebd.). Doch erst am 15. Januar 1969 konnte sich der vielreisende Doxiadis für die Widmung von ›Dynapolis‹ brieflich bedanken:

»Mein lieber Hr. Logothetis, [...] Wie Sie wissen, verstehe ich als Nicht-Musiker nicht viel von Musik. Insofern kann ich mich Ihrer Arbeit nur mit dem gesunden Menschenverstand annähern, in der Hoffnung, dass ich zumindest dessen habhaft bin. Auf dieser Grundlage finde ich sie [die Komposition von »Dynapolis«] überaus interessant, und ich freue mich, dass Sie versuchen, solcherlei Parabeln zwischen zwei völlig verschiedenartigen Systemen zu schlagen – zwischen einem System der naturgemäßen Entwicklung menschlicher Siedlungen auf der Erdoberfläche und einem System der Klänge. [...] Wahrscheinlich wird irgendwann der Tag kommen, an dem wir die Systeme miteinander verbinden können. Dann wird wohl ihr jeweiliger Wert noch weiter anwachsen. Zugleich bin ich jedoch auch der Ansicht, dass die Menschheit noch ein langes Stück Weges zurücklegen muss, bis sie diesen Punkt erreicht. Ich sage dies nicht etwa, weil ich weiß, wie die Systeme der Musik und der natürlichen Entwicklung miteinander zu verbinden wären, noch weil ich weiß, wann dies erfolgen wird, sondern weil ich weiß, wie schwierig bisweilen die Zusammensetzung verschiedener Systeme ist, die die natürliche Entwicklung zweifellos beeinflussen; ich denke dabei etwa an die Versöhnung der visuellen bzw. ästhetischen Dimension mit der Frage der Verkehrsführung und Ähnlichem.« (Doxiadis 1969)

Die von Doxiadis angedachte Aufhebung der Dichotomie von Kunst und Wissenschaft, aber auch derjenigen von Architektur und Musik entsprach ziemlich genau der Vorstellungswelt von Logothetis. Immerhin hatte der einstige Student des Bauwesens in den 1960er Jahren Vorträge gehalten, in denen er Pläne präsentierte, die aktuelle Kirchenmusik durch eine gemeinsame Matrix mit der zeitgenössischen Architektur zu verbinden: »Unter anderem betonte ich, dass die Kirchenarchitektur bis heute durch eine optische und philologische Verpflichtung charakterisiert ist. Sehen Sie sich zum Beispiel die Entwürfe des Kreuzes, der Kuppel, des Himmels oder der Krone an, die [Oscar] Niemeyer in Brasilia verwirklichte, oder die Le Corbusier-Kapelle in Ronchamp, die an einen Pilz erinnert. Heute könnten bei der Konstruktion einer Kirche, behauptete ich in meinem Vortrag, ausschließlich akustische Erfahrungen zur Geltung kommen. Klänge, die sich zwischen verschiedenen Wänden und Räumen bewegen und dabei verändern, so dass sich der Gottesdienst eine der Veränderung der Klänge entsprechende Bedeutung und Dimension aneignen könnte« [Dass Logothetis in Wien Vorträge mit dem Titel »Die heutigen Möglichkeiten der Kirchenmusik in Verbindung mit der Architektur« (oder ähnlich) gehalten hat, lässt sich dem Interview »Die ODYSSEE und die Avantgarde-Musik« in der griechischen Tageszeitung »Drasis« (= Aktion) vom 6. Juni 1966 entnehmen; Original in griechischer Sprache, hier in der Übersetzung von Theodor Votsos, Köln, Nachlass Anestis Logothetis (Julia Logothetis, Wien)].

In seiner Komposition »Dynapolis« hatte Logothetis einen ähnlichen Brückenschlag versucht. Allerdings war letzterer sozusagen vom anderen Ufer aus erfolgt, prägten hier doch architektonisch-städteplanerische Erfahrung den

Klangfluss (und nicht die klanglichen Möglichkeiten die bauliche Struktur). In welch erstaunlichem Ausmaß dies vonstatten ging, lässt sich beispielsweise an dem Umstand belegen, dass Logothetis in »Dynapolis«, ein rarer Fall in seinem graphisch notierten Œuvre, eine Zeitleiste benutzte, in der man ein Äquivalent zu den besagten Zeitvektoren von Doxiadis sehen könnte. Und wie der Städteplaner die Module seiner Dynapolis als parabolisch sich vergrößernde verstand, so organisierte Logothetis die Klanggenese seiner »Dynapolis« – vereinfacht gesprochen – als Crescendo:

»Ab der 9. Minute schnellt die Besetzung [...] bis zu 38 Spieler[n], denn hier werden die Zeichen [...] in ihrem Verlauf mehrdimensioniert, sodaß ein und dieselbe optische Struktur gleichzeitig als liegende Klanglichkeit (die sich auftürmt) wie auch eine gleitende, sich auffächernde, lesbar wird.« (Logothetis 1974/1998, 62) Und auch Doxiadis' Plan, jedes Modul seiner Dynapolis mit einem eigenen Zentrum auszustatten und mit für die Menschen wie den Autoverkehr eigenen Bahnen, setzte Logothetis in seiner Partitur um: »Im Falle [der Komposition] der Dynapolis waren es die Dimensionen der Zeit, die sich in verschiedenen Zentren ablösen; und mit Ihnen ergab sich das Ablösen der verschiedenen Lebensweisen, was ich musikalisch durch verschiedenartige Einrichtungen und Konfigurationen bewerkstelligte [...].« (Logothetis 1998, 95)

Bald nach der Uraufführung von »Dynapolis« zeigten sich bei Doxiadis Anzeichen einer schweren Erkrankung des Nervensystems, der er am 28. Juni 1975 erlag. Wenige Wochen später, am 20. Juli, nahm Logothetis die Arbeit an seiner Komposition »Apollonion 1975 – pour Konstantinos Doxiadis« (vgl. Krones 1998, 228) auf, einem Werk für zwei Spielergruppen und zwei Dirigenten, denen die auf Liegetönen basierende Partitur je ein eigenes System einräumt. Könnte man die fallende Klangkurve als Überbrückung interpretieren? Als Hinweis auf das lebenslange Bemühen des Städteplaners wie des Komponisten, Wissenschaft und Kunst als permeable Membrane zu verstehen?

Am 13. August 1975 konnte Logothetis die Arbeit an »Apollonion« beenden, um im Dezember die Athener Uraufführung des »Requiems« zu leiten.

Literatur

Doxiadis, K.A. (1937): Raumordnung im griechischen Städtebau. Heidelberg Doxiadis, K.A. (1965): Architektur im Wandel. Düsseldorf

Doxiadis, C.A. (1968): Ekistics. An Introduction to the Science of Human Settlements. New York

Doxiadis, K.A. (1969): Brief an Anestis Logothetis, 15. Januar 1969, Nachlass Anestis Logothetis (Julia Logothetis, Wien); Original in griechischer Sprache, hier in der Übersetzung von Theodor Votsos. Köln

Kultermann, U. (1965): Einführung. In: Doxiadis, K.A. (Hg.): Architektur im Wandel. Düsseldorf, 9-12

Krones, H. (1998): Klangbild und Bildklang. Wien

Logothetis, A. (1997): Drei Lieder auf Gedichte von Friederike Mayröcker für Frauenstimme, Gitarre und Flöte. In: Henke, M. & Jäggin, C. (Hg.): Drei Lieder auf Gedichte von Friederike Mayröcker für Frauenstimme, Gitarre und Flöte. Karlsruhe

Logothetis, A. (1998): Zeichen als Aggregatzustand der MusikIn: Krones, H. (Hg.): Klangbild und Bildklang. Wien, 32-71

Logothetis, A. (1998): Die Geschenke meiner Umgebung anhand der Frage »was denn nun Musik sei« . In: Krones, H. (Hg.): Klangbild und Bildklang. Wien, 75-137

Provoost, M. (2007): »New Towns« an den Fronten des Kalten Krieges. Wie die moderne Stadtplanung exportiert und im Kampf um die Dritte Welt instrumentalisiert wurde. www.eurozine.com/articles/2007-05-25-provoost-de.html vom 29.11.2011.

Spitzer-Logothetis, J. (1998): Das Bild des Vaters. In: Krones, H. (Hg.): Klangbild und Bildklang. Wien, 8-11

Tournikotis, P. (1973): [Einführung] In: Doxiadis, K.A. (Hg.): Raumordnung im griechischen Städtebau. Heidelberg www.doxiadis.org vom 26.11.2011.

»Das Ziel ist die Erziehung eines kritischen, urteilsfähigen Bürgers«

Gert Kähler

»Das Ziel ist die Erziehung eines kritischen, urteilsfähigen Bürgers, der imstande ist, durch einen permanenten Lernprozess die Bedingungen seiner sozialen Existenz zu erkennen und sich ihnen entsprechend zu verhalten.« Das erklärte vor etwas mehr als vierzig Jahren Bundeskanzler Willy Brandt in einer in vielerlei Hinsicht auch heute noch bemerkenswerten Regierungserklärung. Und Brandt fügte hinzu: »Die Schule der Nation ist die Schule.« (Brandt 1969)

1969, im Jahr der Brandt'schen Regierungserklärung, erwarb ich mein Diplom als Architekt. In drei Monaten beschrieb ich damals zusammen mit meinen Kollegen rund sechshundert Seiten Papier, um nicht weniger als ein neues Bildungssystem zu entwerfen; das alte (das wir gerade durchlaufen hatten) hatte sich, wie wir meinten, als marode, autoritär und reaktionär, mit einem Wort: als Instrument des Klassenkampfes erwiesen. (Dass ich nach dessen Durchlauf immerhin in die Lage versetzt worden war, dieses Bildungssystem infrage zu stellen – diese feine Ironie habe ich damals nicht bemerkt.) Eigentlich hatten wir angehenden Architekten ja vor, eine Schule zu planen. Doch dazu mussten erst einmal ein neues Bildungssystem entworfen werden, denn schließlich galt es, die Voraussetzungen des Entwurfes zu hinterfragen. Letzteres, das Entwerfen, konnte dann leider nicht mehr stattfinden, weil die Zeit nicht reichte; aber der Weg war ohnehin wichtiger als das Ziel.

Die Bauten, die wir entworfen *hätten*, wenn denn noch Zeit gewesen wäre, sind dennoch entstanden. Und sie stehen immer noch: in Osterburken oder Weinheim, in Fröndenberg und Bergisch-Paffrath, in Hannover-Roderbruch oder Dortmund-Scharnhorst. Und, fast identisch, in Hamburg-Steilshoop und Mümmelmannsberg.

Heute finden wir alle diese Schulen scheußlich – projizieren wir doch in sie Vorstellungen von Trabantenstadt, Waschbeton und Gesamtschule: beschmierte Wände, gescheiterte Systeme. Allein die Sprache der damaligen Planer wirkt heute zum Schreien: »Wir gingen bei unserer Analyse von den allenthalben beobachtbaren Versuchen staatlicher und halbstaatlicher Organe aus, mittels interventionistischer Planungs- und Steuerungsmaßnahmen den gesamten Ausbildungssektor in einen Zustand zu transformieren, der dem entfalteten Stand der gesellschaftlichen Produktivkräfte und den veränderten Verwertungsbedingungen des Kapitals adäquat sein soll.« (Becker & Jungblut 1972, 7). Das musste ja architektonisch schief gehen.

Und die bildungspolitischen Ziele? Flexibel wollte man sein, um auf unterschiedliche und sich ändernde Wünsche der Schüler eingehen zu können. Die Unterrichtsformen sollten modernen Techniken und wechselnden Gruppengrößen angepasst werden; »team teaching« hieß das damals. Nicht die Gleichheit aller wurde gefordert, sondern die Gleichheit der Bildungs*chancen*. Das Lehrangebot sollte verbreitert, auf die konkrete Erfahrungswirklichkeit der Schüler abgestellt werden. Unterschiedliche Lernvoraussetzungen und Fähigkeiten der Schüler sollten durch unterschiedliche Kursniveaus ausgeglichen werden.

Die Gesamtschule, gerade erst erfunden, sollte der Transmissionsriemen dieser bildungspolitischen Umwälzung werden. Sie wurde zum Inbegriff fortschrittlicher Pädagogik, und die Architekten wurden ihre Propheten. Tatsächlich gab es einen Moment innerhalb dieser wenigen Jahre, da die Architekten an führender Stelle und mit viel Engagement gesellschaftspolitische Ziele verfolgten: ein neues Schulsystem in neuen Schulen.

Ich habe den Eindruck, die Themen, die wir damals beackert haben, sind heute, nach vierzig Jahren, noch immer nicht gelöst – von der sozialen Ungerechtigkeit des Bildungssystems bis zu den Möglichkeiten individueller Förderung.

Schulbauarchitektur

Das scheinbare Allheilmittel, gleichzeitig umkämpftes Feld der politischen Auseinandersetzung, stellte damals in West-Deutschland die neue Gesamtschule dar, nach Möglichkeit mit Ganztagsunterricht. Je nach politischem Standort wurde sie als Lösung aller Bildungsprobleme *begrüßt* oder aber als aus dem Osten importiertes Übel *verteufelt*.

Vor allem *Chancengleichheit* sollte durch die Gesamtschule verwirklicht werden und wurde zu *dem* bildungspolitischen Schlagwort der siebziger Jahre. Die Empfehlung des Deutschen Bildungsrats entsprach dem: Zwecks Realisierung sozialer »Kristallisationspunkte« sollte eine Gesamtschule nicht mehr nur Schule sein, sondern Bestandteil eines öffentlich zugänglichen Bildungskosmos, der Bibliotheken, Erziehungs- und Berufsberatungsstellen (inklusive Fortbildung oder Umschulung) sowie Volkshochschulen umfasste. Ein »Haus der offenen Tür« für Jugendliche, Gruppen oder Vereine rundete diese Idealvorstellung ab.

Die Theorie wurde in die Praxis umgesetzt – zumindest in Versuchsform und in bester Absicht. Allen voran in Neubaugebieten wurden Anstrengungen unternommen, Schulen durch angeschlossene Nutzungen zu sozialen Treffpunkten zu machen. In Hamburg-Steilshoop oder Hamburg-Mümmelmannsberg sah das etwa so aus: Gesamtschulen für 2.400 Schüler plus »Haus der Jugend«, Stadtteilbibliothek, Volkshochschule, Elternbildungsstelle, Erziehungsberatungsstelle, Kindertagesheim und Halbtagskindergarten – man ist versucht zu sagen: das ganze sozialdemokratische Programm. Beiden Schulen ist darüber hinaus gemein, dass sie im Zentrum neu geplanter Stadtviertel realisiert wurden, zwischen Einkaufszentrum und öffentlicher Rekreationszone. Eine von beiden, die in Steilshoop, ist inzwischen geschlossen – kein Bedarf mehr. Schon 1973 aber konstatierte Paulhans Peters: »Manchmal beschleicht einen der vage Verdacht, als ob hier Schlagworte gebaut werden, die, wie die berüchtigte Urbanität, auch ohne viel Sinn in eine bauliche Form gepresst werden« (Peters 1973, 137). Weiter heißt es: »Diese Schulzentren sind riesige blinde Stellen im ansonsten kleinteiligen Gewebe einer neuen Siedlung. Sie zerstören es. [...] Manchmal schleicht sich ein böser Gedanke ein: dass nämlich viele Gesamtschulen genauso wie die meisten Megastrukturen nur so tun, als ob sie zukunftsweisend seien.« (Ebda.)

Es ist ein wahrlich bemerkenswertes Phänomen: Zwischen dem Kassandraruf Georg Pichts von der drohenden »Bildungskatastrophe« (1964) und massiven Zweifeln an den als Remedur entwickelten Gesamtschulbauten lagen gerade einmal zehn Jahre: 1973 stellte Paulhans Peters im »Baumeister« weiter fest: »Man hat – anscheinend – Unterrichtsvorstellungen übernommen, ohne sich nach ihren Vor- und Nachteilen in psychologischer Hinsicht zu fragen [...]. Die Vorteile und Schädigungen durch die Gebäude, in denen Kinder etwa ein Fünftel des Tages verbringen, werden sicher erst dann erkannt und erfaßt sein, wenn die Gesamtschulen mindestens eine ganze Schülergeneration verdaut haben.« (Ebda.) Und Peters stellte im gleichen Maßstab einige Lagepläne von üblichen Gesamtschulen dem einer mittelalterlichen Stadt gegenüber – spätestens da musste jedermann klar sein, dass die Wirklichkeit der Riesenschulen, notwendigerweise an Riesenstandorten außerhalb oder am Rande der Städte, zwar möglicherweise bessere Schulen, bestimmt aber schlechtere Städte hervorrief.

Die auf dem Tisch liegenden pädagogischen Konzepte waren fortschrittlich, aber sie scheiterten kläglich – an den Dimensionen, an der Lage in (bzw. außerhalb) der Stadt und an den Menschen, die sie hätten umsetzen sollen: den Politikern, die schnell merkten, dass die neuen Schulen teuer waren (aber wie viel Geld darf »Chancengleichheit« eigentlich kosten, bis sie »unwirtschaftlich« wird?), an den Lehrern (auch wenn gerade bei den ersten Generationen von Gesamtschullehrern viel Idealismus im Spiel war) und an den Architekten, die sich im falschen Metier tummelten und vor lauter Begeisterung über ein demokratisches Schulwesen die *Architektur* der Schulen vergaßen.

Letztere haben daraus immerhin gelernt: betrachtet man Schul-Neubauten der letzten Jahre, dann bilden sie geradezu einen Triumph des Architektonischen. Einziges Problem: die fortschrittlichen pädagogischen Ziele von damals lassen sich in diesen Schulen nicht mehr realisieren.

»Der dritte Pädagoge ist der Raum« – ein Klassiker der Zitatkultur. Die Konsequenz wäre, dass mit sich wechselnden pädagogischen Konzepten zwischen wilhelminischer Obrigkeitsschule und der sanften Pädagogik von heute nicht nur der Bau neuer Schulen verändert haben müsste – das hat er in der Tat –, sondern dass auch die alten, einer als überholt angesehenen Pädagogik entsprungenen Bauten hätten abgerissen werden müssen. Denn Schularchitektur prägt Menschen, und erst recht kleine Menschen: sie stellt eine Gesellschaft und ihr Verständnis von Erziehung dar. Sie bildet einen gesellschaftlichen Ort in einer städtischen Umgebung. Und sie kann im besten Fall »die Seele anrühren«: sie kann fröhlich machen oder auch traurig.

Was also soll ein Schulgebäude heute ausdrücken? Wie wichtig ist es, ob es lange haltbar ist und wenig Betriebskosten verursacht? Welchen Spielraum hat man überhaupt als Architekt, das Überraschende in die geordnete Welt der Schulbaurichtlinien einzuschmuggeln? Kann ein Architekt seine Vorstellung von Schule realisieren – und ein anderer Architekt eine andere? Müssten wir nicht sechzehn verschiedene Schulbau-Architekturen haben, für jedes Bundesland eine? Gibt es ein strategisches Konzept zum Schulbau wenn man denn die Prämisse akzeptiert, »Der dritte Pädagoge ist der Raum« – und wie sieht es aus? Weiß jeder Schulbau-Architekt (und jede veranlassende und kontrollierende Behörde), wie ein Raum auf Kinder wirkt? Warum werden bei den Richtlinien nur messbare Größen (Brandschutz, Verkehrssicherheit) aufgeführt, nicht aber der Wohlfühlfaktor, der Mit-Freude-in-die-Schule-gehen-Faktor oder der Angst-vor-Schule-Koeffizient?

Man wird ohne Übertreibung sagen können: Die Architekten der wilhelminischen Schulen um 1900 wussten das alles noch; sie bauten eine Lehr*anstalt*, wie sie Thomas Mann beschreibt: »Die Schule war ein Staat im Staate geworden, in dem preußische Dienststrammheit so gewaltig herrschte, daß nicht allein die Lehrer, sondern auch die Schüler sich als Beamte empfanden, die um nichts als ihr Avancement und darum besorgt waren, bei den Machthabern gut angeschrieben zu stehen. [...] Allein es blieb die Frage, ob nicht früher, als weniger Komfort der Neuzeit und ein bisschen mehr Gutmütigkeit, Gemüt, Heiterkeit, Wohlwollen und Behagen in diesen Räumen geherrscht hatte, die Schule ein sympathischeres und segenvolleres Institut gewesen war.« (Mann 1957, 653-654)

Baukultur und kulturelle Kompetenz

Wenn nun aber der Satz zutrifft: »Der dritte Pädagoge ist der Raum«, die gebaute Umgebung uns also erzieht, dann ist das nicht nur eine Frage von Schulbauten. Es ist vielmehr eine Frage, die die gesamte gebaute Umwelt betrifft. Und es ist die Frage, was Kinder und Jugendliche über diese lernen. Sollte demnach das Thema »gebaute Umwelt« oder »Baukultur« ein Gegenstand des öffentlichen Bildungssystems sein? Oder ist der sachkundige Umgang mit baukulturellen Inhalten, mit der gebauten Umgebung eher ein ausschließlich berufsbedingtes Erfordernis für Architekten?

Eine erste Antwort besagt: Es ist, erst recht im Zeichen der Globalisierung, nachgerade ein Gemeinplatz, von den »weichen« Standortfaktoren zu sprechen, die die »harten« in den Entscheidungen der Unternehmen abgelöst haben. Kultur, auch Baukultur spielt dabei eine wichtige Rolle.

Es gibt aber noch einen tiefer greifenden Zusammenhang, der den Erwerb kultureller Kompetenzen – also auch baukultureller – zwingend macht. Ich bin überzeugt – und dafür gibt es Belege, wenn auch meist nur negative (Jugendkriminalität, Vandalismus) –, dass das zunehmende Tempo der Veränderung aller Lebensumstände nur dann psychisch auszuhalten ist, wenn man als Individuum »gefestigt« ist. »Verankert« ist. Eine »Heimat« hat. Sich »zuhause« fühlt. Nicht »entwurzelt« ist.

Die Begriffe zeigen die Schwierigkeit, etwas Grundlegendes zu benennen. Sie beschreiben etwas, das nur gelingt, wenn die eigene Identität bewahrt werden kann – und Identität umfasst das Individuum und einen bestimmten Ort! »Heimat« ist nie *nur* Gebautes. Aber sie ist immer *auch* an einen Ort gebunden; sie entsteht aus emotionalen Prägungen in der Kindheit, die auch einen Ort umfassen. Genauso, wie im Wort »Wohnen« der Begriff der »Gewöhnung« steckt, muss man sich an die Gestalt der Stadt, an ihr Geflecht aus Straßen und Plätzen, aus hohen und niedrigen, breiten und schmalen, wichtigen und weniger wichtigen Häusern *gewöhnen*, mit ihr vertraut werden (und das heißt: sie verstehen lernen) bevor die Stadt zum »Wohnzimmer«, zur Heimat geworden ist.

Wir leben in einer Wohnung erst wirklich, wenn sie vertraut ist. Wenn ich nicht mehr genau hinsehen muss, weil ich alles kenne – von der knarrenden Treppe, dem Fleck auf der Tapete bis zum Ausblick aus dem Fenster. Heimisch aber *muss* man werden, weil damit ein wichtiger psychischer Aspekt erfüllt ist: Ich kann mich völlig entspannen. Ich muss keine Rolle mehr spielen – nicht im Büro, nicht in den öffentlichen Räumen, nicht als Teil einer Familie. (Und machen wir uns nichts vor: In all diesen Bezügen *spielen* wir Rollen). Jeder kennt doch die Situation: Man zieht in eine neue Wohnung, und der Wasserhahn tropft. Oder ein Stück Tapete ist gerissen. Entweder man repariert es sofort, oder es bleibt sehr lange – es wird dann, so absurd es klingt, zur Gewohnheit.

Nun stellen wir uns einmal die Situation vor – sagen wir – vor 300 Jahren vor. Damals lag die Lebenserwartung bei etwa vierzig Jahren. Während dieser Zeitspanne lebte dieser Mensch in seiner Stadt – er zog nicht um. Er hatte sein warmes berufliches Nest in den Zünften, seine gebaute Umgebung veränderte sich praktisch nicht – vielleicht gab es mal einen Brand, vielleicht kam er mal ins Nachbardorf – von Mallorca und seinen Vorzügen hat er jedenfalls zeitlebens nie erfahren.

Und heute? Da liegt die Lebenserwartung bei rund achtzig Jahren. Während dieser Zeit zieht der Mensch im Durchschnitt acht Mal um, teilweise in andere Städte, bisweilen auch in andere Länder. Er fährt rund achtzig Mal in den Urlaub – als Student nach Nepal, in mittlerem Alter zusammen mit den Kindern nach Mallorca, im Alter auf einem Kreuzfahrtschiff mit Halt in Marokko und Ägypten. Und selbst wenn er in einer Stadt bleibt oder in sie zurückkommt, dann hat sich diese stark verändert – nicht nur durch Kriege, sondern auch durch das, was wir den »Wirtschaftsprozess« nennen, in dem die Dauerhaftigkeit von Bauten nicht mehr nach der Haltbarkeit von Materialien, sondern nach Abschreibungsfristen bemessen wird. Und auch die Stadt hat sich verändert durch die anderen Menschen darin.

Warum sollten wir annehmen, dass diese dramatische Veränderung keine Spuren im Seelenhaushalt der Menschen hinterlässt? Wohlgemerkt, ich werte das nicht – es ist nicht besser oder schlechter, wohl aber anders! Warum sollten wir annehmen, dass ein neu Hinzugezogener die vorhandene Stadt mit den gleichen Augen sieht wie jemand, der schon seit fünf Jahrzehnten dort lebt? Wie kann er sich mit dieser Stadt identifizieren, sie als »seine eigene« ansehen, wenn er doch gerade erst angekommen ist? Um das zu verdeutlichen, darf ich aus einem Dialog zwischen Karl Valentin (als Schüler) und Liesl Karlstadt (als Lehrerin) zitieren, ein Dialog aus dem Jahre 1940:

Valentin: Fremd ist der Fremde nur in der Fremde. [...] Weil jeder Fremde, der sich fremd fühlt, ein Fremder ist und zwar so lange, bis er sich nicht mehr fremd fühlt, dann ist er kein Fremder mehr. [...]
Dem Einheimischen sind eigentlich die fremdesten Fremden nicht fremd. Der Einheimische kennt zwar den Fremden nicht, kennt aber am ersten Blick, daß es sich um einen Fremden handelt.

Karlstadt: Wenn aber ein Fremder von einem Fremden eine Auskunft will?

Valentin: Sehr einfach: Frägt ein Fremder in einer fremden Stadt einen Fremden um irgend etwas, was ihm fremd ist, so sagt der Fremde zu dem Fremden, das ist mir leider fremd, ich bin hier nämlich selbst fremd.

Karlstadt: Das Gegenteil von fremd wäre also – unfremd?

Der Begriff, der dieses Vertrautwerden letztlich zutreffend benennt, ist dann vielleicht doch nicht »unfremd«. Man nennt es im weitesten Sinne »Kultur«. Nur wenn jeder einzelne in dieser Welt einen festen Kern hat, eine »Heimat«, wird er sich darin zurecht finden. Nur wenn *viele* einzelne eine »Heimat« auf gleicher kultureller Grundlage besitzen, werden sie sich als eine Gesellschaft verstehen – eine Dorfgemeinschaft, eine Stadtgesellschaft, eine europäische Gesellschaft. Aus diesem Grunde bildet das Erlernen kultureller Kompetenzen einen, wenn nicht den wichtigsten Bestandteil eines Bildungssystems – nicht nur in den Fächern Kunst oder Musik, sondern genauso in Geschichte oder Deutsch. Denn Kultur besteht nicht aus einem Kanon von Musikstücken oder Büchern, sondern aus einem Zusammenhang von Menschen, Orten, Sprachen, politischer, gesellschaftlicher und kultureller Geschichte. Einige davon sind anerkannte zentrale Schulfächer: Gemeinschaftskunde, Literatur, Musik, Bildende Kunst, Geschichte – nicht aber der »gebaute Ort«, nicht die Architektur. Ich denke, auch diese im allgemeineren Sinne aufgefasste »Baukultur« muss Teil des Bildungssystems sein.

»Lehre von der gebauten Umwelt«

Hinzu kommt am Rande, dass die Kinder und Jugendlichen über die Auseinandersetzung mit ihrer gebauten Umwelt noch weitere Kompetenzen erwerben: Den Umgang mit der Stadt als einem komplexen System sich widersprechender Interessen, die nach bestimmten Regeln ausgetragen werden; die Erziehung zu kritischem Umgang mit der Umgebung; die Frage nach der Nachhaltigkeit von Bauten und Städten. Sicherlich auch: den Spaß am kreativen Gestalten.

Dabei muss eines deutlich sein: Literatur im Deutschunterricht an den Schulen wird nicht deshalb gelehrt, weil die Schüler Schriftsteller werden sollen, sondern weil sie differenziert und verstehend mit Sprache umgehen sollen. Entsprechend befasst man sich mit Fragen der Architektur und der gebauten Umwelt in der Schule nicht, um Architekt zu werden, sondern weil die Stadt als Gemeinwesen ein gebautes Gebilde ist, in dem Menschen agierten und agieren.

Es geht also *nicht* vordergründig um eine »Geschmackserziehung« auf der ästhetischen Ebene. Die Notwendigkeit einer Einbeziehung in den Unterricht erklärt sich nicht aus dem vermeintlich »schlechten« Geschmack, der verbessert werden muss – weg mit den Sprossenfenstern und Walmdächern! –, sondern daraus, dass jeder mit seiner gebauten Umgebung umgehen muss – er sollte sie erkennen als gebautes Bild einer Gesellschaft, deren Teil er ist. Die Bemühungen der Architektenkammern und Berufsverbände der Architekten leiden unter einer berufsbedingt verkürzten Sicht auf die Chancen, die mit dem Thema verbunden sind. Sie sehen in erster Linie die ästhetischen Aspekte, gleichsam, als wolle man »bessere Bauherren« erziehen. Tatsächlich liegt die Chance darin, bessere Bürger zu erziehen.

Beim Schreiben und Lesen ist es ganz einfach: Wie soll einer die BILD-Zeitung entziffern, wie soll er Goethe verstehen, wenn er nicht in der Schule das

ABC gelernt hat? Für unsere gebaute Umwelt aber, die uns vom Kinderzimmer bis zur ganzen Stadt ständig umgibt, für die soll nicht gelten, dass man die Regeln kennen muss? Für »schön« und »hässlich«, für »freundlich« und »abweisend«, für »passt in die Umgebung« oder »gehört nicht hierher« hätten wir keine Kriterien?

Gebaute Umwelt prägt jeden. Verändert jeden. Und deshalb muss jeder damit umgehen können. Er muss Kriterien entwickeln, sie in ihrer Wirkung einschätzen können. Es gibt keinen Grund, warum Biologie ein Schulfach, Architektur es aber nicht ist – in beiden Fällen geht es buchstäblich um lebenswichtige Dinge.

Architektur, gebaute Umwelt mag verschieden sein, je nach dem, ob man sie als Bürger auf dem Dorf oder in der Großstadt erlebt. Sie ist jedoch nicht nach Bundesländern klassifizierbar. Da kommt die deutsche Bildungs-Kleinstaaterei hinein: Jedes Ministerium entwickelt für sich Anschauungen darüber, wie das Thema behandelt werden muss. Und selbstverständlich: Auch jede Architektenkammer folgt diesem Prinzip – wäre es doch noch schöner, wenn wir das Gleiche machten wie der Nachbar! Eine Reflektion über die jeweils gemachten Erfahrungen und ein gegenseitiger Austausch von Erfahrungen findet (soweit ich es überblicke) kaum statt. Das Ergebnis der Duodezfürstentümer: Es gibt kein Gesamtkonzept für das Thema, kein Curriculum, das da sagte: In diesem Alter, in dieser Schulform macht es Sinn, die unmittelbare Umgebung sehen zu lernen, in jener, ein Wartehäuschen zu entwerfen und zu bauen, und dort müsste man die Entstehungsbedingungen von gebauter Umwelt und die Einflussmöglichkeiten der Bürger begreifen.

Der Zeitpunkt, dieses Gerüst gerade jetzt zu entwickeln, ist deswegen günstig, weil die Diskussion über eine Verbesserung der Bildungspolitik nach PISA wieder in Gang gekommen ist. Wichtige Akzente in der heutigen Schuldiskussion sind:

- die Verbesserung der sozialen und der kulturellen Kompetenz der Schüler,
- fachübergreifende Unterrichtsfelder,
- Beziehung von Fachinhalten auf das Lebensumfeld der Schüler.

Für alle diese Aspekte ist das Thema »Architektur/gebaute Umwelt« geeignet wie kaum ein anderes. Hinzu kommt, dass die Eigenständigkeit der Schulen gestärkt werden soll, so dass sich hier auch ein Feld für die Profilierung von Schulen ergibt.

Architektur als Querschnittsfach

Inhaltlich sind zwei Grundsätze erforderlich: Das ist zum einen die Anbindung an die konkrete Nachbarschaft der jeweiligen Schule – von Buxtehude nicht nach Bilbao, sondern nach Buxtehude! Der andere ist der fachübergreifende Ansatz. Beide zusammen schaffen eine ungleich höhere Motivation der Schüler, sich mit dem Thema auseinander zu setzen, als es die abstrakte Beschäftigung mit Stilen und Bauten erreichen kann. Tatsächlich ist das Thema wie kein anderes geeignet, den schulischen Rahmen zu sprengen und einen vielfältigen, mit konkreten Beispielen und Exkursionen, mit Selbstbauaktionen und Entwurfsübungen angereicherten Unterricht zu bieten, wie er heute als moderne Pädagogik verlangt wird! Übungen wie jene, mit Hilfe eines Blattes Papier und einer vorgegebenen Belastung (einer Münze, zum Beispiel) einen Wettkampf unter den Schülern zu initiieren, wer die größte Länge frei überspannen kann, vermitteln mehr über die Ingenieurbaukunst, als es eine abstrakte Beschreibung von Brückenbauten leisten kann. Fatih Akin, der Regisseur, hat im Unterricht »Bildende Kunst« als Sechzehnjähriger seinen ersten Film über seine Schule gemacht! Das einzige, was dazu nötig ist, ist die Bereitschaft der Lehrer, sich darauf einzulassen; ihre Gestaltungsmöglichkeiten sind gerade bei diesem Thema beträchtlich – ebenso wie die Bereitschaft externer Fachleute, ihr Erfahrungswissen in die Schule einzubringen.

Bisher allerdings kommen die Lehrpläne noch nicht aus einer selbstgebastelten Falle heraus: Der Unterricht ist zu stark auf einzelne Schubladen verteilt, als dass das Thema in seiner ganzen Spannweite erfasst werden kann. Diese besteht eben nicht nur aus dem scheinbar so kreativen »Entwerfen«. Wo soll man Sie also einordnen? Klar ist, der Kunstunterricht, wiewohl immer mehr zusammengestrichen, hat das Kreative des Entwerfens zu fördern. Aber Architektur ist mehr: Wie wird ein Entwurf zwischen Bebauungsplan und Bürgerinitiativen realisiert – das ist ein Thema für den Gemeinschaftskunde-Unterricht. Oder: Kann ich besser etwas über das Leben früherer Epochen vermitteln als über die Alltagswelt der Menschen in gebauten Zeugnissen? Oder: Was wären die »Buddenbrooks« ohne die Beschreibung ihrer großbürgerlichen Interieurs! Schon bin ich im Deutsch- oder Geschichtsunterricht.

Tatsächlich ist das Fach »Lehre von der gebauten Umwelt« ein ideales Querschnittsfach. Doch genau da fangen die Schwierigkeiten an. Denn (sicher verallgemeinert) unsere Lehrer halten nicht viel von Querschnittsfächern. Die machen Arbeit, weil sie das Gewohnte sprengen – allein die Unterrichtsorganisation ist schwierig. Aber selbst wenn man das Thema auf den Kunstunterricht beschränkt, ist es damit noch nicht etabliert. Denn Lehrpläne hin oder her: diese schlagen den Gegenstand zwar ausführlich vor, aber in der Regel nur als ein Thema unter mehreren, unter denen der Kunsterzieher – was für eine Berufsbezeichnung! – auswählen kann. Der hat Kunst studiert – und da kam die Architektur meistens gar nicht vor; und wenn, dann nur als schneller Streifzug durch die Baugeschichte. Das Ergebnis: Der Kunsterzieher hat meist nur rudimentäre Kenntnis von Architektur.

Um es noch einmal deutlich zu sagen: Ziel des Unterrichts kann nicht sein, »kleine Architekten« zu erziehen. Sondern es geht darum, ein Verständnis von der *Gestaltbarkeit* gebauter Umwelt zu wecken. Das schließt entwerferische Ansätze ein, aber auch Kenntnisse von kommunalen Entscheidungsvorgängen und von der Komplexität und gegenseitigen Abhängigkeit städtischer Netze. Es darf sich nicht an den Highlights der Architektur – weder den historischen noch den gegenwärtigen – orientieren, sondern muss die Normalität der täglichen gebauten Umgebung thematisieren: Dort müssen die Qualitätsmaßstäbe anwendbar sein. Alles andere fördert nur das weit verbreitete Missverständnis, ein Guggenheim-Museum in Bilbao sei Architektur, die eigene Wohnung aber nicht. Der viel bemühte »mündige Bürger« beweist sich nicht, indem er nach Bilbao wallfährt, sondern indem er an der Gestaltung *seiner* Stadt, *seines* Quartiers aktiv mitwirkt.

In Hamburg hat man das offenbar verstanden. Dort heißt es zum Beispiel im Rahmenplan für die Gesamtschule, 9. und 10. Klasse: »Der Arbeitsbereich Architektur befasst sich mit der Summe der Erscheinungen und Bedingungen, mit denen Schülern im privaten Bereich (Wohnung), im Nahbereich (Einzelbauwerk, Baugruppe) und in der Stadt und im Stadtteil (gebaute Umwelt) täglich zu tun haben. Es geht darum für die alltägliche Umwelt den Blick zu schärfen und sie als gestaltet zu erkennen. Architektur zeichnet sich durch enge Verflochtenheit ästhetischer, technisch-funktioneller, wirtschaftlicher, sozialer und politischer Bedingungen aus« (Lehrplan für die Sek. I der integrierten Gesamtschule 2004). Genau so würde man sich das Thema in allen Schularten und -stufen wünschen. Wobei ich durchaus sehe, dass das Thema »gebaute Umwelt« in den letzten Jahren zunehmend Eingang in die Lehrpläne gefunden hat, vor allem in den Fächern »Bildende Kunst« und »Geografie«, wenn es um Stadtentwicklung geht. Da wird richtigerweise Architektur als etwas begriffen, das mit dem *Lebensalltag* der Menschen zu tun hat.

Wir haben es, wenn es um Architektur geht, mit zwei Phänomenen zu tun: Zum einen mit der gebauten Umwelt selbst – dem Schulgebäude; zum anderen mit deren Verstehen, mit dem ABC gebauter Umwelt. Das eine führt zu einem besseren Verständnis des anderen: Wenn ich ein Gebäude zeitlich einordnen kann, kann ich es auch für mich relativieren. Dann ist das wilhelminische Schulgebäude nicht mehr Bedrohung, sondern Bild einer historisch abgeschlossenen Epoche.

Hartmut von Hentig, der große Bildungsplaner und Pädagoge, hat in einem seiner bissigeren Bonmots einmal gesagt: »Es hat Jahrtausende gedauert, bis die Menschen aus Erfahrung ›Schule‹ gemacht hatten. Es wird lange dauern, große Mühen kosten, vielleicht unmöglich sein, aus Schule wieder ›Erfahrung‹

zu machen.« (Hentig 1973: Dieses Ziel aber sollten wir nicht aus den Augen verlieren. Und den Architekten und den Entwerfern von Schulbaurichtlinien sollten wir ins Stammbuch schreiben, was Willy Brandt seinerzeit, 1969, als ich gerade mit einer Arbeit über Schulbau mein Diplom gemacht habe, in seiner Regierungserklärung *auch* gesagt hat, ein Satz, den ich seinerzeit nicht auf meine Architektur bezogen habe – na gut: Brandt vielleicht auch nicht –, der aber heute das Entwerfen von Schulbauten prägen sollte: »Wir wollen mehr Demokratie wagen. Wir werden unsere Arbeitsweise öffnen und dem kritischen Bedürfnis nach Information Genüge tun.«

Literatur

Becker, E. & Jungblut, G. (1972): Strategien der Bildungsproduktion. Frankfurt a.M.

Brandt, W. (1969): Regierungserklärung des Bundeskanzlers Willy Brandt, 28. Oktober 1969; www.hdg.de/lemo/html/dokumente/KontinuitaetUndWandel_erklaerungBrandtRegierungserklaerung1969/index.html (abgerufen am 7.2.2012)

Hentig, H. v. (1973): Schule als Erfahrung. In: Bauwelt 2/1973

Mann, T. (1957): Buddenbrooks. Verfall einer Familie. Gütersloh

Peters, P. (1973): Was sind eigentlich moderne Schulen?. In: Baumeister. 2/1973

Autorinnen und Autoren

Berdelmann, Kathrin: Dr., wiss. Mitarbeiterin Institut für Allgemeine und Historische Erziehungswissenschaft, Technische Universität Berlin. Arbeitsschwerpunkte: Zeit in der Pädagogik, Raum und Materialität in pädagogischen Prozessen, Aufmerksamkeit und pädagogische Praktiken.

Bielefeld, Bert: Prof. Dr.; Universität Siegen, Fakultät Bildung · Architektur · Künste, Department Architektur. Arbeitsschwerpunkte: Bauökonomie und Baumanagement, Barrierefreies Bauen.

Böhme, Jeanette: Prof. Dr.; Universität Duisburg-Essen, Fakultät für Bildungswissenschaften. Arbeitsschwerpunkt: Schulpädagogik.

Böhmer, Anselm: Prof. Dr. MBA; Duale Hochschule Baden-Württemberg, Villingen-Schwenningen. Arbeitsschwerpunkte: Sozialraum-Arbeit, Armut, Bildung, Subjektivität, Inklusion, Gender und Macht in der Sozialen Arbeit.

Budde, Christina: Kuratorin am Deutschen Architekturmuseum, Frankfurt. Arbeitsschwerpunkt: Architekturvermittlung.

Burgdorff, Frauke: Dipl.-Ing., Vorstand Montag Stiftung Urbane Räume gAG, Bonn. Arbeitsschwerpunkt: Raumplanung, Stadtentwicklung.

Ciupka, Anja: Akad. Rätin; Universität Siegen, Fakultät Bildung · Architektur · Künste, Department Kunst und Musik. Arbeitsschwerpunkte: Bildende Kunst und ihre Didaktik, Bildhauerei.

Coelen, Thomas: Dr., Professor für Erziehungswissenschaft an der Universität Siegen, Fakultät Bildung · Architektur · Künste, Leiter des »Siegener Zentrums für Sozialisations-, Biographie- und Lebenslaufforschung« (SiZe). Arbeitsschwerpunkte: Ganztagsbildung, Bildungslandschaften, Sozialraumforschung.

Deinet, Ulrich: Prof. Dr. rer. soc. Dipl.-Päd.; Professur für Didaktik/Methodik der Sozialpädagogik an der Fachhochschule Düsseldorf, Leiter der Forschungsstelle für sozialraumorientierte Praxisforschung und -Entwicklung. Arbeitsschwerpunkte: Kooperation von Jugendhilfe und Schule, Sozialräumliche Jugendarbeit, Sozialraumorientierung, Konzept- und Qualitätsentwicklung.

de Paz Martínez, Laura: Dipl.-Soziologin; wiss. Mitarbeiterin am Institut für Sozialpädagogische Forschung Mainz e.V. (ism). Arbeitsschwerpunkte: Kinder- und Jugendhilfe, insbesondere Kinderschutz und Jugendsozialarbeit, Migrationsforschung.

Eichholz, Daniela: Dr., Dipl. Päd.; TU Dortmund, Fakultät Erziehungswissenschaften und Soziologie, Institut für Soziologie. Arbeitsschwerpunkte: Raumsoziologie, Theorien der Wissensgesellschaft, Wissenschaftspopularisierung, Jugendforschung.

Fooken, Insa: Prof. Dr.; Universität Siegen, Fakultät Bildung · Architektur · Künste, Department Erziehungswissenschaft und Psychologie. Arbeitsschwerpunkte: Alter(n) und Gender; Puppen/Lieblingsobjekte im Lebensverlauf; Kriegskindheiten und Resilienz.

Fundneider, Thomas: Master of Business Administration; theLivingCore und tf consulting, Wien. Arbeitsschwerpunkte: Innovation, Entrepreneurship und Leadership, Enabling Spaces, Design (Thinking).

Grube, Norbert: Dr.; Pädagogische Hochschule Zürich, Forschungsgruppe BildMedienBildung. Arbeitsschwerpunkte: Historische Bildungsforschung, Zeit-, Kulturgeschichte, Mediennutzung, politische Kommunikation.

Hackl, Bernd: Prof. Dr.; Leiter des Instituts für Schulpädagogik der Universität Graz. Arbeitsschwerpunkte: Schule und Unterricht, pädagogische Phänomenologie und Hermeneutik, Heimlicher Lehrplan, Körpersprache, Schularchitektur.

Henke, Matthias: Prof. Dr.; Universität Siegen, Fakultät Bildung · Architektur · Künste, Department Kunst und Musik, Musikwissenschaft. Arbeitsschwerpunkte: Fernsehoper, mediales Musiktheater, Wiener Moderne, Ernst Bloch: Musikalische Schriften, Musik und Thomas Mann.

Imhäuser, Karl-Heinz: Dr.; Vorstand Montag Stiftung Jugend und Gesellschaft, Bonn. Arbeitsschwerpunkte: Lern- und Raumarrangements, Inklusion in Bildungseinrichtungen, -landschaften und Kommunen, Konzepte der ästhetisch-künstlerisch-kulturellen Bildung.

Imorde, Joseph: Prof. Dr.; Universität Siegen, Fakultät Bildung·Architektur·Künste, Department Kunst und Musik. Arbeitsschwerpunkte: Geschichte der Kunstgeschichte, Barocke Kunst.

Kähler, Gert: Prof. Dr.. Arbeitsschwerpunkte: Verkehr in Hamburg nach 1945, Villen und Landhäuser in den Elbvororten zwischen 1900 und 1935, »Choreographie der Massen – Im. Sport. Im Stadion. Im Rausch« (Ausstellung).

Käppel-Klieber, Sibylle: Prof. Dipl.-Ing., Architektin; Universität Siegen, Fakultät Bildung·Architektur·Künste, Department Architektur
Arbeitsschwerpunkte: Grundlagen des Entwerfens, Entwerfen und Gebäudelehre, Bauen für Kinder (Schulbau und Tageseinrichtungen für Kinder), öffentliche Bauten.

Karle, Peter: Prof. Dipl.-Ing.; Architekt, Universität Siegen, Fakultät Bildung·Architektur·Künste, Department Architektur. Arbeitsschwerpunkte: Planen und Bauen im Bestand.

Kindermann, Katharina: Lehramtsanwärterin für das Lehramt an Grundschulen im Studienseminar Würzburg.

Klika, Dorle: Prof. Dr.; Universität Siegen, Fakultät Bildung·Architektur·Künste, Department Erziehungswissenschaft und Psychologie. Arbeitsschwerpunkte: Biographieforschung, Bildungstheorie, historische Bildungsforschung, Triangulation visueller und narrativer Erhebungsmethoden, Gender Studies.

Kunz, Alexa Maria: M.A. (Soziologie), B.A. (Berufspädagogik); Karlsruher Institut für Technologie. Arbeitsschwerpunkte: Methoden explorativ-interpretativer Sozialforschung, Studierendenforschung, Architektur-, Stadt- und Raumsoziologie.

Lange, Jochen: wiss. Mitarbeiter; Universität Siegen, Fakultät Bildung·Architektur·Künste, Department Erziehungswissenschaft und Psychologie. Arbeitsschwerpunkte: qualitative Methoden im Kontext der Schul- und Kindheitsforschung, insbesondere ethnographische Feldforschungen und ethnomethodologische Konversationsanalysen.

Lohmann, Petra: PD Dr.; Universität Siegen, Fakultät Bildung·Architektur·Künste, Department Architektur. Arbeitsschwerpunkte: Deutscher Idealismus und Ästhetische Theorie um 1800.

Magyar-Haas, Veronika: M.A.; Universität Zürich, Institut für Erziehungswissenschaft, Lehrstuhl Allgemeine Pädagogik. Arbeitsschwerpunkte: Erziehungs- und Bildungsphilosophie, philosophische Anthropologie, körpersoziologische Ansätze, Methoden qualitativer Sozialforschung.

Marr, Stefanie: Dr. phil.; Professorin für Kunstpädagogik an der Universität Siegen. Arbeitsschwerpunkte: Erwerb von bildsprachlicher Kompetenz in der Künstlerischen Bildung; Künstlerische Forschung.

Mauksch, Sarah: M.A.; Universität Bayreuth. Arbeitsschwerpunkte: Klangkunst und Neue Musik.

Müller-Naendrup, Barbara: Dr. päd., Dipl.-Päd.; Universität Siegen, Fakultät Bildung · Architektur · Künste, Departement Erziehungswissenschaft Psychologie. Arbeitsschwerpunkte: Bildungswissenschaften, Grundschulpädagogik; Leitung der Lernwerkstatt an der Universität Siegen.

Peschl, Markus F.: Prof. Dr.; Universität Wien, Institut für Philosophie. Arbeitsschwerpunkte: Innovationsforschung, knowledge technologies and cultures of knowing, socio-epistemological technologies, cognitive science.

Riegel, Ulrich: Prof. Dr.; Universität Siegen, Philosophische Fakultät. Religionspädagogik mit Schwerpunkt in der empirischen Untersuchung der Religiosität von Jugendlichen und von Unterrichtskompetenzen von Religionslehrpersonen.

Rieger-Ladich, Markus: Prof. Dr. für Erziehungswissenschaft, insbesondere Bildungs- und Erziehungstheorie sowie philosophische Grundlagen; Helmut-Schmidt-Universität, Hamburg. Arbeitsschwerpunkte: Symbolische Gewalt, Räumlich-materielle Dimensionen pädagogischer Praktiken, Literarische Texte als Erkenntnisquellen.

Rittelmeyer, Christian: Dr. Dipl.-Psych.; bis 2003 Professor für Erziehungswissenschaft am Pädagogischen Seminar der Georg-August-Universität Göttingen. Arbeitsschwerpunkte: Pädagogische Psychologie, Pädagogische Anthropologie, Erziehungsgeschichte und Forschungsmethoden der Erziehungswissenschaft.

Rohrmann, Albrecht: Prof. Dr.; Universität Siegen, Fakultät Bildung · Architektur · Künste, Department Erziehungswissenschaft und Psychologie, Arbeitsschwerpunkt: Planung und Evaluation Sozialer Dienste für Menschen mit Behinderungen.

Riese, Anna: M.A. (Kunstgeschichte und Soziologie), Dipl. Soz.-Päd.; Friedrich-Alexander-Universität Erlangen-Nürnberg. Arbeitsschwerpunkte: Architektur der 1920er Jahre 20., Architekturtheorie, Architektursoziologie.

Schmidt, Anke: Dipl.-Ing., Architektin; Mitglied STUDIO URBANE LANDSCHAFTEN / Büroinhaberin landinsicht. Arbeitsschwerpunkte: Entwicklung urbaner Räume, dynamischer Kulturlandschaften, Stadtränder und Flusslandschaften; Gestaltung und Nutzung urbaner öffentlicher Räume für und mit Jugendlichen.

Schmutz, Elisabeth: Dipl.-Päd.; wiss. Mitarbeiterin am Institut für Sozialpädagogische Forschung Mainz e.V. (ism), Arbeitsschwerpunkte: Jugendhilfe, insbesondere Hilfen zur Erziehung und Frühe Hilfen sowie Schnittstellen zur Gesundheitshilfe (Geburtshilfe, Psychiatrie).

Schröteler-von Brandt, Hildegard: Prof. Dr.-Ing., Stadtplanerin; Universität Siegen, Fakultät Bildung·Architektur·Künste, Department Architektur. Arbeitsschwerpunkte: Stadt- und Dorfentwicklungsplanung, Stadterneuerung und Planungsgeschichte sowie Forschungsschwerpunkt: Entwicklung ländlicher Räume und die städtebaulichen Auswirkungen auf die demografische Entwicklung.

Simms, Eva-Maria: Professor, Dr. phil.; Duquesne University, Pittsburgh, PA USA
Arbeitsschwerpunkte: Kinderpsychologie, Phänomenologie, Psychologie und Philosophie der Raum- und Umwelterfahrung.

Steger, Martin: Mag. Dr.; wiss. Mitarbeiter am Institut für Schulpädagogik der Universität Graz. Arbeitsschwerpunkte: Schule und Unterricht, Heimlicher Lehrplan, Körpersprache, Schularchitektur, Neue Medien und Bildung, Wirt schaft und Bildung.

Thormann, Ellen: Dr.; Oberstufen-Kolleg an der Universität Bielefeld. Arbeitsschwerpunkte: Foto- und Medientheorie, Postkolonialismus, Kunst- und Kulturgeschichte in der Sek II.

Wille, Frederike: wiss. Mitarbeiterin der Erziehungswissenschaft mit dem Schwerpunkt Grund- und Vorschulpädagogik; Universität Siegen, Fakultät Bildung·Architektur·Künste, Department Erziehungswissenschaft und Psychologie. Arbeitsschwerpunkte: sachunterrichtsdidaktische Fragestellungen, insbesondere innerhalb der historischen Perspektive.

Winkelmann, Arne: Dr. Dr.; Deutsches Architekturmuseum/Kuratorenwerkstatt, Architekturvermittlung.

Zeising, Andreas: Dr.; wiss. Mitarbeiter am kunsthistorischen Lehrstuhl der Universität Siegen. Arbeitsschwerpunkte: Verhältnis von Kunst und Gesellschaft, Theoriebildung der Moderne sowie Phänomene der Popularisierung von Wissenschaft im Kontext einer Kulturgeschichte der Medien.

Ziesche, Angela: Prof. Dr.; Universität Siegen, Fakultät Bildung·Architektur·Künste, Department Kunst und Musik. Bildende Kunst und ihre Vermittlung. Arbeitsschwerpunkte: Performative Verfahren in Kunst, Alltag und Kunstpädagogik.

Abbildungsverzeichnis

Abb. 3 und 4: Zellenflur im Polizeigewahrsam und Einzelzelle
Abb. 5: Ausstellungstafeln zur Geschichte der Gefängnisarchitektur
Abb. 6 und 7 »Vitrinen« und Austellungstafeln der Ausstellung »Leben unter der Straße« in der Hochschule Mannheim
Abb. 8: Fluchthilfen aus der Schausammlung der JVA Mannheim

Zeising
Abb. 1: Hans Schwipppert, Aufnahme aus dem Jahr 1956 (Foto: Liselotte Strelow)
Abb. 2: Schwippert, Aus der Entwurfsserie »Behelfsmöbel zur Selbstherstellung«, 1942/43
Abb. 3: Ruf/Eiermann, Deutscher Pavillon der Weltausstellung Brüssel, 1958
Abb. 4: Textillustration aus Kükelhaus, »Dennoch heute«. 1956
Abb. 5: Schwippert, Eigenes Wohn- und Atelierhaus in Düsseldorf-Goltzheim, 1953/54
Abb. 6: »Entwicklungsstufen«, Textillustration aus Kükelhaus, Die Phantasie des Leibes, 1966
Abb. 7: Schwippert und Mitarbeiter, Studentenwohnheime in Aachen, 1965-69
Abb. 8: Beuys, »La rivoluzione samo noi«, 1972

Ziesche & Ciupka
Abb. 1: Übungen vor Ort, Universität Siegen
Abb. 2: Übungen vor Ort, Universität Siegen

Kultur- und Medientheorie

Vittoria Borsò,
Michele Cometa (Hg.)
Die Kunst, das Leben zu »bewirtschaften«
Biós zwischen Politik, Ökonomie und Ästhetik
(unter Mitarbeit von Sieglinde Borvitz, Sainab Sandra Omar und Aurora Rodonò
Januar 2013, ca. 300 Seiten, kart., ca. 29,80 €,
ISBN 978-3-8376-1756-6

Vittoria Borsò (Hg.)
Wissen und Leben – Wissen für das Leben
Herausforderungen einer affirmativen Biopolitik
(unter Mitarbeit von Sieglinde Borvitz, Aurora Rodonò und Sainab Sandra Omar)
Januar 2013, ca. 260 Seiten, kart., ca. 29,80 €,
ISBN 978-3-8376-2160-0

Uta Daur (Hg.)
Authentizität und Wiederholung
Künstlerische und kulturelle Manifestationen eines Paradoxes
Januar 2013, ca. 250 Seiten, kart.,
zahlr. Abb., ca. 29,80 €,
ISBN 978-3-8376-1924-9

Urs Hangartner, Felix Keller,
Dorothea Oechslin (Hg.)
Wissen durch Bilder
Sachcomics als Medien von Bildung und Information
Januar 2013, ca. 260 Seiten, kart.,
zahlr. z.T. farb. Abb., ca. 29,80 €,
ISBN 978-3-8376-1983-6

Markus Leibenath,
Stefan Heiland, Heiderose Kilper,
Sabine Tzschaschel (Hg.)
Wie werden Landschaften gemacht?
Sozialwissenschaftliche Perspektiven auf die Konstituierung von Kulturlandschaften
Februar 2013, ca. 200 Seiten,
kart., ca. 26,80 €,
ISBN 978-3-8376-1994-2

Claudia Mareis, Matthias Held,
Gesche Joost (Hg.)
Wer gestaltet die Gestaltung?
Praxis, Theorie und Geschichte des partizipatorischen Designs
Dezember 2012, ca. 300 Seiten, kart.,
zahlr. z.T. farb. Abb., ca. 29,80 €,
ISBN 978-3-8376-2038-2

Tobias Nanz, Johannes Pause (Hg.)
Politiken des Ereignisses
Mediale Formierungen von Vergangenheit und Zukunft
Juli 2013, ca. 300 Seiten, kart.,
zahlr. Abb., ca. 29,80 €,
ISBN 978-3-8376-1993-5

Christoph Neubert,
Gabriele Schabacher (Hg.)
Verkehrsgeschichte und Kulturwissenschaft
Analysen an der Schnittstelle von Technik, Kultur und Medien
Dezember 2012, ca. 250 Seiten,
kart., ca. 26,80 €,
ISBN 978-3-8376-1092-5

Marion Picker,
Véronique Maleval,
Florent Gabaude (Hg.)
Die Zukunft der Kartographie
Neue und nicht so neue epistemologische Krisen
Januar 2013, ca. 330 Seiten, kart.,
zahlr. Abb., ca. 29,80 €,
ISBN 978-3-8376-1795-5

Leseproben, weitere Informationen und Bestellmöglichkeiten finden Sie unter www.transcript-verlag.de